Hans Joachim Kujath
Die Regeneration der Stadt

Band 7 der Reihe
Stadt · Planung · Geschichte
Herausgegeben von
Gerhard Fehl, Juan Rodriguez-Lores, Volker Roscher
Lehrstuhl für Planungstheorie
an der RWTH Aachen

Redaktionelle Betreuung des Bandes: Volker Roscher

Hans Joachim Kujath

Die Regeneration der Stadt

Ökonomie und Politik des Wandels im Wohnungsbestand

Christians

Satz: Satzbüro Ohlberg, Neuß

Übertragung des Summarys ins Englische:
Friedhelm Fischer, Hamburg

CIP-Kurztitelaufnahme der Deutschen Bibliothek

Kujath, Hans Joachim:
Die Regeneration der Stadt: Ökonomie u. Politik d. Wandels im Wohnungsbestand /
Hans Joachim Kujath. – Hamburg: Christians, 1986.
(Stadt, Planung, Geschichte; Bd. 7)

ISBN 3-7672-0943-8

NE: GT

ISBN 3-7672-0943-8
Printed in Germany

In memoriam Helmut Brede

Vorbemerkung

Regeneration der Stadt – damit werden zwei Seiten aktueller Entwicklung älterer industriell geprägter Großstädte Westeuropas und Nordamerikas bezeichnet: Einmal der Niedergang der Städte als Gravitationszentren von Wirtschaft und Bevölkerung, zum anderen ihr neuerlicher sozialer und wirtschaftlicher Wiederaufstieg, wobei noch nicht in allen Facetten erkennbar ist, zu welchen Ergebnissen dieser widersprüchliche Wandel auf lange Sicht führt. Das sich derzeit abzeichnende Auseinanderdriften von Stadtregionen in schrumpfende und dynamische macht eine solche Einschätzung noch schwieriger. Die Bedeutung und Neuartigkeit dieser städtischen Phänomene stellen den Erklärungsgehalt bisher gebräuchlicher Stadtmodelle infrage und fordern zu einer neuerlichen theoretischen Durchdringung und Diskussion des Stadtentwicklungsprozesses heraus. Mir geht es dabei nicht primär darum, die Bedingungen einer Veränderung der wirtschaftlichen und gesellschaftlichen Formation selbst zu untersuchen – in dieser Hinsicht stütze ich mich auf vorliegende Forschungsergebnisse. Vielmehr ist es ein Anliegen der Studie, die Beziehungen zwischen diesen grundlegenden Verhältnissen und ihren städtischen Ausdrucksformen darzustellen, also jene Kategorien, in denen sich die neuen ökonomischen und sozialen Beziehungen im Stadtraum materialisieren. Es können auch nicht alle den städtischen Raum prägenden Prozesse gleichgewichtig behandelt werden. So werden zwar zahlreiche Bezüge zu den neuen Mustern der Standortverteilung von Produktions- und Dienstleistungsgewerbe hergestellt, aber mein Hauptaugenmerk konzentriert sich auf die Rolle der Stadt als Wohn- und Lebensraum.

Die vorliegende Studie ist eine leicht überarbeitete Fassung meiner Dissertation «Die ökonomische Regeneration stagnierender Städte – Ökonomie und Politik des Wandels städtischer Wohnsiedlungsbestände» am Fachbereich Gesellschaftswissenschaften der Universität Frankfurt am Main. Allen, die mir mit Anregungen und Kritiken geholfen haben, möchte ich hiermit noch einmal danken, ganz besonders Bernhard Kohaupt in Frankfurt und Prof. Dr. Udo Ernst Simonis und seinen Mitarbeitern am Wissenschaftszentrum Berlin.

Entscheidende Impulse in methodischer Hinsicht verdanke ich den intensiven Diskussionen mit Helmut Brede, Professor für Stadt- und Regionalsoziologie an der Universität Frankfurt, dessen theoretischer Ansatz einer politischen Ökonomie des städtischen Raumes meine Arbeit maßgeblich beeinflußt hat. Sein plötzlicher Tod im Oktober 1985 hat mich sehr betroffen gemacht; mit ihm habe ich *mehr* als einen wissenschaftlichen Diskussionspartner verloren.

Berlin im Juli 1986 — Hans Joachim Kujath

INHALT

English Summary

At the time when the big cities still were centres of economic prosperity physical decay and social downgrading of their inner city living quarters still seemed to be a consequence of urban growth. Virtually as a result of growth, the suburbanisation of the middle classes and the in-migration of poor households led to the emergence of an economically declining residential zone in the core of the agglomeration. By now, however, the problems of older cities can no longer be explained as resulting from their own expansion. The disintegration of the functional interdependencies that had charaterized them over the last one hundred years foreshadows economic stagnation and shrinkage and calls for a re-organization of the whole urban basis of existence. In this historical phase, urban development becomes a painful transition process for a number of reasons:

- Out-migration or the disintegration of traditional urban functions in industry, commerce and the services sector as well as population losses continually withdraw economic potential from the urban cores that would be urgently needed for their re-organization.
- The historical heritage in the form of buildings, urban uses, social relations, ways of living etc. turns out to be limited in terms of its capacity for change; it fails to adapt to altered technical, economic and social conditions.
- Finally, the grown structure of the older cities provides optimal conditions of existence for only a small range of uses.

The author examines the phenomena of disintegration in the traditional city, and looking at the field of urban living he analyses the possibilities of its regeneration. His conclusions, which he derives from the theoretical context of urban economy and urban sociology are that, especially in the old metropolis, chances of consolidation lie in the residual economic advantages the city still offers: The city remains attractive for expanding head office activities (information processing and exchange) and it continues to be the focal point for cultural institutions and specialised retailing. Its complementary counterpart is the expansion of a middle-class way of life with its particular cultural and consumers' habits. Community politics reinforce these kinds of developments; taking up the cultural heritage of the cities they court and provide material support for the remaining potential as the agent of urban re-organization.

The study evaluates social and economic forces and their role in upgrading cities into residential cities; it analyses the re-development of urban neighbourhoods as a result of the interaction between forces of change and forces of immobility. Typical economic problems (immobility of the housing stock) and social problems of displacement are shown to be essential points of reference for the actions of community politics. The study provides a critical evaluation of types of community intervention into the urban housing stock which are characteristic of the F.R.G.

1. Einleitung

1.1 Siedlungsstruktureller Wandel und das historische Erbe des städtischen Wohnungsbestandes

Sind die Großstädte noch zu retten? In dieser Frage manifestieren sich Befürchtungen, ältere kapitalistische Städte würden mittel- und langfristig ihre Funktion als Träger des wirtschaftlichen Wachstums, als Lebensmittelpunkte und Identifikationsorte der Gesellschaft einbüßen. In der Tat scheint eine Reihe von wirtschaftlichen und sozialen Faktoren zusammenzuwirken, die eine eher pessimistische Einschätzung der Stadtentwicklung rechtfertigt. Mit Blick auf Tendenzen in Nordamerika sind Auffassungen verbreitet, auch die europäischen Städte würden langfristig in einer dezentralisierten Siedlungsstruktur aufgehen. Betrachtet man die städtische Wirtschaft, sprechen nahezu alle Standortfaktoren gegen die für hochindustrialisierte Länder lange Zeit typischen räumlichen Konzentrationstendenzen. Die Städte verlieren an Gravitationskraft: Selbst bisher auf Zentrumsnähe und persönliche Kommunikation angewiesene tertiäre Betriebe werden, so Szenarien über die raumwirksamen Folgen des letzten Innovationsschubs im Bereich der Kommunikations- und Informationstechniken, in Zukunft standortunabhängiger sein. Alarmierend ist vor allem, daß mehr Einwohner aus den Kernstädten[1)] – meist in die Suburbs – abwandern als zuziehen und die natürliche Reproduktionsrate der Stadtbevölkerung negativ ist. In einer sich selbst verstärkenden Kettenreaktion könnten die Städte in einen Strudel des Niedergangs gerissen werden. Der Einwohnerrückgang kann Kaufkraftverluste zur Folge haben, die Ertragskraft des städtischen Einzelhandels gefährden und bewohnernahe Dienstleistungen nicht mehr lohnend erscheinen lassen. Auch in diesen Wirtschaftsbereichen würde sich der Arbeitsplatzabbau beschleunigen.
Solchen Szenarien widerspricht indes bis heute das reale Erscheinungsbild der meisten Städte. Ungeachtet einer schrumpfenden Stadtbevölkerung und einer Erosion des Arbeitsplatzangebots haben die Kernstädte seit Mitte der 70er Jahre sogar einen ökonomischen und sozialen Wiederaufstieg erlebt, der sich offensichtlich nicht an Bevölkerungs- und Arbeitsplatzzahlen ablesen läßt. Welches sind die Gründe? Gibt es Rückkoppelungseffekte, die eine Regeneration der Städte fördern? Haben wir es mit einer neuen Phase der Stadtentwicklung zu tun, die vom quantitativen zum qualitativen Wachstum übergeht? Betrachten wir den städtischen Wohnungssektor, den Untersuchungsschwerpunkt dieser Arbeit, so ist z. B. auffallend, daß junge Leute und soziale Eliten vermehrt wieder in alten Stadtquartieren seßhaft werden, daß ehemals bürgerliche Wohnviertel, um das Zentrum gelagerte transitorische Zonen und alte Arbeiterwohngebiete saniert und wiederaufgewertet werden. Augenscheinlich fördert der wachsende Spielraum der Wohnstandortwahl nicht nur Stadtflucht, sondern bei bestimmten einkommensstärkeren Gruppen ein Verbleiben in der Kernstadt. Zwar verlieren wegen der größeren Bewegungsfrei-

heit der Haushalte und der Verlagerung von Arbeitsplätzen aus den Städten ehemalige kernstädtische Vorteile, wie Nähe zu den Arbeitsplätzen und den Brennpunkten des städtischen Lebens, ihren beherrschenden Einfluß. Und da aufgelockerte Bauformen und Einfamilienhäuser, die sich nur außerhalb der hochverdichteten Kernstädte realisieren lassen, von großen Teilen der Bevölkerung präferiert werden, ist die Annahme einer sich fortsetzenden Suburbanisierung der Bevölkerung realistisch. Im Widerspruch zu diesem Trend ist aber gleichwohl eine Aufwertung der Kernstädte als Wohnort unverkennbar.
Möglicherweise gewinnen die Städte aufgrund der Verschiebung von Lebensinteressen in den außerbetrieblichen und außerberuflichen Bereich als Orte der Reproduktion an Bedeutung. Wissenschaftlich belegt ist ein solcher Zusammenhang allerdings nicht. Z. B. herrschen über die Auswirkungen des gesellschaftlichen «Wertewandels» auf das Wohnverhalten noch weitgehend spekulative Ansichten, die teils antistädtische Verhaltensweisen, teils eine neue Wertschätzung städtischer Lebensweise begründen. Als gesichert kann lediglich gelten, daß die Zunahme an freier Zeit Lebensbereiche außerhalb der Erwerbswelt aufwertet und nach einer relativen Sättigung materieller Bedürfnisse postmaterielle Werte und individuelle Lebensstile das Wohnverhalten stärker prägen werden. Das Phänomen einer Revitalisierung von innerstädtischen Wohnquartieren durch Träger der (oberen) Mittelschichten mag ein Resultat derartiger immateriell begründeter Präferenzverschiebung sein. In dieselbe Richtung weist die Reorganisation der Kernstädte, insbesondere ihrer Zentren, zu Räumen eines spezifisch städtischen Reproduktionsangebots: die Aufwertung von öffentlichen Räumen zu Orten der Selbstdarstellung und Kommunikation, der Ausbau von Einrichtungen, die Kommerz und Kultur miteinander verbinden, und eine Kommunalpolitik, die nach Jahrzehnten einseitiger, die Wirtschaftskraft der Zentren fördernder Maßnahmen, diese nun zu Orten «kultureller Reintegration» erklärt.[2)] Nicht ohne Grund hofft man, daß von solchen, das Image der Kernstädte fördernden Prozessen auch neue Anziehungskraft auf Dienstleistungsunternehmen ausgeht, die den Rahmen sozial und kulturell aufgewerteter Metropolen als Medium der Selbstdarstellung und Werbung nutzen möchten.
Freilich würde die bloße Bereitschaft bestimmter sozialer Gruppen und Gewerbezweige, die Kernstädte für sich zu reklamieren, kaum genügen, um ein solches Vorhaben auch durchzusetzen. Gerade ältere gewachsene Großstädte zeichnen sich durch die Eigentümlichkeit einer Dauerhaftigkeit ihres ererbten baulichen und städtebaulichen Bestandes aus. Ein Wandel des Siedlungs- und Nutzungsgefüges hat also städtische Gegebenheiten vergangener Stadtentwicklungepochen zu überwinden oder in den realen Veränderungsprozeß einzubeziehen. Hierin unterscheiden sich ältere von jüngeren, sich noch relativ ungehindert in den ländlichen Raum ausbreitenden Stadtregionen. Ihr historischer Bestand kann sich einer ökonomischen Umgestaltung des Nutzungsgefüges widersetzen und zur Barriere städtischer

Veränderungen werden, zumal der ökonomische Veränderungsdruck gerade wegen der räumlichen Dispersion von Arbeitsplätzen und Haushalten nicht annähernd das Durchsetzungsvermögen erlangt wie in früheren Phasen städtischen Wachstums.
Ähnlich wie im gewerblichen Bereich die Altlasten überholter Bodennutzung stehen auch im Wohnungssektor historische Bestandsgrößen – ökonomisch-materieller und sozialer Art – einem umstandslosen Wandel der Städte im Wege. Hätten wir es im Wohnungssektor nicht mit Bestandsgrößen zu tun, gäbe es auch ein Großteil der sich um das städtische Wohnungsproblem rankenden Krisen und Konflikte überhaupt nicht: Verfalls- und Verslumungserscheinungen im Bestand, Disparitäten zwischen alternden niedergehenden und jungen aufsteigenden Stadträumen, zyklische Bewegungen und Krisen bei der Wohnungsmarktanpassung. Von baulichen Beständen geht sowohl eine räumlich selektierende als auch zeitlich verzögernde Wirkung aus. So wird eine Wiederaufwertung städtischer Wohnareale nur in solchen Quartieren auf relativ geringen Widerstand stoßen, wo sich die bauliche und städtebauliche Substanz relativ problemlos einem steigenden Anspruchsniveau anpassen läßt, z. B. in bürgerlichen Gründerzeitquartieren. In anderen Stadtteilen stehen hingegen die baulich-räumlichen Gegebenheiten einem raschen Wandel der Eigenschaften eines Wohnstandortes entgegen.
Zwischen Städten und Regionen können Ungleichzeitigkeiten auftreten. Je nach den historischen Gegebenheiten, die von alten Städten gleichsam als Mitgift in den Transformationsprozeß eingebracht werden, kann der ökonomische und soziale Wiederaufschwung gehemmt oder begünstigt werden. Repräsentativ angelegte Städte mit einem qualitativ hochwertigen Wohnungsbestand aus vergangenen Stadtentwicklungsepochen, mit einem reichhaltigen Kultur- und Konsumangebot und mit einer zukunftsorientierten Gewerbestruktur fällt es naturgemäß leichter, innerhalb ihres Bestandes neue Nutzungen anzusiedeln und Wohnbevölkerung zu halten als monostrukturierten Industriestädten mit einem historisch überholten Bestand an Wirtschaftszweigen und einem auf die Lebensverhältnisse der Industriearbeiterschaft zugeschnittenen Bestand an Wohnvierteln.
Das ökonomische Beharrungsvermögen baulicher Bestände findet eine Entsprechung in Resten älteren sozialen Seins und Bewußtseins, die sich gleichfalls gegen eine umstandslose Erneuerung und Modernisierung städtischer Räume sperren. In vergangenen Stadtentwicklungsepochen entstandene Wohnviertel bewahren nicht nur ihre baulich-städtebauliche Hülle, sondern gewachsene Wohn- und Lebenszusammenhänge, überkommene Formen des Alltagslebens. Sich räumlich verfestigende Sozialstrukturen und soziale Identitäten bilden in älteren Stadtquartieren ein Widerstandspotential gegen eine umstandslose Durchsetzung von Erneuerungsmaßnahmen.
Schließlich können vergangenen Stadtentwicklungsmustern verhaftete städtebauliche Leitbilder und Planungsvorstellungen, also Formen überholten, gleichwohl po-

litisch wirksamen Bewußtseins, eine Modernisierung der Städte verzögern. Solche letztlich vergeblichen Versuche das Rad der Stadtgeschichte zurückzudrehen, spiegeln sich z. B. in Stadtpolitiken der Nutzungsverdichtung, mit denen möglichst viele Einwohner und Arbeitsplätze in den städtischen Mauern gehalten werden sollen.

In älteren Großstädten entscheiden also die ökonomische Wandlungsfähigkeit der baulichen Gegebenheiten sowie die soziale Bereitschaft und Fähigkeit zum Wandel mit darüber, ob

- die Städte die Auflösung ihres traditionellen Standortgefüges zugunsten eines neuen Aufschwungs als kulturelle und soziale Mittelpunkte nutzen können,
- die Stadtentwicklung in eine Phase ökonomischer Restverwertung und Auspowerung des vorhandenen Bestandes, ohne Aussicht auf Regeneration mündet,
- die kernstädtischen Wohnviertel nach und nach ausbluten und zum Sammelpunkt ärmerer immobiler Bevölkerungsgruppen absinken oder sich in ihnen Kräfte einer Regeneration durchsetzen.

Die eingangs gestellte Frage, ob die Städte noch zu retten sind, reflektiert also das Problem der Wandelbarkeit ihrer historischen Gegebenheiten. Gerettet werden kann nur das Bestehende. Es ist Grundlage der Veränderung, geht in den Veränderungsprozeß ein und wird dabei selbst modifiziert.

1.2 Zielsetzung und Aufbau der Arbeit

Vor dem Hintergrund der aktuellen Entwicklung, in der nach einer Phase des Bestandswachstums sich nun mehr denn je die Aufgabe und das Problem stellen, die Städte innerhalb vorgegebener Strukturen zu reorganisieren, beabsichtigt die vorliegende Arbeit zeitlich räumliche Entwicklungsmuster des *städtischen Wohnsiedlungsgefüges* analytisch zu entschlüsseln. Methodischer Bezugspunkt und roter Faden der Analyse ist die Ökonomie des Wohnungsbestandes bzw. die Wechselbeziehung von Bestandsökonomie und sozialen sowie ökonomischen Veränderungskräften im städtischen Wohnungssektor.

Mein Hauptaugenmerk gilt zwei thematisch aufeinander bezogenen Schwerpunkten:

- erstens den ökonomisch und sozial bedingten Erscheinungsformen des sich abzeichnenden Umbruchs in der Entwicklung alter Städte, wobei ich mich auf die im Stadtraum dominante Wohnnutzung konzentriere. Der Realität in den Städten der Bundesrepublik Deutschland folgend, die – strukturell – bestimmt ist von marktvermittelten privatwirtschaftlichen Entscheidungen und nachrangig von staatlich-kommunalen Interventionen beeinflußt wird, geht die Untersuchung zunächst auf die Phänomene städtischer Wohnungs- und Immobilienmärkte ein. Die nachrangige Behandlung des staatlichen Einflusses bedeutet natürlich nicht, daß der Politik eine marginale Bedeutung zukommt. Es soll auch nicht der Eindruck erweckt werden, als sei das ökonomische Verhältnis wertneutral, unpolitisch. Aber Politik und Ökonomie stehen sich in der gesellschaftlichen Praxis äußerlich als getrennte und zugleich aufeinander bezogene Systeme (Markt und Staat) gegenüber. Die strukturelle Abhängigkeit staatlicher Politik von der Marktökonomie rechtfertigt es, das Gegeneinander von Kräften des ökonomisch-sozialen Wandels und Beharrens der Städte zunächst in seinen Trends unabhängig vom modifizierenden staatlichen Einfluß zu analysieren.

– Staatliche Politik ist ihrem Inhalt nach in den Verlauf der widersprüchlichen kapitalistischen Stadtentwicklung eingebunden, zugleich aber wegen der realen Verselbständigung des Staates gegenüber der Gesellschaft in der Lage, verschiedene Handlungsstrategien zu entwerfen. In einem zweiten Untersuchungsschritt sollen deshalb funktionale Bezugspunkte staatlichen Handelns im städtischen Veränderungsprozeß und spezifische Politikmuster der Regulierung der Bestandsanpassung dargestellt werden. Es ist dabei ein Ziel der Untersuchung, typische Problemlagen des Wandels zu präzisieren, hierauf bezogene alternative Ansätze marktbeeinflussender Politik zu erörtern sowie Grundlagen für eine kritische Auseinandersetzung mit der bestandspolitischen Praxis in Städten der Bundesrepublik Deutschland zu legen.

Eine solche Vorgehensweise scheint mir notwendig, weil die wissenschaftliche wie auch die politische Diskussion derzeit noch unter dem Mangel einer systematischen Analyse des Zusammenhangs von Bestandsökonomie und sich verändernden Rahmendaten der Stadtentwicklung leidet. Nur wenige in diese Richtung weisende Theorieansätze liegen bisher im deutschsprachigen Raum vor: Einige von gesellschaftlichen Rahmenbedingungen und räumlichen Allokationsprozessen abstrahierende Analysen behandeln die Bedeutung von Instandhaltungs- und Modernisierungsinvestitionen für Rentabilität, Restnutzungsdauer und Mietpreisentwicklung. Sie sind von ihrem Ansatz her objektbezogene wohnungswirtschaftliche Analysen.[3)] Weiter gehen Theorieansätze zur Erklärung des Entstehens von Slums und Sanierungsgebieten, wie sie z. B. von Westphal vorgestellt werden, oder Modelle des technisch-ökonomischen Alterungsprozesses von Wohnungsbeständen.[4)] Pannitschka entwickelt ein solches Modell, das sich jedoch auf hohem Abstraktionsniveau bewegt.[5)] Schließlich seien noch Untersuchungen erwähnt, die auf dem Filtering-Modell des Wohnungsmarktes aufbauend, wohnungspolitische Alternativen einer Wirkungsanalyse unterziehen,[6)] sowie Wanderungsstudien, die allerdings den Bestand als Determinante des Wandels von Stadtregionen nur am Rande behandeln.[7)]

Vor dem Hintergrund des genannten Theoriedefizits dient diese Arbeit dem Aufbau eines Theoriegerüstes zur Erklärung der beobachtbaren und derzeit viel beschriebenen Phänomene städtischen Wandels. In erster Linie werden von mir wohnungsmarkt- und standorttheoretische Ansätze für die Darstellung ökonomischer Gesetzmäßigkeiten der Transformation und für die Einschätzung der Wirkungsweise bestandsorientierter Politiken herangezogen. Als empirische Belege werden von Fall zu Fall sekundärstatistische Daten, insbesondere über Bestandsveränderungsprozesse, ausgewertet. Wegen der im bundesdeutschen Raum noch unentfalteten stadtökonomischen Diskussion beziehe ich mich vorwiegend auf theoretische Ausführungen aus dem anglo-amerikanischen Raum, wo die Theoriebildung zur zeitlich-räumlichen Entwicklung alter Stadtregionen schon vor Jahrzehnten ein hohes Niveau erreicht hat.

Die Untersuchung gliedert sich in vier Teile:
In *Teil I* werden Grundlagen der Bestandsökonomie aus Wohnungs- und Immobilienmarktprozessen abgeleitet. Insbesondere zwei Ansätze, das Filtering-Modell und das Modell einer räumlichen Arbitrage zwischen benachbarten Wohnungsteilmärkten, werden hinsichtlich ihres Erklärungsgehalts für die sozial determinierten ökonomischen Anpassungsvorgänge im Bestand diskutiert. In Ergänzung zum Filtering-Ansatz werden ökonomische Besonderheiten der Nutzung und Verwertung von Miet- und Eigentumswohnungsbeständen dargestellt. Das Arbitrage-Modell, das eine Sukzession der Nutzung von Boden und baulichen Beständen erklärt, wird vom Standpunkt der Bodenökonomie bzw. der Grundrententheorie einer kritischen Würdigung unterzogen. Mit beiden Modellen werden Varianten von Wohnungsmarktkonstellationen durchgespielt und Ansatzpunkte einer bestandsorientierten Politik, insbesondere für den Fall einer schrumpfenden ökonomischen Basis im städtischen Wohnungssektor, aufgezeigt.
Hierauf aufbauend konkretisiert *Teil II* Entwicklungslinien des städtischen Wohnungsmarktes in der Bundesrepublik Deutschland während der 70er und frühen 80er Jahre. Es wird an Hand von Zeitreihen über Wohnungsabgänge und Ersatzwohnungsbau versucht, die Hypothese einer außerordentlichen ökonomischen Stabilität im städtischen Wohnungsbestand zu verifizieren. In einer zweiten Zeitreihenuntersuchung wird der Frage nachgegangen, ob und inwieweit sich die nach dem Einbruch der Wohnungsbaukonjunktur Mitte der 70er Jahre beobachtbare Aufwertung städtischer Wohnquartiere (Modernisierung und Eigentumsmaßnahmen) empirisch als Umlenkung von Erweiterungsnachfrage in die Bestände interpretieren läßt.
Die in den beiden vorhergehenden Teilen zugunsten einer Funktionsanalyse von Bestandsmärkten noch weitgehend ausgeblendeten Rahmenbedingungen, die eine Umbewertung von kernstädtischen Wohnvierteln erklären könnten, werden in *Teil III* von drei weiterführenden Theorieansätzen erörtert.
Der erste, mit dem Filtering- und Arbitrage-Modell verwandte Ansatz leitet aus der fixem Kapital ähnlichen Verwertung von Wohnungsbeständen eine Wellenbewegung von historischer Dimension in der Entwicklung städtischer Siedlungsräume ab. Dieser unter dem Begriff *historische Theorie* bekannte Ansatz nimmt

an, in Analogie zum Filtering-Prozeß werde ein räumliches Marktungleichgewicht produziert, das aus sich selbst heraus Kräfte einer Wiederaufwertung der Kernstädte, gleichsam als ein um Jahrzehnte verzögertes Echo auf vergangene Stadtentwicklungsperioden erzeugt.

Die auf die Besonderheiten der Bestands- und Bodenverwertung eingehende Erklärung wird in einem zweiten Schritt ergänzt um Elemente der *Standorttheorie*. Erörtert wird, ob sich aus veränderten Nachfragebedingungen eine Reorientierung von Bevölkerungsgruppen auf ein Wohnen in Zentrumsnähe unter Verzicht auf die suburbanen Wohnweisen im Eigenheim ableiten läßt. In diesem Zusammenhang gehe ich insbesondere auf mögliche Folgen für die Wohnstandortwahl ein, die sich aus Auflösungserscheinungen der traditionellen Familienstrukturen und vom Lebenszyklus abhängigen Verschiebungen der Wohnpräferenzen ergeben können.

Zum Abschluß dieses Untersuchungsteils wird das städtische Wohnen in den Zusammenhang der ökonomischen Perspektive alter Zentren gestellt und erörtert, inwieweit die räumlichen Dezentralisierungstendenzen typischer städtischer gewerblicher Funktionen positiv und negativ auf das kernstädtische Wohnsiedlungsgefüge zurückwirken. Es werden standorttheoretische Argumente für eine Neuordnung des kernstädtischen Wohnsiedlungsmusters im Rahmen sich polyzentrisch umgestaltender Stadtregionen gesucht.

In *Teil IV* werden bereits vorher von Fall zu Fall angesprochene Friktionen und soziale Konflikte als Ansatzpunkt einer die Umwandlung des städtischen Nutzungsgefüges regulierenden staatlich-kommunalen Interventionspolitik behandelt. Diskutiert werden Ansätze der Kernstadtstabilisierung durch Begrenzung des Stadtwachstums, der Beschleunigung der Nutzungsanpassung durch staatliche Förderungsmaßnahmen, durch Überwindung von Marktexternalitäten und negativen externen Effekten des Wohnumfeldes und der öffentlichen Infrastruktur. Auf dem Feld der sozialen Regulierung werden eine soziale Mobilität einkommensschwacher Haushalte fördernden Politiken Ansätze einer sozial orientierten Politik des Bestandsschutzes gegenübergestellt und das Pro und Contra beider erörtert.

Am Beispiel der bundesdeutschen bestandsbezogenen Wohnungs- und Stadtentwicklungspolitik werden schließlich die methodischen Überlegungen zur bestandsbezogenen Stadtentwicklungspolitik konkretisiert und Hauptlinien einer Steuerung des ökonomischen Wandels und der sozialräumlichen Segregation im Bestand nachgezeichnet.

2. Determinanten der Entwicklungsdynamik des städtischen Wohnungssektors

Der Wandel städtischer Strukturen zeigt in älteren, nicht mehr oder nur noch langsam wachsenden Städten eine Fülle widersprüchlicher Erscheinungsformen. Im Wohnungssektor stehen dem Verfall und der Verslumung einzelner Stadtquartiere Modernisierung, Abriß und Wiederaufbau in anderen sowie die Erweiterung des Bestandes durch Wohnungsneubau gegenüber. Um aus der Vielzahl scheinbar zusammenhangloser Einzelerscheinungen ein Bild über die grundlegenden Tendenzen der heutigen Stadtentwicklung, insbesondere der Wohnsiedlungsstrukturen, zu gewinnen, wird es einerseits notwendig sein, diese Phänomene in Beziehung zu strukturellen Veränderungen in der städtischen Gesellschaft zu setzen. Andererseits wird der historisch gewachsene Wohnsiedlungsbestand als eine Determinante der Stadtentwicklung zu berücksichtigen sein, verhindert dieser doch eine umstandslose Befriedigung des sich wandelnden gesellschaftlichen Bedürfnisses in bezug auf Wohnstandort und Wohnqualität. Während die Wohnungsnachfrage ein aktuelles, zeitgemäßes Bedürfnis darstellt, verkörpert der vorhandene Wohnungsbestand ein Angebot aus vergangenen Stadtentwicklungsepochen mit einer geringer entwickelten technologischen Basis und einer, auch im Hinblick auf ihre Zahlungsfähigkeit, weniger differenzierten Wohnungsnachfrage. Ob sich der historische Bestand veränderten gesellschaftlichen Anforderungen an Wohnungstyp, Wohnungsgröße, Ausstattung, Wohnumfeld und Wohnstandort überhaupt anpassen läßt, und wenn ja, auf welchen Wegen und mit welcher Geschwindigkeit, sind heute zentrale Fragen der Stadtentwicklung. Die Bedeutung, die man diesem Problem inzwischen beimißt, spiegelt sich auch in der Stadtentwicklungspolitik, die sich mehr denn je mit Fragen der Stadterneuerung, der Stadterhaltung und des Stadtumbaus befaßt.
Ansatzpunkte zur Erklärung der Dynamik des städtischen Wohnungssektors können aus einer bestandsökonomischen Analyse gewonnen werden, der Analyse der Gebrauchswert- (Qualitäts-) und Tauschwertentwicklung des besonders langlebigen Konsumgutes Wohnung. Wohnungen ähneln in vielerlei Hinsicht Investitionsgütern, im Unterschied zu diesen werden sie aber nicht produktiv konsumiert, sondern gehen in den persönlichen Gebrauch der Haushalte ein. Damit ist die Bestandsökonomie ein Element des gesellschaftlichen Reproduktionsprozesses. In der Alterung und Entwertung, in der Modernisierung oder im Abriß und Wiederaufbau vollzieht sich also der gesellschaftliche Wandel der Städte in einer die Eigenarten der Bestandsökonomie berücksichtigenden Form. Bestandsökonomie kann weder auf ein technisch ökonomisches Problem reduziert werden, noch als eine bloße Funktion von Konsumenteninteressen begriffen werden.[1] Erst aus dem Zusammenspiel beider Seiten, der internen Funktionsbedingungen dieses Wirtschaftssek-

tors und der externen Rahmenbedingungen, ergeben sich ganz bestimmte Wandlungsmuster im städtischen Wohnungsbestand.
In einem System marktwirtschaftlicher Wohnungsversorgung, wie es in der Bundesrepublik Deutschland trotz weitreichender staatlicher Interventionen existiert, lassen sich Gesetzmäßigkeiten dieses Wandels als Ergebnis eines marktvermittelten Austauschs von Wohnungen zwischen Anbietern und Nachfragern darstellen. Der Markt fungiert dabei als ein Medium, in dem sich ex post entscheidet, ob geschaffene Wohnungen als Gebrauchswerte ein gesellschaftliches Bedürfnis befriedigen und zugleich ihren Warenwert realisieren können, ob z. B. der Bestand an Wohnungen durch Neubau erweitert werden muß oder ob Wohnungen aus der Nutzung herausfallen oder umgebaut werden müssen.
Die Untersuchung beginnt aus diesem Grunde mit einer Darstellung der Funktionsweise von Wohnungs- und Immobilienmärkten. Preisbildung, Quantität und Qualität des Wohnungsangebots werden unter Berücksichtigung einiger Marktdaten wie Realeinkommensentwicklung, Haushaltszahlen und Kostenentwicklung im Wohnungsneubau erörtert, wobei sich die theoretische Abhandlung zunächst auf Mechanismen von Anpassungsbewegungen der Nachfrage und des Angebots konzentriert. Nacheinander werden eine Reihe von Besonderheiten und daraus erwachsender Probleme des ökonomischen Ausgleichs beider Marktseiten abgehandelt:

- Zunächst wird in bewußter Vereinfachung der realen Verhältnisse unter ceteris paribus Bedingungen das Gut Wohnung als eine gewöhnliche Ware betrachtet, dessen wesentliche Besonderheiten in der Langlebigkeit und Heterogenität liegen.
- In den folgenden Abschnitten werden Besonderheiten analysiert, die sich aus der Spaltung des Wohnungsmarktes in einen Eigentums- und Mietwohnungsmarkt ergeben (Abschnitt 3) und
- Probleme, die mit der räumlichen Verortung von Wohnungsbeständen und der Bodenverwertung zusammenhängen, z. B. externe Effekte der Bodennutzung (Abschnitt 4).

2.1 Struktur von Bestandsmärkten – zum Erklärungsgehalt des Filtering-Modells

Nimmt man als Ausgangspunkt eine hypothetische städtische Gesellschaft, die ihrer ungleich verteilten Zahlungsfähigkeit entsprechend ungleich mit Wohnraum versorgt ist, so spricht man gemeinhin von einem Marktgleichgewicht, obwohl genau genommen die Märkte geräumt sind und alle Bestände verteilt sind. Reaktiviert wird der Markt im Falle einer Störung des ökonomischen Versorgungsgleichgewichts, wenn z. B. eine Zusatz- oder Ersatznachfrage auf die Märkte drängt. Zur Analyse und Formalisierung des dann einsetzenden, vom Marktpreis geregelten Prozesses wird in aller Regel das traditionelle mikroökonomische Theoriegebäude herangezogen. Für unsere Untersuchung von makroökonomischen Grundmustern städtischer Veränderungen ist dieser theoretische Ansatz allerdings wegen einer Reihe von Besonderheiten des Gutes Wohnung und daraus folgender Komplikationen auf den Märkten weniger geeignet.[2)]

a) Funktionsweise von Bestandsmärkten

In den traditionellen Preis-Mengenmodellen der mikroökonomischen Preistheorie wird in der Regel ein vom Preis geregelter Marktausgleich angenommen, bei dem Anbieter und Produzenten auf Abweichungen vom Marktgleichgewicht, z. B. auf Nachfrageverschiebungen, gesteuert von den Marktpreisen, kurzfristig mit einer Drosselung oder Ausweitung des *Produktionsausstoßes* und langfristig mit einer Veränderung der *Produktionskapazitäten* reagieren. Mikroökonomische Marktanalysen sind Periodenbetrachtungen, die in Preis-Mengen-Diagrammen die Veränderung von Angebot, Nachfrage und Preis eines Gutes zwischen zwei Zeitpunkten betrachten. Sie betrachten eine Zeitperiode von der Produktion bis zur abgeschlossenen Konsumption, berücksichtigen zumindest nicht die Möglichkeit eines Angebots von Beständen aus der Produktion vorheriger Perioden. Eine wesentliche Grundvoraussetzung der meisten mikroökonomischen Modelle ist deshalb die Annahme von Verbrauchsgütern oder Diensten, deren Lebensdauer die mikroökonomische Betrachtungsperiode nicht überschreitet.

Auf Wohnungsmärkten dominieren demgegenüber gerade Bestände gebrauchter Wohnungen, deren Produktionszeitpunkt in der Regel vor der betrachteten Zeitperiode liegt. Die *Dominanz von Beständen*, nur der geringste Teil, ca. 10 % des Gesamtangebots eines Jahres, stammt aus laufender Produktion, wäre lediglich bei extrem langen Analysezeiträumen von 80 und mehr Jahren vernachlässigenswert. Eine einperiodige Betrachtung über einen solchen Zeitraum ergibt allerdings keinen Sinn, weil sie sämtliche zwischenzeitlich eintretenden Veränderungen auf den Wohnungsmärkten nicht erfassen könnte. Die lange Lebensdauer von Wohnungen bringt es z. B. mit sich, daß sie während ihres ökonomischen Lebens mehrmals auf die Märkte zurückkehren können, wo sie als Gebrauchtwohnungen neu bewertet werden und neue Nutzer finden. Deshalb ist eine Abbildung des Wohnungsmarktes in Modellen, die Nachfrage und Angebot ohne Berücksichtigung existierender Bestände durch Preisanpassung zum Gleichgewicht führen, wenig sinnvoll.[3)] Natürlich lassen sich durch entsprechende Erweiterungen der mikroökonomischen Modelle auch Bestände aus Vorperioden in die Betrachtung einfügen. Dies versucht z. B. Friedman, der in mikroökonomischen Kategorien die Veränderung des Hausbestandes aus der Wohnungsbauproduktion und umgekehrt die Wohnungsproduktion aus den Angebots- und Nachfrageverhältnissen des Bestandsmarktes ableitet. Durch Verknüpfung zweier Preis-Mengen-Diagramme, des Bestands- und Neubaumarktes, ermittelt er für beide Märkte ein sich wechselseitig bedingendes Gleichgewicht.[4)]

Um die Vorgänge auf den städtischen Wohnungsbestandsmärkten einigermaßen

vollständig zu erfassen, muß ferner die *Heterogenität des Angebots*, d.h. die begrenzte Vergleichbarkeit verschiedenartiger Wohnungen, berücksichtigt werden. Abgesehen von der unterschiedlichen Lagequalität differieren Wohnungen hinsichtlich ihres Raumangebots, ihrer Ausstattung und des Wohnungstyps (Einfamilienhaus versus Geschoßwohnung). Es bilden sich Klassen oder Gruppen von mehr oder weniger miteinander vergleichbaren Wohnungen, die nicht ohne weiteres gegeneinander austauschbar sind. Dadurch zerfällt der einheitliche Markt in Teilmärkte, zwischen denen Substitutionsbeziehungen unvollkommen sein müssen und auf denen sich ein langfristiges Gleichgewicht nur allmählich herstellen kann. Die Abbildung einer solchen Marktstruktur stößt in der Mikroökonomie auf Schwierigkeiten, da diese von ihrem modelltheoretischen Ansatz her gezwungen ist, mit homogenen Gütern zu arbeiten. Bei mikroökonomischer Vorgehensweise müßte für jeden Teilmarkt ein eigenes Modell konstruiert werden.
Als dritte Besonderheit ist die *Veränderbarkeit der Bestände* hervorzuheben. Friedman bemerkt richtig: «Wenn die Wohnungen z.B. wie Holzschuppen konstruiert wären, die eine Zeitlang homogene Wohnleistungen erbringen, ohne Wartungskosten zu verursachen, bis sie schließlich zusammenbrechen und verfallen, dann brauchte man nur anhand der Zahl jährlich neugebauter Häuser die Anzahl an Neubauten festzulegen, die zur Erhaltung des Wohnungsbestandes notwendig war. In der Praxis sieht dies allerdings etwas anders aus.»[5)] Wohnungen können ähnlich wie Investitionsgüter durch Verschleiß, Veralterung oder durch Verbesserungsmaßnahmen verschiedene Qualitätsklassen durchlaufen und in ihrer Alterungsgeschwindigkeit beeinflußt werden. Bezogen auf den Wohnungsmarkt: Bestandsveränderungen können mit einer Umschichtung der Wohnungen im Laufe ihres Lebens von einem Teilmarkt zum anderen verbunden sein. Diese Prozesse verlaufen nicht autonom, sondern sind ebenfalls Teil der marktvermittelten Anpassung von Angebots- und Nachfragemengen.

Ein mikroökonomisches Modellsystem, das sich aus einer Vielzahl von Teilmodellen zusammensetzen müßte, um die genannten Aspekte ökonomischer Veränderungen im Wohnungsbestand abzubilden, wäre äußerst komplex und nur schwer zu handhaben. Zudem ist es nicht Absicht dieser Arbeit, exakt quantifizierbare Ergebnisse, wie sie die Mikroökonomie verspricht, vorzulegen, sondern Einsicht in die Logik des städtischen Veränderungsprozesses zu vermitteln. Alle genannten, aus der Eigenart des Gutes Wohnung herrührenden Besonderheiten der Marktanpassung werden demgegenüber von der *Filtering-Theorie* in einem überschaubaren Modell zusammengefaßt, das ausdrücklich auch mehrperiodig angelegt ist.
Von der Filtering-Theorie werden drei parallele Bewegungen unter Einbeziehung aller Marktsegmente des Wohnungssektors dargestellt:

1. eine Nachfragebewegung, die ihren Niederschlag in einer veränderten Belegung des Bestandes findet,

2. eine angebotsseitige Bewegung, die sich darstellt als Veränderung von Quantität und Qualität des Bestandes durch Neubau, Umwandlung, Abrisse und Bestandsinvestitionen,
3. eine Wertbewegung der Bestände.

In seinem marktökonomischen Kern beschreibt der Filtering-Ansatz einen *langfristigen Marktausgleich* auf von Beständen dominierten Märkten, den Wechsel von einem langfristigen Gleichgewicht zu einem anderen. Klammern wir hier den Mietwohnungsmarkt als einen ökonomischen Sonderfall und den räumlichen Aspekt von Wohnungsmärkten zunächst aus, so wird der Wechsel von einem langfristigen Gleichgewichtszustand zum anderen von einem Wertwechsel der Bestände reflektiert: Verändern Wohnungen ihren Wert, wechseln sie auch ihre Position innerhalb des Marktgefüges, sie filtern von einem Marktsegment zum anderen. Mit dem Begriff «Wert» bezeichne ich in diesem Zusammenhang den ökonomischen Status einer Wohnung, der im langfristigen Gleichgewicht mit seinem Preis übereinstimmt. Anders gesagt: Im langfristigen Gleichgewicht der Märkte weichen Preise und Bestandswerte nicht voneinander ab. Unter allen anderen Marktkonstellationen fallen Preis und Wert dagegen auseinander, bzw. oszillieren die Preise um den Wert als Bezugsgröße. Ist also die Differenz zwischen Nachfrage und dem Quantum angebotener Wohnungen bedeutend, wird auch der sich auf dem Markt einstellende Preis bedeutend nach oben oder unten vom Warenwert abweichen und nur, wenn Nachfrage und Zufuhr sich langfristig decken, werden Wohnungen zu ihrem Wert bzw. Gleichgewichtspreis verkauft.
Eine auf die Wertbewegung von Beständen bezogene, in sich schlüssige Definition des Filtering-Prozesses liefert Olsen. Seiner Definition zufolge «a dwelling unit has *filtered* if, and only if the quantity of housing stock (Wert, d.V.) contained in this unit has changed. A dwelling unit has *filtered up* if, and only if the quantity of housing stock contained in this unit has increased. A dwelling unit has *filtered down* if, and only if the quantity of housing stock contained in this unit has decreased.»[6)] Damit eine Wohnung herauffiltert, sind in der Regel werterhöhende und qualitätsverbessernde Instandsetzungs- und Modernisierungsarbeiten erforderlich, ein Herabfiltern oder eine Wertminderung ist in der Regel mit Desinvestitionen und Qualitätsverschlechterungen verbunden.
Olsen wählt als Bezugsgröße für die Messung des Filtering-Prozesses Neubaupreise bzw. Preisindizes für Neubauwohnungen und folgt damit der Realität, wo sich die Marktpreise für Bestandswohnungen langfristig an den Neubaupreisen orientieren müssen. Implizit nimmt er dabei an, daß auf Neubaumärkten, verglichen mit dem Wohnungsbestand, relativ problemlos ein Gleichgewicht gefunden wird, d.h. die Wohnungsproduktion flexibel der Nachfrage folgen kann und die durchschnittlichen Neubaupreise ihren Werten nahe kommen. In dieser Definition sind dem Filtering-Prozeß zwei Wertgrenzen gesetzt:

1. findet ein Herauffiltern langfristig dort sein Ende, wo der Bestandswert den Gleichgewichtspreis neuer Wohnungen in gleicher Qualität erreicht – dann wird die Neubautätigkeit angeregt.
2. hört das «filtering down» auf, wenn der Bestandswert gegen Null tendiert und die Wohneinheiten bestenfalls noch Schrottwert besitzen. Die Wohnungen fallen aus dem Markt.

Mit den beschriebenen Wertbewegungen des Bestandes wird eine langfristige, sich möglicherweise über mehr als ein Jahrzehnt hinziehende Anpassungsbewegung dargestellt. *Kurzfristige* Marktbewegungen von zwei bis drei Jahren zeigen vollkommen andere Reaktionen. Wegen der Starrheit langlebiger Bestände und des geringen Anteils der Neubautätigkeit im Verhältnis zum Gesamtangebot, ferner wegen der Marktsegmentierung kann das Angebot nur sehr unvollkommen der Nachfrage folgen. Kurzfristig reagiert es auf Preisveränderungen unelastisch, vor allem in Marktsegmenten, die nicht in unmittelbarer Beziehung zum Neubaumarkt stehen. Z. B. wird eine Nachfrageausdehnung auf einem Teilmarkt wie erwartet Preissteigerungen auslösen, im Unterschied zu Verbrauchsgütermärkten aber nicht von der Angebotsseite mit einer Mengenausweitung beantwortet sondern die Nachfrage zwingen, Mengenanpassungen vorzunehmen, d. h. bei steigenden Gebäude- und Wohnungspreisen Wohnflächen- und -qualitätsansprüche einzuschränken.[7)]Umgekehrt wird ein Nachfragerückgang einen entsprechenden Preisverfall bewirken, ohne daß die Zahl der Wohnungen entsprechend abnehmen kann. Da die vorhandenen Wohnungen am Markt verbleiben, ist kurzfristig eine Verknappung des Angebots nicht möglich, es kommt zur Bildung von Leerwohnungsbeständen, die nur teilweise von der Nachfrage absorbiert werden.

Das Angebot wird auf den Bestandsmärkten um so weniger reaktionsfähig sein, je schärfer die Wohnungsmarktsegmente gegeneinander abgeschottet sind oder je höher die ökonomischen Barrieren zwischen den Teilmärkten sind. Ist die Nachfrage in ihren Präferenzen eindeutig auf eine bestimmte Angebotsqualität festgelegt oder ist sie aufgrund ihres Einkommens und sozialen Status auf bestimmte Marktsegmente angewiesen, werden Wohnungen eines benachbarten Teilmarktes kaum Substitute für Wohnungen des eigenen Teilmarktes sein können. Es werden sich folglich im städtischen Gesamtmarkt Teilmärkte abgrenzen lassen, deren jeweilige Preise sich relativ unabhängig voneinander bewegen.

Das Ausmaß der Erstarrung städtischer Wohnungsteilmärkte läßt sich mit Hilfe von *Kreuzpreiselastitzitäten der Nachfrage* beschreiben, die angeben, inwieweit eine Preisveränderung im Submarkt A eine Zu- oder Abnahme der Nachfrage im benachbarten Teilmarkt B erzeugt. «If the impact on the second group were quite substantial, the two groups would be considered to be close substitutes. (...) if no impulse were transferred between the two groups, they would in completely separate markets.»[8)] Bei positiven Kreuzpreiselastizitäten herrscht eine mehr oder weniger vollständige Substitutionsbeziehung zwischen den Submärkten. Tendiert die Elastizität gegen Null, wird eine Unterbrechung der Preis-Nachfragebeziehung zwischen beiden Marktsegmenten angezeigt. Hampe meint, die im allgemeinen positiven Kreuzpreiselastizitäten ließen z. B. die Nachfrage nach Kleinwohnungen steigen, sobald die Preise für mittlere Wohnungen erhöht werden und umgekehrt würden weniger Kleinwohnungen gesucht, wenn aus irgendwelchen Anlässen die Mieten für mittlere Wohnungen sinken.[9)] Andere Autoren schätzen den Marktanpassungsprozeß weniger optimistisch ein; sie sind der Auffassung, Wohnungen seien wegen der Teilmarktbildung keine Güter mit hoher Substitutionselastizität für Wohnungen eines anderen Teilmarktes.[10)]

Zusammengefaßt: Betrachtet man ein kürzeres Marktintervall, d. h. eine Zeitperiode von wenigen Jahren, wird das Angebot auf den Bestandsmärkten unelastisch reagieren. Bei sich verändernden Marktdaten wird die Nachfrage gezwungen, sich den Preisbewegungen anzupassen (Einschränkung oder Ausdehnung der Wohnansprüche). Auf längere Sicht wird die vom Filtering-Ansatz dargestellte Möglichkeit einer Anpassung des Angebots an die Nachfrage in einem Teilmarkt durch Umschichtung von Wohnungsbeständen aus einem benachbarten Teilmarkt realisierbar. Langfristig läßt sich der von den Wohnungen repräsentierte Kapitalstock mehr oder weniger veränderten Nachfragebedingungen anpassen. In Olsens Definition des Filterprozesses «long-run shortages are eliminated by maintanance, repairs, alterations, and additions as well as by new construction.»[11)]
Das Filtering-Modell schließt in der beschriebenen, insbesondere von der räumlichen Dimension abstrahierenden Form die Möglichkeit eines Marktversagens aus. Marktversagen in einem streng ökonomischen Sinne läge nach meinen bisherigen Ausführungen lediglich unter der Bedingung vor, daß ein langfristiges Gleichgewicht via Filtering nicht eintritt, z. B. arme Haushalte permanent mehr für gleichwertige Wohnungen zahlen müßten als mittlere Einkommensbezieher. Eine solche Marktkonstellation wäre nur marktextern, z. B. durch die Wirksamkeit sozialer Barrieren, die eine Preis- und Mengendiskriminierung benachteiligter Sozialgruppen zuließe, zu erklären. In den Vereinigten Staaten hat man, die Ghettoisierung der schwarzen Bevölkerung vor Augen, eine derartige Hypothese an Hand des Verhältnisses von Marktsegmenten schwarzer und weißer Stadtbewohner zu verifizieren versucht. Es wurde vermutet, wegen sozialer und rassischer Diskriminierung seien die Schwarzen von weiten Teilen des Wohnungsmarktes ausgeschlossen gewesen und aufgrund von Mengendiskriminierung in abgeschottete Submärkte abgedrängt worden, wo ein von den übrigen Teilmärkten abweichender Preis verlangt worden sei.[12)] Eindeutig nachweisen ließ sich der Zusammenhang nicht. Bourne interpretiert z. B. die Preis-/Mengendiskriminierung der Schwarzen auch als eine Folge des interregionalen Zuwanderungsstroms in die Großstädte des Ostens der USA während der 50er und 60er Jahre. Erst die Kombination einer extremen Nachfragesteigerung innerhalb bestimmter Teilmärkte mit verschiedenen Formen sozialer und

rassischer Diskriminierung habe seiner Meinung nach den Wohnungsanbietern die Macht verliehen, einen besonderen Preiszuschlag von den Zuwanderern zu verlangen.[13)] Aber selbst wenn die Wohnungsmärkte langfristig durch Austausch von Beständen zwischen den Teilmärkten zu einem Gleichgewicht finden, bleiben kurzfristige Funktionsprobleme, die, gemessen am Wohnbedarf der Haushalte, recht dauerhaft sind, bestehen. Wohnungssuchenden Haushalten nützt in der Regel ein funktionierender Filtering-Prozeß wenig, da sie ihren Wohnungsbedarf jetzt und nicht erst nach mehreren Jahren befriedigen wollen.

b) Filtering und Wertbewegung des Bestandes
Den Filtering-Prozeß darf man sich nicht so vorstellen, als ob die Eigentümer den gesamten Wohnungsbestand zum Zwecke einer Neubewertung und qualitativen Umgestaltung in einem bestimmten Rhythmus immer wieder von neuem auf den Wohnungsmärkten anbieten müßten. Um die ökonomische Position einer nicht selbst auf dem Markt vertretenen Wohnung zu bestimmen, reicht es in der Regel aus, eine relevante Fraktion der jeweiligen Bestandsgruppe auf den Märkten neu zu bewerten und damit Richtmarken für den übrigen Bestand zu setzen, an denen sich das Investitionsverhalten aller Wohnungseigentümer orientieren kann. Grigsby hat für beide Vorgänge die Begriffe «market filtering» und «non market filtering» geprägt, obwohl auch der letztere eine Marktentwicklung reflektiert. Eine Unterscheidung ist gleichwohl sinnvoll, da die Stadt und der Wohnungsbestand hauptsächlich durch das «market filtering» dynamisierende Impulse erhalten. Ein geringer Marktumschlag von Wohnungen und eine große Seßhaftigkeit der Bevölkerung sind sowohl Indizien für die soziale Stabilität bestimmter Quartiere als auch für die Wertbeständigkeit des Bestandes, während ein vermehrter Austausch von Beständen untrügliches Kennzeichen einer Dynamisierung der Bestandsökonomie und der sozialen Belegungsmuster ist.

Mechanismen der Bestandsentwertung:
In der Literatur wird der Filtering-Prozeß meist als ein Prozeß der Entwertung und des Verfalls von Beständen bzw. eines Abstiegs von Wohnungen in der Markthierarchie dargestellt. Dabei wird unterstellt, marktwirtschaftlich werde Wohnungsneubau primär für die wohlhabenderen Bevölkerungsschichten errichtet, während die anderen Bevölkerungsgruppen auf den preisgünstigeren, sich in sehr langen Fristen entwertenden Bestand an Gebrauchtwohnungen angewiesen sind.[14)] Zwei Varianten des Marktablaufs sind unter dieser Prämisse möglich:

1. kann der Neubau teurer Wohnungen in den besten Qualitätsklassen ein Überangebot an Wohnungen entstehen lassen, das Preisdruck auf die darunter liegenden Bestände ausübt, eine Nachfrage in unteren Marktsegmenten stimuliert und langfristig eine Wertminderung der im Preis gedrückten Bestände bewirkt.

2. kann eine Ausdehnung der Nachfrage in unteren Marktsegmenten Druck auf benachbarte Wohnungsteilmärkte ausüben und über entsprechend *hohe* Preisgebote ein «filtering down» besserer Bestände, ihre langfristige Entwertung und als Kompensation für herabgefilterte Bestände möglicherweise Wohnungsneubau an der Spitze des Marktes anregen.

Zur ersten Variante. Sie nimmt in der wissenschaftlichen Diskussion den breitesten Raum ein. Ihre zentrale Hypothese ist, wohlhabendere Familien würden sich ähnlich wie auf anderen Märkten dauerhafter und teurer Konsumgüter (Automobilmarkt) periodisch Ersatzwohnungen leisten, ihre bisherige Wohnung als Gebrauchtwohnung anbieten und dadurch eine Kette von Anpassungsbewegungen der Angebotsmenge in allen Bestandsteilmärkten anregen. Lowry beschreibt die sich aus einem ergänzenden Wohnungsneubau der höchsten Qualitätsstufe ergebenden Konsequenzen für den Wohnungsmarkt und die Wertentwicklung des Bestandes folgendermaßen: «As top-bracket occupants periodically insist on *new* housing their former dwelling enter the used-house market. Because the supply (standing stock) in the second quality bracket is now increased relative to the demand (number of households) the prices of all dwelling units in this quality bracket will fall, wether there is any further quality decline or not. This price decline would continue until some of the occupants of the third quality stratum took advantage of the low market to improve their housing standards. Thus value depreciation would be propagated throughout the entire inventory.»[15)]
Zur zweiten Variante. Ihr Ausgangspunkt ist nicht ein Überangebot guter Wohnungen, sondern die, vor allem während städtischer Wachstumsphasen, realistischere Situation einer expandierenden Nachfrage im Segment der unteren Qualitätsklassen. Ein Marktungleichgewicht dieses Typs löst sich wegen der Starrheit der Angebotsmengen im Bestand nur unter Hinnahme großer ökonomischer Belastungen für die Wohnungssuchenden auf: Zunächst werden in den betroffenen Teilmärkten Preissteigerungen durchsetzbar, Mengenanpassung unterbleibt wegen der Barrieren zwischen den Teilmärkten, die Nachfrager werden als Reaktion auf gestiegene Preise ihre Ansprüche einschränken oder ihr Budget umschichten müssen. Erst allmählich werden sich die Märkte entspannen, nachdem Mengenreaktionen der Angebotsseite fühlbar geworden sind und Bestände aus benachbarten Wohnungsteilmärkten zu den Nachfrageschwerpunkten filtern: Wegen steigender Preise in den unter Nachfragedruck stehenden Teilmärkten lohnt es sich ökonomisch, Wohnungen teils aus tiefer liegenden Marktsegmenten herauffiltern zu lassen (Instandsetzungsmaßnahmen) und teils aus höheren Marktsegmenten herabfiltern zu lassen (Aussetzen von Instandhaltung, Wohnungsteilungen). Vorherrschen wird ein «filtering-down», sofern die Nachfrage sich auf einfache Kleinwohnungen am unteren Marktende konzentriert. Weil die Angebotsreaktion in einem Teilmarkt ein Ungleichgewicht in einem anderen erzeugen muß, pflanzt sich der Ausgleichsprozeß

von unten nach oben innerhalb des Gesamtmarktes fort. In einer Kette von Anpassungsbewegungen kann sich der Impuls nach längerer Zeit schließlich bis in jene Marktbereiche ausbreiten, wo Wohnungsneubau angeregt wird. Nun erst findet der Gesamtmarkt zu einem neuen Gleichgewicht.
Beide Varianten der Marktdynamik spielen in der wohnungs- und stadtentwicklungspolitischen Diskussion und Praxis eine bedeutende Rolle.
Die erste Variante wird z. B. in der Bundesrepublik von der offiziellen Wohnungspolitik als soziale Alternativstrategie zum öffentlich geförderten Wohnungsbau gepriesen, um einen Rückzug aus der öffentlichen Wohnungsbauförderung zu rechtfertigen. Argumentiert wird, das «filtering-down» der Bestände ließe sich mit einem «filtering-up» der Bewohner verkoppeln. Preissenkungen im Bestand könnten für eine qualitativ bessere Versorgung auch ärmerer Haushalte genutzt werden.[16] Vernachlässigt werden in solchen Argumentationen wohl nicht ohne Grund die unterschiedlichen Wirkungen einer derartigen Politik bei kurzfristiger und langfristiger Betrachtung. Während bei zeitlich nicht allzu ausgedehnter Betrachtung in der Tat positive Effekte von einem Wohnungsüberschuß erwartet werden können, verkehren sich diese Effekte, wie ich bereits ausgeführt habe, bei einer Langzeitbetrachtung in ihr Gegenteil. In diesem Fall wäre eine Preissenkung nur die Vorstufe zu einer später einsetzenden Qualitäts- und Wertminderung. Der erreichte Vorteil wäre nicht stabil. Lediglich in jüngeren Beständen findet sich die wohnungspolitische Filtering-Hypothese partiell bestätigt, da hier wegen der noch guten Ausgangsqualität der Bestände kaum Qualitätsminderungen bei einem Verzicht auf Instandhaltungsmaßnahmen eintreten. In den ersten 10 bis 20 Jahren ihres Lebens sind Wohnungen in aller Regel noch in einem Zustand, der die Bestandsqualität weitgehend unbeeinflußt vom Ausmaß der Reinvestitionen läßt. Im älteren Hausbestand wird demgegenüber die Reparatur- und Pflegebedürftigkeit zunehmen und der Instandhaltungsaufwand zu einem Parameter der Anpassung von Qualität und Gebäudewert an die Nachfrage. Wie später gezeigt wird, ist diese Angebotsreaktion vor allem im Mietwohnungssektor verbreitet. Langfristig wird diese Filtering-Variante nicht der sozialen Wohlfahrt dienen können und, wie Wohnungspolitiker erhoffen, die Wohnungsversorgung der Ärmeren wesentlich verbessern, sondern stadtentwicklungspolitisch unerwünschte Verfalls- und Verslumungsprozesse fördern: «Rapid deterioration of the housing stock would be the cost to the community of rapid depreciation in the price of existing housing.»[17]
Die wohnungspolitische Thematisierung gerade dieser Marktvariante hat noch einen anderen Hintergrund. Aufgrund von Bau- und Wohnungsordnungen sind heute die Mindeststandards von Wohnungen so hoch, daß die über den Markt stimulierte Neubauproduktion auf Qualitätsklassen für wohlhabendere Bevölkerungskreise begrenzt ist. Die verbindliche Festlegung von Mindeststandards versteht sich als Mittel zur Verbesserung der städtebaulichen Situation und zur allgemeinen Verbesserung der Wohnverhältnisse, indem der Bau von Substandardwohnungen unter-

bunden wird. Sie verweist alle Haushalte, denen nun der Zugang zu den Neubaumärkten versperrt ist, automatisch auf das Bestandsangebot. Die beschriebene Filtering-Variante reflektiert also auch eine durch politische Interventionen geschaffene Marktkonstellation.
Ökonomen weisen allerdings auf die Kurzsichtigkeit einer alleinigen Politik der Standardfestsetzungen hin. Der Mangel würde nur andere Erscheinungsformen annehmen; anstelle des Neubaus von Einfachwohnungen würde nun verstärkt ein «filtering down» von Beständen einsetzen und ein qualitativ minderwertiges, d. h. schlecht instandgehaltenes, überbelegtes Angebot aus dem Bestand geschaffen werden. Standardfestlegungen würden neue Fehlentwicklungen fördern, solange nicht flankierend Maßnahmen zur Glättung von Einkommensdisparitäten hinzuträten,[18] und zwar in einer Größenordnung, die es allen Stadtbewohnern gestattet, sich über dem Mindeststandard liegende Wohnungen zu leisten.

Mechanismen der Bestandsaufwertung:
Die in der Geschichte der Stadtentwicklung bisher dominierende wohnungsmarktvermittelte Bewegung eines «filtering down» der Bestände läßt sich unter bestimmten Marktbedingungen auch umkehren. Eine maßgebliche Bedingung der Wiederaufwertung von Beständen ist z. B. das Ausbleiben preisdrückender Angebotsüberschüsse. Eine weitere ein Nachfragerückgang im Teilmarkt der unteren Qualitätsklassen und damit das Freiwerden von Beständen, die sich auf höhere Qualitäts- und Wertstufen umschichten lassen, ohne an anderer Stelle Ungleichgewichte und Gegenbewegungen zu erzeugen. Schwerlich kann man sich z. B. eine Regeneration von Beständen vorstellen, solange mittellose Haushalte zahlreich in die Städte zuwandern und dort eine Nachfrage nach einfachen, preiswerten Wohnungen entfalten. Unter solchen Bedingungen müßte vielmehr der oben dargestellte Abwärtstrend auf den Bestandsmärkten das Angebot auf unteren Submärkten ausdehnen und als Kompensation Wohnungsneubau in den höheren Qualitätsklassen anregen. Aus der inneren Logik des «market filtering» ergibt sich, daß in Phasen des Stadtwachstums und hoher interregionaler Wanderungsüberschüsse die Chancen für eine Wiederaufwertung der Bestände ungünstig stehen. Dagegen wird ein Bevölkerungsrückgang in Verbindung mit einer positiven Realeinkommensentwicklung bei den verbliebenen Bewohnern einen Bedarf nach besseren Wohnungen erzeugen, der zumindest teilweise im Bestand befriedigt werden kann.
Die Bestandsaufwertung läßt sich in Analogie zur Bestandsentwertung am einfachsten als eine von der Spitze her einsetzende Veränderung des Marktes erklären. Hier stehen marktrational handelnde Wohnungsnachfrager vor der Alternative, in Neubauten oder aufgewertete, d. h. modernisierte und instandgesetzte Altbauten zu ziehen. Sie werden sich für die zweite Möglichkeit entscheiden, sofern qualitativ gleichwertige Bestände preiswerter als Neubauten zu erwerben sind, und Kapital wird in die Modernisierung von Beständen fließen, sofern die Nettoerlöse – die Dif-

ferenz zwischen Kosten und Erträgen – hier über denen des Neubaus liegen. Eine derartige Preis- und Gewinnkonstellation reflektiert Ungleichgewichte zwischen dem Neubau- und Bestandsmarkt, deren Ursprung in der Entspannung des Bestandsmarktes zu suchen ist. Auf letzterem müssen die Wohnungspreise unter ihren Wert gefallen sein, was wiederum nur bei einem Überschuß an Beständen möglich ist.
Je nach Länge der Betrachtungsperiode lassen sich auch hier verschiedene Phasen des Marktausgleichs bestimmen: Bei niedriger Kreuzpreiselastizität der Nachfrage können die Wohnungssuchenden des Marktsegments mit einem Überangebot aus fallenden Preisen zunächst Vorteile ziehen, mehr Wohnfläche und bessere Wohnungen erwerben oder Geld beim Erwerb von Wohnungen sparen. Ein solches, der Starrheit des Submarktes geschuldetes Gleichgewicht ist jedoch nicht von Dauer. Langfristig findet ein Transfer von Wohnungen zwischen den Teilmärkten statt. Einkommensstärkere Haushalte übernehmen einen Teil des Bestandes, indem sie Wohnungen durch Modernisierung und Instandsetzung in ihr Marktsegment mit qualitativ besseren Beständen herauffiltern lassen. Möglicherweise wird dadurch ein Teil der Altansässigen in das nächst tiefere Marktsegment abgedrängt, was wiederum um so leichter durchsetzbar ist, je preisgünstiger die dort angebotenen Bestände sind. Die Abgedrängten könnten nun ebenfalls Verdrängungsdruck durch Überbieten ausüben und eine weniger aufwendige Modernisierung von Beständen anregen, also Wohnungen in ihren Teilmarkt transferieren. Dieser Prozeß wird erst nach dem Ausschöpfen des verfügbaren Angebotspotentials zum Stillstand kommen, nach einem Preisanstieg, der eine Marktverhärtung anzeigt.

2.2 Auswirkungen von technischen Innovationen und Nachfrageverschiebungen

Die beschriebenen Mechanismen der Bestandsökonomie werden nun durch ein ganzes Bündel von Variablen beeinflußt. Die Zahl der zu versorgenden Haushalte, ihre Realeinkommen und Präferenzen berühren ebenso wie Veränderungen der Neubaukosten und Innovationen bei den Bauformen und Wohnweisen den Verlauf der Qualitäts-, Quantitäts- und Wertveränderungen von Beständen. Einige dieser Variablen sollen im folgenden hinsichtlich ihrer Auswirkungen auf die Bestandsökonomie daraufhin abgefragt werden, welche möglichen langfristigen Entwicklungen im städtischen Wohnungs- und Siedlungsbestand bei bestimmten Variablenkonstellationen eintreten können.

a) Innovationen im Wohnungsneubau

Da Bestandswerte letztlich am Marktwert von Neubauten gemessen werden, gehen von Schwankungen der Neubauwerte auch Filtering-Effekte aus. Z. B. können Produktivitätsfortschritte im Baugewerbe die Wohnungsmärkte dynamisieren, sofern eine Einführung neuer Produktionstechniken sich kostensenkend bei der Herstellung eines Neubaus auswirkt. Neubauwohnungen können preisgünstiger als vorher angeboten werden. Dadurch wird die Nachfrage angeregt. Und weil die Bauproduzenten und Neubauanbieter wegen der vom Bestand zunächst vorgegebenen Preise noch über ihren Kostpreisen liegende Marktpreise durchsetzen können, winken in diesem Sektor Extraprofite, die flüssiges Kapital in den Wohnungsbau locken und einen Neubauboom anregen können. Hat der Wohnungsmarkt schließlich sein langfristiges Gleichgewicht gefunden, werden Neubauten nur noch ihren Wert (Kostpreis einschließlich eines Durchschnittsprofits) realisieren, und die Bestände werden Werteinbußen erlitten haben.

Solche Produktivitätseffekte lassen sich in fast allen Sektoren der Güterproduktion beobachten, doch setzen sie sich nicht in allen gleichmäßig durch. Im Wohnungssektor haben sich im Laufe der Zeit die Herstellungstechniken ebenfalls gewandelt, gleichwohl sind im Unterschied zu anderen Branchen in der Bauwirtschaft, soweit sie im Wohnungsneubau tätig ist, eine branchenspezifisch niedrige organische Zusammensetzung des Kapitals, eine hohe Lohnintensität bzw. ein geringer Industrialisierungsgrad erhalten geblieben. Während in anderen Branchen der Herstellungsaufwand pro Produkt laufend gesenkt wurde, blieb der Anteil lebendiger Arbeit an der Herstellung des Produkts im Bausektor immer weit über dem Durchschnitt.[19] Dies schlägt sich auch in der Preisentwicklung nieder. Verglichen mit den Lebenshaltungskosten (Durchschnittspreis eines bestimmten Warenkorbs an Konsumgütern) lagen in der Bundesrepublik Deutschland die Baupreissteigerungen bis Ende der 70er Jahre immer weit über dem Durchschnitt: Zwischen 1962 und 1978 waren es 137 %, bei den allgemeinen Lebenshaltungskosten (für einen 4-Personen-Arbeitnehmerhaushalt) dagegen lediglich 80 %. Diese Entwicklung kommt Eigentümern von Wohnimmobilien zugute, deren Kapitalanlage im Wohnungsbestand sich durch Wertbeständigkeit auszeichnet. Auf der anderen Seite werden ärmere Haushalte benachteiligt, weil auf diesem Preisniveau einer Nachfrageexpansion Schranken gesetzt sind. Die produktivitätsbedingte Kostenstruktur im Wohnungsbau dürfte ein entscheidender angebotsseitiger Grund sein, weshalb die «Wohnungsfrage» bis heute virulent geblieben ist und das Thema der Wohnkostenbelastung pro Haushalt die wohnungspolitische Diskussion bis heute beherrscht, während in anderen Sektoren dauerhafter Gebrauchsgüter produktivitätsbedingte relative Preissenkungen sogar ehemalige Luxusgüter zu Gütern des Massenkonsums gemacht haben.
Die Wertbewegung des Bestandes ist auch determiniert durch den Nutzen, den er im Vergleich zu Neubauten bietet. Verbesserungen im Design, bei den Bau- und Wohnformen sowie bei den Ausstattungstechniken, die Auflösung traditioneller Wohnstandortkonstellationen können Wohngebäude während ihres langen Lebens veralten lassen. Der hiervon ausgehende Entwertungseffekt ist bedeutsamer als der vom Produktivitätsfortschritt in der Bauindustrie. Nutt u. a. sprechen in diesem Zusammenhang von einer Veralterung und Entwertung als Folge des gesellschaftlichen Fortschritts[20], der zum Zeitpunkt der Herstellung und räumlichen Fixierung

der Gebäude noch nicht erkennbar ist. Wie extrem sich die Bedingungen für eine Nutzung alter Bestände verändern können, läßt sich an der Entwicklung des städtischen Wohnungssektors in den letzten 80 bis 100 Jahren ablesen. «There have been significant changes in the lifetime of most of our housing inventory, in heating and lighting systems, plumbing, the arrangement of rooms and the efficient utilization of space, general coordination with and provision for modern appliances and modes of familiy life.»[21] Soweit die Veralterung in der Struktur, Gestalt und Lage des Gebäudes angelegt ist, tritt eine unwiderrufliche «moralische» Entwertung ein, ein substantieller Teil kann aber auch durch Umbau und Modernisierung der alten Substanz aufgefangen werden. Es bereitet z. B. keine großen Schwierigkeiten, veraltete technische Installationen gegen moderne auszuwechseln.
Nicht zu vernachlässigen sind auch andere, Wohngebäude nicht unmittelbar berührende, technische Veränderungen, z. B. der Kommunikations- und Transporttechnik während der letzten Jahrzehnte, von denen ganz erheblich Rückwirkungen auf Bau- und Wohnformen ausgegangen sind. Hierunter hat nach dem zweiten Weltkrieg insbesondere der alte städtische Geschoßwohnungsbestand gelitten, der einer scheinbar unumkehrbaren moralischen Entwertung aufgrund eines allgemeinen Trends zum Eigenheim ausgesetzt war. Die Großstadträume der Vereinigten Staaten waren hiervon besonders betroffen, wo sich die Wohnform des Eigenheims in den Suburbs teils wegen niedrigerer Baukosten, teils wegen des Reifegrads eines auf dem Automobil aufbauenden Transportsystems und nicht zuletzt wegen der großen Nachfrage einer im Wohlstand lebenden breiten Mittelschicht früher und schneller verbreitet hat als in europäischen Stadtregionen.[22] Läßt der Wandel von Wohnformen und Bauweisen unter anderen historischen Rahmenbedingungen geschaffene Bestände veralten, kann der Preis- und Wertverfall in der Regel auch nicht mit Renovierungsmaßnahmen aufgehalten werden. Die Kosten werden von den realisierbaren Preissteigerungen voraussichtlich nicht gedeckt. Hauseigentümer werden dann eher geneigt sein, mit dem Mittel der Desinvestition ihren Bestand auf niedrigere Wertstufen herabfiltern zu lassen. Allerdings deutet sich in der jüngsten großstädtischen Renaissance auch die Möglichkeit einer Umkehrung des Veralterungsprozesses an, die Möglichkeit, bisher gering geschätzte Quartiere durch Modernisierung und Umbau auf den neuesten Stand des technischen Ausbaus und der Wohnbedürfnisse zu bringen. Welche Bedingungen eine solche Trendwende der Stadtentwicklung begünstigen konnten, wird noch an anderer Stelle eingehend erörtert.[23]

b) Bestandsentwicklung in einer stabilen Gesellschaft

Zum Verständnis der Alterung und Wertbewegung im Bestand ist die Variabilität der Nachfrage ebenfalls mitzuberücksichtigen. Regionale Wanderungsbewegungen, im Zeitverlauf sich ändernde Geburten- und Sterberaten, Veränderungen in der Haushaltsgrößenstruktur und vor allem der persönlichen Realeinkommen sind zwar

nicht wertbestimmend, sie beeinflussen jedoch Quantum und Qualität der nachgefragten Wohnungen und auf diese Weise die Ökonomie der Bestände. Zur Erläuterung der Wirkungsweise von Nachfrageveränderungen wird zunächst von einer stabilen Gesellschaft ausgegangen, d. h. einer Gesellschaft, die adäquat versorgt ist und deren Zusammensetzung und Einkommensverhältnisse unverändert bleiben. In einer solchen Gesellschaft wird der Filtering-Prozeß primär vom physischen und moralischen Verschleiß der Bestände angeregt. Nur unter diesen Bedingungen kann Nachfrage nach Ersatzwohnraum entstehen und sofern sie befriedigt wird, das Filtering stimuliert werden. Fehlt der Ansporn zum Neubau, weil weder Stilwandel noch technische Veralterung Wohnungsinhaber zum Umzug in einen Neubau bewegen können, wird der physische Verfall durch Instandhaltung aufgehalten; Bestände werden auf der einmal erreichten Wertstufe gehalten, und die Bauwirtschaft wird vorwiegend für die Instandhaltung des bestehenden Angebots tätig.
In einer statischen Gesellschaft hängt die Menge der z. B. innerhalb eines Jahres gebauten Wohnungen und mithin die Entwertungsgeschwindigkeit und Lebensdauer des Bestandes letztlich von zwei Variablen ab:
- von der Zahl der Haushalte, die sich eine Neubauwohnung leisten
- und vom durchschnittlichen Zeitintervall, in dem alternde Wohnungen sich als gleichwertig gegenüber Neubauten behaupten können.

Ihr Zusammenspiel und ihre Auswirkungen auf die durchschnittliche Lebensdauer einer Bestandswohnung lassen sich in einer zweidimensionalen Matrix darstellen.

Abbildung 1

Alterungsmatrix des Wohnungsbestandes

Anteil der Familien, die sich eine Neubauwohnung leisten können in v. H.	*Jahre, während der eine Bestandswohnung gegenüber einer Neubauwohnung konkurrenzfähig ist*							
	10	*20*	*30*	*40*	*50*	*60*	*70*	*80*
	Durchschnittliche Lebensdauer des Bestandes (Jahre)							
10	100	200	300	400	500	600	700	800
20	50	100	150	200	250	300	350	400
30	34	67	100	134	167	200	234	267
40	25	50	75	100	125	150	175	200
50	20	40	60	80	100	120	140	160
60	17	33	50	67	83	100	117	133
70	14	29	43	57	71	86	100	114
80	12	25	37	50	62	75	87	100
90	11	22	33	44	55	66	77	88
100	10	20	30	40	50	60	70	80

Quelle: Grigsby, W. G., Housing Markets and Public Policy, a. a. O., S. 117

Obwohl diese Zusammenhänge in der Realität natürlich nie in reiner Form auftreten, läßt sich aus der Matrix entnehmen, daß die Geschwindigkeit der Bestandsentwertung entscheidend von der Fähigkeit der Gesellschaft abhängt, neue Wohnungen zu bezahlen und vom Ausmaß ihrer Bereitschaft, nach einer bestimmten Zeit den alternden Bestand gegen einen Neubau auszutauschen. Je weniger die Konsummuster dem Neuen und Andersartigen zugewandt sind, desto weniger werden auch die Bestände veralten.[24)]

c) Bestandsökonomie als Funktion von Einkommensveränderungen

Die in der Matrix dargestellte Gesetzmäßigkeit erfährt durch Einkommensveränderungen eine Dynamisierung, vorausgesetzt, die Wohnungsnachfrage reagiert elastisch auf die Einkommensentwicklung. Eine derartige Beziehung kann empirisch als gesichert gelten: Für den bundesdeutschen Mietwohnungsmarkt liegen z. B. geschätzte Funktionen vor, die die Wohnflächennachfrage und die Mietausgaben aller Haushaltstypen in Abhängigkeit vom Nettoeinkommen beschreiben und zu dem Ergebnis kommen, daß die Elastizitätskoeffizienten mit dem Einkommen steigen.[25)]
Bei der Eigentumswohnungsnachfrage ist diese Beziehung zwar weniger deutlich, weil hier neben dem Einkommen auch die Vermögensverhältnisse eine Rolle spielen und die Umzugsmobilität der Haushalte wesentlich geringer als im Mietwohnungssektor ist. Gleichwohl gibt es auch hier einen positiven Zusammenhang zwischen der Höhe der Wohnkosten und dem Haushaltseinkommen.
Modellhaft sollen zunächst Effekte einer Einkommenssteigerung erörtert werden und anschließend die eines allgemeinen Einkommensrückgangs. Der Einfachheit halber wird, um den Effekt einer einkommensabhängigen Dynamisierung des Wohnungsmarktes nachvollziehen zu können, die Einkommensverteilung an zwei Zeitpunkten miteinander verglichen. Folgt man den beiden Variablen, wie sie der Alterungsmatrix in Abbildung 1 zugrunde liegen, werden Einkommenssteigerungen auch die Zahl potentieller Nachfrager am Neubaumarkt erhöhen. Gleichzeitig wird die Einkommensgruppe, die sich bisher schon Neubauwohnungen als Ersatz für ihre alternden Bestandswohnungen geleistet hat, in die Lage versetzt, höherwertige Wohnungen nachzufragen und wachsende Qualitätsansprüche zu befriedigen. Auch die auf Bestände angewiesene Nachfrage wird ihre Qualitätsansprüche steigern können und im Altbaubestand Wohnwertverbesserungen anregen. Dies insbesondere dort, wo historisch bedingt nur ein kleines Segment mittlerer bis guter Bestandswohnungen existiert, z. B. in Städten mit einem großen Anteil einfacher Gründerzeitquartiere.
Die Effekte einer Einkommenssteigerung auf die Bestandsökonomie sind gleichwohl nicht eindeutig: Auf der einen Seite wird eine tendenzielle Verjüngung und qualitative Verbesserung des Bestandes angeregt, auf der anderen Seite wird mit dem Auftreten zusätzlicher Haushalte auf dem Neubaumarkt, wie der Matrix zu entnehmen ist, aber auch die durchschnittliche Lebensdauer einer Wohnung ver-

kürzt. Bezugnehmend auf diesen Widerspruch zieht Grigsby den Schluß, beide Tendenzen könnten sich gegenseitig aufheben:
«On the one hand, as income rise, the period during which an existing dwelling could remain competitive with new units would seem to be shortened. Since, however, increased earnings are known to result in higher-quality construction and in greater expenditures on maintanence and improvement, there are grounds for expecting a lengthening of the housing life cycle.»[26]
Ein genaueres Bild über gegensätzliche Effekte eines einkommensinduzierten Nachfragewachstums auf das Qualitäts- und Wertspektrum des Angebots kann modellhaft an Hand einer Verteilung der Wohnungsnachfrage auf Preis- und Qualitätsklassen des Wohnungsbestandes dargestellt werden. Die Verteilungskurve ist zugleich ein Ausdruck der Einkommensverteilung, insofern die Einkommensgruppen jeweils einen bestimmten Anteil ihres Budgets für das Wohnen ausgeben.[27]

Abbildung 2

Verteilung der Wohnungsnachfrage bei ungleicher Einkommensverteilung im Zeitpunkt t_o unf t_1

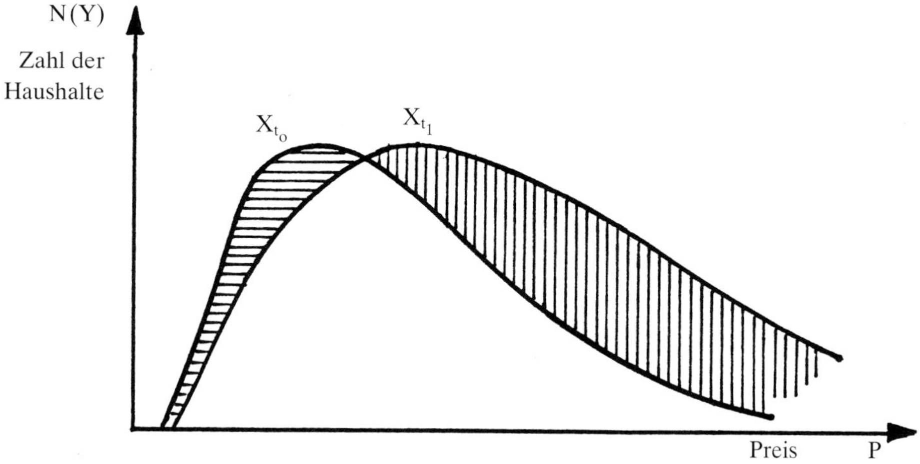

X_{t_o} Verteilung der Wohnungsnachfrage auf den Wohnungsbestand zum Zeitpunkt t_o

X_{t_1} Verteilung der Wohnungsnachfrage auf den veränderten Wohnungsbestand nach einer Einkommenserhöhung zum Zeitpunkt t_1

Verglichen werden zwei langfristige Gleichgewichtszustände in t_0 und t_1 (Abb. 2), wobei sich als Reaktion auf eine allgemeine prozentuale Einkommenssteigerung die Verteilungskurve zum Zeitpunkt t_1 gegenüber der zum Zeitpunkt t_0 mehr oder weniger nach rechts verschoben hat. Aus der Gegenüberstellung beider Kurven läßt sich der notwendige Anpassungsbedarf zur Wiederherstellung eines neuen langfristigen Gleichgewichts ablesen. In der Abbildung wird dieser von den schraffierten Flächen dokumentiert: von der vertikal schraffierten Fläche ein Nachfragezuwachs in bestimmten Qualitäts- und Preisklassen, von der horizontal schraffierten Fläche ein Nachfragerückgang in einzelnen Marktsegmenten, vor allem der einfacheren und preiswerteren Wohnungskategorien. Zur Erfüllung der Gleichgewichtsbedingung kann nun theoretisch der Nachfragezuwachs nach besseren und teureren Wohnungen vollständig durch Wohnungsneubau befriedigt werden. Dann müßten die von der horizontal schraffierten Fläche repräsentierten Wohnungen als überzählige Wohnungen allesamt aus der Nutzung ausscheiden. Es könnte diese Lösung z.B. für eine Abrißpolitik in den Substandardbereichen genutzt werden, ohne daß dadurch der übrige Bestand in Mitleidenschaft gezogen und von einer Entwertung erfaßt würde. Trotz hoher Neubauleistungen und des Ausscheidens schlechter Wohnungen könnte der Altbaubestand seine vorherige Wert- und Qualitätsposition halten, er wäre lediglich relativ in der Angebotshierarchie abgestiegen (widersprüchliches Ergebnis von absolutem und relativem Filtering!), weil sich die durchschnittliche Qualität des Bestandes durch den Wohnungsneubau und Abgang einfacher Wohnungen verbessert hat. Dieser positive, dem Filtering-Theorem scheinbar widersprechende Effekt erklärt sich einfach aus der Fähigkeit aller Haushalte, also auch der ärmeren, mit steigendem Realeinkommen bessere Bestände zu beziehen. Nicht die Wohnungen filtern zu den Armen der Gesellschaft herab, sondern letztere werden in die Lage versetzt, in bessere Bestände umzuziehen. Eine Verbesserung der Einkommensverhältnisse ist also nicht nur das sicherste Mittel für eine allgemeine Verbesserung der Wohnverhältnisse, sondern auch für eine Stabilisierung von Stadtteilen und Wohnquartieren, mit Ausnahme jener Substandardviertel, die verlassen werden und dem ökonomischen Untergang geweiht sind.

Derartige Folgeerscheinungen eines allgemein wachsenden Wohlstands ließen sich vermeiden, könnten die potentiellen Abrißbestände zumindest teilweise erhalten bleiben, zusammengelegt und modernisiert werden. Die Nachfrage würde sich zunächst im Bestand ausbreiten, diesen aufwerten und nur jene Haushalte, die im Bestand kein Unterkommen mehr fänden, müßten aus neuer Produktion versorgt werden. Im Grunde ergibt sich als triviales Ergebnis, daß in Phasen eines allgemeinen Realeinkommenszuwachses, niedriger Arbeitslosigkeit und nicht allzu scharfer Einkommensdisparitäten sich die Wohnverhältnisse breiter Bevölkerungskreise verbessern lassen und günstige Bedingungen für eine Aufwertung und Erhaltung von Beständen sowie für eine mengenmäßige Ausdehnung des Angebots entstehen. Nur jene, Mindestansprüchen nicht mehr genügenden Substandardbestände könnten aus dem Markt ausscheiden, was wegen der räumlichen Ballung dieses Angebots in alten Kernstädten diesen allerdings die Bürde auferlegte, die Folgeerscheinungen der Wohlstandsentwicklung mit aufwendigen Sanierungsprogrammen zu beseitigen.

Ein anderes Bild bietet sich in wirtschaftlich niedergehenden Stadtregionen oder in einer von wirtschaftlicher Depression gekennzeichneten Zeitperiode. Realeinkommenseinbußen werden jetzt die aggregierte Verteilungskurve, um im Modell zu bleiben, nach links zurückverschieben, mit dem Resultat, daß nun die vertikal schraffierte Fläche sich als ein nicht mehr bezahlbares Angebot erweist, die Nachfrage sich preiswerteren Wohnungen zuwendet und dort ein zusätzliches Angebot verlangt, wie es z. B. von der horizontal schraffierten Fläche dargestellt wird. Es werden Haushalte, die während des wirtschaftlichen Wachstums zum potentiellen Kreis der Neubauanwärter gehörten, nun die Zahl bestandorientierter Haushalte vergrößern. Eine Nachfrage nach qualitativ verbesserten und aufgewerteten Wohnungen wird ebenfalls ausbleiben. Stattdessen werden als Reflex auf eine voraussichtlich verlängerte Restnutzungsdauer von Beständen einfacher Qualitätsklassen Instandsetzungs- und Instandhaltungsmaßnahmen angeregt, während die vorher teuren Wohnungen auf lange Sicht an Wert verlieren, auf Teilmärkte mit einem Nachfrageüberhang herabfiltern und zu diesem Zweck schlechter instandgehalten, geteilt und untervermietet werden. In ökonomischen Niedergangsphasen kann deshalb mit folgenden Reaktionen im städtischen Wohnungsbestand gerechnet werden:

1. Instandhaltung genießt Priorität vor Modernisierung und Neubau,
2. die durchschnittliche Lebensdauer des Bestandes verlängert sich, obwohl das Angebot in seiner Durchschnittsqualität absinkt,
3. Wohnungsabgänge unterbleiben,
4. im unteren Marktsegment entstehen Nachfrageüberhänge, die nur langsam durch Entwertung überschüssiger Bestände der oberen Preisklassen abgebaut werden.

Beispielhaft lassen sich diese Modellüberlegungen an Hand der wirtschaftlichen Depression zu Beginn der 30er Jahre belegen, als Arbeitslosigkeit und eine Senkung der Realeinkommen auf breiter Front zu einer Nachfrageverlagerung aus teuren Großwohnungen in das Segment mit preiswerteren Kleinwohnungen beitrugen. Während Großwohnungen nicht mehr genügend Nachfrager fanden, konnten einfache Kleinwohnungen zeitweilig im Preis steigen und je deutlicher wurde, daß die Nachfrage nach Großwohnungen sich vorläufig nicht wiederbelebte, desto bereiter waren die Eigentümer dieser Wohnungskategorie, unverhältnismäßig große Mietsenkungen, Untermieter, Wohnungsteilungen und Wertminderungen ihrer Häuser zu akzeptieren.[28] Ähnliche Erscheinungen treten heute in altindustrialisierten Stadtregionen, wo die negativen Folgen des wirtschaftlichen Strukturwandels kumulieren, wieder auf.

d) Bestandsentwicklung als Funktion einer Veränderung der Haushaltszahlen

Die bisherige Annahme einer konstanten Haushaltszahl verfolgte den Zweck, modellhaft Wirkungen von Einkommensvariationen isoliert betrachten zu können. In der städtischen Wirklichkeit wirken natürlich alle Variablen mehr oder weniger

gleichzeitig, wobei zwischen einigen auch ein Abhängigkeitsverhältnis besteht. Z.B. wird eine Stadtregion mit einem wachsenden Einkommenspotential eine interregionale Zuwanderung anregen und ein ökonomischer Niedergang wieder Abwanderungstendenzen fördern. Insbesondere die frühen städtischen Wachstumsphasen vor und nach der Jahrhundertwende waren begleitet vom Zustrom der Bevölkerung, der innerhalb weniger Jahre eine Vervielfachung der ursprünglichen Einwohnerzahlen auslösen und zugleich auf den städtischen Wohnungsmärkten einen Nachfrageschub nach einfachen Beständen mit niedrigen Mietpreisen erzeugen konnte, da es insbesondere minderbemittelte Gruppen waren, die sich in den Städten Arbeit und Einkommen erhofften. Die heute in manchen Stadtregionen beobachtbaren Schrumpfungsvorgänge lösen als erstes eine Abwanderung mobiler Mittelschichten aus, während immobile ärmere Haushalte trotz wirtschaftlich sich verschlechternder Rahmenbedingungen (Vernichtung von Arbeitsplätzen) auf den Wohnungsmärkten den zweifelhaften Vorteil haben, sich in dem jetzt reichlicher vorhandenen Bestand ausbreiten zu können.
In Abbildung 3 werden an Hand der bereits diskutierten Verteilungskurven die Auswirkungen von Bevölkerungswachstum und -rückgang in bezug auf die Variation der Wohnungsnachfrage dargestellt. Der Verschiebung der Nachfragekurve von X_{t0}

Abbildung 3

Verteilung der Wohnungsnachfrage bei ungleicher Einkommensverteilung und sich verändernden Haushaltszahlen im Zeitpunkt t_o und t_1

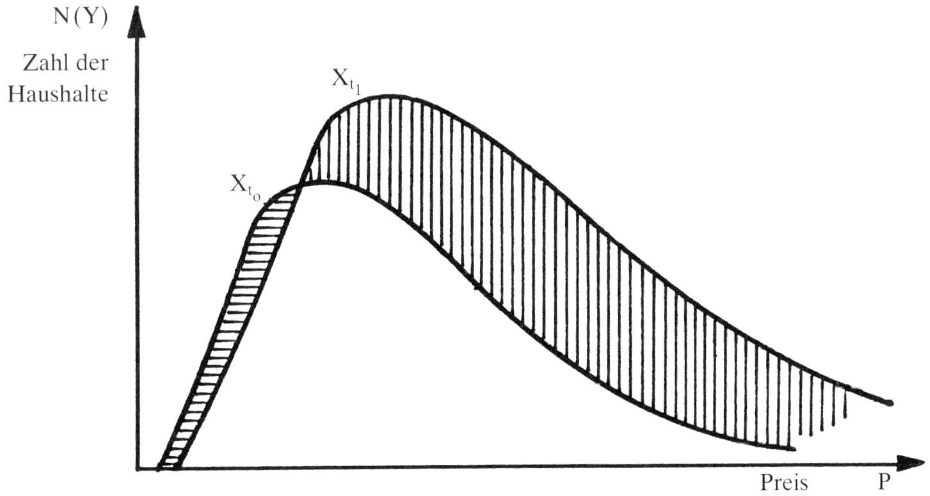

X_{t_o} Verteilung der Wohnungsnachfrage auf den Wohnungsbestand zum Zeitpunkt t_o

X_{t_1} Verteilung der Wohnungsnachfrage auf den veränderten Wohnungsbestand nach einer Zunahme der Haushaltszahl zum Zeitpunkt t_1

nach X_{t1} während städtischer Wachstumsphasen kann z. B. ein wachsender Bedarf an Neubauwohnungen entnommen werden und eine äußerst beschränkte Möglichkeit, das Nachfragewachstum aus überschüssigen Beständen zu befriedigen. Rechnerisch lassen sich die Konsequenzen verschieden hoher Zuwanderungsraten auch mit der Alterungsmatrix durchspielen. Danach wird in historischen Phasen einer breiten Zuwanderungswelle mittelloser Bevölkerung jede preiswerte Bestandswohnung benötigt, egal in welchem Zustand sie sich befindet, und es kann sich die hyothetische Lebenserwartung der Bestände extrem verlängern, weil mögliche Filtering-Ketten aus höheren Teilmärkten im Marktsegment der starken Nachfrage abreißen. Gelingt es zudem nicht, den Bestand preiswerter Wohnungen – direkt durch den Bau kleiner Einfachstwohnungen und indirekt über den Filtering-Prozeß – schnell genug auszuweiten, wird sich die Marktanpassung in Preissteigerungen erschöpfen und eine profitable Ausbeutung einfacher Bestände zulassen. Genauso problematisch ist aber auch ein Nachfragerückgang z. B. infolge Bevölkerungsabwanderung, weil der Wohnungsmarktregion dadurch nicht nur aggregiertes Zahlungsvermögen der Bevölkerung verloren geht, sondern zusätzlich auch die Zahl der Nachfrager abnimmt. Wegen der relativen Starrheit des Wohnungsangebots ergeben sich als unausbleibliche Folge Angebotsüberschüsse. In bezug auf die Bestandsökonomie gehen hiervon dieselben Effekte aus wie von einer preisdrückenden Überproduktion. Der gesamte Wohnungsbestand altert sehr rasch, Verfall und Wohnungsleerstand breiten sich aus und dokumentieren so den am ökonomisch wirksamen Nachfragepotential meßbaren Niedergang der betroffenen Stadtregion.

3. Ökonomische Differenzierung der Bestandsmärkte

Die Wohnungsnachfrage richtet sich auf die *Nutzung* des Wohnungsbestandes, genauer auf den Nutzenstrom, der von den Wohnungsbeständen abgegeben wird. Es ist nun aber unter dem Gesichtspunkt einer befriedigenden Wohnungsversorgung und Stadtentwicklung nicht gleichgültig, in welcher ökonomischen Form die Anbieterseite der Nachfrage entspricht. In den wohnungsmarkttheoretischen Überlegungen sind deshalb die folgenden beiden dominanten ökonomischen Formen privatwirtschaftlicher Wohnungsversorgung zu berücksichtigen:

1. die ökonomische Grundform der Wohnung als selbstgenutztes Eigentum, deren Nutzer zugleich Eigentümer sind und
2. die Form eines Leihkapitals in Warenform (Mietwohnungsbestand), wo Nutzer und Eigentümer zwei verschiedene Personen mit unterschiedlichen Interessen am Wohnungsbestand sind. Während selbstgenutztes Eigentum voll in die Konsumptionssphäre übergeht und dort genutzt wird, fungiert der Mietwohnungsbestand in der Hand der Eigentümer zugleich als Quelle eines langfristig erzielbaren Leistungsstroms aus Mieteinnahmen. Miete wird als Äquivalent für den Nut-

zenstrom der Wohnung, d. h. für die Berechtigung, Boden und Gebäude zu nutzen, vom Wohnungsinhaber gezahlt.

Die Unterscheidung der ökonomischen Formen findet eine Entsprechung in der Ausdifferenzierung des Bestandsmarktes in drei miteinander verbundene Teilmärkte. Es sind dies

1. der Eigentümermarkt, d. h. Markt für selbstgenutztes Wohnungseigentum,
2. der Immobilienmarkt für Wohnungen (Eigentumswohnungen, die vermietet werden) und Wohngebäude (Mietwohnhäuser), auf dem Bestände als Quelle von Einnahmeströmen (Zins) bewertet und gehandelt werden,
3. der Mietwohnungsmarkt, wo Nutzungsrechte von Wohnungen gehandelt werden und die hier erzielbaren Preise (Mieten) als Verlaufsgrößen in die Bestandsbewertung des unter 2. beschriebenen Marktes eingehen.

Welche Begründungen lassen sich nun für die Aufspaltung des Bestandsmarktes in ökonomisch voneinander unterscheidbare Marktsegmente finden? Welche Funktion haben insbesondere die Mietwohnungsmärkte? Welches sind die Ursachen für die Dominanz von Mietwohnungsbeständen in den älteren innerstädtischen Zonen? Wie erklärt es sich, daß gerade diese Bestände von Verfalls- und Aufwertungsprozessen gleichermaßen erfaßt werden, während der Bestand selbstgenutzten Eigentums hierzu vergleichsweise stabil erscheint? Es sind dies Fragen, deren Beantwortung eine Untersuchung der beiden ökonomischen Grundformen der Bestandsverwertung voraussetzt.

3.1. Besonderheiten des Eigentümer- und Mietwohnungssektors

Im Falle eines vollkommenen Wohnungsmarktes und eines ebenso vollkommenen Kapitalmarktes würde sich eine Unterscheidung der beiden ökonomischen Formen, die der Wohnungsbestand annehmen kann, erübrigen.[29)] Sie wären äquivalent, und es wäre sowohl den Wohnungsnachfragern als auch den Anbietern gleichgültig, ob sie Wohnungen kaufen oder mieten bzw. verkaufen oder vermieten. Eine Erklärung hierfür gibt die Kapitaltheorie, derzufolge sich der Wert eines Kapitals aus zu unterschiedlichen Zeitpunkten anfallenden Einkommensströmen berechnet. Auf den Mietwohnungsbestand bezogen entspricht der auf den Betrachtungszeitpunkt diskontierte Wert der Mieteinnahmen dem Kapitalwert des Hauses. Das Ziel jedes Investors ist es nun, gleichgültig, ob er in ein Haus oder in Finanzanlagen investiert, den Gegenwartswert der Einnahmen, berechnet auf der Basis eines über den Markt vorgegebenen Zinsfußes, zu maximieren. Funktionierten sowohl der Kapital- als auch der Wohnungsmarkt vollkommen, wären erstens alle Kapitalanlagen, ob nun in Form eines Miethausbestandes oder Wertpapiers, gleich bewertet, und es gäbe keinen besonderen Anreiz, Mietwohnhäuser zu halten. Zweitens könnte ein rational handelnder Haushalt unter diesen Bedingungen seinen Bedarf an einer Nutzung von Wohnungen genauso gut durch den Erwerb wie durch die An-

mietung einer Wohnung befriedigen. Hätten die Nachfrager freien Zugang zum Kapitalmarkt, auf dem sie beliebige Kapitalbeträge aufnehmen könnten, wäre nämlich der Gegenwartswert beider Zahlungsströme (Zinsen auf das Finanzkapital und Mietzahlungen auf die Wohnungen) gleich groß, und es gäbe keinen plausiblen Grund, die eine oder andere ökonomische Form zu präferieren.
Die theoretisch denkbare Äquivalenz beider ökonomischer Formen ist in der Realität natürlich nicht gegeben: Vom Standpunkt der Kapitalanlage muß es Phasen gegeben haben, in denen das Mietwohnhaus gegenüber allen anderen Anlageformen eine überdurchschnittliche Rendite versprochen hat, in denen also mit einem größeren Einnahmestrom, bezogen auf das Vermögen, als in anderen Anlageformen gerechnet werden konnte. Hiervon zeugen heute noch die umfangreichen Miethausquartiere in den Kernstädten der Stadtregionen. Und für die Nutzer von Wohnungsbeständen muß die Wahlfreiheit zwischen Miet- und Eigentumswohnungen eingeschränkt sein. Wie sonst sollte sich der Widerspruch zwischen der Wertschätzung des Wohnungseigentums bei der Bevölkerungsmehrheit, rund 80 % würden in der Bundesrepublik eine eigene Wohnung dem Wohnen zur Miete vorziehen, und der immer nach faktischer Dominanz des Mietwohnungsbestandes erklären?
Gründe für die ökonomische Differenzierung sind zum einen in Unvollkommenheiten des Kapitalmarktes zu suchen, zum anderen in der unterschiedlichen Zahlungskraft und unterschiedlichen Fähigkeit von Haushalten, den Kapitalmarkt zu nutzen:

- Ein Erwerb von Wohnungseigentum setzt, weil Kapital nicht bliebig verfügbar ist, meist lange Ansparperioden für das Eigenkapital voraus, zu denen Haushalte auf der Basis ihrer Realeinkommen fähig sein müssen;
- er setzt ferner Verschuldungsfähigkeit voraus, d. h. die Fähigkeit, für zukünftige Entlastungen von Wohnkosten gegenwärtig höhere Belastungen (Zins und Tilgung von Krediten) auf sich zu nehmen;
- er setzt damit eine vom Einkommen abhängige Kreditwürdigkeit des Interessenten voraus.

Der Eigentümermarkt ist folglich ärmeren Haushalten weitgehend verschlossen. Diese Haushaltsgruppe ist nicht in der Lage, den erforderlichen Eigenkapitalanteil beizusteuern, sie hat auch nicht die Zahlungskraft, um regelmäßig Zins- und Tilgungszahlungen zu leisten und gilt deshalb auch nur als beschränkt kreditwürdig. Dieses Dilemma wird im Mietwohnungssektor durch die Trennung von Nutzern und mehr oder weniger kapitalkräftigen Investoren überspielt. Während also ärmere Haushalte existenziell auf ein reichhaltiges Mietwohnungsangebot angewiesen sind – solange redistributive staatliche Leistungen nicht die Eigentumsbildung oder andere eigentumsähnliche Formen fördern – findet der Miethauseigentümer in dieser Notsituation die Grundlage der Verwertung seines in Wohnungen angelegten Kapitals.

Wahlfreiheit zwischen Miet- und Eigentumswohnungen haben lediglich gut verdienende Familien. Nur auf sie treffen die folgenden, von Walker formulierten Alternativkalküle zu, denen zufolge

- Haushalte, die es vorziehen, zu mieten, die augenblickliche Konsumption gegenüber der zukünftigen präferieren, bzw. zukünftige Mietzahlungen zu einer niedrigeren Rate diskontieren als Zinszahlungen auf das Kapital, das zum Erwerb der Wohnung aufgenommen werden muß;
- umgekehrt Wohnungseigentümer Zinszahlungen niedriger bewerten als Mietzahlungen für ähnliche Wohneinheiten und die zukünftige Konsumption gegenüber der gegenwärtigen vorziehen;
- Eigentümer ihren Besitz vermieten, wenn die Nettoeinnahmen über denen alternativer Investitionen ähnlichen Risikos liegen;
- ihn aber bei umgekehrter Marktkonstellation verkaufen;
- sie ein Mietverhältnis vorziehen, um die Ungewißheit, die jede langfristige Investition beinhaltet, zu vermeiden und dem Aufwand für notwendige rechtliche und finanzielle Arrangements aus dem Wege zu gehen;
- oder dem entgegengesetzt Unabhängigkeit und Sicherheit des Eigentums höher schätzen[30)].

In der Realität führen die Wahlfreiheit der einen und die existenziellen Zwänge der anderen zu einer einkommensabhängigen Verteilung der Wohnungsbestände nicht nur nach ihrer Qualität und ihrem Wert, sondern auch nach ihrer ökonomischen Form: Eigenheime und selbstgenutzte Eigentumswohnungen sind vorwiegend in den Marktsegmenten der wohlhabenderen Haushalte angesiedelt, während sich Mietwohnungsbestände am unteren Ende der Bestandshierarchie konzentrieren. Jüngere bundesdeutsche Wohnungsmarktuntersuchungen weisen eine ausgesprochen positive Korrelation zwischen dem Einkommen und dem Anteil von Eigentümerhaushalten an allen Wohnungsinhabern aus, denn gegenüber dem 1. Quintil der Einkommenspyramide wird eine mehr als doppelt so große Eigentumsquote im 5. Quintil erreicht (25,7 % zu 54,1 % im Jahre 1978).[31)] Das Filtering von Wohnungsbeständen dürfte also nicht nur die Qualität und den Wert der Wohnungen tangieren, sondern auch ihre Zugehörigkeit zu einer der beiden ökonomischen Formen: Filtern Wohnungen auf der Wert- und Qualitätsskala herauf, kann auch mit einem Aufleben der Umwandlungstätigkeit von Miet- in Eigentumswohnungen gerechnet werden und vice versa, wenn sie innerhalb der Markthierarchie herabfiltern. Während wirtschaftlicher Depression oder in ökonomisch niedergehenden Stadtregionen wird sich folglich die Nachfrage in den Mietwohnungssektor verlagern. Bezugnehmend auf amerikanische Erfahrungen während der großen Weltwirtschaftskrise stellt Ratcliff bereits fest, «unvavorable economic conditions, unemployment and reduced incomes strengthen the demand for rental units at the expense of homeownership.»[32)] Allerdings ist zu berücksichtigen, daß bereits mit Wohnungseigentum Versorgte unter der Voraussetzung, daß ihr Besitz entschuldet ist, solange nicht auf den Mietwohnungsmarkt zurückkehren werden, wie sie zur Sicherung ihrer Existenz nicht auf den Verkauf ihrer Wohnung angewiesen sind. Sie werden schon wegen der niedrigeren Wohnkostenbelastung ihr Eigentum als Existenzbasis erhalten. Anders sieht es natürlich bei Haushalten aus, die nach Einkommenseinbußen die hypothekarischen Belastungen in den Anfangsjahren der Hausbewirtschaftung nicht mehr aufbringen können.

Innerhalb des Kontextes einer Stadtregion kann die Ballung des Mietwohnungsangebots im kernstädtischen Geschoßwohnungsbestand als Indiz für eine relativ ungünstige Wohnungsmarktstellung der Städte gelten. Daraus ergibt sich fast von selbst ein Zusammenhang zwischen den Problemen des «filtering down», der Veralterung, des physischen Verfalls und der geballten Belegung dieser Bestände mit Unterschichtenhaushalten einerseits und den Verwertungsmechanismen des Mietwohnungsbestandes andererseits. Grigsby hat auf diese beiden Seiten des städtischen Wohnungsbestandsproblems schon in den 50er Jahren mit der Feststellung hingewiesen, in den Großstadtregionen der Vereinigten Staaten seien trotz des verbreiteten Wohnungseigentums rund zwei Drittel aller Substandardwohnungen Mietwohnungsbestände.[33] Der Niedergang und die Verslumung von Stadtteilen werden aus diesem Grunde überwiegend als Erscheinungen der Ökonomie von Mietwohnungen dargestellt.[34] Allerdings ist umstritten, ob nun ökonomische Mechanismen der Kapitalverwertung im Mietwohnungssektor selbst den Qualitätsabbau und andere negative Erscheinungsformen, wie soziale Ghettoisierung und eine ökonomische Ausbreitung von Slums, begünstigen, oder ob die Verwertung des Bestandes als Leihkapital nur eine Folge des Marktabstiegs ist.

Zweifellos ist die Unterscheidung zwischen beiden Formen nicht nur formaler Natur, sondern beinhaltet ein unterschiedliches ökonomisches Verhalten beider Eigentümergruppierungen. Nach Grigsby ist eine solche, an ökonomischen Verhaltensregeln festgemachte Unterscheidung auch unter wohnungs- und stadtentwicklungspolitischen Gesichtspunkten erforderlich, «because the response of landlords to various housing programs is quite different from that of a family living in its own home.»[35] Es gibt keine systematisch vergleichende Untersuchung über das unterschiedliche Markt- und Investitionsverhalten beider Eigentümergruppen, doch kann aus der inneren Logik beider Hausbewirtschaftungsweisen und aus einzelnen Verhaltensphänomenen auf Unterschiede in der Bestandsökonomie geschlossen werden.

Anhand von Beobachtungen ist belegt, daß selbstnutzende Eigentümer ihre Wohnungen seltener als Mieter wechseln. Analysen der Wohnungsnachfrage in der Bundesrepublik Deutschland haben z. B. eine um ein Vielfaches größere Mobilität von Mieterhaushalten ermittelt.[36] Ein Grund hierfür liegt sicher im begrenzten Spielraum, den das Mietverhältnis Wohnungsinhabern bei der Gestaltung der Wohnung und näheren Wohnumgebung läßt, denn in den mietvertraglichen Regelungen setzt sich als dominantes Interesse die vom Hauseigentümer eingeschlagene Verwertungsstrategie durch. Verändern sich Wohnansprüche der Wohnungsinhaber, bleibt meist nur die Möglichkeit eines Wohnungswechsels, wenn nicht zufällig die unter Markt- und Rentabilitätsgesichtspunkten gefällten Investitionsentscheidungen der Hauseigentümer mit den Bedürfnissen und der Zahlungsfähigkeit der in seinen Häusern Lebenden übereinstimmen. Für den Vermieter ist die Wohnungsnachfrage lediglich eine *Marktvariable*, die sich nicht mit den Wohninteressen seiner jetzigen Hausbewohner decken muß. Er wird ihren Austausch anstreben, sollten sie einen Wechsel der Wohnungen in benachbarte Teilmärkte nicht mitvollziehen können oder wollen. Mieter können sich weder wirkungsvoll gegen eine modernisierungsbedingte Aufwertung ihrer Wohnung («filtering up») und folgende Mietsteigerungen wehren, noch können sie ein «filtering down» der Bestände als Folge einer Einschränkung von Instandhaltungsmaßnahmen wirkungsvoll abwehren.[37] Neben die erzwungenen Mobilität tritt aber auch noch eine freiwillige, im Mietwohnungssektor ebenfalls verbreitete Mobilität der Wohnungsnutzer. Viele Haushalte ziehen den Mieterstatus vor, weil sie sich nicht räumlich binden wollen, z. B. während der Ausbildungsphase oder während des Beginns der beruflichen Karriere. Die größere Seßhaftigkeit selbstnutzender Eigentümer hat subjektive und objektive Ursachen: Gebrauchswertbezogene Kalküle, persönliche Bindungen an den Besitz und die Nachbarschaft, vor allem die Möglichkeit, durch Aus- und Umbau die eigene Wohnung veränderten Ansprüchen anpassen zu können, dürften ein marktrationales Verhalten im Sinne des Filtering-Ansatzes konterkarieren. Nicht zuletzt wird im Eigentümersektor ein Wohnungswechsel wegen hoher Transaktionskosten so lange wie möglich hinausgezögert. Im Eigentümersektor stellen sich folglich freiwillig und erzwungen stabilere Marktverhältnisse ein, was aber nicht nur positiv erscheint, da z. B. eine Umwälzung auf dem Arbeitsmarkt einen Umzug von Arbeitskräften aus einer Arbeitsmarktregion in eine andere verlangen kann.

Das Verhalten gegenüber veränderten Marktdaten findet eine Entsprechung im Investitionsverhalten. So ist auffallend, daß Eigenheimbesitzer und Wohnungseigentümer, die ihre Wohnung selbst nutzen, unter jeder ökonomischen Rahmenbedingung mehr für die Erhaltung und Verbesserung ihres Eigentums ausgeben als Miethausbesitzer. Der Wohnungseigentümer in seiner doppelten Rolle als Nutzer und Investor tendiert offensichtlich zu Überinvestitionen, stellt schon Grigsby an Hand amerikanischer Erfahrungen fest.[38] Zwar spielen bei der Bewirtschaftung von Wohnungseigentum Kostengesichtspunkte eine Rolle, schon das begrenzte Haushaltsbudget zwingt meist zu sparsamer Wirtschaftsweise, doch wird eine Investition in die eigene Wohnung nur selten gegen gewinnbringende Anlagealternativen abgewogen. Die Zugehörigkeit zu einem bestimmten Teilmarkt dürfte deshalb auch weniger als im Mietwohnungsbestand auf das Investitionsverhalten durchschlagen: «It is well recognized that much of the money and personal effort which owners put into their homes is not returned at the time of sale, but only in greater pleasure during occupancy.»[39] Das Investitionsverhalten selbstnutzender Eigentümer ist ein In-

diz für die besondere Wertschätzung, die das Eigenheim oder die eigene Wohnung genießt, eine Wertschätzung, die in vom Mietwohnungssektor abweichenden Nutzenoptimierungskalkülen und einer entsprechend größeren Bereitschaft, Mittel aus dem Haushaltsbudget für die Pflege und Modernisierung des eigenen Heims aufzuwenden, zum Ausdruck kommt.
Im Mietwohnungsbestand herrscht dagegen das Kalkül, mit dem knappsten Mitteleinsatz einen höchstmöglichen Einnahmestrom (Zins und Grundrente) zu erzielen, d. h. Wohnungsbewirtschaftung unter dem Gesichtspunkt der Gewinnoptimierung zu gestalten. Überinvestitionen rächen sich hier entweder in Form schwieriger Vermietbarkeit, falls kostendeckende Mieten verlangt werden, oder in Form unterdurchschnittlicher Verzinsung des Kapitalcinsatzes, im Extremfall in Liquiditätsengpässen und im Scheitern der Unternehmung. Auf der Mieterseite steht dementsprechend eine geringere Bereitschaft, das Haushaltsbudget für die Finanzierung von Modernisierungs- und Instandsetzungsarbeiten über Mietsteigerungen strapazieren zu lassen, weil der Nutzen einer solchen Maßnahme hier im allgemeinen geringer geschätzt wird als in der eigenen Wohnung. Tendenzen der Bestandsentwertung, der Einschränkung der Instandhaltung und des sozio-ökonomischen Abstiegs von Wohnquartieren müssen deshalb viel ausgeprägter sein als im Eigentümersektor. In letzterem sind selbst einfache Bestände, die von Haushalten mit niedrigerem Einkommen belegt sind, meist noch gut instandgehalten und nicht selten in Selbsthilfe im Laufe der Zeit mehrmals verbessert worden. Natürlich gibt es auch Mischformen zwischen Miet- und Eigentümersektor, die das marktrationale Verhalten modifizieren. Wohnt z. B. der Hauseigentümer selbst im Miethaus, vermischen sich bei ihm die ökonomischen Interessen von selbstnutzenden Eigentümern und Vermietern. Eine ähnliche Wirkung tritt ein, wenn eine Wohnung oder ein Haus nur zeitweilig vermietet werden soll, um z. B. nach einer Übergangszeit dem Eigenbedarf zu dienen. Es ändert dies aber nichts an der grundsätzlichen Aussage eines strukturell unterschiedlichen Investitionsverhaltens beider Eigentümergruppen.

3.2 Ökonomie des Mietwohnungssektors

Im Mittelpunkt widerstreitender ökonomischer und politischer Interessen steht innerhalb des städtischen Wohnungssektors der Mietwohnungsbestand. In ihm kumulieren die Probleme eines ökonomischen «filtering down» in Erscheinungsformen des physischen Verfalls und des sozialen Abstiegs; er ist heute vielfach der Rohstoff für private Aufwertungsmaßnahmen und für einen durch Umwandlung und konfliktreiche Verdrängung ansässiger Bewohner gewonnenen Eigentümerbestand; er ist in jenen Quartieren, wo die Kräfte einer ökonomischen Selbsterneuerung schwach sind, das Aktionsfeld für mehr oder weniger erfolgreiche Stadterneuerungspolitiken. Die Mechanismen der Bestandsökonomie, die diese Prozesse regulieren und Rahmenbedingungen für das politische Handeln setzen, sind daher näher zu erläutern.

a) Bestandsbewertung in Einheiten regelmäßiger Geldrevenue
Eingangs habe ich bereits auf die Analogie zwischen der Verwertung von Mietwohnungsbeständen und investitionstheoretischen Kalkülen hingewiesen, denen zufolge die Mietwohnung für ihren Eigentümer eine Vermögensanlage darstellt, die für ihn die Quelle eines Einnahmestroms in Form des Zinses und der Grundrente ist. Mietwohnungen werden in der Form von fixem Kapital verliehen, so daß mit dem Zins entsprechend ihres allmählichen Verschleisses immer auch ein Stück Kapital zurückfließt. Mit diesem betriebswirtschaftlich kalkulierten Kapitalrückfluß wird der allmählichen Entwertung des Kapitals Rechnung getragen. Zugleich sind alle produktiven Investitionen wie Instandhaltungs-, Reparatur- und Modernisierungsinvestitionen Maßnahmen, die die Funktion der Mietwohnung als Kapital erhalten und im Falle der Modernisierung den Kapitalstock sogar vergrößern. Mietwohnungsbestände repräsentieren für ihre Eigentümer also einen bis zum Ende der Nutzungsdauer sich permanent verwertenden Kapitalbestand, auf den sich alle investitionstheoretischen Rentabilitätsüberlegungen übertragen lassen. Danach gilt eine Kapitalanlage als vorteilhaft, «wenn die aus der Investition (Anfangsinvestition und Zusatzinvestitionen während des Nutzungszeitraums, Anm. d. Verf.) hervorgehenden Einnahmen in ihrer Gesamtheit einer Wiedergewinnung der Ausgaben einschließlich einer vom Unternehmen als hinreichend angesehenen Verzinsung repräsentieren.»[40)]

Umgekehrt läßt sich aber auch von der Größe des Zinsstroms und vom marktüblichen Zinssatz durch Kapitalisierung auf den Wert des Wohnungsbestandes schließen. Bei einem gegebenen Marktzinssatz und einer geschätzten Restnutzungsdauer des Gebäudes determinieren dann die Mieteinnahmen nach Abzug der Bewirtschaftungskosten die Wertentwicklung, die allerdings noch in ihre zwei grundlegenden Bestandteile, die Bodenrente und den auf das Gebäude bezogenen Zins aufgeteilt werden müssen. Die Bedeutung der Bodenrente für den Lebenszyklus des Wohnungsbestandes steht an dieser Stelle noch nicht zur Diskussion, wir nehmen sie zunächst als einen bodenbezogenen Reinerlös an, ohne ihre Wirkung näher zu betrachten. Beide Revenueanteile kapitalisiert, ergeben den Gesamtpreis des Grundstücks. Der kalkulierte *Gegenwartswert des Gebäudes* berechnet sich demnach als Kapitalisierung der jährlich erwarteten gebäudebezogenen Nettorevenue unter Zugrundelegung eines realistischen Kalkulationszinsfußes und einer ebenso realistischen Restnutzungsdauer für das Gebäude. Ähnlich bestimmt sich der *Bodenpreis als Kapitalisierung der Bodenrente*, aber einer zeitlich unbegrenzten Rente, da Grund und Boden ja nicht verschleißen.[41)]Der Grundstückspreis läßt sich nun nach folgender Formel bestimmen:

$$P_o = \sum_{n=o}^{t} E_n^G \cdot (1 + i)^{-n} + R \cdot 1/i$$

i = Kalkulationszinssatz (p/100)
n = Nutzungsdauer
$(1+i)^{-n}$ = Abzinsungsfaktor
E_n^G = Gebäudezins
R = Bodenrente

Er setzt sich zusammen aus dem Barwert einer Zeitrente für das Gebäude und dem Barwert einer ewigen Rente für den Boden. Hier werden zunächst gleichbleibende Rentraten für den Boden angenommen, während die gebäudebezogenen Einnahmen von Jahr zu Jahr variieren können, um unter vereinfachenden Bedingungen die Wertbewegung des Gebäudes unabhängig von der Grundrente zu betrachten. Der Wert des Wohnungsbestandes wird nun einerseits von den aus dem Vermietungsgeschäft fließenden Nettoeinnahmen und der Zeitdauer in der dieser Strom noch fließt, andererseits vom marktüblichen Zinssatz, also einer dem Wohnungssektor äußerlichen Größe, die die Verbindung dieser Anlageform zum Kapitalmarkt herstellt, bestimmt. Ähnlich wie bei Wertpapieren, deren Preis sich in Abhängigkeit von den Erträgen und vom marktüblichen Zinssatz berechnet, wird der zum kapitalisierten Wert seines Einnahmestroms bewertete Wohnungsbestand mit sinkenden Nettomieteinnahmen und steigenden Zinssätzen abgewertet – beide Variablen wirken in diesem Fall als Verursacher von Abwertungstendenzen – und umgekehrt mit wachsenden Nettoerträgen und sinkenden Zinssätzen aufgewertet. Die beiden Variablen können auch entgegengesetzte Wirkungen erzeugen und sich dann teilweise aufheben. Gleich fixem Kapital hängt der Bestandswert ferner von der erwarteten Restnutzungsdauer des Kapitalstocks ab; diese Kapitalanlage zeichnet sich ja gerade dadurch aus, daß eine regelmäßige Revenue nur zeitlich begrenzt erzielt wird. Aus den verschiedenen Bestimmungsgrößen, die den Bestandswert determinieren, läßt sich entnehmen, daß die Ökonomie des Mietwohnungsbestandes unter dem Einfluß verschiedener gesellschaftlicher und ökonomischer Verhältnisse steht: Dem Wohnungsmarkt, wo der Nettoeinnahmestrom im wesentlichen von der Zahlungsfähigkeit potentieller Nutzer abhängt und dem Kapitalmarkt, dessen Zinsfuß in die Berechnung des Gebäudewertes eingeht.

b) Determinanten der Wertentwicklung

Die Nettomiete und ihr Barwert sind die zwei wesentlichen Kategorien des gesetzmäßigen Verlaufs der Wertbewegung und des Lebenszyklus der Mietwohnungsbestände:

- Unter dem Gesichtspunkt der wirtschaftlichen Liquidität wird der Endpunkt der Bewirtschaftung des Gebäudes spätestens erreicht, wenn die Bruttoerlöse die laufenden Bewirtschaftungskosten nicht mehr decken.

- Unter Rentabilitätsgesichtspunkten erreicht ein Mietwohngrundstück sein wirtschaftliches Ende bereits, wenn die wirtschaftlichen Überschüsse den Bodenrentenanteil nicht übersteigen. Sobald dieser Punkt erreicht wird, ist das Gebäude als Wert nicht mehr vorhanden, gleichgültig, ob es als Gebrauchswert noch seine Funktion erfüllt.

Nun verläuft, wie die filtering-theoretischen Überlegungen gezeigt haben, die Wertbewegung des Bestandes nicht nach einem Schema, sondern hängt von zahlreichen Variablen des Wohnungsmarktes und, wie man jetzt ergänzen muß, auch des Kapitalmarktes ab. Jede Veränderung der Variablen geht mehr oder weniger in das Rentabilitätskalkül der Hauseigentümer ein. Bei überdurchschnittlichen Verwertungsbedingungen wird Geldkapital für Zusatzinvestitionen und Erhaltungsinvestitionen angelockt, bei rückläufiger Rentabilität kehren sich die Verhältnisse um, Kapital wird abgezogen und ein Desinvestitionsprozeß eingeleitet. Vier grundsätzliche, Wert- und Qualitätsbewegungen des Wohnbestandes beeinflussende Investitionsstrategien sind denkbar:

1. Desinvestition als Methode zur Verringerung der Instandhaltungsaufwendungen und Erhöhung der laufenden Nettoeinnahmen, indem die in der Miete enthaltene Instandhaltungspauschale vermehrt zur Erhöhung der Nettoeinnahmen benutzt wird.
2. Normalinvestition als Methode zur Erhaltung der derzeitigen Qualität des Wohnhauses über einen längeren Zeitraum.
3. Modernisierungsinvestition als Umkehrung des Entwertungsprozesses und qualitative Verbesserung der Wohnungen.
4. Beendigung der Nutzung des alten Gebäudes, Abbruch, Ersatzwohnungsbau oder Umnutzung des Grundstücks.

Diese dem Eigentümer zur Auswahl stehenden Strategien können von diesem allerdings nicht beliebig angewandt und kombiniert werden, sie werden ihm letztlich von den Wohnungsmarkt- und Kapitalmarktverhältnissen nahegelegt. Privatwirtschaftliche Investitionsentscheidungen sind letztlich immer nur ein Reflex auf veränderte Marktbedingungen. So kann bei stabilen Marktverhältnissen die zweite Strategie als die normale Verwertungsform gelten, denn sie dient der langfristigen Erhaltung des gegebenen Gebrauchswerts und entspricht einem nur allmählichen Kapitalumschlag. Die anderen drei Strategien sind kennzeichnend für den Übergang zu einer geänderten langfristigen Verwertung und für den Wechsel in einen anderen Teilmarkt:

- Desinvestition und beschleunigter Qualitätsabbau sind ökonomisch rationale Reaktionen auf fallende Nettoeinnahmen vor allem im Vorfeld des ökonomischen Nutzungsendes, sie können aber auch Teil einer vorübergehenden Strategie zur Beschleunigung des «filtering down» in tiefer liegende Teilmärkte sein. Die Qualitätsverschlechterung wird in diesem Fall so weit vorangetrieben, bis sich die Wohnung im angestrebten Marktsegment wiederfindet. Während der

Qualitätsabbau am Ende des normalen Nutzungszyklus eine Vorlaufstrategie ist, der sich ein Neubau anschließt, wird im zweiten Fall auf Desinvestition eine Rückkehr zur normalen Instandhaltungsstrategie folgen, um ein weiteres Herabfiltern zu stoppen.

- Modernisierungsinvestitionen verbessern die Gebrauchswerteigenschaften der Wohnungen und leiten eine Kapitalverwertung auf erweiterter Stufenleiter ein. In der Regel sind sie mit einem «filtering up» des Wohnungsbestandes, also mit einem Wechsel der Wohnung in einen höheren Teilmarkt, verbunden und finden nur statt, solange Extraprofite in diesem Teilmarkt locken. Wegen der mit einer Modernisierung meist auch angestrebten Verlängerung der Restnutzungsdauer ist die Kapitalzufuhr für Modernisierungen zugleich mit einem Schub von Instandsetzungen verbunden, der den Verschleiß des Gebäudes nicht nur aufhält, sondern einen bereits verlassenen Instandhaltungszustand wiederherstellt und die Lebensdauer des Objekts verlängert. Das Verhältnis zwischen beiden Investitionsanteilen kann je nach Ausgangssituation und angestrebter Restnutzungsdauer schwanken. In Wohnquartieren aus der Jahrhundertwende wird heute z. B. mit einem 60%igen Anteil Instandsetzungskosten an den Gesamtkosten einer durchgreifenden Modernisierung gerechnet.[42] Grundsätzlich wird eine Modernisierungsinvestition um so rentabler, je länger die modernisierungsbedingte Mieterhöhung bezogen werden kann und je geringer die Instandsetzungskosten sind, die eine Nutzungsverlängerung ermöglichen.
- Mit dem Wohnungsneubau als Ersatz für das alte Gebäude und die entwertete Kapitalanlage wird ein neuer Nutzungs- und Kapitalumschlagszyklus begonnen. Auch dieser Schritt ist im Mietwohnungssektor an das langfristige Rentabilitätskriterium gebunden, wird also nur vollzogen, wenn der Barwert der Nettoeinnahmen mindestens die Baukosten einschließlich Abrißkosten und eines möglichen Gebäuderestwertes der alten Anlage deckt.

Investitionstheoretisch bezeichnen die Strategien Desinvestition in Verbindung mit einer Anschlußinvestition, Modernisierungsinvestition in Verbindung mit Instandsetzung sowie Abriß in Verbindung mit Wohnungsneubau drei Alternativstrategien zur Normalinvestition. Welche sich langfristig durchsetzt, läßt sich im Mietwohnungssektor anhand von Renditedifferenzen zwischen den Alternativen beurteilen, d. h. diejenige Investitionsstrategie, welche unter jeweils gegebenen Bedingungen des Wohnungsmarktes die höchste Rendite verspricht, wird sich vermutlich mit der Zeit auch gegen die anderen durchsetzen.[43] Es werden dazu die Barwerte der Nettoeinnahmen der miteinander verglichenen Strategien gebildet und zu den Transformationskosten des Wechsels der Verwertungsstrategie ins Verhältnis gesetzt. Ökonomische Rahmenbedingungen für einen Wechsel sind demnach dann gegeben, wenn

$$E_2 > E_1 + C$$

E_2 ist der Rentenbarwert der alternativen Strategie, E_1 der bisher verfolgten, und C bezeichnet die Transformationskosten, z. B. die Modernisierungs- und Instandsetzungskosten. Diese Ungleichung läßt sich nun noch umformen in:

$$\frac{\Delta E}{C} \gtreqless 1$$

Darin ist ΔE die Ertragswertdifferenz (E_2-E_1) zwischen den alternativen Projekten. Ergibt sich eine Verhältniszahl größer als eins, ist die neue Investitionsstrategie vorteilhafter als die bisher verfolgte. Es läßt sich mit dieser im Prinzip einfachen Methode der Differenzinvestition nicht nur die Rentabilität zweier alternativer Anlagesphären beurteilen, sondern auch die Bedingung einer Transformation. Dieses Rentabilitätskriterium besagt nämlich, daß eine Änderung der Verwertungsstrategie im Wohnungsbestand entscheidend von den Transformationskosten mitbeeinflußt wird. Es mag z. B. durchaus sein, daß im benachbarten Wohnungsteilmarkt eine höhere Kapitalrendite winkt, wegen der Transformationskosten wird aber nur eine beschränkte Zahl von Wohnungen aus anderen Bestandssegmenten herüberwechseln können. Modifiziert läßt sich dieses Kriterium auf alle Investitionsalternativen, auch auf den Desinvestitionsfall, bei dem keine Transformationskosten im Sinne von realen Aufwendungen, sondern allenfalls negativ im Sinne von Kostenersparnissen anfallen, anwenden.

Hierauf aufbauend können weitere Detaillierungen vorgenommen werden, z. B. zur Bestimmung des optimalen Ersatzzeitpunktes und der optimalen Investitionshöhe, doch sind solche Überlegungen nur im Zusammenhang mit der Standortproblematik des Wohnens und der Bodenbewirtschaftung anzustellen. Immerhin läßt sich aber jetzt schon erkennen, daß das ökonomische Leben eines Wohnhauses weniger bestimmt ist von der immanenten Verwertungsstruktur der alten Anlage als vielmehr von den Ertragsaussichten sich bietender Alternativen. «The rationale for redevelopment depends on the developer's/owner's estimate of anticipated income from the new property compared to the costs of constructing and operating the new building, the costs of removing the existing structure, and the income lost by removing the existing building. Redevelopment will take place where, *ceteris paribus*, anticipated income is greater than the costs of replacement and the original investment lost.»[44] In den Kategorien der Differenzmethode ausgedrückt, ergibt sich:

$$E_2 > E_1 + C_n + C_a$$

E_2 ist darin der Rentenbarwert des Neubaus, E_1 des vernichteten Altbaus, C_n sind die Neubaukosten und C_a die Abrißkosten. Im Vorgriff auf die besondere Rolle der Grundrente für den Ersatzzeitpunkt auf einem bebauten Wohngrundstück läßt sich eine zweite Bedingung für Abriß und Neubau in folgender Gleichung darstellen:

$$E_2 = B_n + C_n + C_a$$

B_n steht in dieser Gleichung für den Bodenwert, der sich aus der Kapitalisierung der Bodenrente, die mit der Alternativnutzung erzielt werden kann, ergibt. Solange also

$$E_1 > B_n$$

ist, wird das vorhandene Gebäude nicht abgerissen. Ein mit der Zeit steigendes Bodenrentenpotential wird folglich den Entwertungsprozeß der alten Substanz beschleunigen und ihren Lebenszyklus abkürzen. Die ökonomische Lebensdauer eines Gebäudes kann demnach definiert werden als die Periode, während der das Gebäude einen größeren Kapital- bzw. Barwert repräsentiert als das für einen Neubau wiedererschlossene Gelände. Ein Vergleich der Strategie des «redevelopment» mit der Modernisierungsalternative kann nun auch demonstrieren, daß Modernisierungsinvestitionen in einer bereits völlig entwerteten Wohnanlage unter Rentabilitätskriterien wahrscheinlich unvorteilhaft sind, da sie meist höhere Kosten verursachen als der Abriß und Wiederaufbau und zugleich der Ertragswert wegen der kürzeren Restnutzungsdauer des modernisierten Gebäudes niedriger ausfällt.

4. Bodenverwertung und Bestandsökonomie

In den Filtering-Modellen wird durchweg von der Bedeutung der räumlichen Dimension abgesehen und das Hauptgewicht auf eine Darstellung der zeitlichen Abfolge von langfristigen Marktbewegungen gelegt. Jedoch bleibt gerade die im Filtering-Modell implizit enthaltene Annahme einer Aufspaltung des städtischen Gesamtmarktes in Submärkte unvollkommen, wenn nicht der räumliche Charakter der Submarktbildung mitberücksichtigt wird und der Marktausgleichsprozeß nicht in seiner *zeitlichen und räumlichen Dimension* gesehen wird. Aus dem raumstrukturellen Bezug ergibt sich, wie noch gezeigt wird, eine Reihe von Problemen, z. B. bei der Durchsetzung von räumlichen Marktgleichgewichtslösungen. Sie rühren im Kern daher, daß die Marktakteure nicht, wie in den traditionellen ökonomischen Modellen unterstellt, unabhängig voneinander handeln, sondern über Nachbarschaftsbeziehungen jedes individuelle Handeln unmittelbar abhängig ist vom Handeln der anderen und umgekehrt. Die Folgen dieses Spezifikums der ökonomischen Bodennutzung bei zersplitterter Grundeigentumsstruktur für die räumliche Verteilung von Haushalten und Investitionspotential sollen in diesem Abschnitt unter Modellannahmen durchgespielt werden.

4.1 Nachbarschaftsveränderungen – Zum Erklärungsgehalt des Arbitrage-Modells

Soll die Hypothese einer Submarktbildung auf den Wohnungsmärkten auch im räumlichen Kontext eine Bestätigung finden, so muß sich diese in einem räumlich konzentrierten Auftreten bestimmter Qualitäten von Wohngrundstücken – Standortqualitäten wie Wohnumfeldqualitäten – abbilden.

Zunächst zu den Standortqualitäten. Sie differieren ganz erheblich, sofern man Wohnstandorteigenschaften anhand der Erreichbarkeit anderer städtischer Funktionen, wie Arbeitsstätten, Geschäfte, Erholungseinrichtungen, Schulen, Kultureinrichtungen usw., bewertet. Die Inhomogenität der Standortqualitäten begünstigt die Absonderung städtischer Areale, deren Einzelgrundstücke in etwa einheitliche Standortvorteile bieten, die in benachbarten Stadtgebieten nicht geboten werden können – Verkehrsanschlüsse, Ausstattung des Quartiers mit Einrichtungen, die für den täglichen Bedarf notwendig sind usw. Z. B. sind von kernstädtischen Wohnvierteln im Zentrum angesiedelte Einrichtungen leichter zu erreichen als von den Suburbs, die Suburbs liegen dafür günstiger zu den ländlichen Erholungsgebieten.

Zum Wohnumfeld. Neben der ungleichen räumlichen Verteilung bestimmter Standorteigenschaften fördert der besondere Charakter der Wohnumgebung, das spezifische Wohnumfeld, die Submarktbildung. Unter Wohnumgebung werden u. a. Qualitäten eines Quartiers verstanden, die sich aus der Baustruktur auf benachbarten Grundstücken ergeben, z. B. die Bebauungsdichte und der Instandhaltungszustand der Gebäude (das bauliche Wohnumfeld). Hierzu gehört aber auch die wahrnehmbare Zusammensetzung der Wohnbevölkerung einer Nachbarschaft (das soziale Wohnumfeld). Schon von Wieser hat auf den sozialen Aspekt bei der Charakterisierung einer Nachbarschaft hingewiesen. Er bemerkt, die Wahl einer Wohnung sei «ein Akt gesellschaftlicher Selbsteinschätzung, der unter gesellschaftlichem Zwang steht; er ist derjenige unter den großen Ausgabenakten, der heute, da die Kleidung demokratisiert ist, mehr als jeder andere den gesellschaftlichen Rang bezeichnen soll.»[45)] Der Charakter einer Nachbarschaft sei deshalb von der sozialen Zusammensetzung seiner Bewohner, der «Gesellschaftslage» genauso geprägt wie von der baulich räumlichen Umgebung. Zu Eigenschaften der Wohnumgebung werden ferner Umweltbelastungen, natürliche landschaftliche Reize, Störungen durch benachbarte Bodennutzungsarten (Mischgebiete) usw. gerechnet.

Die unterschiedlichen Wohnumfeld- und Standortbedingungen der Nachbarschaften werden in Wohnungspreisen und -mieten als lagebezogene Preisaufschläge mitberücksichtigt, die ein potentieller Wohnungsnutzer zu zahlen bereit oder in der Lage ist. Obwohl die beschriebenen Qualitäten vom einzelnen Haus- und Grundstückseigentümer weder allein produziert noch verändert werden können, weil sie für ihn externe Qualitäten sind, besitzt er als Eigentümer einer Bodenparzelle die Macht, diese Qualitäten zu internalisieren und hierfür vom Mieter Bodenrente oder vom Käufer den Bodenpreis als kapitalisierte Rente zu verlangen.

a) Herausbildung von Nachbarschaften

An dieser Stelle sollen noch nicht Gesetzmäßigkeiten des Entstehens spezifischer

Muster städtischer Wohnsiedlungsstrukturen behandelt werden,[46] sondern es soll der Frage nachgegangen werden, welche marktvermittelten Mechanismen Quartiere mit mehr oder weniger einheitlichem baulich-sozialen Umfeld hervorbringen. Vom Einfluß der kommunalen Flächennutzungs- und Bebauungsplanung wird an dieser Stelle ebenfalls abgesehen, weil sie sich erstens nicht gegen gesellschaftliche Interessen der Raumnutzung stellen kann, diese also nur planend koordiniert, und weil sie zweitens auf den Wandel von Beständen einen nicht annähernd so großen Einfluß ausübt wie auf die Gestaltung neuer Wohngebiete.

Im Mittelpunkt theoretischer Erörterungen räumlicher Submarktbildung und -veränderung steht der Zusammenhang zwischen dem baulichen Wohnumfeld und der sozialen Zusammensetzung einer Nachbarschaft. Eine Erklärung für die räumliche Subgruppenbildung von Haushalten und Wohnqualitäten ist, daß die gesellschaftlichen Schichten und Klassen, die sich in ihrem Einkommen und sozialen Status (Beruf, Ausbildung, soziale Herkunft usw.) voneinander unterscheiden, auch voneinander abweichende Präferenzen im Hinblick auf die Gestalt des Wohnumfeldes haben. Nach Muth gibt es plausible Argumente für die Annahme, daß die gehobenen Einkommensschichten eine Aversion entwickeln, in der Nähe von Unterschichtenquartieren oder Slums zu wohnen. Sie zögen es vor, mit solchen Menschen zusammenzuleben, deren soziale Umstände den eigenen entsprächen. Ferner seien die von ihnen erwarteten Qualitäten des Wohnumfeldes und der Infrastruktur eines Quartiers nur dort anzubieten, wo sich Haushalte mit gleichen Präferenzen (Konsumgewohnheiten usw.) räumlich konzentrieren. Auch ihre Erwartungen im Hinblick auf das Erscheinungsbild der Wohnumgebung ließen sich meist nicht in sozial heterogenen Vierteln erfüllen.[47] Folgt man dieser Argumentation, wird der Wohnungsmarkt und das Wohnsiedlungsgefüge sich in um so schärfer gegeneinander abgegrenzte Nachbarschaften und Submärkte zersplittern, je ausgeprägter die Einkommensunterschiede sind, je mehr sich die Gesellschaft in ihrer Interessenlage polarisiert und im Gefolge die Wohnungsnachfrage differenziert. Eine räumliche Segregation des Wohnungsmarktes entsprechend der sozialen Segregation kann demnach vor allem entstehen, weil die jeweils wohlhabenderen Schichten ihre größere Zahlungsfähigkeit in höhere Bodenrentengebote umsetzen können und sich durch Überbieten die von ihnen präferierten Wohnstandorte und Nachbarschaften sichern können. Auf der Basis ungleicher Zahlungsfähigkeit führt die Preisbildung für den Wohnboden zur Absonderung unterschiedlicher Wohnlagen.

Räumliche Segregation setzt sich im allgemeinen nur der Tendenz nach durch, die Übergänge zwischen den Nachbarschaften sind fließend, und selbst innerhalb einer Nachbarschaft siedeln verschiedene Sozialgruppen, wobei allerdings eine Gruppe das Quartier mehr oder weniger prägen kann.

Eine scharfe räumliche Trennung der Sozialgruppen ist bisher nur zu beobachten, wo, wie in den Vereinigten Staaten, soziale Unterschiede von ethnischen Merkmalen überlagert und verstärkt werden. Die räumliche Separierung der Wohnbevölke-

rung nach ethnischen Merkmalen in schwarze und weiße Nachbarschaften hat in vielen amerikanischen Studien eine andere Erklärungsvariante sozialräumlicher Segregation begünstig. So wird vielfach die besonders in Agglomerationen der USA feststellbare Ghettoisierung der schwarzen Bevölkerung in den Kernstädten nicht nur auf eine Absonderung der weißen Bevölkerung von den ethnischen Minoritäten zurückgeführt, sondern es werden hinter dieser Erscheinung auch spezifische Diskriminierungsmechanismen vermutet, die von den Anbietern in den weißen Nachbarschaften ausgeübt werden. Letztere hätten sich z.B. geweigert, an Schwarze zu vermieten oder zu verkaufen. Dies deutet z.B. Bourne an, wenn er feststellt: «The difference between the two sectors is due, in part, to the simple fact that rental agents are much more likely to discriminate on the basis of a wide variety of criteria against people they do not expect will be good tenants.»[48)]
Sicher sind solche Verhaltensweisen der Vermieter nicht nur in den Vereinigten Staaten gegenüber ethnischen Minoritäten verbreitet. Gleichwohl hängt eine solche Erklärung räumlicher Segregation in der Luft, beantwortet sie doch nicht die Frage, weshalb Vermieter diskriminierende Praktiken anwenden können. Nach Muth führt die Erörterung dieser Frage zwangsläufig wieder zum Ausgangspunkt zurück, wonach Hintergrund des Segregationsphänomens die Aversion der Majorität sei, mit ethnischen Minoritäten in einem Quartier zusammenzuleben.[49)] Diskriminierendes Verhalten von Haus- und Grundeigentümern kann folglich als ein Versuch gewertet werden, den ökonomischen und sozialen Status einer Nachbarschaft zu erhalten, also Tendenzen eines «filtering-down» von Quartieren zu stoppen. Mit der Diskriminierungshypothese werden spezifische Praktiken der Aufrechterhaltung von Barrieren zwischen sich separierenden Nachbarschaften beschrieben, nicht aber ihre sozialen Ursachen benannt.

b) Arbitrage von Beständen zwischen zwei Nachbarschaften

Im Zusammenhang mit der Erörterung des Filtering-Modells habe ich bereits erwähnt, daß Diskriminierungsmaßnahmen die Verhärtung von Teilmarktstrukturen nicht allein erklären können, daß vielmehr die extrem unelastische Angebotsreaktion auf Bestandsmärkten eine Hauptquelle von Marktkonflikten ist. Bezieht man die räumliche Dimension in die Marktbetrachtung ein, so zeigt sich, daß die nachbarschaftliche Einbindung jedes Wohngrundstücks einen freien Fluß von Wohnungsbeständen zwischen den Submärkten stark behindern muß. Die Wirksamkeit von externen Effekten zwingt z.B. einen Hauseigentümer, sein Grundstück in den Nachbarteilmarkt zu transferieren, wenn alle ihn umringenden Grundstücke diesen Wechsel schon vollzogen haben, selbst wenn er die Kosten der Umwandlung scheut. Wenn aber mehrere Wohnblöcke mit ähnlicher Wohnbebauung zusammenliegen, können sie sich positiven und negativen externen Effekten, die von benachbarten Grundstücken eines anderen Teilmarktes ausgehen, möglicherweise widersetzen. Sollte ein einzelner Eigentümer innerhalb einer homogenen Nachbarschaft

schließlich versuchen, sein Wohngebäude z. B. durch Modernisierung auf einen höheren Teilmarkt umzuschichten, wird er wegen der Nachbarschaftseffekte hierbei kaum Erfolg haben, weil die durch Nachbarschaftsbeziehungen festgelegten Lagequalitäten seines Grundstücks sich durch seine Einzelmaßnahme nicht verändern lassen. Die verbesserte interne Qualität seiner Wohnungen geriete in Widerspruch zu der unveränderten externen Qualität und würde wegen des Zusammenhangs beider Qualitäten keine Nachfrager aus dem Teilmarkt mit besseren Wohnqualitäten anziehen. Leichter ist dagegen ein Wechsel im Grenzbereich benachbarter Submärkte, wo die externen Effekte zweier Quartiere sich überlagern und durchdringen, die Konkurrenten der Wohnbodennutzung aneinanderstoßen und sich die räumliche Submarktgrenze zu Lasten der ökonomisch schwächeren Nachbarschaft verschieben läßt.
Ein Modell, das die räumlichen Grenzverschiebungen zwischen zwei Nachbarschaften darstellt, ist das sog. *Arbitrage-Modell* des Mietwohnungsmarktes. Es untersucht die Wirkung sog. «boundary-effects» auf die Grundstückspreisentwicklung im Grenzbereich zweier Teilmärkte sowie den von Preisverschiebungen angeregten Austausch von Wohnungsbeständen zwischen beiden Nachbarschaften. Dem von amerikanischen Stadtökonomen in vielen Varianten vorgestellten Modell[50)] liegen vereinfachende Annahmen zugrunde, die sich wie folgt zusammenfassen lassen:

- Grundlage des Modells bilden zwei aneinander grenzende Nachbarschaften, von denen die eine Wohnort unterer Einkommensschichten (X) ist und die andere den oberen Einkommensklassen (Y) Wohnraum bietet; p_x und p_y sind die Durchschnittsmieten des jeweils entsprechenden Wohnungsteilmarktes.
- Haushalte der statushöheren Nachbarschaft haben Zugang zum Neubaumarkt außerhalb der beiden Nachbarschaften, während den unteren Einkommensgruppen der Neubaumarkt verschlossen ist, sie also auf eine Versorgung aus dem Bestand angewiesen sind.
- Es wird angenommen, die wohlhabenderen Bevölkerungsgruppen zögen es vor, in einer homogenen Nachbarschaft zu leben und würden Familien unterer Einkommensgruppen über entsprechend hohe Bodenrentengebote aus ihrer Nachbarschaft ausschließen.
- Im Grenzbereich beider Teilmärkte werden Familien des statushöheren Marktes wegen der Nachbarschaft zum anderen Submarkt Wohnungen nur mit einem Bodenrentenabschlag als Reaktion auf die verschlechterten Wohnumfeldbedingungen akzeptieren; umgekehrt werden Haushalte des unteren Teilmarktes an der Grenze zwischen beiden Märkten eine Prämie für die positiven externen Effekte, die vom sozialen und baulichen Wohnumfeld des benachbarten Quartiers ausgehen, als Aufgeld auf die innerhalb des Teilmarktes X erzielbaren durchschnittlichen Bodenrenten zahlen. Es entsteht ein Bodenrentengefälle vom statushöheren Teilmarkt über die Zwischenmarktzone bis zum unteren Teilmarkt, dem ein Gefälle in der Wohnumfeld- und Wohnungsqualität entspricht.

Im Zwischenmarktsegment wird entschieden, ob die beiden Nachbarschaften sich stabil zueinander verhalten oder ob ökonomische Kräfte eine Grenzverschiebung zwischen ihnen bewirken. Diese von Renditeüberlegungen bestimmten Marktverschiebungen können mit dem Begriff Arbitrage bezeichnet werden, handelt es sich doch um ein Geschäft, das Preisdifferenzen zwischen benachbarten Teilmärkten zur Gewinnerzielung ausnutzt. Grundsätzlich lassen sich auf diesen Vorgang die von mir bereits erwähnten Kapitalwertkalküle, mit denen sich aus zwei und mehr Alternativen die vorteilhafteste Investitionsstrategie auswählen läßt, anwenden. Im Mietwohnungssektor wird demnach eine Arbitrage zwischen zwei räumlichen Submärkten lohnend, wenn im Zwischenmarktsegment die Ertragswertdifferenz des Angebots beider Nachbarschaften die Kosten einer Transformation übersteigt. Unter ökonomischen Gesichtspunkten wird ein Wechsel von Wohnungen aus der besseren in die schlechtere Nachbarschaft mit ärmeren Haushalten bei gegebenen Transformationskosten nur vorgenommen, wenn:

$$(E_x + e_x) - (E_y - e_y) > C$$

E_x und E_y stehen in der Ungleichung für die Ertragswerte der Nettomieten in den beiden Submärkten X und Y, e_x und e_y für die Barwerte des Aufgelds bzw. Abschlags, die für die Nähe zur angrenzenden Nachbarschaft auf dem Zwischenmarkt gezahlt werden. Wohnungen werden diesem Kalkül zufolge solange umgeschichtet, wie im Zwischenmarktbereich die Kapitalwertdifferenz über den Transformationskosten liegt. Im Gleichgewicht beider Teilmärkte wird E_x niedriger bewertet als E_y, und zwar um den Betrag $(C\text{-}e_x\text{-}e_y)$:[51)]

$$(E_x + e_x) - (E_y - e_y) = C$$
$$E_x + e_x - E_y + e_y = C$$
$$E_x - E_y = C - e_x - e_y$$

Soll eine Aufwertung einfacherer Bestände angeregt werden, muß sich das Kapitalwertkalkül umkehren. Sie wird stattfinden, wenn:

$$(E_y - e_y) - (E_x + e_x) > C$$

In der vom realen Prozeß abstrahierenden Form des ökonomischen Modells wird nicht ohne weiteres erkennbar, auf welche Probleme ein Marktausgleich via Arbitrage stoßen kann. Aus ihm läßt sich z.B. nicht ablesen, wie sich einkommensschwächere Haushalte gegen Preisgebote einkommensstärkerer Gruppen behaupten, geschweige denn durchsetzen können. Angenommen, eine Ausweitung des unteren Submarktes zu Lasten des Bestandes im oberen erzeuge keine Transformationskosten, so müßte immer noch von der einkommensschwachen Nachfrage im

Grenzbereich beider Nachbarschaften ein Zahlungspotential mobilisiert werden, das fähig wäre, in den konkurrierenden Markt einzudringen. Die Mietpreisgebote müßten so hoch gehen, daß der ökonomische «output» pro Bodenflächeneinheit gesteigert werden kann, was, da es den einzelnen Bietern an Zahlungskraft fehlt, durch die Masse wettgemacht werden müßte. Wohnungsfläche sowie die Fläche des Grund und Bodens müßten auf eine größere Zahl von Mietern verteilt werden, die das gestiegene Mietpreisniveau anteilig zu tragen hätten. Eine Nutzungsintensivierung von Wohnboden und vorhandenem Wohnraum durch Überbelegung und Wohnungsteilung beweist nun aber weniger die Funktionstüchtigkeit der Arbitrage, als vielmehr, daß bei extremem Wohnungsmangel, wie er z. B. während der Zuwanderungswellen von Arbeitsimmigranten in den Großstädten chronisch herrschte, sich die Wohnungsnot der ärmeren Bevölkerungsgruppen profitbringend ausbeuten läßt. Um Häuser von wohlhabenden Familien mit Gewinn in solche für die ärmere Stadtbevölkerung umwandeln zu können, muß mit einer anhaltenden Marktenge und, hierdurch bedingt, langfristig hohen Mietpreisen gerechnet werden können, also mit einem permanenten Nachfragewachstum, das immer wieder auf ein unelastisch reagierendes Angebot stößt. Setzt schließlich doch eine Marktentspannung ein, wird sich herausstellen, daß das vorherige Preisniveau, auf dem das Arbitrage-Geschäft aufbaute, letztlich nur einer bestimmten Marktkonstellation von längerer Dauer geschuldet war und die Arbitrage nicht mehr als ein «filtering down» von Beständen bzw. eine Schrumpfung des ökonomischen Potentials der betroffenen Grundstücke vermittelt hat.

Ganz anders liegen die Dinge bei einer Arbitrage in umgekehrter Richtung: Auch in diesem Fall wird sie nur stattfinden, wenn sich das Ertragspotential der Grundstücke steigern läßt und die Transformationskosten mehr als gedeckt sind. Doch basiert dieses Geschäft nicht auf der Wohnungsnot, sondern auf spezifischen Präferenzverschiebungen oberer Einkommensgruppen, die ihre Zusatznachfrage alternativ im Bestand und im Neubau befriedigen können. Eine Arbitrage zugunsten der statushöheren Nachbarschaft findet demnach nur statt, wenn sie einen höheren Gewinn als Wohnungsneubau verspricht. Das Hauptproblem liegt hier weniger in der mangelnden Fähigkeit der Nachfrage, die Konkurrenz der angrenzenden Nachbarschaft zu überbieten, als vielmehr darin, Transformationskosten (Modernisierung/Instandsetzung, Instandsetzung/Umbau) soweit zu begrenzen, daß der Verkauf oder die Vermietung der Wohnungen einen Gewinn realisiert. Es wird sich eine solche Konstellation, sieht man einmal von der Baukostenentwicklung ab, nur unter der Bedingung einer entspannten Marktlage im Nachbarquartier einstellen, also während ruhigerer Phasen der Stadtentwicklung. Nur dann verbessern sich die Mietpreis- und Kapitalwertdifferenzen im Zwischenmarktbereich zugunsten einer Bestandsaufwertung und die Chancen, Transformationskosten über spätere Mieteinnahmen zu finanzieren. Herrscht im Nachbarsegment noch hoher Nachfragedruck, werden von dieser Seite die Preisgebote denjenigen des konkurrierenden

Segments angeglichen, so daß die Kapitalwertdifferenz zusammenschmilzt und die Nachfrage sich dem Neubau zuwendet.
Ohne daß dies bisher besonders hervorgehoben wurde, läßt sich aus den beschriebenen beiden Formen der Arbitrage entnehmen, daß die gewinnbringenden Transfers von Grundstücken auf einem städtischen Wachstumsmodell basieren. Eine Konkurrenz um knappen städtischen Boden und ein knappes städtisches Wohnungsangebot kann nur dort entstehen, wo ein räumliches Wohnungsmarktungleichgewicht, hervorgerufen von einer *wachsenden Nachfrage*, auf mindestens einem der beiden im Modell behandelten Teilmärkte existiert. Ohne Bevölkerungswachstum und/oder einkommensbedingtes Nachfragewachstum fehlten die Voraussetzungen für eine Bietkonkurrenz in der Zwischenmarktzone und die sich hierauf gründende gewinnbringende Arbitrage. Implizit geht das Arbitrage-Modell also von dem historischen Trend eines wachsenden ökonomischen Potentials auf Seiten der Verbraucher aus, wie er für die bisherige Stadtentwicklung kennzeichnend war. Freilich ist Wachstum nicht beliebig fortsetzbar. Auf einem erreichten Sockel hoher Grundstückserträge (Nettomieteinnahmen pro Grundstücksflächeneinheit) wird ein Übergang zur Stagnation und Schrumpfung wahrscheinlicher als eine Fortsetzung der Expansion. Abnehmende Einwohnerzahlen, ein heute für fast alle Großstädte typisches Phänomen, und dadurch verursacht, ein Abzug von durchschnittlichem Kaufkraftpotential pro Bodenflächeneinheit lassen sich immer schwieriger von Einkommensteigerungen bei den verbliebenen Bewohnern kompensieren. Solange dies noch gelingt, kann von der Phase des quantitativen Wachstums auch im Wohnungssektor zu der eines qualitativen Wachstums übergegangen werden, vom Neubau zur Bestandsverbesserung, von der räumlichen Ausdehnung statushöherer Nachbarschaften durch Neubau zur Aufwertung von Beständen.
Verliert aber die städtische Gesellschaft bezogen auf eine Bodenflächeneinheit an Kaufkraft, wird auch der Veränderungsdruck im Bodennutzungsgefüge erlahmen, sich die räumliche Verkettung der Wohnungsteilmärkte lockern und die Arbitrage in den Zwischenmarktzonen zum Erliegen kommen. Erst müßte der überschüssige Bestand z. B. durch Stadtsanierung beseitigt werden und das städtische Wohnsiedlungsgebiet auf eine Fläche reduziert werden, die ein Wohnungs- und Bodenmarktgleichgewicht wiederherstellt. Von einer solcherart konsolidierten stadtökonomischen Basis könnte dann ein neuer Wachstumsprozeß einsetzen.

Die Arbitrage gerät jedoch nicht nur bei schrumpfender Nachfrage ins Stocken. Die Effizienz dieses Prozesses leidet unter zahlreichen Marktbarrieren, die der Herstellung eines räumlichen Gleichgewichts auch in Wachstumsphasen im Wege stehen:
- Künstliche Barrieren, wie Bahnlinien, Autoschnellstraßen, oder natürliche Barrieren, wie Flußläufe oder andere natürliche Hindernisse, können von Fall zu Fall einzelne Nachbarschaften isolieren und ihre Expansion, ungeachtet des vom Preis reflektierten Nachfragedrucks, verhindern.

- Weniger offensichtlich, aber einem räumlichen Marktausgleich nicht minder hinderlich, können differierende Haustypen und Bebauungsintensitäten in verschiedenen Nachbarschaften sein. So zeichnen sich Wohnstandorte der Wohlhabenderen mit Ausnahme zentrumsnaher Luxuswohnungen, die eine hohe Kapital-/Bodenintensität aufweisen, in der Regel durch eine geringe Bebauungsintensität, d.h. niedrige Kapital-/Bodenintensität aus, während die ärmeren Schichten meist in Quartieren mit horizontal und vertikal gesteigerter Bebauungsintensität, in Altbauquartieren aus dem 19. Jahrhundert oder im Massenwohnungsbau aus der Zeit nach dem Zweiten Weltkrieg wohnen. Was an lagebedingter Bodenrente in den schlechteren Quartieren verlorengeht, wird durch die Intensität der Bebauung häufig mehr als kompensiert, so daß Bodenrenten und Bodenpreise erzielt werden können, die sich von denen besserer städtischer Wohnlagen nicht unterscheiden oder sogar darüber liegen.

Die sich hinsichtlich ihrer Bebauungsdichte differenzierende Quartierstypologie kann sich als ein fast unüberwindbares Hindernis einer Ausdehnung von Unterschichtenquartieren in die jüngeren Einfamilienhausgebiete am Stadtrand erweisen. Um den ökonomischen «output» pro Bodenflächeneinheit in diesen Vierteln geringer Kapital-/Bodenintensität ohne Veränderung dieses Verhältnisses, allein durch den Austausch der wohlhabenderen Bewohner gegen die aus den städtischen Wohngebieten nach außen drängenden ärmeren Familien zu steigern, müßte die Belegungsdichte dieser Häuser ins Unerträgliche erhöht werden und zugleich aller verfügbare Raum (Keller, Dachgeschoß) in Wohnraum umgebaut werden. Solche baustrukturell bedingten Hindernisse einer Marktausdehnung vermindern die an sich schon geringe Preiselastizität des Bestandsangebots weiter: Die sich ausdehnende Nachfrage nach preiswerten Wohnungen wird unter diesen Bedingungen p_x gegenüber p_y unverhältnismäßig lange hoch halten und dennoch im Zwischenmarktbereich kaum eine Verschiebung der Nachbarschaftsgrenzen bewirken: Das räumliche Marktgefüge erstarrt. Auch die Ausdehnung statushöherer Quartiere kann an qualitativen Barrieren zwischen den Nachbarschaften scheitern. Der Widerstand des Nachbarquartiers ist um so größer, je weniger die Wohnsubstanz den Präferenzen der expandierenden Nachfrage entspricht, je dichter die Wohnbebauung ist und je schlechter die Bauten instandgehalten sind.

Zusammenfassend kann festgestellt werden, daß der Filtering-Prozeß als räumlicher Marktausgleichsprozeß auf vielfältige Anpassungswiderstände stoßen kann. Zu hohe Transformationskosten, eine zu geringe Zahlungskraft und andere Marktbarrieren, die die Wirksamkeit von «boundary-effects» im Zwischenmarktbereich schwächen, lassen den räumlichen Marktausgleich als einen im Normalfall langwierigen, in historischen Dimensionen ablaufenden Prozeß erscheinen. Eine staatliche Korrektur und Steuerung dieser Vorgänge scheint unumgänglich. Die Analyse der Arbitrage weist auf notwendige Ansatzpunkte und auf mögliche Auswirkungen einer intervenierenden Politik. Vor allem lokale Interventionen in die kleinräumlichen Marktzusammenhänge können den Arbitrage-Prozeß beschleunigen, verhindern oder bestimmte, nicht erwünschte Effekte mildern. Zur Illustration der Fülle möglicher Interventionsansätze seien hier drei stichwortartig erwähnt:

- Ist es z. B. das Ziel von Stadtverwaltungen, die Expansion von Unterschichtenquartieren in der inneren Stadt zu verhindern, wird sie durch Wohnumfeldmaßnahmen in der Grenzzone eine Nachbarschaftsaufwertung anstreben und dadurch eine die Arbitrage behindernde Preisbarriere aufbauen.
- Neubauförderung kann dem statushöheren Quartier Nachfrage entziehen und dadurch eine Ausdehnung der statusniedrigeren Nachbarschaften begünstigen. Modernisierungsförderung für mittlere und höhere Einkommensgruppen wird den Umkreis des statushöheren Quartiers ausweiten.
- Ein Abriß von Substandardbeständen kann das preiswerte Wohnungsangebot verknappen und im Zwischenmarktbereich einen Wechsel von Wohnungen aus den besseren Teilmärkten anregen.

4.2 Regulierende Funktion der Bodenrente

Das Arbitrage-Modell stellt in formalisierender Weise dar, wie sich über die Flächennutzungskonkurrenz zweier Einkommens- und Sozialschichten die standörtlich rentabelste Wohnbodennutzung im Grenzbereich zweier Nachbarschaften durchsetzt. Die von diesem Modell dargestellten Konsequenzen eines ökonomisch wirksamen Nachfragewachstums und -rückgangs *pro Flächeneinheit des städtischen Wohnbodens* lassen sich noch präziser aus der Sicht der Bodenrententheorie darstellen. Sie behandelt die beschriebene Änderung der Wohnbodennutzung als Erscheinungsform einer von der Bodenrente über den Markt gesteuerten Bodenökonomie.

a) Baulicher Aufwand und Rentenpotential

Im Arbitrage-Modell wird es zwar nicht ausdrücklich hervorgehoben, doch haben in ihm implizit Bodenrenten und Bodenpreise einen zentralen Platz als marktwirtschaftliche Steuerungsgrößen der Bodennutzung. Das Arbitrage-Geschäft hat die Ausnutzung von Preisunterschieden des Angebots zwischen zwei benachbarten Teilmärkten zum Inhalt. Es zielt darauf, im Grenzbereich der beiden Nachbarschaften durch einen Wechsel von Beständen aus einer Nachbarschaft in die andere standortbezogene Preisaufschläge, also Surplusprofite zu realisieren, die sich in Bodenrente verwandeln. In der Terminologie des Kapitalwertkalküls: Eine Arbitrage verspricht Surplusprofite und die Realisierung steigender Bodenrenten, wenn nach Abzug der Transformationskosten ein positiver Differenzwert übrig bleibt, der als Kapitalwert des Bodenrentenzuwachses bei alternativer Verwendungsweise des Grundstücks angesehen werden kann. Grundsätzlich gibt es unendlich viele Varianten von Transformationsmaßnahmen mit jeweils anderen Mustern von Bruttoein-

nahmen, Kosten und resultierenden Bodenrenten. Es stellt sich also die Frage, welcher Einsatz von Kapital pro Bodenflächeneinheit am gegebenen Standort die Bodenrente maximiert, bzw. kapitalisiert, den höchsten Bodenpreis produzieren kann. Solange an einem Standort dieses Potential noch nicht für jeden erkennbar als Richtmarke festliegt, wird es über den Markt in einem Suchprozeß schrittweise herausgefunden: Ein potentieller Investor, der eine Arbitrage im Auge hat, kann in dieser Situation nur von den für notwendig erachteten Investitionen zur Maximierung seiner Nettoeinnahmen ausgehen und hoffen, auf diese Weise den maximalen Bodenrentenzuwachs realisieren zu können. Hat sich umgekehrt schließlich das neue Bodenpreis-/Rentenniveau durchgesetzt, liegt auch der Betrag fest, der maximal ausgegeben werden kann, damit sich dieser noch rentabel verwertet.
Im Prinzip werden in der Kalkulation der Marktakteure die Kapitalinputs solange manipuliert, bis maximale Surplusprofite bzw. Bodenrenten über den Markt gefunden worden sind, immer vorausgesetzt, die Investoren und Grundstückserwerber handeln streng im Sinne der Bodenökonomie. Zur Illustration des Vorgangs einer Anpassung von Beständen an das maximale Bodenrentenpotential lassen sich Goodalls Ausführungen über die Ökonomie der Bodennutzung heranziehen. Grundlage seines Gedankengangs sind die Aussagen des Ertragsgesetzes, die von ihm auf Probleme der städtischen Bodennutzung übertragen werden. Danach wird durch sukzessive hinzugefügtes Kapital und durch eine Steigerung des Dienstleistungsangebots auf einem Grundstück anfangs mit einer Nettoertragszunahme gerechnet, ab einem bestimmten Punkt wird jedoch die Bruttoertragsentwicklung hinter der Kostenentwicklung zurückbleiben, und zuletzt werden nur noch negative Nettoerträge erzielt. Auch im Wohnungssektor ist damit zu rechnen, daß eine Erweiterung oder Verbesserung des Wohnungsangebots auf einem gegebenen Grundstück die Nettoerträge pro Grundstücksflächeneinheit steigert. «Income will, however, increase at a diminishing rate, because lower rents or prices per unit will have to be charged where larger amounts of accomodation are provided on the same site.»[52)]
Die Intensivierungsgrenze wird dort erreicht, wo die Einnahmen aus einer zusätzlichen Investition, bzw. ihr kapitalisierter Wert, gerade noch die Kosten, die zur Produktion dieses Differentials anfallen, decken. Sind Kosten und realisierbarer Preis (Ertragswert) gleich groß, wird ein Investitionsniveau erreicht, das die Nettoerträge maximiert. Der (Netto-)Grenzertrag tendiert gegen Null.

In der Abbildung ist das Optimierungsproblem graphisch dargestellt. Die Linie R_1S_1 verkörpert darin den Preis, der für jede zusätzliche Verbesserung des Wohnungsangebots erzielt werden kann (Erweiterung der Wohnfläche und Modernisierung des Bestandes). Von der Kostenkurve CD_1 werden die für jede zusätzliche Einheit von Bestandsverbesserungs- und Erweiterungsmaßnahmen anfallenden Kosten abgebildet. Sie zeichnet sich durch einen zunächst fallenden Verlauf aus, um ab einem bestimmten Punkt zusätzlicher Investitionen pro Maßnahmeeinheit wieder anzusteigen. Die Ursachen für eine anfängliche Kostendegression und eine anschließende Kostenprogression liegen auf der Hand: Wird ein Gebäude modernisiert, aus- oder umgebaut, so läßt sich dies, wenn die angestrebte Veränderung nicht allzu umfangreich ist, meist kostengünstig durchführen. Wird dagegen ein neubaugleicher Modernisierungsstandard angestrebt, können die Kosten schnell über die eines Neubaus ansteigen. Eine ähnliche Beziehung zwischen Nutzungsintensivierung und Kosten ergibt sich auch im Neubau, wo mit zunehmender Stockwerkszahl die Kosten pro Quadratmeter Wohnfläche bis etwa zum vierten Stockwerk ihren niedrigsten Durchschnittswert erreichen, dann aber wegen notwendiger zusätzlicher Maßnahmen (Fahrstuhl, aufwendigere Statik usw.) in die Progressionszone gelangen.

Abbildung 4

Bestimmung des Verhältnisses von Kapitaleinsatz und Bodenpreis auf einem Grundstück

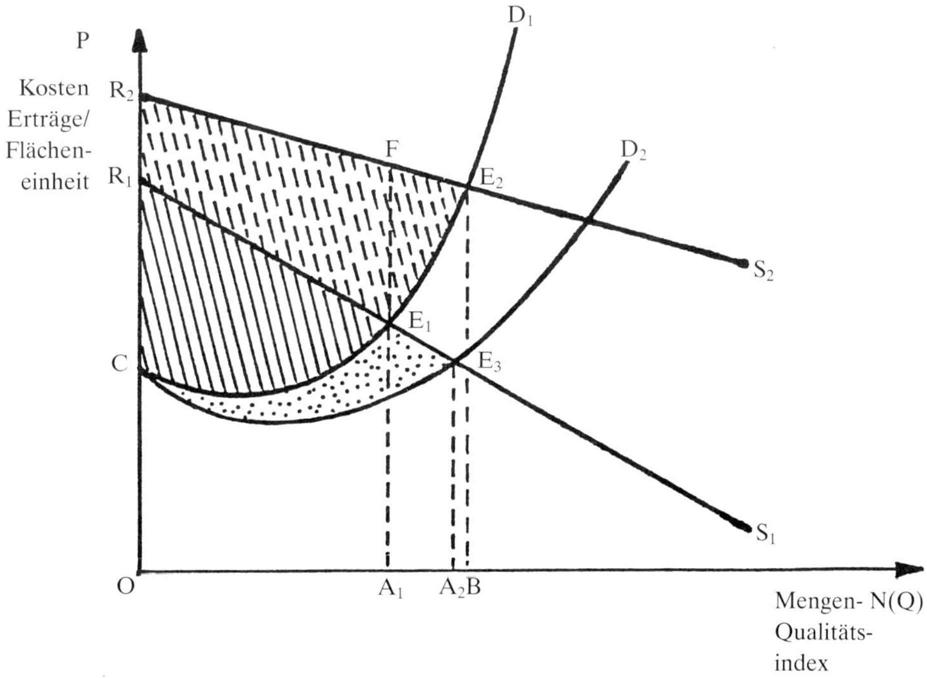

CD_1 u. CD_2 Kostenfunktionen in Abhängigkeit vom baulichen Aufwand

R_1S_1 u. R_2S_2 Bruttoertragsfunktionen

Im Schnittpunkt E_1 beider Funktionen wird der Surplusprofit maximiert. Dieser ergibt sich aus der Differenz der kapitalisierten laufenden Einnahmen, dargestellt von der Fläche $OA_1E_1R_1$, abzüglich der Investitionskosten, dargestellt von der Fläche OA_1E_1C, in der Größenordnung der schraffierten Fläche CE_1R_1. Es ist dies jener Betrag, der als Bodenpreisaufschlag maximal über den Kapitalwert der alten Anlage, einschließlich des bisher gültigen Bodenpreises, an den Alteigentümer gezahlt werden kann. Wie beim Neubau, so ist auch im Bestand jene Investition am vorteilhaftesten, die mit dem geringsten Kapitaleinsatz die höchstmögliche Rente erzielt.
Es läßt sich nun leicht mit Hilfe des Denkmodells zeigen, wie z. B. Veränderungen des Ertragspotentials, d. h. der Nachfrage nach Wohnungen und Wohnboden auf die Bodenrente und Kapitalintensität der Bodennutzung zurückwirken. Verschiebt sich z. B. im Grenzbereich zweier Nachbarschaften die Kurve R_1S_1 aufgrund einer dauerhaften Steigerung des Nachfragepotentials nach R_2S_2, wird bei gegebener Kostenstruktur für eine Transformation der Gebäude die Ertragsfunktion von der Kostenfunktion in E_2 geschnitten, der bauliche Aufwand um $A_1BE_2E_1$ zunehmen und das zusätzliche Bodenrentenpotential in seiner kapitalisierten Form um die durchbrochen schraffierte Fläche wachsen. Eine ähnliche Wirkung geht von Baukostensenkungen aus, die bei gegebener Ertragsfunktion ein um die gepunktete Fläche vergrößertes Bodenrentenpotential und einen zusätzlichen baulichen Aufwand in der Größenordnung von $A_1A_2E_3E_1$ zulassen. Über den Zusammenhang von Bodenrente und Bodennutzungsintensität läßt sich zusammenfassend feststellen: «Where land is cheap it will not take much building before it will pay to acquire more land to provide more accomodation, whereas if land is expensive a large amount of building is needed before building costs rise the level where it pays to acquire more land to increase accomodation.»[53)]
Obwohl die im Modell durchgespielte Variation von Kosten, Erträgen und Bodenrenten eine relativ flexible Anpassung des Bodennutzungsgefüges unterstellt, lassen sich bei näherer Betrachtung der Bodenökonomie die bereits im Arbitrage-Modell behandelten Anpassungswiderstände des Bestandes präzisieren. Das soll anhand der bereits diskutierten Formen der Arbitrage erläutert werden:

Ausdehnung einer statushöheren Nachbarschaft gegen ein angrenzendes Wohnquartier:
Bei dieser Variante räumlicher Marktverschiebungen stellt sich das schon benannte Problem der unterschiedlichen Bewertung externer Qualitäten eines Wohnstandortes durch die verschiedenen Einkommens- und Sozialschichten, das Problem der wachsenden Bedeutung der Wohnlage in Relation zur baulichen Qualität, je höher die Rangstellung der Wohnung, das Einkommen und der soziale Status des sie bewohnenden Haushaltes sind.[54)] In den Mieten und Preisen der Wohnungen findet diese Qualitätshierarchie ihren Ausdruck in steigenden Wohnungspreisen für die in-

terne und externe Qualität, wobei mit dem Bedeutungszuwachs der Wohnumgebung der gezahlte Anteil für die Wohnlage (Bodenrente) relativ stärker zunimmt. Eine Ausdehnung statushöherer Nachbarschaften in die Wohngebiete der ärmeren Bevölkerung wird folglich nur stattfinden, sofern es gelingt, die Lagequalität des unter Aufwertungsdruck stehenden Quartiers zu verbessern und dadurch die Bodenrente relativ zum Kapitalinput zu erhöhen. Anders ausgedrückt: es müßte die *Rentrate*, das Verhältnis zwischen der erzielbaren Bodenrente und dem auf dem Grundstück fixierten Gebäudekapital, durch eine Lageverbesserung zugunsten der Rente verändert werden. Die dichte und hohe Überbauung von Wohnvierteln ärmerer Einwohner steht einer solchen Absicht freilich im Wege. In diesen Vierteln mit ihrer hohen Kapital/Boden-Intensität werden wegen der intensiveren Bodennutzung zwar ebenfalls hohe Renten bezogen, aber aus eben diesem Grunde nur unter Verzicht auf hohe Rentraten. Die Lagequalität wird zudem durch andere externe Faktoren, wie Lärm und Luftverschmutzung, gemindert.
Solange die Bebauungsdichte und andere negative Merkmale die Lagequalität negativ beeinflussen, müßten also kompensierende Standort- und Wohnumfeldqualitäten geboten werden, damit sich auch bei einem intensiven Kapitaleinsatz pro Bodenflächeneinheit die *Effizienz* der Bodennutzung steigern läßt.[55)] Solche Qualitäten können z. B. zentrumsnahe Wohnstandorte in der Nähe von attraktiven Einrichtungen der City bieten. Für Appartement-Wohnungen in Citynähe wird sicher nicht nur für die interne Qualität, sondern überproportional für die Lage ein Preisaufschlag bezahlt. Nachbarschaften reicher Stadtbewohner dehnen sich folglich nur unter ganz bestimmten Standort- und Wohnumfeldkonstellationen gegen die Viertel der ärmeren Bevölkerung aus, solange nicht staatliche Stadterneuerungsmaßnahmen diesen Prozeß fördern. Eher expandieren sie innerhalb eines bestimmten räumlichen Stadtsektors von zentrumnäheren Standorten in Richtung auf noch nicht bebaute Außenzonen, wo sich präferierte Wohnumfeldqualitäten relativ leicht produzieren lassen bzw. bei geringer Kapital/Boden-Intensität eine hohe Rentrate einstellt. In Abbildung 4 läßt sich diese Konstellation durch einen steileren Verlauf der Ertragsfunktion R_1S_1 darstellen. Gedreht um den Schnittpunkt E_1 ergäbe sich dann bei gleichem Input pro Bodenflächeneinheit ein zusätzlicher Surplusprofit, der in Rente verwandelt, zu einer Steigerung der Rentrate beiträgt.

Ausdehnung eines Unterschichtenquartiers gegen ein angrenzendes Quartier oberer Einkommensschichten:
Auch in diesem Fall stößt die räumliche Marktanpassung aufgrund der Starrheit des Wohnungsbestandes in unterschiedlich strukturierten Nachbarschaften an ökonomische Barrieren. Weil in den Preisgeboten der Ärmeren die externe Qualität von Wohnungen eine untergeordnete Rolle spielt und die Wohnungsmieten nach Abzug der Bewirtschaftungskosten primär Zins auf das Gebäudekapital und, verglichen hiermit, einen unbedeutenden Bestandteil Bodenrente enthalten, ergibt sich in

Wohngegenden dieser Bevölkerungsschicht auch nur eine niedrige Rentrate. Dies impliziert z. B. auf den teuren Böden in den alten citynahen Wohnvierteln eine besonders extensive und intensive Überbauung (hohe Grund- und Geschoßflächenzahlen). Wird eine niedrige Bebauungsdichte angestrebt, muß in extrem ungünstige Wohnlagen in den Außenbereich des Verdichtungsraumes ausgewichen werden, wo Bodenrenten und Bodenpreise noch nicht ins Gewicht fallen. Graphisch läßt sich dieser Sachverhalt in einer schwächeren Neigung der Ertragsfunktion darstellen. Es könnte dann einerseits der maximale Kapitaleinsatz pro Bodenflächeneinheit wachsen, andererseits auch das Bodenrentenresidual im Verhältnis zu den Kosten der Investition schrumpfen bzw. die Rentrate fallen.
Einer Nutzungsintensivierung bisher höherwertiger Nachbarschaften für eine sich aus unteren Teilmärkten ausdehnende Nachfrage sind jedoch enge Grenzen gezogen. Denn im vorhandenen Gebäude- und Wohnungsbestand läßt sich nur unter Schwierigkeiten durch An- und Ausbau auf einem Grundstück zusätzliche Wohnfläche schaffen und die Kapital/Boden-Intensität steigern. Wie Erfahrungen belegen, wird eine Expansion von Quartieren ärmerer Familien in bisher von Mittelschichten bewohnte Nachbarschaften primär mit dem Mittel einer Aufteilung der vorhandenen Wohnfläche unter eine größere Zahl von Haushalten und Personen erreicht. Zahlen alle ärmeren Familien zusammen für dieselbe Wohnfläche mehr als die vorher hier wohnenden Familien, ist die Nutzungsintensivierung gelungen. Im Gegensatz zum ersten Beispiel, das zur Steigerung der Rente eine qualitative Aufwertung der Nachbarschaft voraussetzte, wird hier derselbe Effekt durch Steigerung der Wohndichte und durch Preisanhebung ohne nennenswerte Veränderung des Bestandes erreicht. Der durch Überbelegung relativ teurer Wohnungen erzeugte Rentenzuwachs vermag die Rentrate sogar dadurch zu steigern, daß das betroffene Quartier in seiner Wohnumfeldqualität herabsinkt. Im Modell wird dieses ohne Zusatzinvestitionen entstehende Rentenpotential von der Fläche $R_1E_1FR_2$ repräsentiert, wenn die Funktion R_2S_2 die veränderte, von der Nachfrage induzierte Ertragsfunktion darstellt. Die Bewohner zahlen diese Rente nicht für eine Verbesserung des Wohnumfeldes, sondern für eine länger anhaltende Wohnungsknappheit. Zwar kann dieser Surplusprofit nicht auf Dauer bezogen werden, er treibt gleichwohl aber auch unter der Voraussetzung seines nur vorübergehenden Charakters die Bodenpreise, die immer den antizipierten Durchschnitt des Rentenstroms reflektieren, in die Höhe. So bemerkt Rothenberg in bezug auf die Profitabilität der Produktion von Slumgebieten im Wohnungsbestand: «The most important kinds of intensive production are to convert dwellings to increasingly overcrowed occupancy and to allow the state of the property to deteriorate progressively".[56] Aber: «Slum profitability stemming from these demand characteristics is a dynamic phenomenon. It does not represent a permanent source of surplus. The supply of housing is quite competitive, and the relative shortages that especially favor slum creation tend gradually to be made up.»[57]

Schrumpfendes Nachfragepotential:
Das Ertragsmodell gestattet es auch, die problematischen Effekte einer Nachfrageschrumpfung auf einem gegebenen städtischen Areal zu präzisieren. Nimmt man z. B. an, die Nachfrage pro Grundstücksflächeneinheit werde soweit schrumpfen, daß die Ertragsfunktion von der Position R_2S_2 auf das Niveau R_1S_1 zurückfällt, wird auch das Bodenrentenpotential um die durchbrochen schraffierte Fläche schrumpfen. Solange nur die aus Wohnungsmangel in unteren Teilmärkten resultierenden Surplusprofite abgebaut und die Wohnungsmärkte entspannt werden, muß der Anpassungsvorgang positiv bewertet werden, weil er der ökonomischen Ausbeutung von Wohnungsnot Boden entzieht. Herrscht aber vor dem Einsetzen der Schrumpfung ein räumliches Marktgleichgewicht, wird die Ertragsminderung zwangsläufig von einer Minderung der durchschnittlichen Kapital/Boden-Intensität beantwortet werden müssen, um das Gleichgewicht der Bodennutzung wiederherzustellen. Das Angebotsniveau müßte um den Betrag $A_1BE_2E_1$ zurückgenommen werden. Eine solche Anpassung würde wahrscheinlich Desinvestitionen fördern und als Antwort auf einen Rückgang der Wohnflächennachfrage die Wohnungsleerstandsrate wachsen lassen. Fände sich schließlich keine Anschlußnutzung, die eine Verschrottung überschüssiger Bestände und eine Neuordnung des Bodennutzungsgefüges anregen könnte, wäre mit einem kumulativen Verfall und der Zerstörung möglicherweise ganzer Stadtviertel zu rechnen, zumal die negativen externen Effekte verfallender Bestände eine ganze Nachbarschaft in den Strudel des Niedergangs ziehen können. Während wachsende Rentenpotentiale den Wandel der Bodennutzungsstrukturen dynamisieren, wird eine schrumpfende Rentenbasis im Extremfall Brachen mit zerstörter, nicht mehr benötigter Bausubstanz hinterlassen.

b) Nutzungsdauer und Bodenrentenpotential
Die Bodenrente wirkt zweidimensional, zum einen als Begrenzung des baulichen Aufwandes auf einer gegebenen Parzelle, zum anderen auch als Begrenzung der Nutzungsdauer, in der sich der Zeitdurchschnitt der Rente maximieren läßt. Während im ersten Fall nach einem den Ertrag optimierenden Kapitaleinsatz pro Grundstücksflächeneinheit gefragt wird, wird hier nach der Nutzungsdauer gefragt, bei der der Grundrentenstrom pro Zeiteinheit maximiert wird. Es handelt sich dabei um denselben Vorgang nur aus einem anderen Blickwinkel, denn die Maximierung der Bodenrente auf einem Grundstück impliziert immer auch eine Berücksichtigung der Dauer, während der sich die Rente als Surplus über den Durchschnittsprofit erwirtschaften läßt. Ist die Rente in Form der Bodenpreise vorgegeben, so wird sich bei einem kalkulierbaren zeitlichen Verlauf der bereits erwähnten Kosten- und Ertragsfunktionen eine Variante ergeben, mit der sich möglichst lange eine Rente erzielen läßt, die in ihrem Durchschnitt der im Bodenpreis antizipierten Rente nahekommt. Zur Illustration dieses Sachverhalts ließe sich ohne weiteres das vorher benutzte Modell der Bestimmung des Verhältnisses von Kapitaleinsatz

und Bodenpreis umgestalten. Anstelle des Mengen-Qualitätsindex müßte auf der Abszisse nur ein Zeitindex abgetragen werden und die Kosten- und Ertragsfunktionen müßten in ihrem zeitlichen Verlauf dargestellt werden. Im Schnittpunkt beider Funktionen wäre das Nutzungsende der Investition und zugleich das zeitraumbezogene Maximum der Bodenrente erreicht. Die Bodenrente wirkt also, wie Gaffney es ausdrückt, als eine zeitliche Begrenzung einer bestimmten Nutzungsweise des Bodens.[58)]
Sie kann aber auch den Kapitalumschlag und den Wandel der festgelegten Bodennutzung beschleunigen oder verzögern, wenn sich während einer bestimmten Bewirtschaftungsweise des Bodens das Rentenpotential verändert. Wie den Arbitrage-Prozessen entnommen werden kann, ist während der Nutzungsdauer eines Objektes nicht mit einem permanent gleichbleibenden Bodenrentenpotential zu rechnen. Städtische Wachstumsphasen sind meist auch Perioden mit steigendem Bodenrentenpotential nicht nur am Stadtrand, sondern auch auf den bereits genutzten städtischen Flächen. Bezogen auf das Beispiel der hier diskutierten Arbitrage-Prozesse bestimmen die Bodenrentengebote im Zwischenmarktsegment, wann und mit welcher Geschwindigkeit ein Austausch von Beständen zwischen den benachbarten Teilmärkten stattfinden kann. Das auf einem Grundstück erwartete, über die bisher realisierbare Rente hinausgehende Rentenpotential kann gleichsam als Opportunitätskosten entgangener Nettoerträge gewertet werden. Je länger die bisher verfolgte Nutzungsweise fortgesetzt wird und je größer die Rentendifferenzen sind, desto stärker und schneller steigen auch die Opportunitätskosten, die damit als ein Maß der Intensität des Veränderungsdrucks erscheinen.[59)] Steigende Renten und Bodenpreise sorgen also für Flexibilität der Bodennutzung und beschleunigen die Umwälzung der in anderen historischen Epochen entstandenen städtischen Bodennutzungsstrukturen.

Nun zeigt sich allerdings, daß der vom Bodenrentenpotential ausgehende Anpassungsdruck innerhalb des Wohnungssektors relativ schwach ist. Während zwischen konkurrierenden Nutzungsarten eine Sukzession der Bodennutzung meist mit einer Beseitigung der ökonomisch unterlegenen Nutzung verbunden ist, war im Wohnungssektor selbst nach exorbitanten Bodenpreissteigerungen das Rentenpotential bisher meist nicht ausreichend, um einen Abriß alter Bausubstanz zu erzwingen und den Wohnboden für eine neue Wohnbebauung freizumachen. Noch länger zögert sich ein Nutzungswandel heraus, sofern das Bodenrentenpotential hinter das bisher realisierte Niveau zurückfällt. Ohne Rentenpotential einer Anschlußnutzung wird schließlich selbst ein altes und abgenutztes Gebäude niemals abgerissen und ersetzt, denn, bezogen auf eine Investition von Null (vollkommen abgeschriebener Gebäudewert), ist jede Einnahme unendlich groß und selbst das Ende des Einnahmestroms ökonomisch tragbar. «Hat das Grundstück, auf dem das Gebäude steht, keinen Wiederverwendungswert, so gibt es außer der physischen

Begrenzung keine ökonomische Grenze für die Nutzungszeit des Gebäudes.»[60] Anders gesagt, es besteht kein Zwang zur *Zeitökonomie*.
Insgesamt muß sich bei rückläufigen Rentenpotentialen der Wandel städtischer Siedlungsstrukturen verlangsamen und sich in einem fortschreitenden Verfall der vorhandenen Baulichkeiten niederschlagen. Bodenökonomen werden eine derartige Entwicklung beklagen und die Notwendigkeit steigender Renten hervorheben, um zu verhindern, daß eine Anfangsinvestition bis zum letzten ausgepreßt wird. Wo der Bodenmarkt nicht mehr hinreichend funktioniert, weil die Nachfrage schrumpft, bieten sich aber auch andere, am Gebrauchswert der Objekte und am Bedarf der Nutzer orientierte Lösungswege an. Denn hier wäre der ökonomische Widerstand gegen beliebige alternative Verwendungsweisen gering. Ein Grundstück, für das es keine ökonomischen Wiederverwendungsmöglichkeiten gibt, läßt sich außerhalb der Marktökonomie durchaus noch nutzbringend weiterverwenden, z. B. für bedarfsorientierte Wohnprojekte, kulturelle Einrichtungen usw.

II. Der städtische Wohnungsbestand unter veränderten Marktbedingungen – Entwicklungslinien der 70er und 80er Jahre in der BRD

Aus den Grundzügen der Bestandsökonomie läßt sich der komplexe Zusammenhang zwischen der Alterung und Entwertung von städtischen Wohnungsbeständen und Wohnquartieren einerseits und einer Reihe gesellschaftlicher und ökonomischer Variablen andererseits ablesen. Die Veränderung der Haushaltseinkommen, der demographische Wandel und die Produktivitätsentwicklung im Bausektor üben einen größeren Einfluß auf die Ökonomie der städtischen Wohnungsbestände aus als z. B. witterungsbedingter Verfall oder nutzungsbedingter Verschleiß: Es kann ein relativ zum Bestand preiswertes Neubauangebot und die Bereitschaft von Haushalten, zur Verbesserung ihrer Wohnsituation in neue Wohnungen aus den Beständen umzuziehen, den ökonomisch-sozialen Abstieg von Beständen und alten Stadtquartieren, ungeachtet ihres physischen Zustandes, beschleunigen. Umgekehrt kann die relative Preiswürdigkeit von Beständen in Verbindung mit einer bestands- und innenstadtorientierten Nachfrage Filtering- und Arbitrage-Prozesse umkehren und die ökonomische Alterung des Wohnungsstocks und der Städte aufhalten.
Wie bereits im Rahmen des Filtering- und Arbitrage-Modells erörtet wurde, können einzelne Veränderungskräfte, abhängig von den jeweiligen historischen Rahmenbedingungen der Wohnungsmarkt- und Stadtentwicklung, zeitweilig hervortreten und bisher dominante Muster des Investitionsverhaltens verdrängen. Ein solcher Umschwung von einer lang anhaltenden dominanten Neubautätigkeit und einer entsprechenden Vernachlässigung der Bestände zu einer verstärkten Bestandsorientierung von Nachfrage- und Investitionspotential läßt sich auf den großstädtischen Wohnungs- und Immobilienmärkten der Bundesrepublik Deutschland und anderer westlicher Länder mit einem ähnlichen System der Wohnungsversorgung und Bodenbewirtschaftung seit etwa Mitte der 70er Jahre beobachten. Bevor ich die Konsequenzen dieses Umschwungs für die städtischen Wohnungsmärkte, die Stadtentwicklung und wohnungsbezogenen Stadtentwicklungspolitiken erörtere, bevor ich also die Wohnungs- und Immobilienmärkte in den Rahmen der Gesetzmäßigkeiten der Stadtentwicklung einordne, soll in diesem Kapitel als erstes der Umbruch selbst dargestellt werden. Ich beziehe mich bei meiner Darstellung auf das Zeitintervall von 1970 bis in die frühen 80er Jahre und belege meine Untersuchung mit sekundärstatistischen Daten aus Verdichtungsräumen der Bundesrepublik. Im Anhang werden am Beispiel des Berliner Immobilienmarktes lokalspezifische Ausprägungen dieses Wandels erörtert.[1)]

5. Wohnungsneubau und Bestandserneuerung in den Städten

5.1 Verlagerung der Investitionsschwerpunkte
Von den möglichen Investitionskategorien zur Anpassung des Wohnungsangebotes

hat in den 70er Jahren zweifellos der Wohnungsneubau einen schweren Rückschlag erlitten. Aus den Zeitreihen der Bruttoneubauinvestitionen und noch deutlicher ihrer jährlichen Wachstumsraten und der Schwankungen des Fertigstellungsergebnisses von Jahr zu Jahr läßt sich die Baukrise von 1974/75 als Wendepunkt des langfristigen Trends ablesen. Die Nachkriegsjahrzehnte waren von einer großen Kontinuität beim Wohnungsneubau auf hohem Niveau gekennzeichnet, mit jährlichen Fertigstellungsergebnissen von 500.000 bis 600.000 Wohnungen pro Jahr im Bundesdurchschnitt. Dieses Ergebnis konnte Jahr für Jahr – einmal unterbrochen von der Konjunkturkrise 1966/67 bis 1973 – gehalten, ja sogar zwischen 1971 und 1973 noch einmal auf über 700.000 Wohneinheiten gesteigert werden, bevor die folgende Krise den Anstoß für strukturelle Verschiebungen im Wohnungsbau gab: Anschließend wurden nie mehr als 300.000 bis 400.000 Einheiten pro Jahr produziert, mit einer Tendenz, sich an der unteren Grenze einzupendeln. Auch in preisbereinigten monetären Größen ausgedrückt ergibt sich dasselbe Bild, d.h. die quantitative Schrumpfung des Wohnungsneubaus wurde auch nicht durch eine qualitative Verbesserung der neu erstellten Wohnungen ausgeglichen.[2] Zwar hat sich die Baukonjunktur, nicht zuletzt gefördert durch zahlreiche öffentliche Sonderprogramme für den Eigenheimbau (Schuldzinsabzug) und mietenpolitische Maßnahmen (Staffelmieten usw.), in der ersten Hälfte der 80er Jahre ein wenig erholt, doch rechnet niemand mehr mit einer Rückkehr zu den Fertigstellungsergebnissen der 60er und frühen 70er Jahre.[3] Es herrscht weitgehend Einigkeit, daß der außergewöhnlich lang anhaltende Bauaufschwung während der 50er und 60er Jahre einer Reihe besonderer Marktfaktoren geschuldet war: Vor allem der permanenten Nachfrageüberhänge, bedingt durch Wohnraumzerstörung während des Krieges, durch den Flüchtlingsstrom und nicht zuletzt durch kontinuierliche Einkommenszuwächse, die im allgemeinen neben der öffentlichen Wohnungsbauförderung als Basis einer laufend steigenden Nachfrage nach Bauleistungen angesehen werden. Anzeichen des Marktumschwungs gab es bereits gegen Ende der 60er Jahre in Gestalt einer zunehmenden Marktlabilität und größer werdender Amplituden bei den Produktionsschwankungen. So hatte die Konjunkturkrise von 1966/67 einen um zwei Jahre verzögerten Einbruch bei der Wohnungsbaufertigstellung zur Folge, wie er in den zwei vorhergehenden Jahrzehnten nicht beobachtet werden konnte, und der anschließende, nur drei Jahre anhaltende Bauaufschwung trieb die Fertigstellungsziffern auf bisher nicht erreichte Höhen mit der Konsequenz einer über die Nachfrage hinausschießenden Produktion nicht absetzbarer Wohnungen und eines erneuten Zusammenbruchs der Baukonjunktur. Erst nach diesem Einbruch verstetigte sich die Bautätigkeit auf einem wesentlich niedrigeren, vom Markt akzeptierten Niveau.

a) Rückgang des städtischen Wohnungsneubaus

Von diesem allgemeinen Abschwung des Neubaus waren und sind nun allerdings die einzelnen Wohnungsteilmärkte und Siedlungsschwerpunkte ganz unterschiedlich betroffen. Aus der amtlichen Wohnungsbaustatistik geht z. B. hervor, daß abgesehen von kurzfristigen zyklischen Schwankungen, die vor allem mit den sich wandelnden Konditionen am Kapitalmarkt zusammenhängen, der Bau von Ein- und Zweifamiliemhäusern zumindest bis Anfang der 80er Jahre keinen Einbruch erlitten hat und das Bauvolumen dieses Teilsektors preisbereinigt bis 1980 sogar noch wachsen konnte. Der Umschwung am Wohnungsbaumarkt ging demnach primär von einem Rückgang der Baunachfrage nach Mehrfamilienhäusern aus. In den Mehrfamilienhäusern hatte sich als Folge der Baukrise Mitte der 70er Jahre auch ein Bestand leerstehender Wohnungen angesammelt, dessen Abbau mehrere Jahre dauerte. Der Einbruch auf diesem Teilmarkt war so ausgeprägt, daß sich der bisherige Anteil dieser Wohnungskategorie von ehemals 55 bis 60 % am jährlichen Gesamtfertigstellungsergebnis bis 1978 etwa halbierte. Auch die leichte wirtschaftliche Erholung in den folgenden Jahren konnte die alten Anteilsverhältnisse nicht wieder herstellen. Ausgedrückt in absoluten Fertigstellungsergebnissen: Vor 1974 waren jährliche Produktionsziffern von 250.000 bis 400.000 Wohnungen die Regel, zwischen 1973 und 1982 waren es nur noch 100.000 bis 130.000, ein Ergebnis, das auch während des schwachen Bauauschwungs 1983/84 nur geringfügig übertroffen wurde.

Die Verschiebungen der Bautätigkeit zwischen den einzelnen Wohnungs- und Gebäudekategorien rücken in räumlicher Hinsicht die Größstädte in den Mittelpunkt des Investitionsabschwungs. Hier konzentriert sich traditionsgemäß die Masse des Bestandes an Mehrfamilienhäusern, und die Bautätigkeit stützt sich in den Städten bisher überwiegend auf das Mehrfamilienhaus bzw. den Geschoßwohnungsbau. Z. B. entstanden in einer Großstadt wie Hamburg bis 1970 immer mehr als zwei Drittel aller Wohnungen eines Jahrgangs in Mehrfamilienhäusern. Versuche der Stadtadministration, den Wohnungsneubau auf die noch gefragte Wohnungskategorie des Eigenheims auszuweiten, dadurch die lokale Baukonjunktur wieder anzukurbeln und auf dem Stadtgebiet besonders gefragte Wohnformen zu schaffen, litten unter dem Problem des knappen Baulandes und hoher Bodenpreise und mußten deshalb ein zeitlich begrenztes Experiment bleiben. In Hamburg wie in anderen Großstädten wurde gegen Ende der 70er Jahre Geschoßwohnungsbau gegen den Bau von Ein- und Zweifamilienhäusern substituiert, doch bröckelten in den folgenden Jahren die Eigenheimprogramme bereits wieder ab. Regionalisiert ergaben sich in den 70er Jahren folgende Verschiebungen der Bautätigkeit:

- Noch 1970 wurden in den großen Verdichtungsräumen knapp 60 % aller Wohnungen errichtet, 1981 dagegen nur noch 50 %[4].
- Zwischen den Kernstädten, dem hochverdichteten Umland und dem sonstigen Umland ergaben sich ebenfalls Verschiebungen. Während die Kernstädte eine Verringerung ihres Anteils zwischen 1970 und 1981 von 25 % auf 18 % hinnehmen mußten und das hochverdichtete Umland der Städte ebenfalls, wenn auch weni-

ger ausgeprägt, seit Mitte der 70er Jahre dieser Tendenz folgte, konnte das sonstige Umland seinen Anteil in etwa konstant halten.

- Gewinner der regionalen Verschiebungen waren Regionen mit Verdichtungsansätzen, also kleinere Stadtregionen, vor allem im süddeutschen Raum, und ländliche Regionen.[5)]

Die Schwerpunkte des Wohnungsbaus, dies läßt sich deutlich aus den räumlichen Verlagerungstendenzen ablesen, verschieben sich in jene Regionen und Teilräume einer Stadtregion, wo sich die Gebäudekategorien des Ein- und Zweifamilienhauses und ihr verwandte Bauformen realisieren lassen.

Tabelle 1

Regionale Verteilung der Baufertigstellungen 1970 bis 1981 in der BRD

Fertiggestellte Wohnungen in % des Bundeswertes

	1970	*1971*	*1972*	*1973*	*1974*	*1975*	*1976*	*1977*	*1978*	*1979*	*1980*	*1981*
I. Regionen mit großen Verdichtungsräumen												
a)	25,2	24,1	23,7	21,7	22,2	23,5	21,4	24,6	17,7	16,3	17,4	18,1
b)	25,1	25,1	25,1	26,4	25,8	22,5	22,9	21,3	22,5	21,9	23,0	22,4
c)	9,4	8,8	9,1	9,1	8,9	8,8	8,9	9,5	9,9	10,3	10,2	9,6
II. Regionen mit Verdichtungssätzen												
d)	5,0	4,9	5,7	5,4	5,2	5,3	4,2	4,3	4,5	5,3	4,2	4,8
e)	21,1	21,5	21,6	22,7	23,2	23,7	25,8	24,4	26,5	26,8	26,9	26,4
III. Ländlich geprägte Regionen												
	14,2	15,7	14,9	14,7	14,7	16,3	16,8	15,9	19,1	19,4	18,3	18,7

Quelle: Informationen zur Raumentwicklung Heft 11/12 1982

a) Kernstädte
b) Hochverdichtetes Umland
c) Sonstiges Umland
d) Kernstädte
e) Umland

Ein Indikator für die siedlungsstrukturellen Auswirkungen der Bautätigkeit ist die regionale Bauintensität, in der die Fertigstellungsergebnisse zum Wohnungsbestand der Region ins Verhältnis gesetzt werden. Bundesweit war, wie zu erwarten war, ab dem Zeitpunkt der Wende im Bautätigkeitstrend auch die Bauintensität stark zurückgegangen, doch folgten die Regionen und ihre Teilräume diesem Abschwung nicht gleichmäßig: Besonders betroffen waren Kernstädte, vor allem in Regionen mit großen Verdichtungsräumen, die auch vorher schon relativ niedrige

Intensitätswerte hatten. Im Umland der Städte und in den ländlich geprägten Regionen hielt sich dagegen eine überdurchschnittliche Bauintensität. Aus der folgenden Tabelle kann entnommen werden, daß die Bautätigkeit dem Trend folgte, «sich immer weiter weg von den Kernen in das weitere Umland zu entwickeln»[6]. Relativ zum Bundeswert verzeichneten das weitere Umland und die ländlich geprägten Regionen die größten Gewinne, d.h. hinsichtlich der Wohnsiedlungsstrukturen zeichnet sich eine Wachstumsschwäche der Kernstädte ab, die gepaart ist mit zunehmender Dispersion des Wohnsiedlungsgefüges.

Tabelle 2

Regionale Bauintensität 1970 bis 1981 in der BRD

Fertiggestellte Wohnungen je 1000 Wohnungen des Bestandes

	1970	*1971*	*1973*	*1974*	*1975*	*1976*	*1977*	*1978*	*1980*	*1981*
I. Regionen mit großen Verdichtungsräumen										
a)	18	20	22	19	14	11	13	8	9	8
b)	30	34	43	34	22	20	19	18	18	17
c)	29	31	38	31	21	19	21	19	20	18
II. Regionen mit Verdichtungsansätzen										
d)	19	21	28	22	16	12	12	11	11	12
e)	23	27	34	29	21	20	19	19	19	17
III. Ländlich geprägte Regionen										
	22	28	32	26	21	19	18	19	19	18
Bundesgebiet										
	23	26	32	26	18	16	17	15	15	14

Quelle: Informationen zur Raumentwicklung Heft 11/12 1982

a) Kernstädte
b) Hochverdichtetes Umland
c) Sonstiges Umland
d) Kernstädte
e) Umland

b) Aufschwung der Modernisierungs- und Instandsetzungstätigkeit

Verschiebungen der Investitionsstruktur ergaben sich nicht nur aus dem Schrumpfungsprozeß des städtischen Geschoßwohnungsbaus. In der betrachteten historischen Periode weitete sich zugleich die Nachfrage nach Bauleistungen im Bestand, d.h. nach Modernisierungs- und Instandsetzungsmaßnahmen, aus. Für diese Schwerpunktverlagerung werden gleichermaßen die seit Mitte der 70er Jahre auf-

gelegten Programme zur Förderung der Modernisierung, Instandsetzung und Energieeinsparung sowie Steuervergünstigungen einerseits und Nachfrageverschiebungen andererseits verantwortlich gemacht. Maßgeblich dürften aber veränderte Nachfragetrends sein, da staatliche Politik aus ihrem Selbstverständnis heraus auf Marktdaten eingeht, Markttendenzen verstärkt oder dämpft. Bezugnehmend auf die sich andeutende Bestandsorientiertheit der Nachfrage stellte Pfeiffer bereits 1974 fest, eine solche Nachfrage könne einerseits Ergebnis einer ökonomischen Wachstumsschwäche sein, dann müsse man aber mit Investitionszurückhaltung rechnen. Sie könne aber auch aus einer Präferenzverschiebung zugunsten älterer Wohnungen resultieren und würde dann bei günstiger wirtschaftlicher Entwicklung eine Modernisierungstätigkeit anregen, die von staatlicher Unterstützung zusätzliche Impulse erhalten könne.[7)]
Verfolgt man die Zeitreihen der Bauleistungen im Neubau und im Bestand, so drängt sich die Vermutung auf, die Ausweitung der Modernisierungs- und Instandsetzungstätigkeit sei zu Lasten des Neubauvolumens gegangen. Preisbereinigt hat sich nämlich zwischen 1970 und 1983 eine leichte Steigerung des Bauvolumens, der Summe aus Neubauleistungen und Bauleistungen im Bestand, ergeben. Von einem Investitionseinbruch kann also keine Rede sein, allenfalls von einer Verschiebung der Proportionen zwischen den Investitionskategorien, wobei der Niedergang des Geschoßwohnungsbaus von der Ausdehnung des Volumens der Modernisierungs- und Instandsetzungstätigkeit vollständig kompensiert worden zu sein scheint. Wenn in diesen Tendenzen tatsächlich eine Verlagerung potentieller Neubaunachfrage auf die Bestände zum Ausdruck kommt, würde sich die von Pfeiffer genannte zweite Hypothese bewahrheiten. Eine solche Konstellation käme auch Strategien der unter Wachstumsschwäche leidenden Kernstadtgemeinden entgegen, den sozialen und ökonomischen Erosionsprozeß ihrer alten Wohnviertel durch Maßnahmen der Stadterneuerung aufzuhalten.
Bevor auf das Verhältnis von Nachfrage und Investitionstätigkeit näher eingegangen wird, soll vorab versucht werden, analog zum Neubau abzuschätzen, auf welche Gebäudekategorien sich die Bestandsinvestitionen konzentrieren und welche regionalen und teilräumlichen Schwerpunkte von den Investoren bevorzugt wurden. Von besonderem Interesse ist, ob und inwieweit die Kernstädte am Aufschwung der Bestandsinvestitionen teilhatten oder noch genauer, ob und inwieweit die Verluste beim Geschoßwohnungsbau der Kernstädte in Bestandsinvestitionen Ersatz gefunden haben. Leider fehlen laufende aussagekräftige Primärerhebungen über die sektoralen und räumlichen Schwerpunkte der Bestandsaktivitäten. Da eine dem Wohnungsneubau vergleichbare Bautätigkeitsstatistik für den Bestand bisher nicht existiert und viele kleinere Reparatur- und Modernisierungsarbeiten auch nicht über einen Verwaltungsakt aktenkundig werden[8)], können Aussagen nur an Hand von Stichproben und Einzelerhebungen in einigen Städten gewonnen werden.

Tabelle 3

Neubau, Modernisierung und Instandsetzung von Wohngebäuden 1970 bis 1983 in der BRD

	1970	*1971*	*1972*	*1973*	*1974*	*1975*	*1976*	*1977*	*1978*	*1979*	*1980*	*1981*	*1982*	*1983*
a)[1]	40,47	47,90	54,02	57,22	51,57	48,04	55,34	58,80	62,74	66,82	66,50	57,65	49,75	50,75
b)	30,11	33,54	41,78	40,65	27,48	20,25	17,30	15,75	13,89	14,68	15,00	16,41	18,63	22,32
c)	25,11	25,19	25,49	25,57	29,00	31,22	33,31	34,62	35,81	38,00	39,61	40,14	39,86	39,86
d)	95,69	106,63	121,29	123,44	108,05	99,51	105,95	109,17	112,44	119,50	121,11	114,20	108,24	112,93
a)[2]	42	45	45	46	48	48	53	54	56	56	55	51	46	45
b)	32	32	34	33	25	21	16	14	12	12	12	14	17	20
c)	26	23	21	21	27	31	31	32	32	32	33	35	37	35
d)	100	100	100	100	100	100	100	100	100	100	100	100	100	100

a) Eigenheimbau
b) Geschoßwohnungsbau
c) Modernisierung und Instandsetzung
d) Wohnungsbauvolumen

[1] zu Preisen von 1980, in Mrd. DM
[2] in v. H.

Quelle: Nachfrage nach Neubauwohnungen und nach Wohnungen aus dem Bestand, in: DIW Wochenbericht 35/1984

Den einzigen bundesweiten Überblick über die Verteilung der Bestandsinvestitionen auf Gebäudearten und Baualtersgruppen gibt bisher die 1 % Wohnungsstichprobe von 1978. Aber es fehlen Daten für die folgenden Jahre, ferner handelt es sich beim vorliegenden Stichprobenergebnis um ein hochgerechnetes Ergebnis, das nur der Beschreibung grober Trends dienen kann[9]. Diese Einschränkungen berücksichtigend, kann der Stichprobe entnommen werden, daß

- an rund einem Drittel aller Gebäude mehr oder weniger umfangreiche Verbesserungs- und Instandsetzungsmaßnahmen vorgenommen wurden, wobei mit dem Alter und der in einem Gebäude vorhandenen Wohnungszahl der Anteil modernisierter und erneuerter Gebäude deutlich zunahm;
- mehr als die Hälfte aller vor 1948 gebauten Mehrfamilienhäuser von Bestandsinvestitionen betroffen waren, von den Einfamilienhäusern demgegenüber lediglich rund 41 %;
- 40 % aller Investitionen kombinierte Investitionen waren, die Gebäudeeigentümer also den nachträglichen Einbau von Bädern, Toiletten, Sammelheizungen usw. mit Maßnahmen an ihrem Gebäude, vor allem mit Instandsetzungsmaßnahmen und Arbeiten zur Verbesserung der Energie- und Wasserversorgung oder Entwässerung kombinierten, wobei in Altbauten solche kombinierten Investitionen besonders häufig vorkamen und hier wiederum in besonderem Maße in der Gebäudekategorie der Mehrfamilienhäuser (über 50 %).

Tabelle 4

Modernisierung und Instandsetzung von Wohngebäuden 1973 bis 1978 in der BRD, unterschieden nach Gebäudeart

Gebäudeart	*Investitionsvolumen*[1]	*Anteil an Gesamtinvestitionen*[2]		*Anteil Wohneinheiten*[3]	*Anteil Wohnfläche*[4]
mit 1 WE	31,05	44,8	73,9	24,8	56
mit 2 WE	20,12	29,1		22,5	
mit 3 – 6 WE	12,36	17,8	26,1	24,4	44
7 u. mehr WE	5,72	8,3		28,3	

[1] Mrd. DM
[2] in v. H. des Gesamtvolumens
[3] in v. H. aller Wohneinheiten
[4] in v. H. der Gesamtwohnfläche

Quelle: 1 v. H. Wohnungsstichprobe 1978, Heft 3, a. a. O., eigene Berechnung

In den Kernstädten, wo der Typ des Mehrfamilienhauses meist in der ökonomischen Form von Mietwohngebäuden[10] dominiert, war demnach, bezogen auf den

Anteil der betroffenen Gebäude, die Investitionstätigkeit besonders lebhaft. Im Widerspruch zu diesem sich bei oberflächlicher Betrachtung aufdrängenden Eindruck ergab eine Auswertung und Hochrechnung des Investitionsvolumens dagegen eine wesentlich geringere Intensität der Modernisierungs- und Instandsetzungsleistungen im Geschoß- und Mietwohnungsbestand als in den Ein- und Zweifamilienhäusern. Obwohl der Wohnungsbestand sich zu etwa gleichen Teilen auf beide Gebäudekategorien verteilt, blieb für die Geschoßwohnungsbestände zwischen 1973 und 1978 lediglich ein Anteil an den Gesamtinvestitionen von etwas mehr als einem Viertel. Je Gebäude waren in Häusern mit mehr als 7 Wohneinheiten die Umbau-, Modernisierungs- und Instandsetzungsleistungen im Durchschnitt doppelt so hoch wie bei Einfamilienhäusern. In Mehrfamilienhäuser wurden im Durchschnitt rd. 32.900 DM investiert, in Einfamilienhäuser nur 15.900 DM, doch verteilen sich die Aufwendungen in den Mehrfamilienhäusern auf eine größere Wohnungszahl und Wohnfläche.
Zahlreiche Gründe können für das disproportionale Investitionsniveau verantwortlich sein:

- Es könnte sich die Hypothese bestätigen, daß Eigenheimbesitzer auf Anspruchsveränderungen selten mit Umzug, sondern oft mit dem Umbau ihrer Wohnung reagieren, denn teure Maßnahmen wie Gebäudeerweiterung kamen besonders häufig in Einfamilienhäusern vor[11]; Eigenheimbesitzer kalkulieren die Bewirtschaftung ihrer Grundstücke und Investitionen selten mit dem Ziel, ein kalkulatorisches, fiktives Ertragsmaximum anzustreben, sondern unter Gesichtspunkten ihres Haushaltsbudgets und unter Berücksichtigung der Kosten der Maßnahme. Sie sind in der Regel auch bereit, einen größeren Anteil ihres Einkommens für die Wohnungsversorgung zu verwenden als Mieter.
- Auch spezifische technische Voraussetzungen im Geschoßwohnungsbestand können sich vermindernd auf die Bauleistungen ausgewirkt haben. Alle Maßnahmen am Gebäude, z. B. Dachreparaturen, erzeugen selbst bei aufwendiger Ausführung nicht mit der Größe des Hauses proportional zunehmende Kosten.
- Letztlich entscheidet die Zahlungskraft der Haushalte über das mögliche Investitionsvolumen. Da in den Mietwohnungsbeständen die Mehrheit ärmerer Haushalte lebt, wird folglich ein nach Rentabilitätskriterien handelnder Investor naturgemäß nicht mehr investieren als er über den Mietertrag wieder einnehmen kann. Ein Hauseigentümer kann versuchen, über aufwendige Modernisierungsmaßnahmen einen Austausch von Mietern zu erzwingen, doch werden ihm durch die Lagequalitäten eines Wohnquartiers und die Nachbarschaftsbeziehungen bei diesem Versuch Schranken auferlegt. Von der zahlungsfähigen Nachfrage werden der Modernisierung ebenso wie dem Neubau Grenzen gezogen, die ein Investor immer dann zu spüren bekommt, wenn er am Markt vorbei produziert hat und sich herausstellt, daß die Nachfrage den Mietpreisforderungen für modernisierte Wohnungen nicht folgt.

- Bis zu einem gewissen Grad mag auch bei einem Teil der Eigentümer alter Mehrfamilienhäuser (z. B. Erbengemeinschaften) eine akute Investitionsschwäche oder ein kurzfristiges Investitionskalkül, d. h. die Scheu vor risikoreichen Investitionen und einer Verschuldung – trotz vorhandener Nachfrage – eine Aufwertung von Geschoß- und Mietwohnungsbeständen behindern. Doch wird in der Regel ein solcher Widerstand gegen Marktdaten nur solange andauern, wie sich nicht andere Investoren finden, die investitionsunwillige Haus- und Grundeigentümer gegen Zahlung einer guten Abfindung verdrängen.[12)]

Eine der räumlichen Verteilung von Neubauinvestitionen vergleichbar detaillierte Darstellung der Investitionstätigkeit im Wohnungsbestand gibt es ebenfalls nicht. So läßt sich nur sehr grob aus der Verteilung der Bestandsinvestitionen auf verschiedene Gebäudekategorien ihre räumliche Schwerpunktbildung der ablesen. Danach scheinen, soweit die Wohnungsstichprobe hierüber Auskunft gibt, die Kernstädte nicht die Hauptnutznießer des Erneuerungsbooms im Bestand gewesen zu sein. Das Bauvolumen im Bestand dürfte jedenfalls kaum ausgereicht haben, um die Verluste im Wohnungsneubau auszugleichen. Eine Kompensation des Verlustes an Neubaunachfrage konnte schon deshalb nicht erwartet werden, weil die kaufkräftigen Haushalte während des Baubooms sich vorwiegend im suburbanen Raum niedergelassen haben und die städtischen Geschoßwohnungsbestände primär von unteren und mittleren Einkommensschichten belegt waren. Aufwendige Modernisierungen kernstädtischer Bestände implizieren ein Seßhaftwerden wohlhabender Gruppen und die teilweise Verdrängung der ärmeren Stadtbevölkerung. Eine solche «gentrification»[13)] kann sich nicht abrupt durchsetzen und kann auch nur in aufstrebenden prosperierenden Stadtregionen erwartet werden. In mehreren westdeutschen Städten und in Berlin durchgeführte Schwerpunktbefragungen und Bauregisterauswertungen bestätigen sowohl die Aussagen der Wohnungsstichprobe einer begrenzten Aufwertung städtischer Wohnungsbestände und -quartiere, als auch die Varianz des Investitionsniveaus zwischen den untersuchten Städten in Abhängigkeit von den lokalen Nachfragebedingungen.[14)] Alle diese Erhebungen geben aber keinen systematischen Überblick über den zeitlichen Verlauf der Bestandsinvestitionen. Die Stichprobenerhebung beschränkt sich auf die Zeitspanne von 1973 bis 1978, d. h. sie dürfte die relativ schwache Investitionsphase zwischen 1974 und 1976 erfaßt und den seit 1977 bis Anfang der 80er Jahre rasanten Investitionsaufschwung nur in seinen Anfängen mitregistriert haben. Einzeluntersuchungen, z. B. die Berliner Wohnungsmarktanalyse, haben zwar Investitionszeitreihen zwischen 1971 und 1980 aufgrund von Stichprobenerhebungen ermittelt, doch war die Grundgesamtheit so klein, daß hieraus eine Hochrechnung auf das aggregierte Investitionsvolumen im gesamten Bestand während eines Jahres analog zur 1%-Stichprobe nicht möglich war.[15)] Schon gar nicht wird in diesen Erhebungen systematisch nach Wohnnachbarschaften unterschieden. Nur eine solche Differenzierung könnte aber hinreichend Auskunft über die räumlichen Schwerpunkte von Bestandsinvestitionen in den Städten geben.

5.2 Bestandsorientierung von Ersatz- und Zusatznachfrage

Auch wenn die Wohnungsstichprobe von 1978 die Ein- und Zweifamilienhäuser als Schwerpunkte der Bestandsinvestitionen ermittelte, ist gleichwohl eine wachsende Nachfrage nach Bauleistungen zur Erhaltung und Erneuerung des kernstädtischen Geschoßwohnungsbestandes unübersehbar. Immerhin kam zwischen 1973 und 1978 rund die Hälfte aller Mehrfamilienhäuser in den Genuß von Bestandsinvestitionen, und die sich fortsetzende Erneuerungstätigkeit in der ersten Hälfte der 80er Jahre dürfte den befürchteten Niedergang kernstädtischer Wohnquartiere nicht nur aufgehalten, sondern in sein Gegenteil verkehrt haben. Um sich über die Wirkungen dieses Vorgangs für die Wohnungsmarkt- und Stadtentwicklung Klarheit zu verschaffen, ist es nun allerdings erforderlich, Ersatz- und Erweiterungsinvestitionen auseinanderzuhalten, d.h. werterhaltende Instandsetzungsinvestitionen (Reparaturen, Austausch verschlissener Gebäudeteile anstelle eines Ersatzwohnungsbaus) und wertverbessernde Erweiterungsinvestitionen (Modernisierungsmaßnahmen, Aus- und Umbau von Gebäudeteilen anstelle eines zusätzlichen Neubauangebots). Diese Unterscheidung ist nicht nur von theoretischem Wert.

a) Bedeutungslosigkeit der Ersatzwohnungsnachfrage

Betrachten wir zunächst die Ersatznachfrage – soweit sie als Nachfrage nach neuen Wohnungen auftritt – in ihren Auswirkungen auf die Ökonomie des städtischen Wohnungsbestandes, so muß auf die im Filtering-Modell erläuterten Zusammenhänge zwischen der Entwertungsgeschwindigkeit des Bestandes, dem Umfang und der Rate der Wohnungsabgänge und dem Ersatzwohnungsneubau verwiesen werden. Ersatzwohnungsbau, Bestandsentwertungsgeschwindigkeit und Wohnungsabgänge drücken ein und denselben Sachverhalt unter jeweils unterschiedlichen Gesichtswinkeln aus. Dieser Sachverhalt tritt in anderen Produktionssektoren dauerhafter Konsumgüter auffälliger als im Wohnungssektor in Erscheinung. Z.B. wird im Automobilsektor, wo die Erweiterungsnachfrage heute nur noch geringe Zuwachsraten aufweist und sich fast nur noch in einer Nachfrage nach steigender Qualität äußert, die Produktion und Kapitalakkumulation überwiegend von einer Ersatznachfrage getragen, die sich aus dem 10 bis 15jährigen Reproduktionszyklus des Kraftfahrzeugbestandes ergibt. Im Wohnungssektor liegen die Dinge wesentlich komplizierter, nicht nur wegen der um ein Vielfaches längeren durchschnittlichen Reproduktionsdauer, sondern weil es sich bei Wohnungen um zusammengesetzte Güter handelt, deren einzelne Elemente sich sukzessive ersetzen lassen, ohne daß das Ergebnis kostspieliger oder qualitativ schlechter als ein Neubau ausfallen muß. Für die Entwicklung der städtischen Siedlungsstrukturen haben die beiden Formen von Ersatzinvestitionen – Ersatz ganzer Gebäude oder Instandsetzung und Reparatur des vorhandenen Bestandes – gegensätzliche Auswirkungen: In der ersten Variante wird die Veränderung des vorhandenen städtischen Siedlungsgefüges forciert, während die zweite Variante eine Erhaltung des städtischen Wohnungs- und Siedlungsbestandes begünstigt. In den Kategorien des Filtering-Modells: Auf der Basis einer weitgehend befriedigten Erweiterungsnachfrage wird ceteris paribus eine florierende Neubautätigkeit die Entwertung des Bestandes beschleunigen und überwiegend die Ersatznachfrage befriedigen; im Falle einer rückläufigen Bautätigkeit unter gleichen Rahmenbedingungen verlangsamt sich dagegen die Entwertungsgeschwindigkeit, und es wächst folglich der Bedarf an Ersatzinvestitionen zur Erhaltung des Bestandes.[16)]

Da zwischen beiden Formen ein innerer Zusammenhang existiert, soll zunächst der Frage nachgegangen werden, wie sich der Ersatzwohnungsbau in der Bundesrepublik während der 70er und 80er Jahre entwickelt hat. Dabei ist es wegen fehlender Daten unmöglich, die Beziehung zwischen dem Wohnungsneubau, soweit er eine Ersatznachfrage befriedigt, und der Bestandsentwertung statistisch zu messen. Selbst um das Ausmaß der Ersatzwohnungsnachfrage abzuschätzen, kann hier nur auf die für diesen Zweck relativ undifferenzierten Zahlen der Bautätigkeitsstatistik zurückgegriffen werden, in der in absoluten Zahlen Rohzugänge, Abbrüche und Nutzungsänderungen ganzer Gebäude und Gebäudeteile erfaßt werden.[17)] Zu den Abgängen werden in dieser Statistik nicht Wohnungszusammenlegungen gerechnet, da durch sie Wohnraum nicht verloren geht, sondern im Zuge sich verändernder Wohnansprüche nur neu aufgeteilt wird. Sie werden als «unechte Abgänge» geführt und mit dem durch Umbau geschaffenen Zugängen saldiert, und das so entstehende Nettoergebnis wird den Rohzugängen zugerechnet. Die «unechten Abgänge» durch Zusammenlegung kleiner Wohnungen reflektieren keine Ersatz- sondern Zusatznachfrage.

Problematisch ist die Abgangsstatistik, weil sie nur offiziell bekannt gewordene Vorgänge, z. B. genehmigte Abbrüche und Umwidmungen ganzer Gebäude, nicht aber ohne Genehmigung zweckentfremdete oder beseitigte Wohnungen registriert und folglich eine kaum schätzbare Dunkelziffer bestehen bleibt. Unter dem Vorbehalt, daß eine gewisse Untererfassung vorliegt, kann das offizielle Zahlenwerk dennoch Hinweise auf die Größenordnung der Abgänge, der Ersatznachfrage und Reproduktionsgeschwindigkeit des Bestandes liefern. Ihm sind für das ganze letzte Jahrzehnt verschwindend geringe Abgangsraten zu entnehmen, die alle in den wohnungswirtschaftlichen Kalkulationen üblichen Abschreibungsfristen des Gebäudewertes von 80 bis 100 Jahren über den Haufen werfen. Selbst während des Baubooms im ersten Drittel der 70er Jahre blieben die Abgangsraten weit hinter der kalkulierten Größenordnung zurück und fielen nach der Trendwende auf den Baumärkten gegen Ende der 70er Jahre, als die Erhaltung des Wohnungsbestandes zum öffentlich erklärten Ziel der Wohnungs- und Stadtentwicklungspolitik erhoben wurde, bis auf ein Zehntel der kalkulierten Quote herab. Zu keinem Zeitpunkt konnte im Untersuchungszeitraum mit einem raschen Absterben von Wohnungsbe-

Tabelle 5

Wohnungsabgänge und -zugänge in v. H. gegenüber dem Vorjahreswohnungsbestand im Bundesgebiet

	1963	*1971*	*1972*	*1973*	*1974*	*1975*	*1976*	*1977*	*1978*	*1979*	*1980*	*1981*	*1982*	*1983*
a		016	0,15	0,15	0.13	0,12	0,12	0,11	0,11	0,10	0,10	0,10	0,08	0,08
b		2,67	3,09	3,25	2.55	1,88	1,66	1,69	1,51	1,44	1,55	1,44	1,34	1,30
c	3,40	2,51	2,94	3,10	2.53	1,76	1,54	1,58	1,39	1,34	1,45	1,34	1,26	1,22
d		6,0	4,9	4,6	4,9	6,4	7,1	6,5	7,3	6,9	6,3	6,9	5,8	5,8

a) Abgänge
b) Bruttozugänge
c) Nettozugänge
d) Abgänge in Relation zu den Bruttozugängen in v. H.

Quelle: Wirtschaft und Statistik: Bautätigkeit und Wohnen, Reihe 3, Bestand an Wohnungen, verschiedene Jahrg.

ständen gerechnet werden, selbst wenn mit Blick auf die Verhältnisse in manchen amerikanischen Großstädten auf dem Höhepunkt der Baukrise Mitte der 70er Jahre derartige Befürchtungen laut wurden. Die langsame Reproduktionsgeschwindigkeit des Bestandes hatte natürlich auch zur Folge, daß von der Ersatznachfrage im Bundesdurchschnitt kaum registrierbare Impulse auf die Bautätigkeit ausgingen.
Mögliche Ursachen für diese außerordentliche zeitliche Streckung der ökonomischen Reproduktion können in einer Reihe bundesdeutscher Besonderheiten der Nachkriegsentwicklung gesucht werden:

1. Nachfrageüberhänge:
Einem beschleunigten Umschlag der Wohnungsbestände abträglich waren sicher die bis in die 70er Jahre extremen Nachfrageüberhänge, die jedes neu auf den Markt tretende Angebot sofort absorbierten und einen marktvermittelten Kreislauf von Abgängen aus den schlechtesten Beständen und entsprechenden Reinvestitionen an der Spitze des Marktes von vornherein ausschlossen. Sofern Wohnungen beseitigt wurden, war dies weniger den Wohnungsmarktverhältnissen geschuldet, sondern war entweder politisch gewollt und diente der Erschließung öffentlicher Flächen (z.B. Straßenbau), oder Wohnungen mußten konkurrierenden Nutzungsarten weichen (Ausdehnung des tertiären Gewerbes in den Städten).[18)]

2. Unausgewogene Altersstruktur des Bestandes:
Geht man von der plausiblen Annahme aus, daß in der Regel die jeweils ältesten Wohnungsbestände ausscheiden, kann erwartet werden, daß eine zyklische Bautätigkeit in der Vergangenheit, gleichsam als Echo, zyklisch Schübe obsolet werdender alter Wohnungen erzeugt. Eine unausgewogene Altersstruktur kann also die Ursache von Schwankungen der jährlichen Wohnungsabgänge sein. Der Altersaufbau des Wohnungsbestandes ist in der Bundesrepublik in der Tat extrem verzerrt und reflektiert mehrere Neubauzyklen sowie kriegsbedingte Einschnitte: Hierzu zählen vor allem der Wohnungsbauzyklus während der ersten Industrialisierungswelle bis 1914, ein wesentlich schwächerer Bauboom während der 20er Jahre, die Wohnraumzerstörung im Zweiten Weltkrieg und die sich daran anschließende Wiederaufbauphase. Die Bundesrepublik verfügt über einen im Vergleich zu anderen Staaten jungen Wohnungsbestand – rund 60% aller Wohnungen sind nach dem Zweiten Weltkrieg entstanden – dessen Lebenszyklus in der Regel noch lange nicht abgeschlossen ist. Ausnahmen bilden hier lediglich die Einfachstbauten der frühen Nachkriegszeit und einige Großsiedlungen der späten 60er Jahre. Ungeachtet dieser altersmäßigen Unausgewogenheit stammen aber immer noch rd. 5 Millionen Wohnungen aus der Zeit vor 1918, die allesamt in den nächsten dreißig Jahren beseitigt werden müßten, wenn sie ihre kalkulierte Reproduktionszeit von 100 Jahren einhalten sollen. Zwar verzeichnet die Gruppe der ältesten – bis zum Jahre 1900 ent-

Tabelle 6

Altersstruktur des Wohnungsbestandes in der BRD

Baualter	*Hochverdichtete Regionen (in Tsd.)*	*%*	*darunter Großzentren (in Tsd.)*	*%*	*Bundesgebiet (in Tsd.)*	*%*
bis 1918	2 875,7	21	1 055,3	22	4 953,1	22
1919 – 1948	2 006,7	15	753,2	16	3 316,4	15
1949 – 1964	4 982,0	37	1 845,2	39	7 831,5	35
1965 – 1971	2 055,1	15	610,3	13	3 447,7	15
1972 u. sp.	1 709,9	12	450,0	10	2 900,9	13

Quelle: 1 v. H. Wohnungsstichprobe 1978

standenen – Wohngebäude bei weitem die meisten Abgänge[19)], aber es müßten aus diesem Alterssegment in den nächsten Jahrzehnten mindestens 150.000 Wohnungen pro Jahr ausscheiden, um die kalkulierte Entwicklung mit der realen in Übereinstimmung zu bringen.

b) Räumliche Verteilung der Wohnungsabgänge

Weit über dem Bundesdurchschnitt lagen die Wohnungsverluste in den Großstädten, aber selbst in Städten mit einem großen Altbausegment und vergleichsweise hohen Abgangsraten, z. B. in Berlin und Frankfurt, waren die Quoten nicht ausreichend (0,5 % in Berlin und 0,3 % in Frankfurt/Main), um eine langfristige Überalterung des Wohnungsbestandes aufzuhalten. Die höchsten Abgangsquoten wurden Mitte der 70er Jahre am Endpunkt des Neubaubooms erreicht. Sie könnten als ein Hinweis auf das Zusammenspiel von Neubau und Bestandsalterung gedeutet werden, wenn nicht Sonderentwicklungen in den Städten zu berücksichtigen wären, z. B. die Konkurrenz der Nutzungsarten um städtischen Boden in Frankfurt und die Wohngebietssanierung in Berlin, die Abriß und Ersatzwohnungsbau in den Sanierungs- und Ergänzungsgebieten bevorzugte. Andererseits haben die sich verändernden Rahmenbedingungen der Wohnungsmarkt- und Stadtentwicklung sehr bald die traditionellen Sanierungsprojekte obsolet werden lassen, und mit dem sich abzeichnenden Ende der räumlichen Expansion des tertiären Zentrums sind auch von dieser Seite die Impulse zur Wohnraumzerstörung schwächer geworden.

Differenziert nach Jahrgangsgruppen zeigt sich, daß in den Kernstädten primär bis zum Jahre 1900 entstandene Gebäude und Wohnungen von Abgängen betroffen sind. Die Bestandsverluste in diesem Alterssegment stiegen z. B. in Berlin zwischen 1972 und 1978, als die Abrißprogramme der Stadtsanierung einen ersten Höhe-

Tabelle 7

Wohnungsabgänge in v. H. gegenüber dem Vorjahreswohnungsbestand in Berlin und Frankfurt

Berlin (West):	*1963*	*1971*	*1972*	*1973*	*1974*	*1975*	*1976*	*1977*	*1978*	*1979*	*1980*	*1981*
a)	0,28	0,47	0,49	0,48	0,47	0,50	0,40	0,58	0,22	0,26	0,26	0,30
b)	2,2	1,8	1,7	1,9	1,4	1,2	1,8	0,7	0,5	0,6	0,6	0,6
c)	1,9	1,3	1,2	1,4	0,9	0,7	1,4	0,1	0,3	0,4	0,4	0,3
d)	14	22	29	25	34	40	23	49	41	43	43	48
Frankfurt/Main:												
a)	0,35	0,27	0,33	0,33	0,27	0,30	0,20	0,17	0,15	0,36		
b)	1,9	2,0	1,8	1,9	1,3	1,2	1,7	0,4	0,4	0,7	0,8	0,7
c)	1,5	1,7	1,4	1,5	1,0	0,9	1,5	0,2	0,3	0,3		
d)	18	13	19	18	21	24	11	40	29	51		

a) Abgänge
b) Bruttozugänge
c) Nettozugänge
d) Abgänge in Relationen zu den Bruttozugängen

Quelle: Wirtschaft und Statistik: Bautätigkeit und Wohnen, Reihe 3, Bestand an Wohnungen, verschiedene Jahrgänge.

punkt erreichten, auf Werte von 1,9 bis 2,7 % pro Jahr. Dieses Segment war damit viermal häufiger als alle jüngeren Bestände zusammen an Wohnungsabgängen beteiligt. Schon die Jahrgänge von 1901 bis 1918 verzeichneten Verlustraten von lediglich 0,2 bis 0,4 %.[20] Im betrachteten Zeitraum waren es also in erster Linie Bestände aus frühen Phasen kapitalistischer Stadtentwicklung, deren Beseitigung die Reproduktion des kernstädtischen Wohnungsbestandes im Vergleich zum Bundesdurchschnitt beschleunigte. Aus der Kombination von Wohnungsverlusten und Neubauschwäche ergibt sich, daß in den Großstädten die Bruttobautätigkeit zu einem ganz wesentlichen Teil der Befriedigung von Ersatznachfrage diente. Sieht man von Unterschieden in der Qualität und Größe abgehender und neuer Wohnungen ab – Verbesserungen auf diesem Gebiet befriedigen eine Erweiterungsnachfrage – so haben in den beiden Beispielstädten Berlin und Frankfurt die jährlichen Fertigstellungsergebnisse zeitweilig bis zur Hälfte verlorengehenden Bestand ersetzt. Zur ungleichen räumlichen Verteilung der Ersatznachfrage wird in «Wirtschaft und Statistik» für das Untersuchungsjahr 1981 ausgeführt: «Im Verhältnis zum Neubau können die nachgewiesenen Wohnungsabgänge (. . .) in den Stadtstaaten – Berlin (West) 42 %, Hamburg 19 % – als sehr hoch bezeichnet werden;

von den Flächenstaaten lagen diese in Nordrhein-Westfalen (7,3%) und Bayern (5,5%) am höchsten. In Niedersachsen und im Saarland hatten Abgänge am Neubau nur geringe Anteile (zwischen 2 und 3%)".[21)]
Die Sonderentwicklung in alten Kernstädten kann aber nicht darüber hinwegtäuschen, daß sich auch in ihnen die Reproduktion der Bestände zeitlich in die Länge zieht, und zwar selbst der ältesten Bestände in einem Ausmaß, daß, sollten von politischer Seite nicht massiv Abriß und Ersatzwohnungsbau gefördert werden, mit im Durchschnitt auf das Doppelte verlängerten Reproduktionszeiten gerechnet werden muß.

c) Wohnungsbestand als Schwerpunkt der Ersatzinvestitionen
Der ungewöhnlich langsame Wertumschlag im Bestand zwingt die Althauseigentümer zur Modifizierung ihres Investitionsverhaltens. Die Hausbewirtschaftung kann sich unter solchen Bedingungen nicht auf einen bevorstehenden Abriß und eine entsprechende Einschränkung der Instandhaltungstätigkeit einstellen. Notwendig erscheinen vielmehr Maßnahmen zur Substanzsicherung. Dieses Verhalten widerspricht dem vom klassischen Filtering-Modell dargestellten «downgrading» von Beständen, wie es sich in den alten Großstädten der Vereinigten Staaten, angeregt durch eine Überproduktion von Neubauwohnungen im Umland der Städte, zeitweilig abgespielt haben mag. Ein exakter Nachweis der wechselseitigen Abhängigkeit von rückläufiger Bautätigkeit für die Ersatznachfrage, einer Verlängerung der Restlebensdauer von Wohnungsbeständen und einem Aufschwung der Instandsetzungstätigkeit läßt sich wegen mangelnder Differenzierung der vorhandenen Daten nicht erbringen. Doch verzeichnet die Investitionszeitreihe der Bauvolumensstatistik bei dieser Investitionskategorie in den 70er und frühen 80er Jahren hohe Steigerungsraten. Die aus der Logik einer verlängerten Bestandsverwertung sich ergebenden Konsequenzen entsprechen also in etwa dem realen Investitionsverlauf.[22)]
Eine regional differenzierte Einschätzung ist auf der Grundlage vorhandener Daten der Bauvolumensstatistik ebenfalls nicht möglich, weil diese das Volumen der Bestandsinvestitionen nur sehr grob als Restgröße aus der Differenz von Bauvolumen und Bauinvestitionen ausweisen kann.[23)] So muß auch offen bleiben, inwieweit der Investitionspendelschlag zugunsten der Bestände den alten kernstädtischen Wohnvierteln zugute kam. Indirekt läßt sich lediglich schlußfolgern, daß wegen des etwas schnelleren Kapitalumschlags in den Städten (höhere Abgangsraten) Instandsetzungsinvestitionen hier nicht die Intensität erreichten wie in den übrigen Teilregionen. Eine solche Einschätzung deckt sich mit der eingangs dargestellten Ungleichverteilung des gesamten Investitionsvolumens auf Mehrfamilienhäuser und den übrigen Bestand. Gleichwohl dürfte die auflebende Instandsetzungstätigkeit auch in den Städten ausgereicht haben, um Vermutungen zu widerlegen, bundesdeutsche Großstädte könnten kurzfristig einen ähnlichen Niedergang wie in den

60er Jahren amerikanische Städte erleben. Der Reinvesititionsaufschwung hat zumindest vorläufig die ökonomisch-soziale Perspektive alter Kernstädte stabilisiert. Ursachen und Hintergründe dieser seit Mitte der 70er Jahre zunehmenden Bestandsinvestitionen werden noch eingehender analysiert werden, für den hier betrachteten Aspekt des Ersatzwohnungsbaus und des Kapitalumschlags im Wohnungsbestand ergibt sich zunächst die wichtige Einsicht, daß die ökonomische Reproduktionsgeschwindigkeit ebenso wie die Art und Weise der Reproduktion des Bestandes keinem starren Schema folgt, daß also mit festen Reproduktionszeiten und festlegbaren Ersatzterminen nicht zu rechnen ist, wodurch eine Simulation der Bestandsmärkte und eine hierauf sich beziehende Steuerung der Wohnungsmarkt- und Stadtentwicklung außerordentlich erschwert wird. Wohnungsmarktprognosen aus den 70er Jahren kamen z.B. durchweg zur Fehleinschätzung hoher Wohnungsüberschüsse im Verlauf der 80er Jahre mit entsprechenden Folgerungen für die ökonomische Perspektive des kernstädtischen Altbaubestandes, weil in den ihnen zugrunde liegenden Marktmodellen die jährliche Neubautätigkeit, die Modernisierungs-/Instandsetzungs- und Abgangsquoten exogen vorgegeben waren[24)] und nicht als simultaner Prozeß von Angebots- und Nachfrageverschiebungen simuliert werden konnten.

d) Zusatznachfrage nach aufgewerteten Beständen

Häufig ziehen Ersatzinvestitionen, gleichgültig ob in Gestalt des Wohnungsneubaus oder von Reinvestitionen im Bestand, auch Erweiterungsinvestitionen nach sich. Neue Wohnungen sind in der Regel besser ausgestattet und größer als die abgehenden alten, Instandsetzungsmaßnahmen bilden die Grundlage für eine Wertverbesserung der Bestände durch Modernisierung. Gleichwohl müssen beide ökonomischen Kategorien deutlich gegeneinander abgegrenzt werden. Reinvestitionen beinhalten volkswirtschaftlich betrachtet eine einfache Reproduktion des im Wohnungssektor gebundenen Kapitalstocks und lassen sich auch unter Bedingungen einer stagnierenden Einkommensentwicklung finanzieren. Erweiterungsinvestitionen setzen demgegenüber ein Nachfragewachstum, meßbar an dem der Gesellschaft verfügbaren Einkommen, voraus. Ein solches Wachstum wird in den meisten Nachfrageprognosen, ungeachtet des bereits erreichten durchschnittlichen Wohnungsversorgungsniveaus, rückläufiger Bevölkerungszahlen und nur noch langsam wachsender Realeinkommen, mittelfristig vorausgesagt. Es soll nach derzeitigen Schätzungen eine Neubaunachfrage von etwa 300.000 Wohnungen pro Jahr anregen. Eine solche Prognose ist allerdings mit vielen Unsicherheitsfaktoren behaftet. So ist unter anderem nicht sicher, wie sich das verfügbare Einkommen der Gesellschaft und die Bevölkerungszahlen in absehbarer Zukunft entwickeln werden. Ferner ist auf der Basis des erreichten Sockelbestandes an Wohnungen nicht sicher, in welchen Proportionen sich eine Erweiterungsnachfrage zwischen dem Neubau und Bestand verteilt. Zu welchen Fehleinschätzungen insbesondere der zweite Unsicherheitsfaktor verleiten kann, wenn aus bisher dominanten Nachfrageströmungen ein dauerhafter Trend extrapoliert wird, läßt sich anhand der Nachfrageverschiebungen während der 70er und 80er Jahre belegen. Wäre nämlich die Nachfrage weiterhin auf Neubauten orientiert gewesen, hätte sich die beobachtbare Modernisierungswelle im Bestand sicher kaum entfalten können.

Zur Klärung des Zusammenhangs von Erweiterungsnachfrage und den Formen, wie diese von der Angebotseite befriedigt wird, ist von mir die Korrelation beider Faktoren in einer Zeitreihe von Anfang der 60er bis Anfang der 80er Jahre (Längsschnittkorrelationsanalyse) untersucht worden. Es liegt dieser Analyse die im Filtering-Modell entwickelte Hypothese zugrunde, daß der jährliche Zuwachs des Haushaltseinkommens und das jährliche in monetären Einheiten ausgedrückte Wohnungsbauvolumen (Neubau, Modernisierung, Instandsetzung) positiv korrelieren. Zwangsläufig bleiben dabei andere Investitionsdeterminanten außer Betracht, vor allem Schwankungen redistributiver staatlicher Leistungen zugunsten des Neubaus oder der Modernisierung, die Baukostenentwicklung sowie die Abhängigkeit der Bautätigkeit vom Kapitalmarkt. Aufgrund der marktwirtschaftlichen Orientierung bundesdeutscher Wohnungspolitik wird hier angenommen, die öffentlichen Subventionen für den Wohnungssektor seien leicht rückläufig und folgten den Markttrends, verstärkten diese also, anstatt sie antizyklisch zu beeinflussen. Zinsschwankungen können wegen ihres kurzfristigen Charakters den Baumarkt langfristig nicht wesentlich beeinflussen, so daß letztlich neben der Einkommensentwicklung vor allem die Baupreise das Geschehen auf den Baumärkten regulieren.

In verschiedenen Querschnittuntersuchungen wird übereinstimmend eine positive Beziehung zwischen den Haushaltseinkommen und der Nachfrage nach Wohnraum bestätigt.[25)] Sie beschränken sich allerdings auf den Nachweis einer einkommensabhängigen Wohnungsnachfrage zu einem bestimmten Zeitpunkt und können insofern nur als indirekter Nachweis einer einkommensabhängigen Änderung der Nachfrage im Zeitverlauf gelten. Sie beschränken sich zudem auf den Mietwohnungssektor. In der jüngsten Untersuchung dieser Art konnte anhand der Wohnungsstichprobe von 1978 eine positive Einkommenselastizität sowohl in bezug auf die Wohnfläche als auch die Wohnkosten nachgewiesen werden, wobei Einkommensänderungen, gleichgültig von welchem Niveau aus, nie einen linearen Effekt der Wohnflächennachfrage induzierten. Die Einkommenselastizität des Wohnflächenkonsums war in allen Fällen niedriger als eins[26)], doch reagierten die höheren Einkommensklassen in der Regel elastischer als Haushalte am unteren Ende der Einkommensskala, was nicht nur ein mit dem Einkommen sich wandelndes Nachfrageverhalten reflektiert, sondern auch ein Merkmal der elastischeren Angebotsreaktion auf den oberen Teilmärkten ist. Während auf den unteren Bestandsmärkten das Angebot nur schleppend reagiert, unter anderem weil Einkommenssteigerungen hier kaum einen Wohnungsneubau induzieren können, verdeutlichen

die vergleichsweise hohen Nachfrageelastizitäten bei Beziehern höherer Einkommen, «daß der wohnungspolitische Fortschritt weitgehend von den oberen (und mittleren) Einkommensklassen getragen wird. Nur sie treten auf dem Neubaumarkt auf.»[27] Wird aus irgendeinem Grund bei steigendem Einkommen keine Zusatznachfrage nach Neubauwohnungen angeregt, können sich diese Haushalte immer auch zu Lasten der übrigen Nachfrage im Bestand ausbreiten. Gustafsson versucht, aus den Querschnittselastizitäten auch Folgerungen für die Gesamtnachfrage nach neuen Wohnungen abzuleiten. Er hat aus der Summe der Einzelelastizitäten aller in die Untersuchung einbezogenen Hauptmieterhaushalte ohne Wohngeldbezug (rd. 10 Millionen) und einer 1%igen Steigerung der Haushaltseinkommen eine Wohnflächenmehrnachfrage von 1,5 Millionen qm ermittelt, was seiner Rechnung zufolge bei einer durchschnittlichen Wohnungsgröße von 75 qm eine Zusatzproduktion von 22.000 Wohnungen erforderlich macht.[28]
Dieses Abhängigkeitsverhältnis konnte Bartholmai auch in einer Längsschnittanalyse der Einkommensverwendung bestätigen. In ihr wird festgestellt, daß mit dem allgemein steigenden Pro-Kopf-Einkommen die Ausgaben für den lebensnotwendigen Bedarf zugunsten des gehobenen Bedarfs zurückgehen, die durchschnittliche Sparquote erheblich wächst und die Wohnausgaben in Prozent des verfügbaren Einkommens langsam ansteigen.[29] Die volkswirtschaftliche Gesamtrechnung nennt für 1960 einen durchschnittlichen Anteil der Wohnkosten am verfügbaren Einkommen von 9%, für 1980 von 10,9% und für 1983 von 12%.[30] Bei nur geringen Schwankungen der Quote für den Wohnkonsum «wäre zu vermuten, daß der Spielraum für Wohnungsausgaben sehr viel enger vom allgemeinen Einkommenswachstum abhängt als der übrige private Verbrauch. Wenn eine anhaltende Abschwächung des realen Zuwachses erwartet wird, müßte demnach mit verminderten Ansprüchen gegenüber dem Wohnungsangebot aus dem vorhandenen Bestand und mit einer Einschränkung der Neubaunachfrage gerechnet werden. (. . .) Umgekehrt wäre in Wachstumsphasen zu erwarten, daß das Anspruchsniveau rapide steigt . . .»[31]
Die von mir durchgeführte Längsschnittkorrelationsanalyse der Einkommensentwicklung und des jährlichen Investitionsvolumens im Wohnungsbau zwischen 1960 und 1982 bestätigt diese Hypothese weitgehend.[32] Definiert man die Einkommenszuwächse als Einflußvariable und das Wohnungsbauvolumen als Zielvariable, so ergibt sich für den genannten Zeitraum zwischen den jährlichen Einkommenssteigerungen und Investitionen ein Korrelationskoeffizient von 0,8471 bei einer Signifikanz von 99%. Betrachten wir beide Verlaufskurven, so wird auch deutlich, daß kurzfristige Einkommensschwankungen keinen oder nur einen schwachen Einfluß auf das Investitionsvolumen in demselben und darauffolgenden Jahr hatten. Statistisch ausgedrückt: Die Korrelation von Einkommenszuwachs und Neubauvolumen wich immer in den Jahren besonders stark vom Trend ab, in denen konjunkturelle Einflüsse wirksam waren, z.B. 1966/67 und 1974/75.

Tabelle 8

Korrelationskoeffizienten[1] der Beziehung zwischen dem Einkommenswachstum privater Haushalte[2] und dem Investitionsvolumen[3] (1963–1982)

Beziehung	*Korrelationskoeffizient (r_{xy})*	
Einkommensentwicklung/ Bauvolumen zum Zeitpunkt t_o	a) Neubauvolumen (gesamt)	: r_{xy} = 0,8471
	n = 19, Signifikanz (S)	: S 99 v.H.
	b) Eigenheimbau	: r_{xy} = 0,813
	n = 19, Signifikanz (S)	: S 99 v.H.
	c) Geschoßwohnungsbau	: r_{xy} = 0,3883
	n = 19, Signifikanz (S)	: 90 v.H. S 80 v.H.
	d) Mod/Inst.	: r_{xy} = 0,7308
	n = 19, Signifikanz (S)	: S 99 v.H.
	e) Mod/Inst. + Geschoßwohb.	: r_{xy} = 0,859
	n = 19, Signifikanz (S)	: S 99 v.H.

1) Signifikanz: t-Verteilung nach Student
2) Wachstum des verfügbaren Einkommens gegenüber Vorjahr
3) Nach DIW Bauvolumenrechnung

Ein gleichfalls positives Ergebnis liefert eine separate Untersuchung des Eigenheimbaus, große Abweichungen von der erwarteten Reaktion zeigen sich dagegen im *Geschoßwohnungsbau* (Mietwohnungen und Eigentumswohnungen). Zwar ist der Korrelationskoeffizient noch positiv, doch merklich geringer als für den Eigenheimsektor oder die Neubautätigkeit insgesamt. Hinter dieser Ziffer verbirgt sich in erster Linie ein vom Trend abweichender Investitionsverlauf seit 1974/75. Vor 1974 waren der Investitionsverlauf des Geschoß- und Eigenheimbaus nahezu identisch und die Korrelationskoeffizienten beider entsprachen sich nahezu vollkommen; nach 1973 fiel der Koeffizient im Geschoßwohnungsbau dagegen gegen Null, womit statistisch zum Ausdruck kommt, daß die Investitionen sich von der Einkommensentwicklung gelöst hatten und sich seitdem auf niedrigem Niveau relativ unabhängig vom Einkommen bewegen. Es bestätigt dieses Ergebnis die eingangs formulierte Hypothese, der zufolge der Investitionsrückgang im Geschoßwohnungsbau seit 1974 keinesfalls eine Folge von Einkommensverminderungen war, sondern auf Nachfrageverschiebungen zurückzuführen ist.

Die häufig dramatisierte Situation des Geschoßwohnungsbaus während der 70er Jahre ist deshalb auch nicht vergleichbar mit dem Zusammenbruch des Wohnungsbaus am Beginn der Weltwirtschaftskrise Ende der 20er Jahre. Damals verdrängte in der Tat Einkommensabbau, sei es durch Arbeitslosigkeit oder durch Einkommensminderung bei denjenigen, die ihren Arbeitsplatz nicht verloren, wesentliche Teile der Nachfrage vom Markt, was aufgrund der Effekte des Akzelerationsprin-

zips zur abrupten Einstellung der Bautätigkeit führen mußte: «Die in Beschäftigung verbliebenen Mieter von Neubauwohnungen hatten zum Teil derartige Einkommenseinbußen erlitten, daß sie sich nach billigeren Altbauwohnungen umsehen mußten. Für die Arbeitslosen galt dies gleichermaßen. Damit erhöhte sich die Nachfrage nach billigen Altbauwohnungen und vor allem nach Untermietverhältnissen in diesen Wohnungen.»[33] Selbst Preiseinbrüche im Baugewerbe konnten nicht zu Investitionen anreizen. Dergleichen Entwicklungen traten nach dem Kollaps des städtischen Miet- und Geschoßwohnungsbaus von 1974/75 nicht ein. Es scheint in diesem Fall vielmehr Nachfragepotential auf den Eigenheimsektor und Wohnungsbestand umgeschichtet worden zu sein. Der Eigenheimbau ebenso wie die Modernisierungs- und Instandsetzungstätigkeit konnten nämlich beträchtlich stärker expandieren als das verfügbare Einkommen. Diese Vermutung wird auch von der Korrelationsanalyse bestätigt, die immer dann höchste Koeffizienten erbringt, wenn kombinierte Investitionszeitreihen oder das gesamte Wohnungsbauvolumen in die Rechnung eingesetzt werden.
Man kann diese, insbesondere die kernstädtischen Wohnungsmärkte betreffenden Strukturverschiebungen des Bauvolumens als Ausdruck einer sättigungsbedingten Labilität der Wohnungsmärkte auffassen. Denn trotz fortgesetzt problematischer Versorgungslage in den unteren Submärkten waren die mittleren und oberen Bestandsmärkte relativ entspannt. Sobotschinski bemerkte bereits Ende der 60er Jahre nach der ersten größeren Wohnungsbaukrise, da die Grundversorgung des größten Teils der Haushalte gesichert sei, werde die weitere Entwicklung zunehmend von Haushalten getragen, die bereits über eine eigene Wohnung verfügen, aber eine besser ausgestattete oder größere Wohnung in günstigerer Lage anstreben.[34] Damit gerieten allerdings erhebliche Unsicherheitsfaktoren in die Wohnungsmärkte hinein. Ist der Nachholbedarf bei den mittleren und oberen Einkommensbeziehern gedeckt, können diese ihre Qualitäts- und Flächenansprüche sowohl in erneuerten Beständen als auch in Neubauten befriedigen. Offen bleibt in solchen Betrachtungen freilich eine Klärung der Motive und Kräfte, die Nachfrage in die städtischen Wohnungsbestände umgelenkt haben. Als mögliche Erklärungen bieten sich angebotseitig Preisverschiebungen zwischen Beständen und Neubauten an. Nachfrageseitig müßten sich spezifische Präferenzverschiebungen zugunsten eines Wohnens in alten Beständen ausmachen lassen.

6. Wandel der städtischen Wohnungsbestandsmärkte

Die skizzierten Formen einer Aufwertung älterer Wohnungsbestände und innerstädtischer Wohnanlagen während der 70er und 80er Jahre deuten eine langsame aber stetige Umwälzung auf den städtischen Wohnungsmärkten an. Mögliche wohnungsmarktspezifische Erklärungen sind zu suchen

Tabelle 9

Regionale Verteilung des Wohnungseigentums nach Gemeindetypen 1978 in der BRD

Gemeindetyp	*Eigentumsquote*
Kernstadt	14,1
Oberzentrum im VR	23,0
Größere MZ im VR	27,0
Kleinere MZ im VR	42,5

Quelle: Meuter, H.; Schmidt-Bartel, J.: Regionale Unterschiede in der Wohnungsversorgung von Haushalten in der Bundesrepublik, in: Informationen zur Raumentwicklung, Heft 5/6, 1981

1. in Sättigungserscheinungen auf städtischen Mietwohnungsmärkten und
2. in einer sich ausdehnenden Nachfrage nach Wohnungseigentum innerhalb des Wohnungsbestandes der Kernstädte.

Während die Verdichtungsräume in der Bundesrepublik insgesamt bereits vom expandierenden Eigenheim- und Eigentumswohnungsbau geprägt sind – der an der Peripherie der Städte gelegene Wohnungsneubau weist eine überdurchschnittlich hohe Eigentumsquote auf – dominiert in den Kernstädten nach wie vor das Mietwohnungsangebot, ungeachtet des auch hier sich ausdehnenden Eigentümersektors. Dies bestätigt unter anderem die 1 % Wohnungsstichprobe von 1978, ausgewertet unter dem Gesichtspunkt der regionalen Verteilung des Wohnungseigentums nach Gemeindetypen: Danach waren 1978 in den Kernstädten Eigentümerhaushalte bundesweit nur mit einem Anteil von 14 % vertreten, während in den Umlandgemeinden die Eigentumsquote umgekehrt proportional zu Größe und Bedeutung der Gemeinden stieg.[35)]
Auch wenn in diesen Durchschnittswerten unterschiedliche Entwicklungen in einzelnen Städten verwischt werden – in Stuttgart betrug der Eigentümeranteil bereits 24 %, in Hamburg dagegen erst 14 % – und seitdem die Zahl der Wohnungseigentümer beständig zunimmt, ist Mitte der 80er Jahre in allen Großstädten der Mietwohnungsbestand nach wie vor dominierend. Allerdings erhält der Mietwohnungssektor kaum noch Zuwachs durch Neubau, während gleichzeitig aufgewertete Bestände – auch als Wohnungseigentum – sich einer besonderen Wertschätzung bei den Nachfragern erfreuen.

6.1 Sättigungserscheinungen auf den Mietwohnungsmärkten

Verbreitet ist die Auffassung, Stagnationstendenzen im Mietwohnungsbau seien ein Konjunkturphänomen, verstärkt durch eine Mietenpolitik, die einen wirtschaftlichen Wiederaufschwung des Mietwohnungsbaus behindere.[36)] Aufgrund (politisch unterstützter) Marktunvollkommenheit könne das Angebot zeitweilig stagnieren oder umgekehrt zeitweilig expandieren, obwohl sich am Markt schon eine retardierende Nachfrage bemerkbar macht. Die langen Bauperioden und die schwerfälligen, zeitraubenden Marktanpassungsprozesse im Bestand, die mit dem Filtering-Modell beschrieben werden, dürften in der Tat für permanente Disproportionen von Nachfrage- und Angebotsmengen, insbesondere nach Veränderung von Marktdaten (Inflationsrate, Zinsentwicklung, Einkommensentwicklung usw.), mitverantwortlich sein, zumal auf Märkten immer erst ex post erkennbar ist, ob die Anbieter Überanpassung betrieben haben. Verzögerte Reaktionen auf Marktsignale begünstigen eine zyklische ökonomische Bewegung, nach Jahren des Investitionsniedergangs möglicherweise einen Aufschwung der Bautätigkeit, der dem städtischen Mietwohnungsmarkt wieder Wohnungen zuführt. Ähnliche zyklische Bewegungen ergeben sich als Folge von Marktunvollkommenheiten und unelastischen Angebotsreaktionen im übrigen auch in der Landwirtschaft (sog. Schweinezyklus) und im Schiffbau.[37] Fände eine Anpassung ohne Zeitverzögerung statt, wäre eine solche Bewegung theoretisch undenkbar oder könnte nur als Ergebnis äußerer Einflüsse erklärt werden.

Folgt man der Auffassung, die städtischen Mietwohnungsmärkte seien in einen derartigen Zyklus einbezogen, so müssen Entstehung und Verlaufsformen dieser Bewegung auch theoretisch rekonstruierbar und empirisch nachweisbar sein. An operablen Modellen zur Erläuterung von Marktzyklen fehlt es nicht. Erwähnt sei das sog. «Spinnweb-Modell», das einen Preis-Produktions-Zyklus als zum Marktgleichgewicht führenden Prozeß beschreibt – allerdings unter Vernachlässigung der im Wohnungssektor dominierenden Bestände. Carlbergs Versuch, die Bautätigkeitsschwankungen im Rahmen dieses Modells zu erklären, muß deshalb als untauglich erscheinen.[38] Ohne Einfluß des Bestandes wäre auch eine lange, für den Wohnungssektor typische, zyklische Ausgleichsbewegung des Marktes überhaupt nicht erklärbar. Das zeigt sich schon in folgendem: Da die Zahl der Wohnungsabgänge pro Jahr vernachlässigenswert ist und selbst ein Stillstand im Wohnungsneubau über mehrere Jahre keinen fühlbaren Einfluß auf das Angebot hat, können z. B. durch Fehleinschätzung des Marktes geschaffene Angebotsüberschüsse «nur durch Zunahme der Nachfrage aufgesogen werden, weil den Vermietern die Mengenreduktion (. . .) versagt ist und sie stattdessen warten müssen, bis die Nachfrage in das überangepaßte Angebot hineinwächst.»[39] Bautätigkeit, Mieten und Preise des Bestandes ebenso wie der Leerraumbestand stehen also in Wechselbeziehung zueinander, die sich alle drei wegen der zeitlichen Streckung des Anpassungsprozesses zyklisch auf- und abbewegen. Läßt sich die Bewegung der städtischen Mietwohnungsmärkte in den 70er und 80er Jahren einem solchen Zyklus zuordnen?

1. Beginnt man die Betrachtung mit einem Überangebot an Neubauwohnungen, mit einer Marktphase, wie sie Mitte der 70er Jahre herrschte, so wird man diese Periode des Zyklus als Bestandsperiode bezeichnen können. In dieser Periode wird

auch das korrespondierende Mietenniveau auf einen Tiefpunkt gedrückt, denn überschüssige Bestände können nur mit erheblichen Preisnachlässen vermietet werden. In einer wachsenden städtischen Wirtschaft mit gleichfalls wachsender Wohnflächennachfrage (Zuwanderung von Haushalten, Einkommenssteigerungen) wird dieses Stadium allerdings rasch durchlaufen, Wohnungsleerstände werden nach und nach absorbiert, und schließlich muß das Angebot bei einem dem Nachfragetrend hinterherhinkenden Neubau derart knapp werden, daß Haus- und Grundeigentümer eine Monopolstellung erlangen und enorme Renten kassieren könnten, wenn nicht eine Rückkoppelung einträte, die Wohnungsneubau wieder rentabel machen würde. Nach Hampe findet während der Bestandsperiode die Mietpreisanpassung in Abhängigkeit von der Leerstandsrate statt, die mit einer Zeitverzögerung von etwa ein bis zwei Jahren Veränderungen der Marktlage wiedergibt. Eine derartige zeitliche Verschiebung wurde von Blank und Winnick auf großstädtischen Wohnungsmärkten in den Vereinigten Staaten beobachtet, ähnliche Beobachtungen machte auch Hunscha auf dem Hamburger Wohnungsmarkt zwischen 1875 und 1914.[40)]

2. Ohne aufgestaute Nachfrage kommt keine neue Neubauperiode zustande. In der Bestandsperiode bestimmen die Preisgebote vor dem Hintergrund des Wohnungsleerstands die Mieten. Sobald diese über die Rentabilitätsschwelle für vergleichbare Neubauten geschoben worden sind, wird Investitionsinteresse auf dem Baumarkt geweckt und übernehmen Preise dieses Marktes die Regulierung der Mieten. Die Bestandsperiode geht, vereinfacht gesagt, in die Bauperiode über, der Angebotsstock erfährt einen überdurchschnittlichen Zuwachs, und mit sich entspannender Marktlage geht der Mietpreisanstieg allmählich wieder zurück, um dann als Folge einer überhitzten Baukonjunktur möglicherweise real zu fallen (wie Mitte der 70er Jahre). Der Bauzyklus reagiert zeitverzögert: zwischen dem Mietsignal und der Baufertigstellung verstreichen etwa zwei Jahre, und es dauert drei bis vier Jahre, bis reale Mangel- und Überflußsituationen am Baumarkt Ergebnisse zeigen. Diese verspätete Evidenz realer Marktverhältnisse treibt die Baukonjunktur zwangsläufig in eine krisenhafte Überproduktion, die in einer abrupten Reduzierung der Bautätigkeit endet, nachdem bereits eine schwer absetzbare Wohnraumhalde aufgebaut worden ist. Es beginnt ein neuer Zyklus, dessen Gesamtlänge von Hampe mit etwa 16 Jahren geschätzt wird, wobei Zykluslänge und Amplitude der Schwankungen je nach Angebotselastizität und Zeitverzögerung variieren können.[41)]

3. Modernisierungs- und Instandsetzungszyklus: Wenn sich die Eigentümer von Wohnungsbeständen von langfristigen Profiterwartungen leiten lassen, werden sie ihr Investitionsverhalten ebenfalls am Mietpreis- und Leerraumzyklus ausrichten, indem sie ihre Instandsetzungs- und Modernisierungsaufwendungen von der jeweils überschaubaren mittelfristigen Marktlage abhängig machen. «Solange Angebot und Nachfrage nicht im mittelfristigen Gleichgewicht sind, weichen die Mietdif-

Abbildung 5

Wohnungsmarkt- und Investitionszyklus (1969–1983)

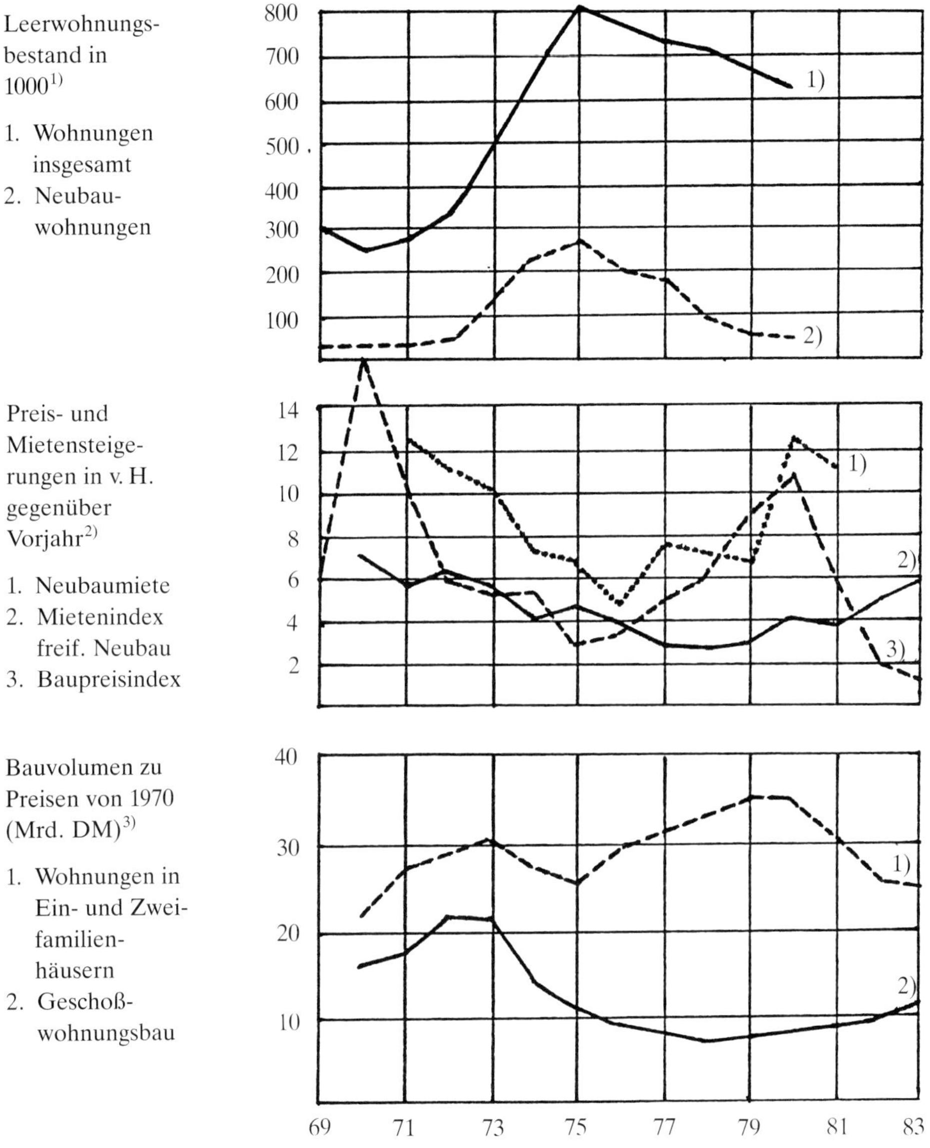

Quelle: [1)] Arras, H. E.: Wohnungspolitik und Stadtentwicklung, Teil 2
[2)] DIW-Wochenbericht 40/82; BBauBl. H. 12, Dez. 1982
[3)] DIW-Wochenbericht 40/82, DIW-Wochenbericht 35/84

ferentiale von den Differentialen der Instandhaltungs- und Instandsetzungskosten ab. Solange fallen für den Vermieter (. . .) Extraprofite und Verluste an. Es bestehen dauernde Anreize für eine Beschleunigung oder eine Verlangsamung des Filtering-Prozesses.»[42] Konkret: Wenn im Marktabschwung sich die Schere zwischen Mieten und Baukosten öffnet, wird nicht nur Neubau unrentabel, sondern «die kleiner gewordenen Mietdifferentiale decken (auch) nicht mehr die jeweiligen Instandhaltungs- und Modernisierungskosten.»[43] Vice versa im Aufschwung. Die Kurve der Bestandsinvestitionen wird allerdings weniger heftig ausschlagen (mit kleinerer Amplitude) als die des Bauzyklus, zum einen, weil sich Bestandsinvestitionen auf eine Vielzahl kleinerer Maßnahmen verteilen, wodurch die Konjunkturabhängigkeit geringer ist, zum anderen, weil in älteren, mit dem Wohnungsneubau nur über eine lange Filtering-Kette verbundenen Quartieren träge auf Knappheits- und Überflußsituationen am Neubaumarkt reagiert wird. Sind die Neubauzyklen z.B. relativ kurz wie in den 50er und 60er Jahren und die Bestandsperioden kaum registrierbar, wird nahezu das gesamte Investitionspotential und die Zusatznachfrage auf den Neubaumarkt gelenkt.[44]
Einer Periode des Wachstumsmodells für städtische Wohnungsmärkte zugeordnet, erscheint die seit Mitte der 70er Jahre bis in die 80er Jahre reichende Marktkonstellation als Bestandsperiode, die nach Ansicht von Markttheoretikern früher oder später in eine Bauperiode münden muß. Nur innerhalb eines solchen Denkmodells läßt sich auch die mietpreistreibende Politik einer weiteren Liberalisierung des Mietwohnungsmarktes rechtfertigen (Staffelmieten, Lockerung des Vergleichsmietensystems).[45] Streng marktwirtschaftlich argumentiert kann eine Wiederbelebung des Miet- und Geschoßwohnungsbaus nur auf dem Wege von Investitionsanreizen über den Preis geschehen, also über die preistreibende Wirkung von Wohnungsmangel.
Aber während in den 50er und 60er Jahren wegen des extremen Wohnungsmangels Bestandsperioden kurz waren, scheinen nun alle Marktdaten gegen einen nennenswerten Wiederaufschwung des Mietwohnungsneubaus zu sprechen. Bartholmai vermutet, der Bestand sei zu einer kaum überwindbaren Barriere gegen ein weiteres Wachstum geworden, was seinen Niederschlag in einem relativ zu kostendeckenden Neubaumieten niedrigen Mietpreisniveau der Bestände gefunden habe.[46] Zumindest in den oberen Marktsegmenten, in denen Substitutionskonkurrenz zwischen Beständen und Neubauinvestitionen herrscht, scheint ein hoher Sättigungsgrad erreicht zu sein. So bemerkt der Ring Deutscher Makler, daß 10 Jahre nach der größten Baukrise der 70er Jahre immer noch alle Marktdaten gegen den Mietwohnungsneubau sprechen. Es hätten die Mieten für freifinanzierte, erstmals vermietete Neubauwohnungen 1983 schon ihren Preisgipfel überschritten, und der Wohngeld- und Mietenbericht 1983 stellt zum scheinbar widersprüchlichen Sachverhalt gleichzeitiger drastischer Mietanhebungen im Altbaubestand fest: «Bei stagnierenden Realeinkommen wendet sich die Wohnungsnachfrage tendenziell mehr dem

preisgünstigen Altbaubestand zu. (. . .) Die im Vergleich zu den Altbauwohnungen deutlich niedrigeren Mietsteigerungen im freifinanzierten Wohnungsbau sind Ausdruck sowohl des bereits erreichten hohen Mietenniveaus als auch der verminderten Nachfragedynamik nach neuen Mietwohnungen.»[47] Beide Faktoren, der Sockel an hochwertigen, modernen Wohnungen und eine nur noch langsam wachsende Nachfrage, erzeugen Marktsättigung und dehnen die Bestandsperiode ungewöhnlich aus. Es handelt sich dabei nicht um Sättigung im Hinblick auf Bedarfsnormen oder Wunschvorstellungen einer gerechten Wohnungsversorgung, sondern um eine Sättigung des zahlungsfähigen Bedürfnisses. Nur diesem Umstand ist die paradoxe Situation von Wohnungsleerständen in qualitativ hochwertigen Beständen und Marktenge in den Altbausegmenten, von Mietpreisrückgang bei erstvermieteten Neubauwohnungen und Mietanhebungen in den Altbausegmenten zu verdanken.

6.2 Expansion des Eigentümersektors

Noch gravierender dürfte sich die Verlagerung von Nachfrage- und Investitionspotential in den Eigentümermarkt auf die Dynamik des städtischen Mietwohnungsmarktes auswirken. Unter marktwirtschaftlichen Verhältnissen wird wegen des Fehlens attraktiver wohnungspolitisch geförderter Alternativen – z. B. im genossenschaftlichen Wohnungssektor – der Eigentümersektor außerordentlich begünstigt. Denn vor die Wahl gestellt, zur Miete zu wohnen oder individuelles Eigentum zu erwerben, wird von der Bevölkerungsmehrheit die ökonomische Grundform des Wohnungseigentums ohne Zweifel präferiert, kommt sie doch unter den herrschenden marktökonomischen Gegebenheiten ihren Bedürfnissen und Wünschen am weitesten entgegen.[48] Für einen solchen Präferenzschwerpunkt spricht auch, daß im Mietwohnungsmarkt nur «gängige», von «Durchschnittsmietern» regelmäßig gefragte Wohnungen reichlich angeboten werden, d. h. vorwiegend kleine Geschoßwohnungen in innerstädtischen Wohnlagen, wobei spezielle Bedürfnisse von kinderreichen Familien, Behinderten, Wohngemeinschaften oder ganz allgemein besondere Wohnwünsche am Markt nicht berücksichtigt werden.[49] Wohnen zur Miete schränkt die individuellen Gestaltungsmöglichkeiten des außerberuflichen Lebensraumes ein und wird meist nur solange akzeptiert, wie das zum Erwerb einer Wohnung notwendige «Eigenkapital» (noch) nicht angespart ist und die Einkommensverhältnisse ein Überwechseln zum Eigentümermarkt verbieten.
Der allgemeine Drang in den Eigentümersektor findet in der Bundesrepublik bisher seinen Niederschlag in den gegenüber dem Marktwert von Mietwohnungen wesentlich höheren Kaufpreisen für gleichartige Eigentümerwohnungen. Diese Preisdifferenz reflektiert nicht nur das staatliche Förderungsangebot zur Eigentumsbildung, sondern auch ein Akzeptanzgefälle zwischen beiden ökonomischen Formen. Eigentum lockt mit ökonomischer Unabhängigkeit, gilt als «wertsichere» Geldanlage und gestattet eine bedürfnisgerechtere Gestaltung des engeren Lebens-

bereiches.[50] Ökonomisch wird die Verlagerung latenter Nachfrage vom Miet- zum Eigentümermarkt durch die im Verlauf der letzten Jahrzehnte akkumulierten privaten Sparvermögen begünstigt. Der Eigentümersektor ist ziemlich unabhängig von den Gewinnerwartungen, die aus Mietwohnungen zu erzielen sind, seine Expansion hängt dagegen überwiegend vom Sparvermögen der Haushalte ab. Pfeiffer hebt hervor, daß nach 30 Jahren ununterbrochen positiver wirtschaftlicher Entwicklung der Vermögensaufbau inzwischen einen Reifegrad erreicht hat, der einen beschleunigten Übergang vom Mieter zum Eigentümer möglich macht.[51] Selbst bei stagnierendem Einkommen können mittlere und höhere Einkommensbezieher den Ansparprozeß fortsetzen, so daß im Falle eines vollkommen daniederliegenden Mietwohnungsbaus das ökonomische Nachfragepotential für Wohnungseigentum weiter wachsen kann. Sofern ökonomische Krisen oder ein Kurswechsel in der Wohnungspolitik das Eigentumsstreben nicht unterbrechen, wird voraussichtlich noch jahrzehntelang ein Nachfrageüberhang insbesondere nach Eigenheimen herrschen.[52]

Für die Wohnungsbestände der Kernstädte folgen daraus positive und negative Perspektiven: Wäre die Eigentümernachfrage einseitig auf den Wohnungsneubau (an der Peripherie der Städte) gerichtet, könnten sich zwar die innerstädtischen Mietwohnungsmärkte entspannen, der ökonomische Niedergang alter Miethausquartiere wäre langfristig aber schwerlich aufzuhalten, und die Kernstädte hätten baulichen Verfall und sozialen Abstieg zu erleiden. Aus der Sicht der Markttheorie werden die Zwischenmarktbeziehungen aber auch in diesem Fall eine zyklische Rückkoppelung bewirken. Wie sich zwischen dem Mietwohnungs- und dem Baumarkt über Kreuzpreisbeziehungen eine wechselseitige Bedingtheit andeutet, sind auch diese beiden Teilmärkte (Miet- und Eigentümermarkt) über die Preisrelationen miteinander verkettet. So werden dem Mietwohnungssektor nicht nur Finanzmittel und zahlungskräftige Haushalte entzogen, sondern auch Wohnungsbestände, sofern die Preisunterschiede einen derartigen Schritt rechtfertigen. Wie die Auswertung von Marktdaten ergab[53], regte der Preisunterschied zwischen beiden Märkten in den 70er und 80er Jahren eine Umwandlungswelle von Miet- und Eigentumswohnungen an. Quantitativ waren die Auswirkungen bisher noch nicht gravierend, aber die Umwälzung der Märkte via Filtering zieht sich scheinbar unmerklich über Jahrzehnte hin und ändert dabei die Angebotsstruktur des Wohnungsbestandes. Dies belegen ähnliche Prozesse in anderen westeuropäischen Staaten, die bereits Jahrzehnte früher eingesetzt haben und mögliche, bei uns in Zukunft eintretende Entwicklungen vorwegnehmen. So haben sich in den Niederlanden die Anteile der verschiedenen Bestandskategorien seit dem Ende des Zweiten Weltkrieges grundlegend verschoben. Insbesondere wuchs der Anteil der Eigentümerwohnungen, verursacht durch hohe Produktionsleistungen und Umwandlung von Mietwohnungen, während der Anteil der privaten Mietwohnungen durch Wohnungsabgänge und Umwandlungen von 60% im Jahre 1947 auf nur noch 20% im Jahre 1975 zu-

rückgegangen ist. Gleichzeitig konnten hier die Bauvereine ein wachsendes Segment des Wohnungsbestandes stellen.[54] Ähnlich war die Wohnungsmarktentwicklung in England und Wales: Um 1900 machten die privaten Mietwohnungen rd. 90% des Bestandes aus, 1951 nur noch 52% und 1975 nur noch einen Rest von 15%. Der Eigentümersektor wurde in den 70er Jahren der Sektor mit dem quantiativ größten Versorgungsanteil von über 50%, schließlich schoben sich hier die Gemeindewohnungen als drittes Segment zwischen die beiden erstgenannten.[55] Ähnliche Verschiebungen haben in fast allen westeuropäischen Ländern stattgefunden und lassen den bundesdeutschen Wohnungsmarkt als Nachzügler erscheinen.
Die Ausweitung des Eigentümersektors geschieht ebenfalls in zyklischer Form: Wie die Beziehungen zwischen dem Mietwohnungsbau- und -bestandsmarkt sind auch diese Zwischenmarktbeziehungen instabil, allein schon deshalb, weil Immobilienpreise wegen des spekulativen Charakters dieser Markttransaktionen[56] besonders heftigen Schwankungen ausgesetzt sind. Folgt man der Bewegung des Mietwohnungsmarktes, werden in der Depression, dem Beginn der Bestandsperiode, die Mieten fallen, aber angesichts der relativ hierzu noch tiefer fallenden Immobilienpreise werden die Anbieter in dieser Phase ihre Objekte eher vermieten als zum Kauf anbieten und einen günstigeren Verkaufszeitpunkt abwarten. In der Aufschwungphase bieten sich dagegen höhere Gewinnchancen durch eine Umschichtung von Mietwohnungen auf die Eigentümermärkte. Wegen des, verglichen mit den Mieten, rascheren Kaufpreisanstiegs beginnen in dieser Marktperiode auch die Bauaktivitäten zuerst in den oberen Preiskategorien des Eigentümersektors.
Diese von Blank und Winnick erstmals beschriebene zyklische Wechselbeziehung wirkt auch auf den bundesrepublikanischen Miet- und Eigentümerwohnungsmärkten. Solange die mit üblichen Zinssätzen berechneten Barwerte der Nettomieten nicht das Marktpreisniveau vergleichbarer Eigentümerobjekte erreichen, befinden sich die Zwischenmarktbeziehungen nicht im Gleichgewicht, und der Eigentümermarkt dehnt sich sowohl im Bestand des Mietwohnungssektors als auch durch Neubau aus. So wird in den nächsten Jahren zweifellos die Wachstumsdynamik des Wohnungsmarktes im wesentlichen nur noch von der Eigentümernachfrage stimuliert, wovon auch die älteren Wohnviertel in den Kernstädten betroffen sind, insofern die Eigentumsbildung in diesen Beständen der sozialen und ökonomischen Aufwertung der Innenstädte dient.

Fazit: Seit Mitte der 70er Jahre ist die langgezogene Konjunkturbewegung des städtischen Mietwohnungsmarktes in der Bundesrepublik Deutschland offensichtlich von einer grundlegenden Veränderung der Markttrends überlagert.
1. War in der Vergangenheit die städtische Mietwohnung unumstritten die dominante ökonomische Form, in der eine quantitativ expandierende Nachfrage der städtischen Bevölkerung befriedigt wurde, so befindet sich heute der Mietwohnungssektor in einer Phase quantitativer Stagnation und relativer Schrumpfung.

Ein nennenswerter, für vergangene Stadtentwicklungsphasen typischer Wiederaufschwung des Mietwohnungsbaus ist kaum mehr zu erwarten. Für eine solche Vermutung spricht, daß das Mietpreisniveau in jenen Teilmärkten, die in unmittelbarer Substitutionsbeziehung zum Neubau stehen, nun schon seit über einem Jahrzehnt unter der Rentabilitätsschwelle des Neubaus verharren. Als Folge dieser Marktkonstellation zieht sich die Bestandsperiode des Wohnungsmarktzyklus ungewöhnlich in die Länge. Soweit Investitionen im Mietwohnungssektor getätigt werden, konzentrieren sie sich auf die Bestände und fördern ein «filtering-up» bisher von der Marktdynamik abgewerteter und dem physischen Verfall geweihter Wohnviertel. Sie reagieren damit möglicherweise auf quantitative Sättigungserscheinungen der Mietwohnungsnachfrage und, dadurch bedingt, auf eine längerfristige Nachfragcverschiebung vom Neubau auf die preisgünstigeren Bestände.

2. Ebenso bedeutsam ist, daß in den Stadtregionen die Markt- und Produktionsdynamik sich zusehends auf den Eigentümersektor verlagert. Für die innerstädtischen Mietwohnungsquartiere sind die Konsequenzen dieses Umschichtungsprozesses widersprüchlich: Berücksichtigt man die Kreuzpreisbeziehungen zwischen beiden Märkten, wird ein aus dem Mietwohnungssektor abwanderndes Nachfragepotential möglicherweise Überschüsse am Mietwohnungsmarkt erzeugen, den Mietwohnungsbestand entwerten und alte Wohnquartiere mit der Zeit unausweichlich auf den Boden des Marktes herabdrücken. Andererseits begünstigt gerade der im Vergleich zum Neubau und zum Eigentümersektor niedrige Kapitalwert von Miethäusern (Barwert der Mieteinnahmen) einen Transfer von Mietwohnungsbeständen in den Eigentümersektor, zumal die Eigentumsbildung gleichsam einem säkularen Trend zu folgen scheint, der das Mietwohnungsangebot zu einem Angebot zweiter Wahl degradiert. Wagt man eine Prognose auf der Basis der beobachtbaren Trends, wird sich der Eigenheimbau am Rande der Städte für begüterte Mittelschichten fortsetzen. Die heute noch von Mietwohnungsbeständen dominierten Kernstädte werden sich mit fortschreitender Umwandlungs- und Modernisierungstätigkeit in einen Eigentümersektor für gehobene Wohnansprüche in attraktiven Quartieren und einen Mietwohnungssektor in weniger gefragten Stadtvierteln aufspalten.

III. Wohnungsmarktdynamik im räumlichen Kontext der Stadtentwicklung

Die Verwertung von Wohnungen ist immer zugleich Bestandteil des Reproduktionsprozesses der städtischen Gesellschaft. Zur Vertiefung der bisher dargestellten neuen Wohnungsmarkttrends in alternden Stadtregionen sind deshalb übergreifende Stadtentwicklungszusammenhänge zu berücksichtigen. Im folgenden werden aus diesem Grunde die bisher erörterten Filtering- und Arbitrage-Prozesse räumlicher Wohnungsmarktentwicklung, die sich auf eine Darstellung von Formen des Wandels auf Bestandsmärkten beschränkten, verschiedenen Theorieansätzen der Stadtentwicklung zugeordnet. Es sind dies:

1. Theorieansätze, die aus den Eigenarten der Bestandsökonomie einen städtischen Entwicklungszyklus von historischen Dimensionen konstruieren, der spezifische Auswirkungen auf die räumliche Verteilung von Investitionspotential und Bevölkerungsgruppen hat;
2. wohnstandorttheoretische Ansätze, die den Wandel auf den städtischen Wohnungsbestandsmärkten von der Position eines raumwirksamen Nachfrageverhaltens von Haushalten beleuchten und
3. standorttheoretische Implikationen des Wandels der wirtschaftlichen Existenzbasis der Städte, insbesondere im Hinblick auf das Wohnsiedlungsgefüge.

7. Historische Theorieansätze zur Stadt- und Wohnsiedlungsentwicklung

Betrachtet man die veränderte Investitionsdynamik im städtischen Wohnungssektor unter dem Aspekt der räumlichen Auswirkungen, so kann aus dem Rückgang der Baufertigstellungen oder aus der relativ niedrigen Bauintensität in großen Verdichtungsräumen eine Reihe von raumwirksamen Wohnungsmarkttendenzen abgeleitet werden. Die räumlichen Erscheinungsformen dieser Tendenzen lassen sich im Rahmen von Konjunkturbetrachtungen nicht oder nur ungenügend erklären. Sie verweisen eher auf Trendveränderungen innerhalb eines langfristigen – historischen – Zyklus der Stadtentwicklung. Zur Interpretation derartiger, Konjunkturbewegungen zugrunde liegender Zyklen können Theorieansätze herangezogen werden, die, gestützt auf den Filtering-Ansatz, Gesetzmäßigkeiten eines zeitlich-räumlichen Entwicklungsprozesses des städtischen Siedlungsbestandes darstellen. Ihr Grundgedanke ist, daß die ökonomische Stadtentwicklung aufgrund der Eigenarten der Bestandsverwertung bestimmte historische Phasen durchläuft, eine marktvermittelte Alterung der Bestände, simultane Sukzessionsprozesse der Bevölkerung, bis Bedingungen für Reinvestitionen und eine Umkehrung der Bevölkerungsbewegung entstehen. Alonso faßt derartige Modelle der Stadtentwicklung unter dem Begriff «historische Theorie» zusammen.[1)] Einen ähnlich aufgebauten theoretischen Ansatz der städtischen Entwicklungsdynamik stellen auch Klaassen und Scimemi mit ihrem Modell eines räumlichen Entwicklungszyklus der Städte vor.[2)]

7.1 Historische Phasen der Stadtentwicklung

Zur Bestimmung der räumlichen Konsequenzen, die von Sättigungstendenzen auf den regionalen Wohnungsmärkten ausgehen, soll hier zunächst versucht werden, die städtische Wohnungsmarktentwicklung historischen Phasen der Stadtentwicklung zuzuordnen, bevor ein Entwicklungsmodell für innerstädtische Wohnungsteilmärkte vorgestellt wird. Charakteristisch für die Entwicklungsgeschichte alter Städte ist, daß sie maßgeblich von zwei Faktoren beeinflußt worden ist: Von einer zentripetalen Konzentration der Bevölkerung aus ländlichen und peripheren Gebieten und gleichzeitig einer zentrifugalen Expansion der städtischen Siedlungsräume, getragen von einer Abwanderung der Bevölkerung aus den Kerngebieten in das Umland und einer parallel hierzu stattfindenden Arbeitsstättenverlagerung. Beide Faktoren prägen, je nach Gewicht jedes einzelnen Faktors, die Stadtentwicklungsphasen in besonderer Weise.

a) Urbanisierung:

Historisch beginnt die Entwicklung heute alter kapitalistischer Städte mit einem sich extrem verstärkenden Zustrom von Bevölkerung zu meist schon vorhandenen städtischen Gravitationszentren, ausgelöst durch eine expandierende industrielle Produktion. Die Zuwanderung vermehrt die städtische Bevölkerung in einem bisher nicht gekannten Ausmaß innerhalb weniger Jahrzehnte, sprengt die flächenmäßige Begrenzung der alten Stadt und der städtischen Wohnungsmärkte. Im westlichen Europa ist dies die historische Phase von der Mitte des 19. Jahrhunderts bis zum Ersten Weltkrieg.[3)] In dieser Epoche, dem ersten Stadium kapitalistischer Stadtentwicklung, überwiegen die zentripetalen Kräfte, auch wenn, wie Boustedt am Beispiel von München nachweist, durch fortschreitende Erweiterung des Stadtgebietes bereits eine Randwanderung der Bevölkerung einsetzt und die Gebiete der Altstadt Bevölkerung verlieren. Von einer Suburbanisierung kann man gleichwohl noch nicht sprechen, da die Umlandringe noch laufend Bevölkerung an die Städte abgeben und die Städte sich noch auf einem relativ begrenzten Areal in scharfer Abgrenzung zum ländlichen Siedlungsgebiet ausbreiten. Diese Form städtischer Expansion ist geprägt vom damals noch unentwickelten Transportwesen, das ein tägliches Pendeln zwischen Kernstadt und Umland zeitaufwendig und teuer gestaltet hätte, ferner von dem zunächst noch geringen Wohlstand der Masse der erwerbstätigen Bevölkerung, die sich flächenfressende Wohnformen wie das Eigenheim nicht leisten konnte.

In dieser Zeit entstehen im Zuge von Stadterweiterungsmaßnahmen die großen Mietskasernenviertel für die Arbeiterschaft und das Kleinbürgertum und die «gutbürgerlichen» Gründerzeitviertel für die begüterten Bevölkerungsschichten. Gemessen an der Bodenpreisentwicklung, d. h. am Bodenrentenpotential pro Bodenflächeneinheit, erreichen die Städte während dieser historischen Phase ihre höchsten wirtschaftlichen Wachstumsraten. Dem wirtschaftlichen Druck fallen im Wohnungssektor große Teile des vorindustriellen Siedlungsepochen entstammenden Wohnungsbestandes zum Opfer: dörfliche Haus- und Wohnungsbestände in den Stadterweiterungszonen, alte städtische Wohnungsbestände, sofern sie einer von den Bodenpreisen angezeigten intensiveren Bodennutzung im Wege stehen.

b) Suburbanisierung:
In dieser historischen Epoche europäischer und nordamerikanischer Großstädte gewinnen die zentrifugalen Tendenzen die Überhand. Endogen verursacht kommt es zum Exodus der Stadtbewohner in den stadtnahen Umlandraum, der in seinem Anfangsstadium noch mit einem mehr oder weniger ausgeprägten Wachstum der Gesamtbevölkerung des Verdichtungsraumes korrelieren kann. Seine Wurzeln liegen, folgt man der historischen Theorie, in folgenden Fakten begründet:
- Kernstädte haben, soweit ihr Baulandangebot knapp wird, nur begrenzt Möglichkeiten, für eine nachfragegerechte Ausweitung des Wohnungsangebotes zu sorgen;
- mit dem allgemeinen Anstieg des Lebensstandards entwickeln die in der Kernstadt lebenden Haushalte eine Nachfrage nach größeren, besser ausgestatteten Wohnungen in weniger dicht überbauter Wohnumgebung. Der Wandel des Wohnverhaltens und Idealbilder wie das «Wohnen im Grünen» und der «Eigenheimgedanke» führen zu einer Bevorzugung von Wohnungen und Wohnstandorten außerhalb der alten Kernstädte;
- die Verbesserung des Transportwesens, vor allem die Verbreitung des Automobils, erleichtert und ermöglicht vielfach erst diesen endogenen Suburbanisierungsprozeß;
- die Suburbanisierung wird nicht zuletzt durch die Alterung kernstädtischer Wohnungsbestände gefördert, die gewachsenen Wohnansprüchen nicht mehr genügen, ferner durch Umweltbelastungen in den Innenstädten, zunehmende Lärmbelästigung, Luftverschmutzung, Mangel an Grün- und Freiflächen.

Mit der Suburbanisierung wird eine ganz bestimmte Form des Stadtwachstums beschrieben, das Entstehen von Siedlungsgebilden außerhalb der alten Kernstadt, die weder als ländlich noch als städtisch zu bezeichnen sind. Suburbanisierung bedeutet, bezogen auf den räumlichen Wohnungsmarkt, daß wohlhabendere Haushalte mit steigendem Einkommen bessere und größere Wohnungen in Form des Eigenheims nachfragen und ihren bisherigen Wohnsitz für einkommensschwächere Familien, Arbeitsimmigranten usw. frei machen. Als Rückwirkung auf die alten kernstädtischen Wohnquartiere ergibt sich ihr «filtering-down» innerhalb des Angebotsspektrums. Marktvermittelt wird ökonomischer Druck auf die Preise und Werte des Altbaubestandes ausgeübt. Der Wohnungsmarkt polarisiert sich weiträumig in aufsteigende suburbane und absteigende kernstädtische Zonen, denen zugleich ein räumliches Auseinanderrücken der städtischen Gesellschaft, gemessen am Einkommen und sozialen Status, entspricht. Die Kernstädte behalten zunächst noch

ihre Rolle als Wohnsitz der Industriearbeiterschaft bei und sind Anlaufstation für Arbeitsimmigranten, die sich später möglicherweise im Umland seßhaft machen. Das Umland wird zum bevorzugten Wohnort wohlhabender Mittelschichten, insbesondere von Familien mit Kindern.
Im Modell breitet sich die Stadt ringförmig um ihren vorhandenen Bestand aus und lagert die neuesten und besten Wohnviertel, die von den wohlhabensten Bevölkerungsschichten sukzessive bezogen werden, jeweils in den äußeren Wohnzonen dem vorhandenen Siedlungsgebiet an, während als simultaner Vorgang die bereits vorhandenen Wohnungsbestände einen ökonomischen und sozialen Niedergang erleben, der sich ebenfalls nach außen ausbreitet. Die ältesten Bestände nahe dem Stadtzentrum sind mithin als erste der Gefahr ausgesetzt, aus der Nutzung und Verwertung herauszufallen, was den filtering-theoretischen Implikationen folgend erwartet werden kann, sobald der Wohnungsneubau an der Peripherie dem Nettowachstum der Bevölkerung einer Region vorauseilt und, so die Hypothese, überschüssige Wohnungen zuerst aus den alten städtischen Substandardwohnungsbeständen ausgeschieden werden.

c) Disurbanisierung:
Mit Disurbanisierung wird ein Entwicklungsstadium der Städte beschrieben, das in der Bundesrepublik bisher, wenn überhaupt, nur von wenigen Stadtregionen erreicht worden ist. Nach Klaassen wechseln die größten Agglomerationen zuerst von der Sub- in eine Disurbanisierungsphase, weil sie eine Größe und räumliche Ausdehnung erreichen, die Agglomerationsvorteile in Nachteile umschlagen lassen. Angewandt auf den Wohnungssektor heißt dies: Dem Suburbanisierungstrend wachsender Städte folgend, breitet sich die städtische Wohnsiedlungszone immer weiter aus. Nachdem im hochverdichteten Umland, in der äußeren Stadt, Engpässe im Wohnungs- und Baubodenangebot eingetreten sind, wird dieses zum Quellgebiet einer weiteren Randverschiebung von Haushalten und Wohnungsbauinvestitionen, bis – so die Konsequenz des Wachstums – die Agglomerationsgrenze erreicht wird. Überdurchschnittlich steigende Lebenshaltungskosten, Umweltzerstörung und die Überlastung der Verkehrssysteme in Kernstadtnähe während der morgendlichen und abendlichen Stoßzeiten des Berufsverkehrs sind nach Klaassen Indizien einer Vernichtung ehemaliger Standortvorteile großer Agglomerationen. Ab einem bestimmten Punkt wird eine Abwanderungsbewegung von Bevölkerung aber auch von Unternehmen zu kleineren Städten und Stadtregionen angeregt.[4] Diese bieten kürzere Pendlerdistanzen ins Zentrum der Städte und zu den Arbeitsplätzen, die hier ebenfalls leichter als in den alten Agglomerationen geschaffen werden können.[5] Sie bieten ferner eine bessere Lebensqualität wegen geringerer Belastungen des Wohnumfeldes und trotzdem ein niedrigeres Niveau der Lebenshaltungskosten.[6]
Disurbanisierung wird im allgemeinen als eine Entwicklungsepoche beschrieben,

in der nicht nur die Kernstadt, sondern der gesamte Verdichtungsraum Bevölkerung und Arbeitsplätze verliert, sei es, daß die Erosion der Kernstadt von den Gewinnen des Umlandes nicht mehr ausgeglichen wird, oder Kernstadt und Umland beide negative Bevölkerungs- und Arbeitsplatzsalden aufweisen. Unter solchen Bedingungen gerät der gesamte regionale Wohnungsmarkt unter Druck, die Preise verfallen, insbesondere in den wenig gefragten innerstädtischen Zonen, Tendenzen der Desinvestition greifen um sich. Die ökonomische Schrumpfung großer Stadtregionen wird schließlich begleitet von einer Verlagerung des Wachstumspotentials auf mittelgroße Zentren, häufig in der Nähe großer Agglomerationen. Es deuten sich Tendenzen einer polyzentrischen Siedlungsentwicklung an, in der allerdings Vorteile und Lasten höchst ungleich verteilt sind. Zumindest muß mit sich verschärfenden ökonomischen und sozialen Disparitäten zwischen jungen Wachstums- und alten Niedergangsregionen gerechnet werden.
Von Gatzweiler und Schliebe sind für die Zeit von 1974 bis 1980 bundesdeutsche Agglomerationen auf Disurbanisierungstendenzen hin untersucht worden. Ihre Ergebnisse weisen eine an Intensität sich abschwächende Stadt-Umland-Wanderung nach und eine Verlagerung der Wachstumszonen in die Außenzonen der Verdichtungsräume. Die Binnenwanderungsgewinne des Umlandes gegenüber den Kernstädten sind während dieses Zeitraums erheblich zurückgegangen, und in der interregionalen Wanderung sind mittlerweile Regionen mit Verdichtungsansätzen, also kleine Stadtregionen und ländlich geprägte Regionen die Gewinner. Die Autoren halten es allerdings für verfrüht, hierin schon Belege für eine auch in der Bundesrepublik einsetzende Disurbanisierung zu sehen.[7)]

d) Reurbanisierung?

Mit Reurbanisierung wird schließlich der Beginn eines neuen Entwicklungszyklus alter absteigender Städte umschrieben, in dem die negativen Effekte von Sub- und Disurbanisierungsprozessen in den Kernstädten aufgefangen werden und sich der Entwicklungstrend umkehrt. Reurbanisierung beinhaltet die Modernisierung und Sanierung kernstädtischer Wohnviertel, die in den vorhergehenden Phasen ökonomisch und physisch herabgesunken sind. Bezogen auf die Bevölkerungsveränderungen in den verschiedenen Zonen der Stadtregionen geben Klaassen und Scimemi folgende Definition für die Reurbanisierung: «In some towns, population loss is less serious in the core than in the ring, or the core even grows while the ring declines; as long as the growth is inadequate to make the whole agglomeration increase, we talk of reurbanisation.»[8)]
Die Autoren geben dieser Form von Reurbanisierung allerdings nur eine Chance, wenn sie von staatlicher Seite, vor allem mittels finanzieller Zuwendungen, Unterstützung erfährt.[9)] Ältere Kernstädte sind im Gegensatz zum Umland und kleineren noch wachsenden Städten mit der Hypothek vor allem baulicher Strukturen belastet, die sich als «sunk capital» auch auf einer geschrumpften ökonomischen Basis

noch rentabel weiterverwerten können (Restverwertung absterbenden Gewerbes und verfallender Wohnungsbestände).[10] Eine Umkehrung wird ferner erschwert, weil ähnlich wie beim Konjunkturzyklus auch in der langfristigen Stadtentwicklung eine zirkuläre Kräftekonstellation entsteht, die, wie Myrdal und andere Autoren ausführen, das System in die einmal eingeschlagene Richtung weiterstreben lassen, «aber eben viel weiter als durch die primäre Veränderung allein.»[11] Wird mit der primären Veränderung z.B. der Fortzug von Haushalten aus den kernstädtischen Quartieren in die Suburbs oder kleineren Stadtregionen bezeichnet, wird als sekundärer Effekt eine Entwertung, ein physischer Verfall und ein sozialer Abstieg der alten Quartiere eintreten. Dadurch werden weitere Haushalte zum Verlassen der Kernstadt veranlaßt. Die sekundären Effekte regen die primäre Bewegung an und umgekehrt; es wird ein kumulativer Prozeß in Gang gesetzt, der zu Übertreibungen neigt.

Irgendwann mag dieser Zyklus abgeschlossen sein und unterstützt von einer städtischen Erneuerungspolitik in eine Regenerationsphase münden. Doch wird diese nicht zu einem stürmischen Wachstum, vergleichbar dem zu Beginn des ersten Zyklus, zurückführen können. In einer Phase insgesamt stagnierender oder rückläufiger Einwohnerzahlen kann der zweite städtische Entwicklungsschub allein auf einem Wachstum des Einkommens bei den verbliebenen Bewohnern aufbauen. Nach Klaassen und Scimemi sollten sich deshalb die Anstrengungen der Städte nicht so sehr auf eine Förderung des quantitativen Wachstums richten, sondern auf eine qualitative Verbesserung der städtischen Lebensbedingungen, anknüpfend am noch vorhandenen ökonomischen und kulturellen Potential großer Städte.[12]

7.2 Ökonomischer Lebenszyklus städtischer Wohnquartiere

Es soll nun versucht werden, die historischen Phasen der Stadtentwicklung auf der städtischen Quartiersebene zu konkretisieren. Es wird dabei unterstellt, daß zwischen der Länge des Stadtentwicklungszyklus und der Kapitalumschlags- bzw. Wertumschlagsgeschwindigkeit in den städtischen Wohnungsbeständen ein über Wohnungs- und Immobilienmärkte vermittelter Zusammenhang in der Form existiert, wie er in den Grundzügen der Bestandsökonomie von mir entwickelt wurde. Dort wurde schon angedeutet, daß die langsame Umschlagsgeschwindigkeit des in Wohnungsbeständen gebundenen Kapitals verfügbares Kapital daran hindert, in bereits bebaute städtische Zonen zu reinvestieren. Während der Sub- und Disurbanisierungsphase werden die innerstädtischen Wohnzonen übersprungen (leap frogging) und Erweiterungsinvestitionen primär in den suburbanen Gebieten oder in jungen Stadtregionen getätigt. Die Ökonomie des Wohnungsbestandes widersetzt sich also während einer längeren historischen Zeitspanne einem Reinvestitionsschub in kernstädtischen Wohnlagen.

Folgt man den filtering-theoretischen Implikationen, werden allerdings als Konse-

quenz des räumlichen Wachstums – zunächst noch verdeckt durch die Phänomene der Entwertung und des Verfalls alter Quartiere – gerade in diesem Vorgang ökonomische Grundlagen einer zumindest teilweisen Umkehrung des «filtering-down» Prozesses geschaffen. Ähnlich wie im Konjunkturzyklus kann auch in der langen historischen Welle der Stadtentwicklung ein ökonomisches Ungleichgewicht, hier nun zwischen den beiden Teilräumen Kernstadt und Suburb, neue günstige Verwertungsbedingungen in kernstädtischen Altbaugebieten schaffen und eine entsprechende Umlenkung der Kapitalströme bewirken. Eine solche historische Situation tritt theoretisch dann ein, wenn die Entwicklung kernstädtischer Wohnungsbestände und Wohnanlagen ein Stadium erreicht hat, in dem die Gewinnerwartungen einer Reinvestition (Sanierung/Modernisierung) die im Wohnungsneubau außerhalb der Kernstadt erzielbaren Nettoerträge übertreffen. Eine solche, sich aus der historischen Stadtentwicklung möglicherweise ergebende Konsequenz hängt allerdings nicht zuletzt davon ab, ob sich nach Abschluß eines Bestandsverwertungszyklus auch Konsumenten und Nutzer für erneuerte Wohnungsbestände finden, die sowohl die nötige Zahlungskraft zum Erwerb oder zur Anmietung der neuen (oder erneuerten) Wohnungen mitbringen, als auch städtisches Leben gegenüber suburbanen Lebensformen vorziehen.
In den Vereinigten Staaten, wo sich die Folgen der Suburbanisierung in den Kernstädten viel früher und viel drastischer als in der Bundesrepublik Deutschland einstellten, wird bereits in den 50er Jahren intensiv diskutiert, ob und wenn ja, wie und wann die ökonomisch absteigenden Kernstädte genügend Kraft für einen Erneuerungsaufschwung aufbringen. Eine Reihe von Stadtökonomen und -soziologen mutmaßen damals bereits, ab einem bestimmten Stadium der Stadtentwicklung werde die Schere zwischen der realen ökonomischen Nutzung des städtischen Bodens und seinen Nutzungsmöglichkeiten so weit geöffnet sein, daß dieser relativ zu wertvoll wird, um weiter als Slum oder als sogenannte «graue Zone» genutzt zu werden. Hoover und Vernon sind schon 1959 der Ansicht, Altbauviertel ließen sich im Stadium ihres ökonomischen Endes besonders leicht, wenn auch nur mit Hilfe staatlicher Anstöße, revitalisieren.[13)] Ähnlich argumentieren auch Birch und Frieden.[14)] Stimmt die Grundannahme der Filtering-Theorie im Hinblick auf die Allokation des städtischen Wohnbodens, wonach die Wohnstandortwahl sozial aufsteigender Haushalte von der Verfügbarkeit geeigneter Grundstücksflächen abhängt, werden sich für diese Nachfragergruppe Grundstücke in den Kernstädten um so leichter akquirieren lassen und Pionierinvestoren finden, je weiter der Lebenszyklus des alten Viertels sich seinem Ende zuneigt. Der Kapitalrückfluß in innerstädtische Altbaugebiete mag abhängig sein von Verschiebungen in der Nachfragestruktur, von einer neuen Mittelschichtenkultur usw., ohne Reinvestitionen begünstigende Bedingungen auf der Angebotsseite dürfte, so der historische Theorieansatz, eine solche Nachfragebewegung allerdings kaum die nötige Durchsetzungskraft entwickeln können. Vom Standpunkt Anlage suchenden Kapitals schafft die via Filtering und

Suburbanisierung forcierte Grundstücksentwertung selbst Bedingungen für einen sich wieder den Kernstädten zuwendenden Investitionsstrom. Die Erneuerung der Kernstädte ergibt sich demnach gleichsam als ein um Jahrzehnte verzögertes Echo auf vorangegangene Investitionsperioden.

a) Stadien der Bestandsverwertung

Betrachten wir den Prozeß großräumiger Investitionsverschiebungen im Hinblick auf seine Folgen für den Verwertungs- und Lebenszyklus bestehender Wohnviertel in der Kernstadt näher, dann lassen sich den Phasen der Stadtentwicklung stark vereinfacht vier Stadien der ökonomischen Quartiersentwicklung zuordnen.

1. Der Verwertungs- und Lebenszyklus eines Quartiers beginnt im Rahmen der ersten Stadterweiterung (Urbanisierung) mit einer Bauinvestitionswelle an einem bisher noch nicht oder weniger intensiv bebauten Standort. Die in den Bodenpreisen antizipierten Bodenrenten regeln zunächst den Kapitaleinsatz pro Bodenflächeneinheit so, daß mit dem geringsten Einsatz die antizipierte Rente realisiert werden kann bzw. der Kapitaleinsatz pro Bodenflächeneinheit sein Optimum erreicht. In dieser Phase noch nicht abgeschlossener Bauinvestitionen können die Grundstückspreise steigen, weil mit dem Stadtwachstum sich die Bodenverwertungsbedingungen in den bereits bestehenden, nun dem Stadtzentrum relativ näher rückenden Vierteln zunächst noch verbessern, so daß der Gesamtwert der neu bebauten Grundstücke (die Summe aus Bodenpreis und Gebäudewert) in den ersten Jahren auf jeden Fall real weitersteigen kann, während die Gebäudeentwertung zunächst vernachlässigenswert ist.

2. In der nächsten, Jahre später einsetzenden Phase (Suburbanisierung) kann sich als Folge eines über die Wohnungsmärkte gesteuerten Niedergangs kernstädtischer Wohnlagen ein Wert- und Preisverfall der Grundstücke durchsetzen. Es gelingt nicht mehr, die für diesen Standort angemessene Bodenrente zu realisieren, d.h. die vorhandene Baustruktur wird mehr und mehr zu einem Hemmnis optimaler Ausnutzung standörtlicher Lagevorteile. In den Mietwohnungsbeständen wird bei allmählich gegenüber den Neubaumieten sinkenden Altbaumieten von den Hauseigentümern zu einer Desinvesitionsstrategie übergegangen, um über Kostensenkungen die laufende Rendite auf möglichst hohem Niveau zu halten. In einer Kettenreaktion werden die Nachbargrundstücke in den Desinvestitionsstrudel gezogen, die aufgrund der Wirksamkeit von Nachbarschaftseffekten ihrerseits das Investitionsverhalten der Nachbarn negativ beeinflussen, so daß Desinvestition und Verfall scheinbar unumkehrbar werden. Diese Tendenz wird noch dadurch verstärkt, daß sich in diesen Gebieten zunehmend ärmere Sozialgruppen konzentrieren und die Haus- und Grundeigentümer auf die Verschlechterung des sozialen Umfeldes mit weiterer Qualitätsverminderung ihres Angebotes reagieren.

Das betroffene Stadtgebiet wird schließlich wegen seiner «unausgewogenen» Be-

völkerungs- und Sozialstruktur und seines schlechten baulichen Zustandes von potentiellen Investoren gemieden. Sofern Baugrundstücke noch vorhanden sind, werden hier keine neuen Gebäude mehr errichtet, stattdessen wird mit dem Mittel der Desinvestition der Kapitalumschlag im Bestand beschleunigt, bis die möglicherweise noch in Nutzung befindlichen Gebäude ökonomisch nur noch den Status von «sunk capital» haben, also vollständig abgeschrieben sind und zu reinen «Rentenhäusern» werden. Solange keine Übernachfrage den Preis hochtreibt, hat der kumulative Prozeß von Desinvestition und sozialer Entmischung ein weiteres Absinken der Mieteinnahmen zur Folge, und da ein schlechter Gebäudezustand und die soziale Zusammensetzung der Bevölkerung aufgrund der Wirksamkeit von Nachbarschaftseffekten auch das Wohnumfeld prägen, wird im weiteren Verlauf der Quartiersentwicklung auch die Bodenrentenerwartung reduziert und das Bodenpreisniveau nicht mehr mit der Entwicklung in anderen Teilgebieten der Stadtregion Schritt halten können. Die höchsten Bodenpreiszuwächse werden an der Peripherie erzielt, wo die spekulativen Erwartungen potentieller Investoren und Grundeigentümer in bezug auf Absatz- und Vermietungsmöglichkeiten teurer neuer Wohnungen sich entfalten. Dagegen stagnieren in den Altbaugebieten der Kernstadt die Bodenrentenerwartungen während dieser historischen Phase.
In den Vereinigten Staaten konnte Hoyt am Beispiel von Chicago schon in den 30er Jahren ein Tal der Bodenpreiskurve in jenen städtischen Zonen feststellen, deren Wohnungsbestand älter als vierzig Jahre war und deren Wohnbevölkerung zur Gruppe mit geringer Mietzahlungsfähigkeit gehörte.[15)] In bundesdeutschen Großstadtregionen läßt sich eine solche ausgeprägte wellenförmige Bodenpreiskurve zwischen dem Zentrum und der Peripherie (noch?) nicht ausmachen. Lediglich auf den Quadratmeter Geschoßfläche bezogen hat Polensky in München einen unteren Wendepunkt der Bodenpreiskurve im innerstädtischen Altbaubestand nachgewiesen[16)], d.h. die hier zur Untersuchungszeit wohnende Bevölkerung hat die vergleichsweise niedrigsten Bodenrenten bezahlt, und das insgesamt höhere Bodenrentenpreisniveau in den zentrumsnahen Wohngebieten gegenüber dem Umland basierte im wesentlichen auf der Intensität der Bodennutzung, der Bebauungsdichte bzw. der Geschoßfläche pro Qaudratmeter Bodenfläche. Es waren und sind dies teilweise noch heute Gebiete, über die, ähnlich wie in den USA schon in den 30er Jahren, die ökonomische Entwicklung hinweggegangen ist und deren Funktion zuletzt darin bestanden hat, mittellosen Zuwanderern eine erste Bleibe zu geben.

3. Der Nutzungs- und Verwertungszyklus nähert sich mit fortschreitender Entwertung und auch Entleerung der Bestände seinem Ende. Dieses Stadium entspricht der beschriebenen historischen Stadtentwicklungskonstellation ökonomischer Sättigung und des Bevölkerungsverlustes der gesamten Stadtregion (Disurbanisierung). Solange die Verdichtungsräume noch expandieren und arme Haushalte in

die Kernstädte nachströmen, wo sie den Platz der in die Suburbs abwandernden Familien einnehmen, wird sich die Restverwertung abgestiegener Wohnviertel unabhängig vom Zustand der Wohnungsbestände fortsetzen. Dies vor allem dann, wenn durch den Filtering-Vorgang nicht genügend Wohnungen an die unteren Teilmärkte abgegeben werden. In den alten Stadtvierteln mögen unter solchen Bedingungen Verwahrlosung und baulicher Verfall um sich greifen, doch signalisieren diese Phänomene nicht das kurz bevorstehende ökonomische Ende, sondern eine überaus profitable Verwertung längst abgeschriebener Bestände. Downs kennzeichnet diesen Typus Restverwertung, der in den Vereinigten Staaten in den 40er und 50er Jahren dieses Jahrhunderts als Folge der Zuwanderung schwarzer Bevölkerung aus den Südstaaten in die Metropolen des Nordostens dominierte, mit dem Begriff «overcrowding decline».[17)] Herrscht großer Wohnungsmangel auf den Teilmärkten armer Bevölkerungsschichten, lassen sich unter bestimmten Umständen sogar Slums profitabler verwerten als der Wohnungsbestand der Mittelschichtenquartiere. Muth schlußfolgert hieraus, es sei leicht einzusehen, warum unter solchen Bedingungen Stadterneuerungsmaßnahmen selbst mit intensiver öffentlicher Hilfe nur Geldverschwendung seien. Sie bewirkten lediglich eine Umschichtung der Bevölkerung und würden bisher noch stabile Quartiere nach unten ziehen,[18)] indem über «boundary effects"[19)]» benachbarte Teilmärkte besserer Wohnqualität angeregt werden, Wohnungen an den Teilmarkt mit der unbefriedigten Nachfrage abzugeben.[20)] Solange also eine scharfe Nachfragekonkurrenz auf den städtischen Wohnungsteilmärkten herrscht, wird jeder Eingriff in die Interdependenzen der Teilmärkte eine Gegenreaktion an anderer Stelle des städtischen Gesamtmarktes auslösen.[21)]

Dieser Zusammenhang löst sich erst auf, wenn die Suburbanisierung der sozialen Aufsteiger Wohnungen zurückläßt, für die sich nur noch wenige Nachrücker finden. Nun erst droht das ökonomische Ende gealterter Wohnungsbestände. Ihre Restverwertung wird unsicher, die Bewohnerdichte nimmt ab, und Vermietungsschwierigkeiten signalisieren von Fall zu Fall das Ende der Verwertung. Downs bezeichnet diese letzte Phase des Zyklus als einen Prozeß des «emptying out decline»[22)], der im Kernbereich tendenziell ein «Loch» der Unterausnutzung von Wohngrundstücken hinterläßt.

4. So paradox es, die Phänomene des Verfalls und sozialen Niedergangs vor Augen, auf den ersten Blick scheinen mag, birgt eine sich abzeichnende Unterausnutzung kernstädtischer Areale erst die Chance eines neuen Investitionszyklus, d. h. einer Rücklenkung von Kapitalströmen in die Kernstadtregion (Reurbanisierung). Erneuerungspioniere finden hier ein vergleichsweise preiswertes Angebot an Grundstücken vor, das sich relativ kostengünstig in höhere Angebotsklassen retransformieren läßt. Ähnlich wie bei einer Erschließung von Ackerland für Bauland – nur nicht so extrem – werden die beginnenden Reinvestitionen nach einer jahrelangen

Phase stagnierender oder gar fallender Bodenpreise von spekulativen Bodenpreisbewegungen begleitet: Sie reflektieren potentielle Wohnungsmarktveränderungen und stimulieren, soweit sie sich durchgesetzt haben, Mindestinvestitionen zur Realisierung der Rente. Haben sich die Bodenpreisgebote im ganzen Gebiet erst einmal von den niedrigeren Bodenrenten der alten suboptimalen Nutzung gelöst, d.h. öffnet sich wieder die Schere zwischen realisierten und spekulativ vorweggenommenen Renten, wächst auch der Druck zur ökonomischen Anpassung der Grundstücksnutzung. Reinvestitionen und Bodenpreise schaukeln sich, ähnlich wie bei einer Bebauung bisher landwirtschaftlich genutzten Bodens, hoch. Und Althauseigentümer verhalten sich jetzt marktwidrig, sofern sie ihre suboptimale Bodenverwertung fortsetzen und nicht auf die Opportunitätskosten entgangener Gewinne, bzw. Bodenrenten reagieren. Nach Abschluß des Investitionsschubs, d.h. nach dem Ausschöpfen des für ein Gebiet antizipierten Bodenrentenpotentials, kann ein neuer Verwertungszyklus der regenerierten Quartiere beginnen.
Ob die historische Entwicklung alter Stadtquartiere aus sich selbst heraus die Kraft für einen zweiten Investitionszyklus hervorbringt, ob nicht vielmehr nach Abschluß des ersten die Nutzung und Verwertung des städtischen Bodens ohne staatliche Intervention enden muß, ist weithin umstritten. Ökonomisch betrachtet besteht das Hauptproblem darin, daß Anschlußinvestitionen die ökonomische Ausnutzung des Bodens gegenüber dem vorherigen wirtschaftlichen Potential in der Regel nicht in dem Maße steigern können, wie dies z.B. bei der Umwidmung von Ackerland in Wohnbauland der Fall ist. Je geringer das relative wirtschaftliche Potential eines Quartiers veranschlagt wird, desto weiter muß auch der Bestandsentwertungsprozeß fortschreiten, um die beschriebene Schere zwischen realisierter und potentieller Bodenrente oder zwischen der realen und möglichen Bodenverwertung zu öffnen. Die Reduzierung der ökonomischen Basis eines Viertels als Voraussetzung für spätere Reinvestitionen birgt nun aber die Gefahr in sich, daß bauliche und soziale Verfallserscheinungen auftreten, die weder zahlungskräftige neue Bewohner noch Erneuerungsinvestoren anziehen, weil das negative Gesamtimage der Nachbarschaft abschreckt und Investitionen mit einem unkalkulierbaren Risiko belastet. Wollte man dagegen in einem früheren Entwicklungsstadium eine Erneuerung versuchen, müßte man für die Grundstücke noch relativ hohe Preise zahlen, so daß die Basis für wirtschaftliche Reinvestitionen schmal wird und die Maßnahmen sich auf Bestandserhaltung und kleinere Modernisierungen beschränken müßten. Ob nun eine vollständige Entwertung des Bestandes abgewartet wird, um anschließend eine durchgreifende Erneuerung durchzuführen oder frühzeitig investiert wird, ohne eine grundlegende Änderung des Status und der Struktur des Quartiers durchsetzen zu können – beide Formen bedürfen wahrscheinlich staatlich-kommunaler Hilfen zur Koordination und zum Anreiz von Investitionen.
Zur Stärkung der «Selbsterneuerungskräfte» wird es z.B. für nützlich gehalten, die Risiken von Pionierinvestitionen durch öffentliche Förderung niedrig zu halten

Abbildung 6

Hypothetischer Verwertungszyklus innerstädtischer Wohnungsbestände

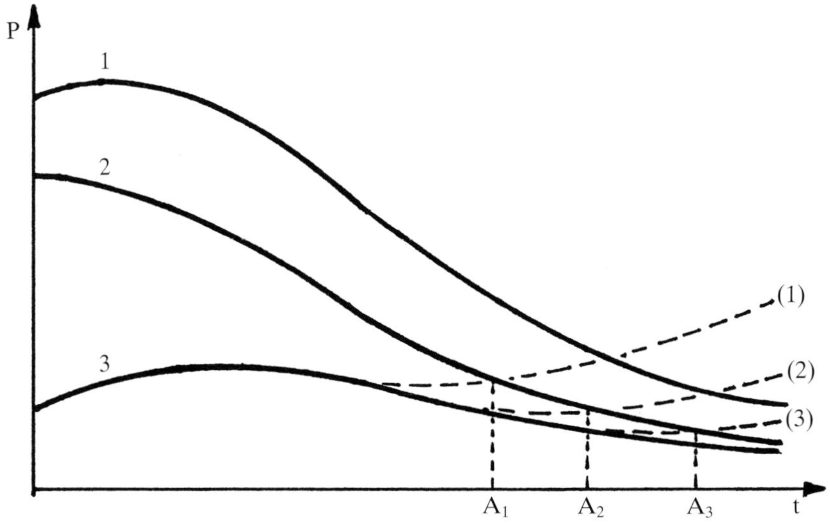

1 Grundstückspreis
2 Gebäudewert
3 Kapitalisierte realisierbare Grundrente
(1) – (3) Alternative Rentenpotentiale (kapitalisiert)
$A_1 - A_3$ Zeitpunkte, zu denen der Gebäuderestwert auf Null in Abhängigkeit vom Bodenrentenpotential absinkt

oder durch Verbesserungen im Wohnumfeld und in der Infrastruktur das Signal zu einem sich selbst tragenden Aufwertungsprozeß zu geben.[23)] Im Anfangsstadium der Revitalisierung ist die Initiative des Staates oder der Kommune zur Überwindung negativer «externer Effekte» gefragt. Je weiter die Stadterneuerung voranschreitet, um so mehr trägt sie sich möglicherweise selbst und kann der Privatinitiative überlassen werden.[24)] Lediglich in Randzonen zu qualitativ hochwertigen Nachbarschaften bedarf es wahrscheinlich nicht der staatlichen Initiativfunktion, da hier über Nachbarschaftsbeziehungen das hochwertige Viertel auf das abgewertete ausstrahlt.

b) Soziale Ausdrucksformen der Regeneration städtischer Wohnviertel
Zwischen der Kapitalbewegung bzw. dem Investitionsprozeß und der räumlichen Veränderung des Wohnungsmarktes besteht, wie gezeigt wurde, ein Abhängigkeitsverhältnis. Nach einer Phase, in der kernstädtische Wohnquartiere als Anlauf- und

Durchgangsstation für Arbeitsimmigranten usw. dienten, kann eine ökonomische Regeneration der alten Quartiere nur gelingen, wenn sie von einer kaufkräftigen Nachfrage getragen wird, die die vergleichsweise günstigen Reinvestitionsbedingungen in den sich tendenziell entleerenden Quartieren zu nutzen bereit ist. Eine von der Nachfrage getragene Wiederaufwertung dürfte aber kaum ein Pendant in positiven Wanderungssalden finden, einfach deshalb, weil Haushalte dieser Einkommensgruppe mehr Wohnfläche beanspruchen als die vorher hier ansässige Bevölkerung. Wegen des Mangels an verfügbaren unbebauten Flächen wird eine Steigerung des Wohnflächenverbrauchs nur begrenzt von einer Vermehrung des Wohnflächenangebots beantwortet werden können. Positive Bevölkerungssalden könnten lediglich in Stadtteilen mit weitgehend abgeschlossenem Nutzungs- und Verwertungszyklus erwartet werden, in Stadtvierteln also mit einer hohen Leerstandsquote und ausgedehnten Wohnbrachen.
In bundesdeutschen Großstädten sind derartige Extreme bisher nicht aufgetreten. Der Rückfluß von Kapital in alte Wohnquartiere zeigt sich auf der sozialen Ebene eher moderat und spiegelt sich in einer allmählichen Änderung der Sozialstruktur, in einem Sich-Ausbreiten zahlungskräftigerer Haushalte in erneuerten Beständen. Exakte empirische Nachweise des sozialen Veränderungsprozesses in alten Stadtteilen über längere historische Phasen gibt es für bundesdeutsche Großstädte nur vereinzelt, spezifische Untersuchungen über die kleinräumliche soziale Aufwertung von Nachbarschaften fehlen bisher gänzlich. Immerhin wird der augenscheinliche soziale Aufstieg vieler kernstädtischer Wohnquartiere während der 70er und 80er Jahre in groben Zügen von vorliegenden Untersuchungen aus verschiedenen Blickwinkeln empirisch bestätigt. Untersuchungen der sozialen Mobilität im Stuttgarter Raum zwischen 1970 und 1980 belegen z. B., daß die Wanderungen über die Stadtgrenze in erster Linie zu Bestandsverlusten an Deutschen mit unterem und mittlerem Einkommen geführt haben und sich dadurch die Sozialstruktur des deutschen Bevölkerungsanteils tendenziell «verbessert» hat. Die meisten Wohnbezirke der Kernstadt konnten zudem höhere Einkommensschichten als Zuwanderer gewinnen.[25] Eine ähnliche Bevölkerungsbewegung konnte Mitte der 70er Jahre schon in Düsseldorf beobachtet werden, wo ein hoher Prozentsatz der Abwanderer in die Umlandgemeinden von den mittleren und unteren Einkommensgruppen gestellt wurde.[26] In Hannover schließlich wiesen Repräsentativerhebungen eine deutliche Zunahme von Personen mit höherem Bildungsstand in der Kernstadt nach. In der Gruppe der 18 bis unter 30jährigen Deutschen wuchs der Anteil der Personen mit Abitur, Fachhochschul- oder Hochschulabschluß von 14 % im Jahre 1969 auf 45 % 1981.[27] In diesen Zahlen mag sich zum Teil eine Bildungswanderung als Folge des Ausbaus von Hochschulen und anderen Bildungseinrichtungen ausdrücken, sicher aber auch eine allgemeine Anhebung des Bildungsstandes der in der Stadt ansässigen Bevölkerung. Die Stadtbevölkerung paßt sich gewissermaßen veränderten Qualifikationsanforderungen an und steigt sozial auf, ohne ihre Status-

veränderung sogleich mit einer Abwanderung in das städtische Umland zu verbinden. Ob durch Zuwanderung oder durch eine Anhebung des Lebensstandards und Bildungsniveaus – offensichtlich wird in den meisten Großstädten bisher erfolgreich der prognostizierte allgemeine soziale und ökonomische Niedergang aufgehalten und partiell sogar umgekehrt.
In den Vereinigten Staaten konnte bereits zwischen 1960 und 1970 eine auffällige Suburbanisierung ärmerer Bevölkerungsschichten und ein Seßhaftwerden von Haushalten der oberen Einkommenskategorien in den alten Kernstädten des Nordostens beobachtet werden. Birch weist darauf hin, daß sich damals zwar die Schicht wohlhabender und kaufkräftiger Nachfrager immer noch in den Suburbs konzentrierte, daß aber die Hypothese einer selektiven Randwanderung der besser Verdienenden ebensowenig zutreffend gewesen sei, wie die Hypothese, daß die Innenstädte unvermeidlich zu Wohnstandorten der Armen absinken müßten. Seine Untersuchungsergebnisse wiesen in exakt die entgegengesetzte Richtung: In der Kernstadt wuchs der Bevölkerungsanteil mit hohem Einkommen, während in demselben Zeitraum in den suburbanen Zonen der Anteil armer Haushalte zunahm.[28)] Es scheint sich also eine Umkehrung der räumlichen Marktprozesse anzudeuten: Tendenzen einer Suburbanisierung der ärmeren Haushalte bei gleichzeitigem Anreiz für wohlhabendere Familien, größere Sektoren der Innenstadt wieder als eigenen Wohn- und Lebensraum zu reklamieren.

Fazit: Theorieansätze, die eine einseitige selektive Abwanderung einkommensstärkerer Gruppen ins Umland und komplementär einen Niedergang kernstädtischer Wohnviertel begründen, werden in der Bundesrepublik in Zukunft vermutlich an Erklärungswert verlieren. Filtering-theoretisch ist dieser Ansatz nur plausibel in Phasen des Stadtwachstums mit einer starken Bevölkerungszunahme, in denen sich zwischen der Kern-Rand-Wanderung der Wohlhabenderen und der Übernahme kernstädtischer Wohnquartiere durch die ärmeren Bevölkerungsschichten eine marktvermittelte Beziehung ergibt. In der jetzt erreichten Stadtentwicklungsphase fehlen derartige Impulse zur Reorganisation der Wohnsiedlungsmuster. Es ist vielmehr zu erwarten, daß die Innenstädte wegen des nachlassenden Nachfragedrucks ärmerer Haushalte und relativ zum Neubau niedriger Immobilienpreise für Altbauobjekte einen Teil des Wohnungsbauinvestitionspotentials auf sich ziehen und Mittelschichten halten können. Soweit in dieser Wohnzone noch Unterschichtenfamilien leben, dürften sie tendenziell in städtische Randzonen abgedrängt werden, deren Bestands- und Wohnumfeldcharakteristika sich nur schwer «gehobeneren» Wohnvorstellungen anpassen lassen.
Das einfache flächenmäßig expandierende städtische Wohnungsmarktmodell löst sich unter diesen veränderten Bedingungen in eine möglicherweise komplizierte Abfolge von Siedlungsringen und -sektoren mit ärmeren und wohlhabenderen Bevölkerungsgruppen, mit sich erneuernden und verfallenden Wohnquartieren auf.

Die derzeitige Phase der Stadtentwicklung begünstigt eine räumlich konzentrierte Aufwertung einiger nahe den Kernstadtzentren liegender Quartiers- und Wohnungsbestandstypen. Doch wird sich die Stadterneuerung längerfristig nicht auf die innere Siedlungszone beschränken, sondern sich gleichsam als Echo auf eine Jahrzehnte vorher stattgefundene Siedlungsexpansion ebenfalls nach außen verschieben, bis vielleicht irgendwann der Prozeß in den dann wieder gealterten zentrumsnahen Wohngebieten von vorn beginnt. Dauer und konkrete Erscheinungsformen des Entwicklungszyklus und die Bedingungen möglicher Reinvestitionen lassen sich jedoch nicht schematisch ableiten. Nicht zuletzt von der Nachfragestruktur, dem Haushaltseinkommen und der auf den Wohnungsmarkt durchschlagenden demographischen Entwicklung wird die Investitionstätigkeit im städtischen Wohnungssektor entscheidend mitbeeinflußt.

8. Standorttheoretischer Ansatz des städtischen Siedlungswandels

8.1 Räumliche Allokation von Haushalten in monozentrischen Stadtregionen

Die historische Theorie reflektiert Besonderheiten der Stadtentwicklung, die sich aus der langen Lebensdauer und örtlichen Gebundenheit baulicher Strukturen in den bereits hochverdichteten städtischen Wohnquartieren ergeben. Sie analysiert Erstarrungstendenzen des Siedlungsgefüges und die Bedingungen, die zu einer Überwindung suboptimaler Bodennutzung gegeben sein müssen. Im historischen Modell wird die Ökonomie des Wohnungsbestandes als Element historischer Wohnungsmarktprozesse dargestellt: Neues Investitionspotential und zahlungskräftige Nachfrager kehren danach erst dann wieder in die Kernstädte zurück, wenn der durch Suburbanisierung forcierte Entwertungsfortschritt von Gebäuden und Grundstücken innerstädtische Wohnlagen gegenüber dem Umland konkurrenzfähig gemacht hat. Stadtökonomen und Soziologen bezweifeln allerdings die Tragfähigkeit einer allein auf die Besonderheiten von Immobilien eingehenden Erklärung der Stadtentwicklung. Sie kritisieren insbesondere die vereinfachenden Annahmen über das Nachfrage- und Standortverhalten der Haushalte. In ihren Augen ist die sich differenzierende Nachfragestruktur letztlich bestimmend für den Siedlungswandel.[29)]

Auswirkungen von Nachfrageverschiebungen auf die Siedlungs- und Baustrukturen werden z. B. von Alonso, Muth, Mills und Güssow mit dem Ziel, Wohnstandortmuster von Haushalten zu bestimmen, untersucht.[30)] In den von ihnen vorgestellten Modellen des räumlichen Wohnungsmarktes wird die Nachfrageseite mit Hilfe von Nutzenmaximierungskalkülen operationalisiert, die Standort, optimale Größe der nachgefragten Boden- und Wohnfläche unter Berücksichtigung des übrigen Konsumgüterbündels und von Budgetrestriktionen ermitteln. In die einfacheren Modelle gehen als vorgegebene Größen

- die Einkommen der Haushalte,
- die Marktpreise der zu kaufenden Konsumgüter,
- Fahrtkostenansätze je km für Wege zum Zentrum, die von den Haushalten entweder als Arbeitswege oder für Einkaufszwecke usw. zurückgelegt werden,

ein.

Hieraus lassen sich Nutzenfunktionen ableiten, in die sowohl die Konsumgütermengen als auch die genutzten Bodenleistungen, Wohnnutzungen und Standorte der genutzten Flächen eingehen.[31)] Sind die Preise aller anderen Güter und Leistungen einschließlich der Haushaltseinkommen gegebene Größen, lassen sich Renten-indifferenz-Funktionen oder Rentengebotskurven ermitteln, die für jeden Standort in Abhängigkeit von der Zentrumsentfernung festlegbar sind. Es setzen sich dic Nutzungen oder Haushalte an einem Standort durch, deren Rentengebote alle Konkurrenten überbieten und die deshalb mit ihrem Rentengebot die an diesem Standort realisierbare Rente bestimmen. Im Gegensatz zum historischen Modell, das die Dynamik der Stadtentwicklung behandelt, sind Standortmodelle mikroökonomischen Gleichgewichtstheorien, also statischen Ansätzen verpflichtet, insofern sie unterstellen, daß die Haushalte immer bei den sich ergebenden Bodenpreisen das für sie günstigste Grundstück auswählen und erhalten, d. h. «das nach Lage und Größe unter Berücksichtigung ihrer Einkommen und ihrer Präferenzen günstigste Objekt.»[32)] Es wird ein Gleichgewichtszustand konstruiert, bei dem die Nachfrage nach Grund und Boden sowie Wohnungen an bestimmten Standorten zu bestimmten Preisen gleich der angebotenen Bodenmenge und Wohnfläche ist. Hierin liegt nun aber die Hauptschwäche der standorttheoretischen Ansätze, denn es erscheint vor dem Hintergrund der Bestandsökonomie ganz unrealistisch, daß sich zu jeder Zeit an jedem Ort das standorttheoretische Gleichgewicht einstellen kann.[33)] Eine weitere Kritik bezieht sich darauf, daß diese Modelle von der Vielschichtigkeit menschlichen Verhaltens abstrahieren und einen «homo oeconomicus» unterstellen, der vollkommen zweckrational handelt und einen vollkommenen Überblick über die regionalen Marktverhältnisse hat. Schließlich ist zu kritisieren, daß alle diese Modelle mit starren Präferenzmustern operieren, d. h. weitgehend unhinterfragt überlieferte Konsum- und Präferenzmuster, wie sie sich aus der Struktur der bürgerlichen Kleinfamilie ergeben und von den Warenbeziehungen aufgezwungen werden, akzeptieren. Alonso stellt z. B. kategorisch fest, «wir beschäftigen uns hier nicht damit, wie die einzelnen Präferenzen entstehen, sondern damit, wie sie sich darstellen», um dann unreflektiert von der Nachfrage geformte räumliche Siedlungsmuster nachzuzeichnen.[34)] Wie selbstverständlich nimmt er an, daß «most Americans prefer to have ample land, as shown by the popularitiy of the single-family home and as anyone can merely learn by talking to people.»[35)] Bundesdeutsche Wohnungsmarktanalysen behaupten einen ähnlich gelagerten Nachfragetrend, denn aus Haushaltsbefragungen scheint sich eindeutig zu ergeben, daß aufgelockerte Wohnformen und der ökonomische Typ des Eigenheims von der Mehr-

zahl aller Haushalte bevorzugt wird.[36] Dieser Trend wird auch bei uns einerseits unterstützt von Lebensgewohnheiten der bürgerlichen Kleinfamilie und andererseits von einer wohnungspolitischen Weichenstellung, die die gesellschaftliche Verantwortung für die Wohnungsversorgung immer weiter zurückdrängt zugunsten eines durch private Tauschakte vermittelten Wohnkonsums, die ehemals kollektive Tätigkeiten wie Baden, Wäschewaschen und den gemeinsamen Feierabend individualisiert und in die Privatsphäre verweist. Nur bei derartiger sozialer, ökonomischer und politischer Disposition gewinnt das Eigenheim den Schein der besten und erstrebenswertesten Form der Wohnungsversorgung. Nicht zuletzt gründet die der traditionellen Gleichgewichtstheorie verpflichtete Standorttheorie sich auf eine vorgegebene Einkommensverteilung, die nicht mehr in Frage gestellt wird.
Gleichwohl erlauben solche Modelle, wenn man sich der Verkürzung der Nachfragestrukturen auf ihren marktökonomischen Kern und der unrealistischen Gleichgewichtsimplikationen bewußt ist, eine Reihe bestimmender Kräfte des Wohnsiedlungsverhaltens in kapitalistischen Städten jeweils ganz bestimmter historischer Epochen darzustellen: «Man kann (. . .) die Entwicklung über lange Zeiträume in der Vergangenheit zu erfassen versuchen, wobei Nutzungsdichten, Transportkosten und Bodenpreise in ihrer historischen Entwicklung und wechselseitigen Abhängigkeit auch mit anderen Variablen (wie Einkommen, Motorisierungsgrad, sektorale Aufgliederung) zu analysieren sind . . .»[37] Man kann aber auch, wenn die Wirkungsweise bestimmter Determinanten erkennbar ist, voraussichtliche zukünftige Stadtentwicklungstendenzen einschätzen, z. B. die standorttheoretischen Implikationen demographischer und sozialer Veränderungen. Bevor ich einen solchen Versuch unternehme, sollen als Ausgangsbedingung die siedlungsstrukturellen Konsequenzen des Wohnverhaltens und der Wohnstandortwahl in vergangenen Stadtentwicklungsepochen standorttheoretisch rekonstruiert werden.

a) Transportkosten, Wohn- und Bebauungsdichte in Abhängigkeit von der Zentrumsentfernung

Wohnstandort, Wohngebiets- und Gebäudetypwahl leiten sich in diesen Modellen aus den sogenannten Daseinsfunktionen Wohnen, Arbeiten, sich Versorgen, sich Erholen, sich Bilden ab. «Alle diese Daseinsgrundfunktionen haben spezifische Flächen- und Raumansprüche, zugleich besitzen sie entsprechend «verortete» Einrichtungen und Schulen, Geschäfte, Arbeitsstätten, Sportplätze, Bahnhöfe usw., die nach einem bestimmten, regional differenzierten Muster im Raum verteilt sind.»[38] Zur Argumentationsvereinfachung wird als erstes von einem monozentrischen Verdichtungsraum ausgegangen, dessen Zentrum von Arbeitsstätten, Schulen, Versorgungs- und Kultureinrichtungen belegt ist und um das sich Wohnstandorte und Wohntypen marktvermittelt «frei» gruppieren können.
Speziell in monozentrischen Regionen läßt sich das Phänomen einer von der Zentrumsentfernung abhängigen Wohn- und Bebauungsdichte nachweisen, sowie eine

spezifische räumliche Verteilung von Gebäudetypen: Geschoßwohnungsbau in zentrumsnahen Gebieten und Ein- bzw. Zweifamilienhäuser am Stadtrand. Die Filtering-Theorie bleibt diesen Phänomenen eine Erklärung schuldig, während die Standorttheorie gerade die Bestimmungsgrößen dieser Erscheinungsformen zu ergründen sucht. Folgt man den standorttheoretischen Modellen, läßt sich bereits unter den Bedingungen eines homogenen Bodenangebots, einer gleichmäßigen Einkommensverteilung und einer einheitlichen positiven Einkommenselastizität der Bodenflächennachfrage, also der Gleichheit aller Variablen, außer der unterschiedlichen Zentrumsentfernung der Grundstücke, ein derartiges Siedlungsmuster ableiten. Angenommen, im Zentrum konzentrieren sich – mit Ausnahme der Wohnfunktion – alle oben genannten Daseinsfunktionen, dann ist deren Erreichbarkeit die einzige Dimension, worin sich die verschiedenen Wohnlagen voneinander unterscheiden. In den präferierten zentrumsnahen Wohnlagen werden folglich die Bodenpreise steigen und möglicherweise die Bodennutzungen intensiviert, auf entfernteren Standorten werden dagegen die zum Erreichen des Zentrums aufzuwendenden marginalen Transport- und Mühekosten durch Abschläge auf den Grundstückspreis kompensiert. Hieraus ergibt sich nach Mills eine konkave Bodenpreis/-rentenfunktion mit steilerem Verlauf in Citynähe und abgeflachtem Verlauf an der Peripherie, und zwar aus folgenden Gründen[39]:

- Bei einer räumlichen Veränderung des Wohnstandortes in Richtung Peripherie müssen die gestiegenen Transportkosten gerade durch sinkende Boden- und Wohnkosten kompensiert werden;
- mit wachsender Entfernung fallende Preise haben einen Substitutionseffekt zur Folge, wonach mehr vom preiswerten Gut Boden zu Lasten des übrigen Konsumgüterbündels nachgefragt wird;
- wo wenig Boden nachgefragt wird, also in Zentrumsnähe, schlagen dann aber die Transportkosten bei einer Standortänderung wesentlich stärker auf die Preisbestimmung des Quadratmeters Bodenfläche durch als in peripheren Lagen, wo große Flächen nachgefragt werden.

Daraus folgt: «Wo wenig Wohnfäche nachgefragt wird, ist die Preisänderung bei einer Änderung von d (= Distanz, Anm. d. Verf.) relativ groß, wo große Wohnflächen nachgefragt werden, verläuft die Funktion des Wohnflächenpreisangebots in Abhängigkeit von d relativ flach.»[40] Dieses Modell des räumlichen Wohnungsmarktes enthält zwei wichtige Implikationen: Als erstes nutzen die suburbanen Bewohner mehr Boden- und Wohnfläche als die nahe der City wohnenden. Da zweitens der Boden im Umland relativ preisgünstig ist, wird sich hier ein niedriger Kapitaleinsatz pro Quadratmeter Bodenfläche, d. h. eine geringere Bebauungsdichte als in innerstädtischen Wohnlagen ergeben, was der vorherigen Aussage einer geringeren Siedlungsdichte entspricht.[41]

b) Effekte ungleicher Einkommensverteilung

In den Großstädten der Vereinigten Staaten war bis in die 60er Jahre hinein das Siedlungsgebiet der höheren Einkommensgruppen weiter vom Zentrum entfernt als das der unteren Einkommensschichten. Die von der Filtering-Theorie angebotene Erklärung war, daß in dem Maße, wie die Stadt wächst, die Wohlhabenderen ihre Häuser und Wohnungen auf unbebautem Gelände an der Peripherie errichten und ihre alten Wohnungen nahe dem Zentrum den Armen überlassen. Eine solche Erklärung setzt Einkommenswachstum und/oder ein Wachstum der städtischen Bevölkerung voraus. Die stadtökonomische Theorie kommt zum selben Ergebnis ohne diese Wachstumsvoraussetzungen, allein aufgrund der unterschiedlichen Standortwahl verschiedener Einkommensklassen.[42)] Sucht man die jeweilige Ringzone städtischen Bodens, in der die nach Einkommen unterschiedenen Haushaltsgruppen ihr räumliches «Marktgleichgewicht» finden, so werden die preisgünstigeren Grundstücke an der Peripherie von Haushalten mit großer Kaufkraft eher genutzt werden können als von ärmeren Bevölkerungsschichten. Bei gleichen Fahrtkosten für alle Haushalte können sie sich gegenüber den ärmeren auf externen Standorten leicht durchsetzen, weil sie hohe Erreichbarkeitskosten durch einen Mehrverbrauch an Boden auffangen können, so daß, relativ zu den Ausgaben für den Boden, die Erreichbarkeitskosten weniger ins Gewicht fallen. Das Kalkül der ärmeren Haushalte ist genau umgekehrt: Weil ihr Haushaltsbudget dem Bodenflächenkonsum enge Grenzen setzt, wird für sie der Vorteil fallender Bodenpreise bereits nahe dem Zentrum von den steigenden Fahrtkosten überkompensiert.[43)]

Es ergibt sich hieraus, daß nicht eine einzige Bodenpreisgebotskurve das Gleichgewicht aller Haushalte spiegelt, sondern daß die verschiedenen Einkommens- und Sozialgruppen jeweils spezifische eigene Preisgebotsfunktionen entwickeln. So hat die Bodenpreisfunktion der reicheren einen flacheren Verlauf als die der armen Haushalte, und die realen Marktpreise bilden eine durch Überbieten entstandene Marktgleichgewichtsstruktur ab. So paradox es auf den ersten Blick scheinen mag, es überbieten, dieser Theorie folgend, die Einkommensschwachen Wohlhabendere auf dem teuren innerstädtischen Boden, während an der Peripherie die Bodenpreisgebotskurve der finanziell Stärkeren zur Verdrängung der Einkommensschwachen beiträgt.[44)] Dieses Paradoxon löst sich durch die unterschiedliche Bebauungs- und Siedlungsdichte am Stadtrand und in zentrumsnahen Wohnlagen auf. Die bereits erwähnte Untersuchung der Münchener Bodenpreise bestätigt den Sachverhalt, wonach «in Wirklichkeit (. . .) die Reichen auf den teuren und die Armen auf den billigen Böden (leben), wenn man den Einfluß der Nutzungsintensität auf den Bodenpreis eliminiert».[45)] Ärmere Haushalte fragen nicht nur proportional zu ihrem Einkommen weniger Bodenfläche nach, sondern müssen sich wegen der Schere zwischen Bodenpreis- und Einkommensgradienten mit einem Minimum an Bodenfläche begnügen: Freiflächenmangel, Geschoßwohnungsbebauung und nicht zu-

letzt überbelegte Wohnungen sind Erscheinungen dieses strukturellen Widerspruchs.
Zusammengefaßt: Da mit steigendem Einkommen die Nachfrage elastischer in bezug auf die Bodenfläche als auf die Erreichbarkeit des Stadtzentrums reagiert bzw. umgekehrt die unteren Einkommensschichten sich elastischer in bezug auf die Erreichbarkeitskosten verhalten, werden die peripheren Grundstücke unter den Begüterten verteilt, während die Einkommensschwachen innenstadtnah wohnen. In den Kategorien eines räumlichen Wohnungsmarktes ausgedrückt überbieten die Einkommensschwachen alle anderen Haushaltsgruppen nahe dem Zentrum und umgekehrt die Einkommensstarken alle anderen Nachfrager im suburbanen Raum solange, bis sich ein räumliches Wohnungsmarktgleichgewicht hergestellt hat.

c) Verkehrserschließung als modifizierender Faktor der Wohnsiedlungsstruktur
Dieses sehr einfache Modell erfährt zahlreiche Modifikationen, sobald die Annahme homogener Flächen fallengelassen wird und z. B. eine Linearität der Verkehrserschließung berücksichtigt wird: In der Realität kann nie mit einer vollkommenen, homogenen Fläche gerechnet werden, schon deshalb, weil die unterschiedliche Erschließung des Stadtraumes durch Verkehrswege vor allem in den Außenzonen, wo das Verkehrsnetz grobmaschiger wird, die Standortqualitäten eines

Abbildung 7

Einkommen und Wohnstandortwahl:
Wirksame Bodenpreisgebote zweier Einkommensgruppen

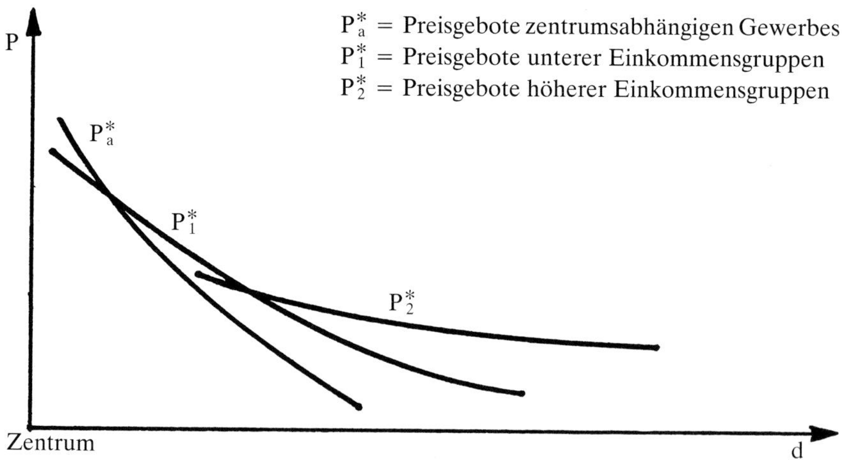

P Bodenpreis pro Grundflächeneinheit
d Distanz zum Zentrum der Stadt

Grundstücks auch von seiner Nähe zu den Verkehrsradialen abhängig macht. Tendenziell begünstigt ein radiales Verkehrsystem die Auflösung der ringförmig um das Zentrum gelegten Wohnzonen in eine Sektoreinteilung, insbesondere außerhalb des engeren Kernstadtbereichs, wo die Distanz zwischen den Verkehrsradialen zunimmt. In der Nähe von Transportwegen sind die in dieselbe Richtung verlaufenden Rentenfunktionen flacher als in den Zwischenbereichen. Die Nutzungsringe werden gewissermaßen nach außen gezogen, und die Bebauungs- und Bevölkerungsdichten sind entlang der Verkehrsadern größer als in den Zwischenräumen, was von der Stadt- und Regionalplanung mit der Ausformulierung von sog. Achsenkonzepten aufgegriffen wurde. Mit der Steigerung des Motorisierungsgrades verlieren diese vom Verkehrssystem ausgehenden siedlungsstrukturellen Einflüsse allerdings an Bedeutung, da sich nun auch die Sektoren zwischen den Hauptverkehrsadern relativ leicht erschließen lassen, so daß nach dem Zweiten Weltkrieg die achsiale Stadt- und Wohnsiedlungsentwicklung von einem mehr ringfömigen Wachstum überlagert wird und alle vielfach noch heute achsial ausgerichteten Stadtentwicklungs- und Regionalplanungen, die entlang der öffentlichen Verkehrsnetze Wohnverdichtungsschwerpunkte vorgesehen hatten, zu Makulatur geworden sind.
Verzerrungen der ringförmigen Wohnzonen erschweren zwar die Analyse der räumlichen Verteilung von Bevölkerungsschichten, ändern aber nichts an der qualitativen Aussage, daß sich die soziale Polarisierung, ausgedrückt durch Einkommensunterschiede, solange in einer räumlichen Segregation von wohlhabenden Familien im Einfamilienhausgürtel der Vorstädte und ärmeren im städtischen Geschoßwohnungsbestand lebenden Haushalten niederschlägt, wie die bisher in die Vorstädte ziehenden Mittelschichten nicht städtisches Wohnen bevorzugen und den unteren Einkommensklassen wegen Budgetrestriktionen der Zugang in die suburbanen Wohnzonen versperrt bleibt. Freilich wird man zum Verständnis der Stadtentwicklungstendenzen den hier dargestellten einfachen standorttheoretischen Ansatz um weitere Gesichtspunkte erweitern müssen, aus denen sich möglicherweise standorttheoretische Erklärungen für den Regenerationsprozeß der Kernstädte ergeben. Es sind dies:

1. die historischen Ausgangsbedingungen in den Städten, u.a. der vorhandene Wohnungsbestand und
2. die wesentlich differenzierteren Konsumgewohnheiten und Lebensstile verschiedener Sozial- und Altersgruppen als bisher unterstellt wurde sowie
3. die quantitativen Veränderungen dieser Gruppen aufgrund demographischer Verschiebungen.

8.2 Historische Gegebenheiten als Determinanten des Standortverhaltens

Angewandt auf ältere Städte ist das Standortmodell teilweise kompatibel mit dem Filtering-Ansatz, da alte und entwertete Gebäude sich gerade in jenen Wohnlagen befinden, die von den weniger Bemittelten «präferiert» werden. Das Vorhandensein eines solchen Wohnungsbestandes in innenstadtnaher Lage begünstigt also die beschriebene Wohnstandortverteilung. Zwar wird in den meisten standorttheoretischen Abhandlungen der Einfluß historisch gewachsener Bestände kaum berücksichtigt[46], doch scheint mir, anknüpfend an den Überlegungen des historischen Ansatzes, jede standorttheoretische Erörterung des städtischen Wandels ohne Einbeziehung des nur schwer veränderbaren Wohnungsbestandes als einer standortbestimmenden Größe, d.h. jeder ex ovo abgeleitete Stadtgrundriß wirklichkeitsfremd zu sein. Diese Hypothese wird von verschiedenen vergleichenden Städtestudien aus den USA gestützt, die für jüngere Kernstädte und Verdichtungsräume eine von den älteren Stadtregionen abweichende Verteilung sozialer Schichten im Stadtraum empirisch nachweisen. Den Ergebnissen dieser Untersuchungen zufolge sind es in erster Linie die alten amerikanischen Städte des Nordostens, die näherungsweise den im Modell entwickelten Standortverteilungen entsprechen, während in jüngeren Städten nahe den Stadtzentren wohlhabendere Mittelschichtenhaushalte siedeln, ethnische Minoritäten und ärmere Bevölkerungsschichten dagegen unregelmäßig über das Stadtgebiet verteilt sind oder am Stadtrand wohnen. Ob sich in den jüngeren Städten schon ein verändertes Standortverhalten durchgesetzt hat, oder ob das klassische Standortmodell dadurch insgesamt falsifiziert wird, kann hier nicht beantwortet werden. Auf jeden Fall sind die gesellschaftlichen Raumzusammenhänge historisch produziert und mitgeprägt von den verschiedenen Verstädterungsperioden, die eine Stadtregion schon durchlaufen hat.[47]

Die Bestandsgrößen, hier die historischen Gegebenheiten der Stadtentwicklung, gehen also in die Standortkalküle der Haushalte ein und lenken den Anpassungsprozeß der Siedlungsstrukturen in ganz bestimmte Richtungen. Die Entwicklung alter Agglomerationen geschieht in der Weise, daß innerhalb des Bestandes Produktions- und Konsumtionsprozesse stattfinden, die ihrerseits als Stromgrößen eine Änderung der Bestandsgrößen auslösen.[48] Städte mit unterschiedlicher, in den Beständen geronnener Geschichte haben infolgedessen zwangsläufig unterschiedliche Entwicklungsperspektiven, zumal Infrastruktur und Wohngebäude auf Jahrzehnte, wenn nicht gar Jahrhunderte, festgelegt sind. In Ergänzung zum filtering-theoretischen Ansatz und den ex ovo abgeleiteten standorttheoretischen Verteilungen der Wohngelegenheiten sind deshalb im folgenden die standorttheoretischen Implikationen der vorhandenen historischen Gegebenheiten zu erörtern. Unter historischen Gegebenheiten werden in diesem Zusammenhang nicht nur materielle Bestandsgrößen verstanden, sondern auch historisch entstandene soziale Gegebenheiten, z.B. die Belegung von innerstädtischen Wohnungsbeständen. Böventer zählt zu den die Stadtentwicklung beeinflussenden Bestandsgrößen auch den gesamten institutionell-sozial-politischen Rahmen und die sich auf der Grundlage materieller und sozialer Verhältnisse entwickelnden Ideologien und Wertungen.[49] Auf die institutionell-politischen Rahmenbedingungen werde ich an anderer Stelle eingehen[50)], hier sollen zunächst materielle und sozio-ökonomische Gegebenheiten als Determinanten der Standortverteilung behandelt werden.

a) Vor- und frühindustrielles Wohnsiedlungsgefüge

Standortprägende historische Gegebenheiten sind in alten europäischen Großstädten die meist noch vorhandenen Bestände an Wohngebäuden, Infrastruktur und Stadtgrundrissen aus der vorindustriellen Epoche und der «Gründerzeit». Sie sind insofern prägend, als die damalige Stadtentwicklung sich gravierend von den Entwicklungsmustern jüngerer Städte unterscheidet. In beiden Epochen wurden z. B. Wohnviertel wesentlich kompakter angelegt als in vergleichbaren jüngeren Städten, worin sich sowohl ein damals noch unentwickeltes Transportwesen als auch ein allgemein geringeres Haushaltseinkommen der Masse aller städtischen Haushalte widerspiegelt: Höhere Transportkosten, die lange Zeitdauer des Transports bzw. die geringe Transportgeschwindigkeit und das niedrige Haushaltseinkommen der Bevölkerungsmehrheit begünstigten zur Entstehungszeit der Altstadtzonen und gründerzeitlichen Stadterweiterungsgebiete eine zentrumsnahe Wohnungsnachfrage und ein Zusammenrücken der Bevölkerung auf engem Raum.[51)] In der vorindustriellen Epoche waren selbst wohlhabende Familien bereit, eine hohe Prämie für Zentrumsnähe zu zahlen und sich ihre Wohnquartiere in den Innenstädten möglichst nahe am Zentrum anzulegen. «Das ältere Stadtbild zeigt überall einen Stadtkern, der der Brennpunkt des städtischen Lebens ist. (...) Hier sind ihre Sehenswürdigkeiten gesammelt, hier vollzieht sich alles Gepränge, hier pulsieren die Hauptadern des politischen, des kirchlichen, des geschäftlichen und sonstigen gesellschaftlichen Lebens. Hier zu wohnen streben alle, die unter den Bürgern eine Rolle spielen, die sehen und gesehen werden wollen.»[52)] Es zeichnet sich die vorindustrielle Stadt also dadurch aus, daß die wohlhabenderen Bürger ihre Kaufkraft und politische Macht einsetzen, um ärmere Bevölkerungsschichten aus den damals noch präferierten innerstädtischen Wohnlagen fernzuhalten: «The leading tradesman lives in the centre of the town, the common people on the periphery.»[53)]
Dieses Wohnstandortverhalten blieb auch während der ersten Phase der Industrialisierungsepoche in den europäischen Großstädten noch erhalten. Während die neuen Städte an der Ostküste der Vereinigten Staaten sich bereits auf der Grundlage moderner Stadtgrundrisse radial ins Umland entlang der Linien neuer Massenverkehrsmittel ausbreiten konnten und die aus Europa bekannte räumliche Geschlossenheit und Homogenität der Städte gesprengt wurde, war zur selben Zeit in den alten europäischen Großstädten (Berlin, Paris, Wien) zunächst noch das vorgegebene vorindustrielle Siedlungsmuster Anknüpfungspunkt für die Stadterweiterungsplanungen: Arbeiter und Bürgertum siedelten noch traditionellen Gewohnheiten folgend auf engem Raum in hochverdichteten Wohnquartieren, die sich ringförmig um das Zentrum lagern, was Hegemann zu einer vernichtenden Kritik an der Stadt- und Verkehrsplanung des städtischen Bürgertums veranlaßte, weil dieses

seiner Meinung nach an der überholten Gewohnheit, nach alter Sitte in den dichtbebauten Innenstadtquartieren zu wohnen, festgehalten habe, um seine Haupteinnahmequelle, die städtische Grundrente, unablässig steigern zu können.[54] Erst im weiteren Verlauf eines explosionsartigen Stadtwachstums setzt sich auch in diesen alten Städten bei den wohlhabenden Bürgern die Gewohnheit durch, den inneren Ring zu verlassen, die dicht bebauten Zonen zu überspringen und an der Peripherie Suburbs in der Form von Gartenstädten anzulegen, die alternden Innenstädte dagegen den ärmeren gesellschaftlichen Schichten zu überlassen. Die Expansion der Städte findet, wie schon viel früher in den USA, entlang der Verkehrsradialen, der gerade im Entstehen begriffenen Stadtbahnlinien statt, an deren Haltepunkten die neuen Vorortsiedlungen angelegt werden.[55]

Der vorindustriellen Phasen entstammende, teilweise aber auch erst wenige Jahrzehnte vorher gebaute Bestand erfährt mit der einsetzenden Suburbanisierung eine gravierende Umbewertung. War das vorgegebene Raster der alten Stadt zunächst Grundlage und Vorlage für die Stadtexpansion, wird es nun zum Hindernis einer Stadtentwicklung, die basierend auf neuen Verkehrsträgern – der Stadtbahn und später dem Automobil – eine disperse Wohnsiedlungsstruktur hervorbringt. Soweit sie nicht schon zum Zeitpunkt ihres Entstehens Arbeitern und anderen einkommensschwächeren Stadtbewohnern zugedacht waren, filtern die Bestände in die Reichweite wohnungssuchender ärmerer Familien herab und widersetzen sich gerade dadurch einer Anpassung an die neuen Gegebenheiten. Es kommt zwangsläufig zu räumlichen Verzerrungen im Wohnsiedlungsgefüge, nimmt man jüngere, erst während der heutigen Stadtentwicklungsphase wachsende Städte zum Maßstab. Letztere bringen schon in Zentrumsnähe aufgelockerte Bauformen hervor und bieten deshalb, abweichend von alten städtebaulichen Anlagen mit traditioneller Blockrandbebauung, ein vom Verkehr weniger belastetes Wohnumfeld.

Alte Stadtstrukturen beeinflussen als gesellschaftlich produzierte Lagequalitäten die weitere Stadtentwicklung und sperren sich möglicherweise gegen ein Eindringen von Mittelschichten, selbst wenn diese eine prinzipielle Affinität für zentrumsnahes Wohnen entwickeln sollten. An anderer Stelle [56] habe ich eingehend die Barrieren zwischen räumlich benachbarten Wohnungsbestandsmärkten erörtert. Mit Ausnahme bestimmter gründerzeitlicher Bürgerquartiere oder reizvoller Altstadtnachbarschaften genügt das Wohnumfeld in den Kernstadtquartieren heute selten Ansprüchen an eine offenere und durchgrünte Quartiersgestaltung. Solange sich der Bestand einem ökonomisch vertretbaren Umbau widersetzt, d. h. an der Peripherie alter Städte leichter und preisgünstiger ein hochwertiges Wohnungsangebot mit entsprechender Wohnumgebung geschaffen werden kann, muß die Wohnstandortverteilung vom theoretischen Standortoptimum abweichen. Muth meint zwar, wenn man der Entwicklung genügend Zeit lasse, würden sich die alten Kernstädte heutigen Siedlungsformen anpassen, er muß jedoch eingestehen, daß eine Reihe Faktoren diesen Transformationsprozeß behindern können: Er zählt hierzu Nach-

Abbildung 8

Wirkung von Verbesserungen des Transportwesens und von Einkommenssteigerungen auf die Bodenpreisstruktur

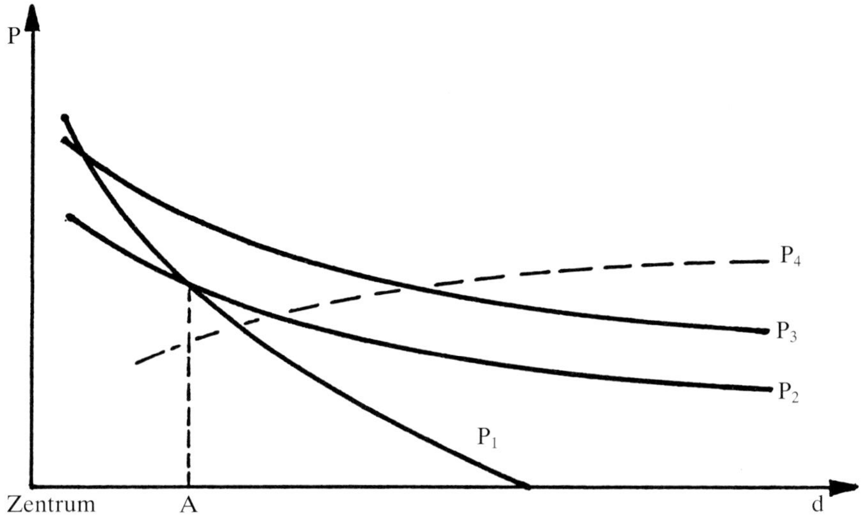

P Bodenpreis pro Grundflächeneinheit für Wohn- und Mischgebiete
P_1 Bodenpreisstruktur bei unterentwickeltem Verkehrssystem und niedrigem Einkommen der Stadtbewohner (frühe Phase moderner Stadtentwicklung)
P_2 Bodenpreisstruktur nach Verbesserungen des Transportwesens und allgemeinen Einkommensteigerungen (heutiges Bodenpreisgefüge)
P_3 zusätzlich hoher Nachfragedruck auf kernstädtische und suburbane Wohnlagen
P_4 Bodenpreisstruktur während der Phase der Disurbanisierung (kernstädtische Wohnzonen werden gemieden)
d Distanz zum Zentrum

barschaftseffekte zwischen privaten Grundstücksnutzungen, fixierte Verkehrsnetze und Infrastruktureinrichtungen oder an alten Flächennutzungsmustern orientierte Vorschriften hinsichtlich Bebauungsdichte und Wohnformen.[57)] Das standorttheoretische Optimum wird sich aber, was noch wichtiger ist, wenn überhaupt, nur nach einem historischen Verwertungszyklus der Bestände einstellen können. Doch selbst wenn sich die Kernstädte in diesem Sinne reorganisieren sollten, existieren bereits die suburbanen Siedlungsbestände, die bei einer freien Bodenverfügbarkeit wahrscheinlich näher zum Zentrum entstanden wären. Abweichungen vom standorttheoretischen Optimum sind somit innerhalb alter Stadtregionen die Regel.

b) Ökonomische Folgen des Widerspruchs zwischen alten Beständen und veränderten Standortanforderungen

Höhere Einkommen und technische Verbesserungen des Transportwesens, vor allem der zunehmende Motorisierungsgrad der Bevölkerung, vermindern gleichermaßen die Anziehungskraft der Zentren, wie sie die Nachfrage nach peripheren Lagen und dispersen Wohn- und Siedlungsformen außerhalb der Kernstadt fördern. In dem Maße, wie die Erreichbarkeit des Zentrums den Charakter eines inferioren Gutes annimmt, flacht sich auch die Bodenpreis/-rentenkurve ab, mit tendenziell verminderten Bodenpreisen in den kernstädtischen Wohnlagen und im Vergleich zu früher höheren an der Peripherie, wobei in alten Agglomerationen, wegen des entwicklungshemmenden Bestandes der älteren Stadtgebiete, diese Kurve wahrscheinlich noch flacher verläuft als in jungen Verdichtungsräumen. Tendenziell entsteht ein neues historisches Boden- und Wohnungsmarktgleichgewicht, das idealisiert in der Gegenüberstellung effektiver Bodenrentengebotskurven beider Stadtentwicklungsepochen veranschaulicht wird.

P_1 repräsentiert darin eine Bodenpreis-Distanz-Funktion, wie sie für frühere Entwicklungsphasen kapitalistischer Städte typisch gewesen sein mag, P_2 eine für die heutigen Städte typische. Wie der Abbildung entnommen werden kann, sind beide Kurven nur im Distanzpunkt A vom Zentrum identisch. Zwischen dem Zentrum und A verlieren die Städte Bodenrentenpotential; die neue Preiskurve liegt unterhalb der alten steileren Kurve; in den Außenbezirken hat dagegen das Bodenrentenpotential so kräftig zugenommen, daß die heutige Kurve oberhalb der alten verläuft. Für das Umland verheißt die neue Bodenpreisstruktur eine längere wirtschaftliche Aufschwungphase, die Umwidmung von Ackerland in ertragreicheres (im ökonomischen Sinne) Wohnbauland. Die Bodenpreise signalisieren hier einen Zuzug von Mittel- und Oberschichten und eine Schwerpunktverlagerung von Bauinvestitionen aus der Kernstadt. Im alten Kerngebiet hingegen deutet sich in den Bodenpreisen eine historische Phase geringerer Bewirtschaftungsintensität an, was in den Wohnquartieren langfristig auch eine Reduzierung des Kapitaleinsatzes pro Bodenflächeneinheit verlangt.

Notwendig könnte ein Abriß alter Bestände und ein Wiederaufbau in geringerer Bebauungsdichte oder ein Teilabriß von Beständen sein, doch fehlt dazu gerade der nötige ökonomische Anpassungsdruck. Die Untersuchung der Grundzüge der Bestandsökonomie ergab ja, daß nicht fallende, sondern steigende Bodenrentenpotentiale Grundbedingung für eine über Märkte induzierte rasche Anpassung der vorhandenen Baustrukturen sind. Gibt die Kernstadt Rentenpotential ab, wird stattdessen eine langandauernde Restverwertung der Bestände eingeleitet und mittels Desinvestition, d. h. Verzicht auf baulichen Unterhalt, die wirtschaftliche Basis verkleinert. Reinvestitionen scheinen, den theoretischen Implikationen des Modells der Stadtentwicklungsdynamik folgend, erst wieder in einem Entwicklungsstadium möglich, das in bezug auf das neue Rentenpotential den Boden suboptimal

nutzt. Mit anderen Worten: Bei abgeschlossenem Verwertungszyklus, also einer Bewirtschaftungsintensität von null, animiert auch ein geschrumpftes Rentenptential zu Reinvestitionen.
Standorttheoretisch erklärt sich der Verfall innenstadtnaher Wohngebiete nun nicht mehr einfach als ein marktvermittelter ökonomischer Alterungsprozeß, wie es das historisch dynamische Modell nahelegt, sondern als ein Produkte des Einkommenswachstums und einer verbesserten Transporttechnik, in deren Gefolge die Stadt gleichsam in den Raum fließt und in den verdichteten Altbaubeständen nahe dem Zentrum Entwertungsprozesse induziert werden. Beide theoretischen Ansätze zusammengenommen liefern erst eine hinreichende Erklärung für den Wandel der räumlichen Nutzungsstrukturen: Als historisches Moment beeinflußt der Bestand der Kernstädte die Standortverteilung, Gesetzmäßigkeiten des Standort*verhaltens* lassen sich jedoch nicht aus der Bestandsverwertung ableiten, sondern ergeben sich näherungsweise aus den von der Standorttheorie analysierten ökonomisch und gesellschaftlich determinierten Präferenzen der Verbraucher.
Es lassen sich jetzt auch bestimmte Wohnungsmarktkonstellationen in ihren Auswirkungen auf die Stadtentwicklung präzisieren: Nimmt man z. B. eine positive Bevölkerungsbilanz der Kernstädte als Folge interregionaler Zuwanderungen an, ferner ein traditionelles Standortverhalten, so werden die Bodenpreise und -renten im gesamten Verdichtungsraum möglicherweise auf bisher noch nicht erreichte Spitzenniveaus klettern können. Ursache hierfür sind die mangelnde Angebotselastizität des Wohnbaulandes in den suburbanen Gebieten – die infrastrukturelle Erschließung und die Parzellierung von Wohnbaugrundstücken benötigen mehrere Jahre – und das knappe Angebot an preiswerten Wohnungen in der Kernstadt. Es wird sich die Bodenpreis-Distanz-Funktion z. B. von P_2 nach P_3 verlagern, und trotz der geringen Steigung wird diese Funktion auch die Kernstädte wieder unter Aufwertungsdruck setzen und die ökonomischen Auszehrungstendenzen vorübergehend überspielen. Es lohnt sich sogar, die Nutzung und ökonomische Verwertung des städtischen Wohnbodens zu intensivieren, die Bestände auszubauen (Dachausbau, Wohnungsteilungen) oder Gewerberäume zugunsten des Wohnens umzuwidmen. An der Peripherie werden schließlich als Reaktion auf die steigenden Bodenpreise neue Siedlungsflächen erschlossen[58)], ohne daß dadurch die Bodenpreise auf das Niveau von P_2 zurückfallen können. Denn das höhere Preisniveau fördert einen sparsameren Umgang mit dem Boden. Andere Auswirkungen sind denkbar, wenn z. B. in einer Phase wirtschaftlicher Prosperität alle Einkommen hohe Zuwächse erzielen und infolgedessen auch die Wohn- und Bodenflächennachfrage pro Person zunehmen. Alle drei Faktoren:
- die Transportbedingungen und -kosten,
- die Einkommensentwicklung und
- die Einwohnerentwicklung

können die Bevölkerungsdispersion hemmen oder fördern, und man müßte, um

ihre jeweiligen Auswirkungen auf die Raumstruktur exakt einschätzen zu können, fallbezogen Untersuchungen vornehmen. Unabhängig von solchen Analysen läßt sich für die bundesdeutsche Stadtentwicklung der Nachkriegszeit aussagen, daß bis in die 70er Jahr auf den städtischen Wohnungsmärkten Nachfragebedingungen geherrscht haben, die ein der Bodenpreis-Distanzfunktion P_3 ähnliches Bodenpreismuster begünstigt haben. Die schon zitierte Untersuchung von Polensky über den Münchener Raum legt es z. B. nahe, trotz verbesserter Transporttechniken und steigender Einkommen einen so starken Nachfragedruck auf die kernstädtischen Wohnquartiere anzunehmen, daß der aus anderen Ländern, vor allem den Vereinigten Staaten, bekannte Einbruch des städtischen Bodenpreisniveaus nicht eintreten konnte. In den citynahen Wohnlagen von München waren wegen des schon hohen Preissockels die Preissteigerungsraten lediglich am niedrigsten. Ähnlich wie im Modell der Bodenpreisfunktion, ist aber auch in München das für räumlich expandierende Städte abgeflachte Bodenpreisniveau zwischen Zentrum und Peripherie ein hervorstechendes Merkmal.
Ein Bodenpreisverfall in innerstädtischen Wohngebieten von solchen Ausmaßen, daß die Bodenpreis-Distanz-Funktion, allen standorttheoretischen Optimierungskalkülen widersprechend, zum Zentrum hin abfällt, konnte demgegenüber Anfang der 70er Jahre in einigen Großstadtregionen der Vereinigten Staaten festgestellt werden.[59)] In diesen Regionen wurde die Suburbanisierung der Bevölkerung nicht mehr vom Zustrom neuer Bewohner in die Kernstädte kompensiert, so daß einige innerstädtische Wohnzonen nicht mehr genutzt und von ihren Eigentümern aufgegeben wurden. Edel und Sclar ermittelten in einer Längsschnittuntersuchung Bodenpreis-Distanz-Kurven verschiedener historischer Epochen für die Stadtregion Boston und stellten durch Vergleich im Stichjahr 1970 gegenüber den anderen Stichjahren (1940, 1925, 1900) einen drastisch abweichenden Bodenpreisverlauf fest: Hatten die Bodenpreisfunktionen der drei anderen Untersuchungszeitpunkte ihr Maximum im Zentrum, so hat sich im Jahre 1970 inzwischen ein umgekehrter konvexer Bodenpreisverlauf gebildet, mit einem Maximum an der Peripherie (Subzentren) und einem Minimum im alten Zentrum. Innerstädtische Wohnlagen wurden folglich minderbewertet als die pheripheren. Es manifestierten sich hierin zum einen von den Mittelschichten geprägte Wohnstandortpräferenzen, zum anderen ökonomisch-soziale Barrieren gegen eine frühzeitige Revitalisierung der verfallenden Wohnzonen. Interessant wäre es nun, diese Bodenpreisfunktion mit einer aus den 80er Jahren zu vergleichen, denn seit Mitte der 70er Jahre erlebt Boston eine nahezu beispiellose wirtschaftliche und soziale Regeneration.
Sieht man in den Bodenpreisen einen Indikator der wirtschaftlichen Stadtentwicklung, dann haben bundesdeutsche Großstädte – verglichen mit den alten nordamerikanischen Metropolen an der Ostküste – nicht annähernd so extreme Wechselbäder eines Ab- und Wiederaufstiegs durchgemacht. Das mag an der kriegsbedingten Unterbrechung des Suburbanisierungsprozesses und an der bis in die 70er Jahre

Abbildung 9

Veränderungen der Bodenpreise zwischen 1900 und 1970 in Boston

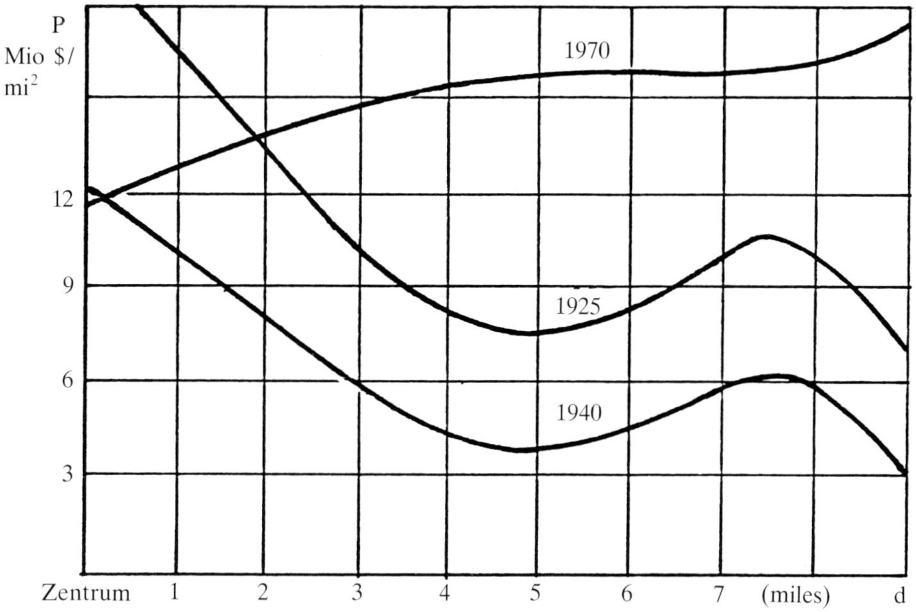

Quelle: Edel, M.; Sclar, E., a. a. O.

anhaltenden Bevölkerungszuwanderung in die Agglomerationen liegen. Möglicherweise auch am größeren Einfluß einer die Stadtentwicklung regulierenden kommunalen und regionalen Planung. Freilich kann nicht ausgeschlossen werden, daß unter den sich abzeichnenden langfristig ungünstigeren wirtschaftlichen Wachstumsbedingungen, vor allem in stagnierenden Regionen mit Abwanderungserscheinungen, ähnliche Problemlagen wie in den US-amerikanischen Städten entstehen.

Zusammengefaßt: Standorttheoretisch stellen sich die Bedingungen für eine Regeneration alter kernstädtischer Wohnviertel ungünstig dar. Der Standorttheorie folgend siedeln die wohlhabenderen Familien in peripheren Lagen auf größeren Grundstücken, während die kernstädtischen Wohnlagen im räumlichen Wohnungsmarktgleichgewicht von armen Haushalten besiedelt werden. Das historische Erbe einer dichten Wohnbebauung in den älteren Kernstädten widerspricht zudem heutigen Wohn- und Wohumfeldansprüchen, wodurch das «filtering down» der Innenstadtgebiete noch gefördert wird. Solange wohlhabendere Familien nicht beginnen, ähnlich wie in früh- und vorindustriellen Städten, wieder Zentrumsnähe einem Wohnen im Grünen vorzuziehen, dürfte deshalb jeder Versuch, durch Stadterneuerung einen Austausch der innerstädtischen Bevölkerung zu erzwingen, nicht von einem dauerhaften Erfolg gekrönt sein.[60] Standorttheoretiker sind zumindest skeptisch, ob die von der historischen Theorie abgeleitete Regeneration kernstädtischer Wohngebiete auf der Basis eines traditionellen Standort- und Wohnverhaltens durchsetzbar ist.

8.3 Nachfrageanstöße zur Aufwertung innerstädtischer Wohnlagen

Abgesehen von der Möglichkeit, den Abstieg der Innenstädte als Wohnorte temporär aufzuhalten, kann sich standorttheoretisch eine dauerhafte Erneuerung alter Nachbarschaften nur unter den Bedingungen eines grundlegenden Wandels im Standortverhalten der Haushalt *und* der Wandlungsfähigkeit des Wohnungs- und Wohnumfeldangebots ergeben.[61] Auf das Problem des ökonomischen Widerstandes alter Bestände gegen eine Wiederaufwertung wurde im letzten Abschnitt eingegangen. Hier soll nun hinterfragt werden, ob und inwieweit es Nachfrageströmungen gibt, die sich der alten Strukturen bemächtigen können, ohne daß diese nach suburbanen Vorbildern umgebaut werden müßten. Alonso faßt diese sich von der Nachfrageseite stellende Problematik in die folgenden alternativen Verhaltensweisen zusammen:
«If people behave as they always have, we shall have an explosive suburbanization. If behavior changes, we shall have clustering and reurbanization.»[62]
Es sagt damit aus, sollten die derzeit beobachtbaren Aufwertungstendenzen mehr als eine nur vorübergehende Abweichung vom Suburbanisierungstrend sein, so müssen sich im Verbraucherverhalten Wandlungen ausmachen lassen, die eine dauerhafte Nachfrageverschiebung zugunsten eines städtischen Wohnens begründen können. Gibt es solche Anzeichen bei einem relevanten Teil höherer Einkommensschichten? Wenn ja, wie groß ist diese Bevölkerungsgruppe? Wird sie sich in Zukunft vergrößern oder bleibt sie eine Marginalerscheinung innerhalb der Gesellschaft?
Zur Klärung dieses Problems ergeben sich zwei miteinander verknüpfte Argumentationslinien. Die erste leitet aus den Änderungen der demographischen Strukturen und der sozialen Rahmenbedingungen ein verändertes Wohn- und Wohnstandortverhalten der Haushalte ab. Die zweite erklärt das Anwachsen einer innenstadtorientierten Wohnungsnachfrage als Teil eines Umstrukturierungsprozesses des städtischen Nutzungsgefüges insgesamt, der Suburbanisierung von industriellen Arbeitsplätzen und der Spezialisierung der Kernstadt auf bestimmte Dienstleistungs- und Kulturfunktionen. Bevor ich auf die zweite Erklärungsvariante eingehe,[63] soll erörtert werden, welche Anstöße von der Nachfrage auf die Erneuerung der Städte ausgegangen sein können.
Eine erste Antwort hierauf kann wieder die Bodenpreis-Distanz-Funktion vermitteln, deren im Vergleich zu früheren historischen Phasen flacher Verlauf nicht nur einen immer weiter ausgreifenden Suburbanisierungstrend signalisiert, sondern

auch eine nachlassende Steuerungsfunktion der Rente als «Knappheitsindikator», der den Boden im Sinne der «trade-off»-Hypothese an ärmere Schichten nahe dem Zentrum und an wohlhabendere an der Peripherie verteilt. Wäre die Bodenpreis-Distanz-Funktion eine Horizontale, ließe sich eine nach objektiven Gesetzen optimierte, zum Zentrum orientierte Wohnstandortwahl überhaupt nicht mehr ableiten. Eine solche hypothetische Bodenpreisfunktion könnte z. B. entstehen, wenn die Distanzüberwindungskosten, gemessen am Einkommen, bedeutungslos geworden wären oder die Distanzüberwindung zu einem inferioren Gut geworden wäre. In einem solchen Extremfall würden sich Einkommensunterschiede lediglich in einer mehr oder weniger begrenzten Fähigkeit, Wohn- und Bodenfläche nachzufragen, niederschlagen, nicht aber in einer eindeutigen Standortbestimmung. Das Beispiel macht deutlich: Je mehr sich die Haushalte von den Zwängen befreien können, Transportkosten und Mühen der Distanzüberwindung in Rechnung zu stellen und dies durch entsprechende Zu- oder Abschläge zu den Grundstückspreisen in die Bewertung eines Standortes einfließen zu lassen, desto größer wird ihr Spielraum bei der Standortwahl und desto mehr können gesellschaftliche Wertvorstellungen und ihre subjektiven Ausdrucksformen in Gestalt spezifischer Wohnpräferenzen das Wohnstandortverhalten prägen.
Böventer hat schon auf den zunehmenden Einfluß gesellschaftlicher Präferenzen bei der Standortwahl hingewiesen und vor einer Ableitung eines Gleichgewichtsmodells gewarnt, das sich auf die restriktiven Annahmen des «klassischen» Standortmodells stützt[64]. Seine Hypothese lautet, daß die Renten-Indifferenzlinien der Haushalte nicht, wie von der traditionellen Standorttheorie zwingend unterstellt, monoton abfallen (vgl. Abb. 10), sondern je nach Lebensstil und Konsumgewohnheiten ganz unterschiedlich verlaufen können. So sei es z. B. realistischer, daß Haushalte, die geringe Bindungen zum Stadtzentrum entwickeln, eine vom Zentrum aus ansteigende Rentenfunktion haben, die im suburbanen Raum ihr Maximum erreicht, um dann erst abzufallen. Das andere Extrem seien Haushalte mit einer starken Bindung zum Zentrum, sei es, daß mehrere Personen im Zentrum beschäftigt sind oder das städtische Konsum- und Kulturangebot, bzw. die Teilnahme an kulturellen, sportlichen und allen möglichen gesellschaftlichen Veranstaltungen in der Stadt nur schwache Bindungen an Standorte außerhalb des Zentrums entstehen läßt. Dann sei mit Varianten stark abfallender Rentengebotsfunktionen und einem Standortoptimum in Zentrumsnähe unabhängig vom Einkommen zu rechnen. Modellhaft läßt sich die Bodenpreis-Distanz-Funktion dann aus folgenden wirksam werdenden Bodenpreis/-rentengeboten zusammensetzen:

Stimmen diese Annahmen, wird die Entwicklung der alten Kernstädte davon abhängen, ob und inwieweit zentrumsorientierte Bevölkerungsgruppen mit Bodenpreisindifferenzlinien, deren Optimum nahe dem Zentrum liegt, gegenüber den suburbanes Wohnen präferierenden anwachsen oder schrumpfen. Anhand von Ef-

Abbildung 10

Modifiziertes Modell der Wohnstandortwahl: wirksame Bodenpreisgebote zum Zentrum oder zu den Suburbs orientierter Haushaltsgruppen

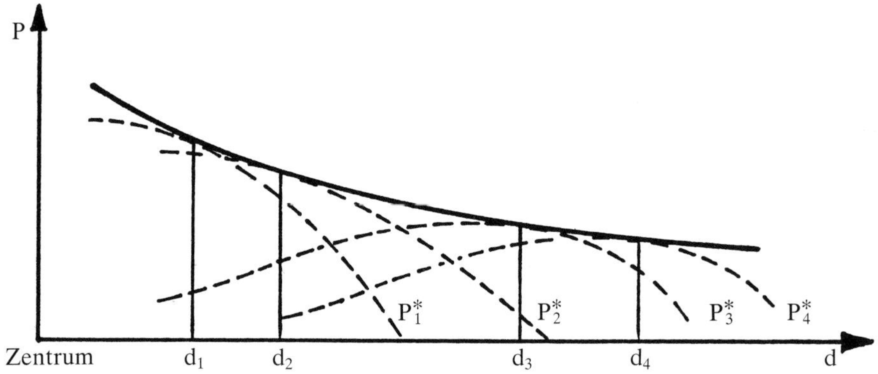

P_1^* und P_2^*: Zentrumsorientierte Bodenpreis/rentengebote mit den Standortoptima d_1 und d_2

P_3^* und P_4^*: Bodenpreis/rentengebote von suburban orientierten Haushalten mit den Standortoptima d_3 und d_4

fekten demographischer und sozialer Veränderungen scheint nun die Hypothese einer an Umfang zunehmenden kernstadtorientierten Bevölkerung belegbar.

a) Effekte sich verändernder Familien- und Haushaltsformen

Wenn einkommensstärkere Haushalte in den Kernstädten wohnen bleiben, muß deren Präferenzstruktur, aus welchen Gründen auch immer, in bezug auf Wohnstandort und Wohnform dem traditionellen Wohnverhalten widersprechen. Sie muß sich soweit gewandelt haben, daß, ähnlich wie in der vorindustriellen Stadt, die Nähe zum Zentrum der Unterhaltung, von Dienstleistungen, Einkaufsmöglichkeiten für Güter des gehobenen Bedarfs, teilweise auch der Arbeitsplätze größere Bedeutung beigemessen wird als der Verfügbarkeit über große Bodenflächen, dem Besitz eines Eigenheimes oder dem Wohnen im Grünen. Die Substitution von Erreichbarkeit durch Raum muß derart an Attraktivität verloren haben, daß zugunsten eines innerstädtischen Wohnstandortes auf die an der Peripherie mögliche expansive Bodenflächennutzung verzichtet wird.[65] Ein solches, von der Norm abweichendes Wohnverhalten kann auf unterschiedlichen «Nutzenfunktionen» verschiedener Haushaltsgruppen beruhen. «This is true at least for families without young children. Rehabilitated town houses, large apartments, and luxury highrise condominiums, even at high per-acre prices, may yield as much satisfaction as larger tracts of cheaper suburban land.»[66] Dieser Haushaltstyp hat auch schon in der Vergan-

genheit, vielfach dem allgemeinen Suburbanisierungstrend zuwiderlaufend, zentrumsnahe Wohnungen vorgezogen, doch war die Schicht wohlhabender alleinstehender oder doppelt berufstätiger, Haushalte noch verschwindend klein und übte keinen größeren Einfluß auf das städtische Siedlungsgefüge aus.
Zwar läßt sich ein kausaler Zusammenhang zwischen Haushaltsgröße und -struktur nur schwer nachweisen, doch erscheint es plausibel, daß kleine, kinderlose Haushalte, aber auch Alleinerziehende, ein von der Normalfamilie mit Kindern abweichendes Wohn- und Standortverhalten haben. Ihre Präferenzen dürften kaum dem eigenen Garten und Eigenheim gelten; das bei der Normalfamilie vorherrschende Bedürfnis, die Wohndichte zu verringern, um Kindern Raum zum Spielen und den Eltern Raum zur Entfaltung eines privaten Familienlebens zu geben, ist bei ihnen weniger ausgeprägt.[67] Es kann angenommen werden, daß der marginale Nutzen zusätzlicher Bodenfläche mit zunehmendem «Konsum» rasch fällt. Solche Haushalte sind in ihrer Freizeitgestaltung nicht so sehr auf den privaten häuslichen Bereich konzentriert, sie suchen vielmehr soziale Interaktion außerhalb des häuslichen Bereichs und nutzen das vielfältige Kultur- und Dienstleistungsangebot, das die Kernstadt bietet, häufiger als andere Haushalte. Es ist zu erwarten, daß sich hieraus genügend Gründe ergeben, um die traditionell in Zentrumsnähe siedelnden ärmeren Haushalte zu überbieten und zu verdrängen.
Begünstigt wird dieser Trend von der Modifizierung, wenn nicht gar Auflösung der traditionellen Familien- und Haushaltsformen während der letzten Jahrzehnte. War es zunächst die Dreigenerationenfamilie, die ihre Existenzbasis verlor, scheint nun auch die «normale» Eltern-Kind-Familie immer häufiger von Ein- und Zweipersonenhaushalten oder unvollständigen Familien ersetzt zu werden. Der im traditionellen Familienverband lebende Bevölkerungsteil[68] schrumpft unter anderem, weil der Zeitpunkt der Familiengründung häufig hinausgeschoben wird. Hinzu kommt, daß die Fluktuation des Familien- und Haushaltsarrangements ein solches Ausmaß erreicht hat, daß Individuen häufiger als in der Vergangenheit ihre Lebensumstände verändern, Familienverbände gründen und wieder auflösen (wachsende Zahl der Ehescheidungen). Obwohl noch nicht alle Konsequenzen dieses Wandels erkennbar sind, scheint es plausibel, daß die solcherart veränderten Lebensverhältnisse ein Seßhaftsein in den Städten begünstigen.[69]

b) Folgen der veränderten Stellung der Frauen

Eine Haupttriebkraft zur Auflösung des traditionellen Familienverbandes dürfte die Emanzipation der Frauen, ihre zunehmende Integration ins Arbeitsleben sein. Dieses sich Selbständigmachen der Frauen steht in scharfem Kontrast zum Bild der Kleinfamilie, die der Frau die Rolle der Kindererzieherin und Hüterin des Haushalts vorschreibt. Die vor allem über höhere Bildung und Berufstätigkeit sich durchsetzende Emanzipation der Frauen dürfte mitverantwortlich für die Zerstörung des traditionellen Wohnverhaltens sein. Insgesamt dürfte unter solchen Bedingungen die Bereitschaft abnehmen, mehrere Kinder aufzuziehen. «Because women can more easily work outside the home for better wages, earnings forgone in having and rearing children are greater. The simple economics of the matter stand against any increase in fertility.»[70] Dagegen eröffnen sich alternative Formen des Zusammenlebens und Möglichkeiten, mit neuen Wohnformen (Wohngemeinschaften, Genossenschaften etc.) zu experimentieren. Alle diese neuen sozialen Lebensformen sind wahrscheinlich auf städtisches Milieu «mit geringerer sozialer Kontrolle, größeren Experimentierfreiräumen, weniger Diskriminierung und sozialer Verurteilung alleinstehender Frauen»[71] angewiesen.

Zwar kann beobachtet werden, daß sich die Muster der Suburbanisierung weiter halten, wahrscheinlich wird die Mehrheit der Bevölkerung traditionelle Lebensgewohnheiten noch lange beibehalten, doch wächst mit der Bedeutungsabnahme objektiver, die Standortwahl determinierender Faktoren und mit der Auflösung der traditionellen Familienverbände die Zahl derer, die möglicherweise eine besondere Präferenz für innerstädtisches Wohnen entwickeln. In den 60er Jahren waren innenstadtorientierte Haushalte aus der Mittel- und Oberschicht noch eine verschwindende Minderheit. Sie beschränkten sich weitgehend auf die obersten Einkommensgruppen, die luxuriöse Appartements oder Stadthäuser in unmittelbarer Nähe zum Zentrum nachfragten.[72] Mit dieser «upper-class»-Enklavenbildung kann die seit Anfang der 70er Jahre einsetzende breite Aufwertung alter citynaher Wohngebiete nicht mehr verglichen werden. Sie wird von einer viel größeren Gruppe der Mittelschicht getragen, deren quantitatives Gewicht erst die zur Umstrukturierung von Nachbarschaften und Wohnungsbeständen nötige Dynamik erzeugt. Möglicherweise ist deren innenstadtorientiertes Nachfragepotential so groß, daß mit der Zeit nach den zentral gelegenen Gründerzeitvierteln auch ältere stadtnahe Suburbs für diese Haushaltsgruppe attraktiv werden, zeichnen sie sich doch durch einen gut erhaltenen Wohnungsbestand, ausgebaute Dienstleistungseinrichtungen und vergleichsweise günstige Verkehrsverbindungen zum Zentrum aus.[73]

c) Lebenszyklushypothese und demographische Wellen

Unterstützt wird dieser Trend von geburtenstarken Jahrgängen der 50er und vor allem der 60er Jahre, die seit Ende der 70er Jahre das Alter der Haushaltsgründung erreicht haben und einen zyklischen Nachfrageschub nach kernstädtischen Wohnungen erzeugen, bevor sie später, wenn sie in die Familiengründungsphase gelangen, unter Umständen ihren Eltern in die Suburbs folgen[74]. Manche Autoren führen den Aufwertungsdruck in den kernstädtischen Wohngebieten auf die überwiegende Wirksamkeit dieser demographischen Welle zurück, sehen in ihr einen Hauptfaktor der Revitalisierung, aber auch eines um ein bis zwei Jahrzehnte verschobenen erneuten Niedergangs kernstädtischer Wohnviertel. Ihre Auffassung gründet sich auf die sog. Lebenszyklus-Hypothese, die besagt, daß Haushalte in ihren Lebensphasen ganz verschiedene Wohnungstypen und Wohnstandorte nachfragen. Als eine inzwischen klassische Studie, die diese Hypothese bestätigt, kann die Untersuchung von Hoover und Vernon gelten, die am Beispiel von New York eine enge Korrelation zwischen der Alterszusammensetzung und dem Familienstatus der Haushalte einerseits und ihrer geographischen Verteilung andererseits belegt. «Underlying the differences in the age structure is a characteristic life-cycle pattern of migration into and within the Region. As new families are created or as families move into the Region, they select their first residence partly on the basis of familiy structure.»[75)]

Anstatt von einer lebenszyklusabhängigen Wohnortwahl zu sprechen, wäre es also richtiger, eine Abhängigkeit vom Familienzyklus, der selbst lebenszyklusabhängig ist, zu konstatieren. Hoover und Vernon ermittelten, daß Familien mit Kindern in die suburbanen Wohnviertel aus der Kernstadt herausdrängen, während Personen in der Haushaltsgründungsphase überwiegend in zentral gelegene Wohngegenden ziehen, aber ebenfalls, sobald sie Kinder bekommen, «randwandern», um ein kinderfreundliches Eigenheim in angenehmer Nachbarschaft zu erwerben. Den Lebens-/Familienzyklus weiterverfolgend, konnten sie eine erneute Umkehrung des Standortverhaltens feststellen, sobald Kinder ihre Ausbildung beendet haben und das Elternhaus verlassen: «Correspondingly, families newly arrived in the Region at this stage in their careers are somewhat more likely to settle centrally than those who come in with young children.»[76)] Die Autoren konnten ein solches Verhalten allerdings nur bei Mittel- und Oberschichten registrieren. Untere Einkommensschichten, vor allem ethnische Minoritäten, wichen grundsätzlich von diesem Verhaltensmuster ab: Sie wanderten in die Kernstädte ein und blieben dort meistens ihr ganzes Leben.

Die von Hoover und Vernon gemachten Beobachtungen sind auch von Migrationsuntersuchungen in bundesdeutschen Städten bestätigt worden. Ihnen ist zu entnehmen, daß jene Bevölkerungsgruppen am stärksten an der Migration beteiligt sind, die in einer generativen Phase ihres Lebenszyklus stehen, also Personen, die sich vom Elternhaus lösen, eine Familie gründen oder Familienzuwachs erwarten und deshalb ihren Wohn- und Freiflächenbedarf verändern[77)]. Schütz meint, zwischen der Differenzierung der städtischen Bevölkerung nach ihrer Stellung im Lebenszyklus und ihrem Wohnstandort ergebe sich eine Verbindung aus der Unterschiedlichkeit des Bedarfs an Fläche, Ausstattung und Standorteigenschaften der Wohnungen, was eine altersspezifische Segregation der Bevölkerung in der Stadtregion zur Folge habe.[78)] Mit Hilfe eines sehr groben Untersuchungsrasters konnte er ansatzweise die altersspezifischen räumlichen Sortiereffekte am Beispiel von Hamburg nachweisen, wobei er wie Hoover und Vernon neben der Stellung im Lebenszyklus auch die finanzielle Situation der Haushalte als standortbestimmendes Moment hervorhebt. Andere, stärker auf die Wanderungsbilanzen abgestellte Untersuchungen kommen zu dem Ergebnis, daß in den 60er und 70er Jahren lediglich Haushalte der Altersgruppen zwischen 19 und 25 Jahren einen positiven Wanderungs-

saldo aufweisen, die übrigen Gruppen dagegen, insbesondere aber die Altersgruppe zwischen 25 und 45 Jahren, in größerer Zahl aus den Kernstädten ab- als zuwandern.[79] Alle Studien bestätigen eine ausgeprägte altersspezifische Selektivität der Wanderungen, wonach die Kernstädte allein bei der Gruppe der Erst-Nachfrager hohe Wanderungsgewinne auf Kosten der übrigen Räume verzeichnen, während die Binnenwanderungsverluste in erster Linie auf Verluste an jungen, wachsenden Familien zurückzuführen sind.[80]
Korreliert man dieses von der Stellung im Lebenszyklus abgeleitete Wohnstandortmodell mit der demographischen Entwicklung, drängt sich der Schluß auf, eine zahlenmäßig starke Zunahme bestimmter Altersgruppen zu bestimmten historischen Zeitpunkten müsse auch einen entsprechend wachsenden Wohnungsbedarf an ganz bestimmten Standorten innerhalb der Stadtregion erzeugen. In der Tat wird als Folge des sog. Baby-Booms der 60er Jahre in den 80er Jahren die Altersklasse der 20 bis 30Jährigen, also jener in der Haushaltsgründungsphase befindliche Bevölkerungsteil, im Altersspektrum der Bevölkerung dominierend in Erscheinung treten und, so die Lebenszyklus-Hypothese, zentral gelegene Mietwohnungsbestände oder Eigentumswohnungen in entsprechender Lage nachfragen, sofern es sich um einkommensstarke Doppelverdiener handelt. Diese Gruppe wird aber in den 90er Jahren das Alter erreicht haben, das sie zu Eigenheimnachfragern am Stadtrand macht. Gleichzeitig wird eine neue Generation Erst-Nachfrager auf den Markt drängen, die freilich als Folge der niedrigen Geburtenraten seit Ende der 60er Jahre nicht annähernd so viele Wohnungen benötigt wie die Generation der 80er Jahre. Diese Überlegungen lassen einen wellenförmigen zeitlichen Verlauf des altersspezifischen Bedarfs nach zentral gelegenen Wohnungen vermuten: Während in den 80er Jahren eine Bedarfswelle nach Mietwohnungen auf die Kernstädte zurollt, wird sich, so die implizite Schlußfolgerung, diese Welle in den 90er Jahren zunehmend auf größere Wohnungen mit einem höheren Standard verlagern und konsequenterweise der zentrale Wohnstandort graduell an Bedeutung verlieren.[81] Den Gedanken des wellenförmigen Verlaufs von Nachfragebewegungen vertiefend, beschreiben amerikanische Autoren diesen Vorgang folgendermaßen:
«Tidal wave accounts describe how the wave first pulls the waters back exposing the hidden ocean floor, before rushing in swamping everything in sight. In the decade of the sixties and the early seventies, we puzzled, exploring the mysterious ocean floor and arguing about questions of neighborhood blight . . . When the tidal wave of new households engulfs urban areas in the late seventies and eighties, most of the existing housing supply will be brought into play because the nation simply cannot produce enough new housing in the next fifteen or twenty years to meet the new demand.[82]

Zweifellos ist der Wohnbedarf junger, in der Haushaltsgründungsphase befindlicher Einwohner während der 80er Jahre eine Triebkraft für die Erhaltung und Erneuerung kernstädtischer Wohnviertel, doch kann eine allein sich hierauf stützende Argumentation der Komplexität dieses Vorgangs wohl kaum gerecht werden. Veränderte objektive Rahmenbedingungen der Wohnstandortwahl, die die Aussagekraft traditioneller Standortmodelle einschränken, Veränderungen in den sozialen Verhältnissen, die sich in veränderten subjektiven Präferenzen niederschlagen, und nicht zuletzt die relative Entwertung der Altbaubestände haben ebenfalls zum Aufbau eines mittelschichtengeprägten Wohnungsmarktsegments in den Kernstädten beigetragen.

Stadtentwicklungspolitisch ist die von der Stellung im Lebenszyklus abhängige Migration innerhalb der Stadtregionen gleichwohl ein zentraler Anknüpfungspunkt. Will man die Abwanderung von ökonomisch und sozial aufsteigenden Haushalten, die sich in der Familiengründungsphase befinden, aufhalten, so wird der Erfolg einer solchen Politik davon abhängen, inwieweit es gelingt, die innerstädtischen Wohnbedingungen in einen dem Umland gegenüber konkurrenzfähigen Zustand zu versetzen. Man weiß zwar heute noch nicht, wie sich die Altersgruppe der 19–25jährigen Ende der 80er und in den 90er Jahren verhalten wird, doch gibt allein die Tatsache, daß aufgrund der demographischen Wellenbewegung der Anteil dieser Gruppe, dem die Kernstädte bisher allein Binnenwanderungsgewinne zu verdanken haben, bis zum Jahre 2000 um rund 40% sinken wird, zur Befürchtung Anlaß, die Binnenwanderungsbilanz der Kernstädte werde sich in wenigen Jahren drastisch verschlechtern. So vertritt Birg die Auffassung, da auch die Nettoreproduktionsrate der Großstädte (0,5 und darunter) eher weiter sinkt als ansteigt, werde die Bevölkerungszahl der großen Zentren ab dem Ende der 80er Jahre immer schneller abnehmen.[83)] Hieraus erwachsende Entwicklungsprobleme sieht er allerdings in erster Linie auf ökonomisch zurückbleibende Zentren wie Berlin und das Rhein-Ruhr-Gebiet zukommen, weniger auf prosperierende Stadtregionen wie München, Frankfurt, Rhein-Neckar und Stuttgart, die von der Nord-Süd-Wanderung profitieren.

d) Ein vereinfachendes neues Wohnsiedlungsmuster

Daß die Aufwertung und Erneuerung alter Wohngebiete derzeit mit bestimmten demographischen und sozialen Merkmalen positiv korrelieren, konnte inzwischen auch empirisch belegt werden.[84)] Verschiedene Fallstudien aus den Vereinigten Staaten wie die von Gale oder Grier/Grier stützen die von mir theoretisch abgeleiteten und von Migrationsstudien ebenfalls bestätigten Tendenzen. Gale weist nach, daß die sozialen Träger einer Aufwertung weniger einer «Back-to-the-City Movement» vorher in den Suburbs lebender Haushalte entstammen, sondern überwiegend bereits vorher innerhalb der Grenzen der Kernstadt siedelten, was aber durchaus im Einklang stehen kann mit einer in den suburbanen Wohngürteln verbrachten Jugend. Diese Ergebnisse lassen sich nicht umstandslos auf bundesdeutsche Verhältnisse übertragen. Da es auf der anderen Seite keine empirischen Untersuchungen über die sozialen Kräfte des städtischen Aufwertungsprozesses gibt, kann nur indirekt aus dem Wohnstandortverhalten der nach Alter, Haushaltsgröße und Einkommen differenzierten Marktteilnehmer auf ihre Funktion im städtischen Aufwertungsprozeß geschlossen werden. Verschiedene regionale Wohnungsmarktanalysen lassen danach, ähnlich wie in den USA, einen Zusammenhang zwischen der Konzentration kleinerer wohlhabenderer Haushalte in den Kernstädten und den Revitalisierungstendenzen erkennen.[85)]

In von Wiesers «Die Theorie der städtischen Grundrente» wird schon dargestellt, wie die Aufwertung bisher von ärmeren Haushalten bewohnter Viertel vor sich geht: «diejenigen Mieter werden zugelassen werden, welche das stärkste Bedürfnis mit der größten Zahlungskraft vereinigen, aber um ihre Absicht zu erreichen, müssen sie ihre Zahlungskraft geltend machen und die andern schwächeren Bewerber so ausgiebig überbieten, daß diese nicht mehr mitgehen können.»[86)] Aus diesen Überbietungen summiere sich seiner Meinung nach die städtische Grundrente, sie sei jener Teil des Mietzinses, der in den Vorzugslagen als Aufgeld über den Kostenpreis hinaus gegeben wird. Dieser Gedanke läßt sich am Modell der Bodenpreis-Distanz-Funktion veranschaulichen. War in der Vergangenheit der Nachfragewettbewerb um innerstädtische Wohnlagen wenig ausgeprägt, weil in die Suburbs abwandernde Mittel- und Oberschichten Wohnungen für arme Nachrücker freimachten, gewinnt nun, wie in der vor- und frühindustriellen Stadt, der Wettbewerb um das begrenzte Angebot innerstädtischer Wohnlagen wieder an Schärfe. Zum einen müssen die Bodenpreisgebote der an einer Erneuerung und Aufwertung interessierten Gruppen über das bisher übliche Niveau steigen, zum anderen muß die an sich abgeflachte Bodenpreisfunktion zum Zentrum hin wieder einen steileren Verlauf nehmen als vorher. Eine Wiederaufwertung innerstädtischer Grundstücke wird natürlich erleichtert, wenn, wie im filtering-theoretischen Ansatz thematisiert, die anvisierten Wohnviertel weit auf der Wertskala des Gesamtangebotes herabgefiltert sind und die Bodenpreise auf einem niedrigen Niveau liegen. Aber daraus entsteht standorttheoretisch nicht automatisch ein Rückkoppelungseffekt, es bedarf hierzu vielmehr einer spezifischen Nachfrage, um die Marktchancen überhaupt wahrzunehmen.

Stark schematisiert – nur zwei Einkommensniveaus (hoch und niedrig) und zwei Haushaltstypen (kinderlos und mit Kindern) werden berücksichtigt – läßt sich dieser einkommens- und familienbedingte Sachverhalt in der folgenden Abbildung darstellen.

Die durchgezogene aggregierte Bodenpreisfunktion repräsentiert einen Marktgleichgewichtszustand vor der Aufwertung: Eine verschwindende Minderheit wohlhabender und kinderloser Haushalte wohnt zunächst noch relativ isoliert in luxuriösen Appartements möglichst nahe dem Zentrum, in den folgenden Ringen wohnen, entsprechend ihrer Präferenzstruktur, Haushalte der unteren Einkommensklassen, weiter außerhalb kinderreiche Familien der Mittel- und Oberschicht. Das erwachte

Abbildung 11

Einkommen, Haushaltstyp und Wohnstandort: wirksame Bodenpreisgebote verschiedener sozialer Gruppen

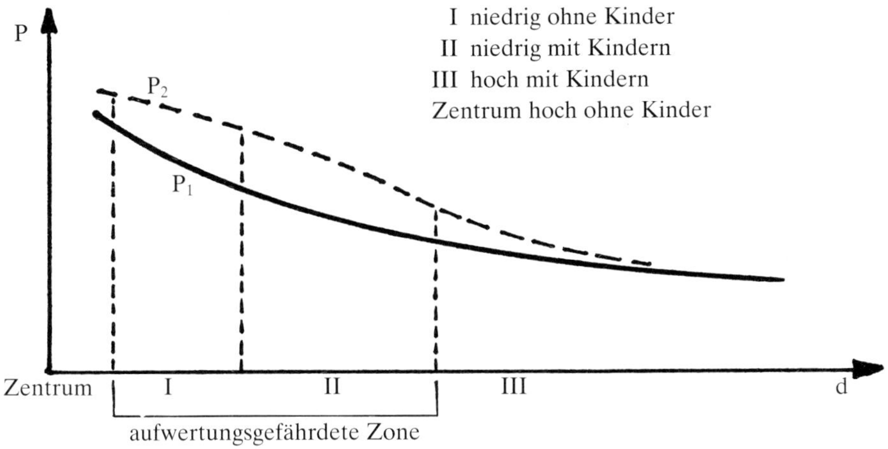

P_1 Bodenpreisstruktur vor einer Aufwertung kernstädtischer Wohnlagen
P_2 Bodenpreisstruktur im Gefolge einer Reorientierung einkommensstärkerer Haushalte auf die kernstädtische Wohnzone

Interesse von einkommensstärkeren Haushalten an den Innenstadtzonen erzeugt schließlich ein Gleichgewicht, das von der gebrochenen Bodenpreiskurve dargestellt wird.[87)] Wie der Abbildung entnommen werden kann, sind insbesondere die beiden Siedlungszonen I und II Konfliktzonen. Nachbarschaften ärmerer Haushalte können sich in dieser Zone nur halten, wenn die hier Ansässigen in ihrem Preisgebot mitziehen, d.h. entweder ihre Wohn- und Bodenfläche einschränken oder ihr Haushaltsbudget umschichten. Die Preissteigerungen haben für sie folglich den Effekt von Realeinkommensminderungen. «Thus the market will determine a new equilibrium, and on this effective bid-price curve, the real welfare of the poor will be lower than it was originally, because of higher rents or land prices and increased crowding.»[88)]
Vorausgesetzt, es handelt sich bei dem Druck finanzkräftiger Bewohner auf die innerstädtischen Wohnviertel nicht nur um ein demographisch bedingtes familienzyklusspezifisches Phänomen, sondern um eine dauerhafte Reortierung von Mittelschichten auf die Kernstadt, werden sich langfristig neue Marktgleichgewichte herausbilden, deren räumliche Grundmuster dadurch gekennzeichnet sind, daß die ärmeren nun an den Rand der Kernstadt gedrückt werden. Dies ergibt keine neue ringförmige Verteilung der Einkommensklassen und sozialen Schichten, denn nicht alle innerstädtischen Nachbarschaften geraten unter Aufwertungsdruck, sondern

vorzugsweise jene bürgerlichen Wohnviertel aus vorindustriellen Perioden und der Gründerzeit, deren Gebäude, Wohnungen und Wohnumfeldqualitäten sich am leichtesten dem Mittelschichtengeschmack anpassen lassen. Bestimmte Sektoren der Siedlungsringe werden folglich aufsteigen, während andere zu Ausweichquartieren der verdrängten Bevölkerung degradiert werden, ganz unabhängig davon, ob sie nahe dem oder weiter entfernt vom Zentrum liegen. Anstelle klar abgegrenzter ringförmiger Wohnzonen überlappen sich nun die Wohnzonen und löst sich die «klassische» Regelhaftigkeit in der räumlich sozialen Gliederung der Städte auf.

9. Rückwirkungen des ökonomischen Wandels auf die Wohnungsmärkte

In den traditionellen Stadtentwicklungsmodellen werden die Wohnstandortwahl und die sich verändernden Standortqualitäten innerstädtischer Wohnquartiere unter der vereinfachenden Annahme einer monozentrischen Stadt, in der sich die wirtschaftlichen Aktivitäten im Zentrum konzentrieren, analysiert. Die Suburbanisierung einkommensstärkerer Haushalte ergibt sich unter der Voraussetzung einer positiven Einkommenselastizität der Grundstücksflächennachfrage dann gerade aus dem Widerspruch zwischen derartigen Präferenzen und der zentralen Lage von Arbeitsplätzen und Versorgungseinrichtungen. Die Funktionen Wohnen und Erholen einerseits, Arbeiten und Versorgen andererseits rücken räumlich auseinander (Funktionstrennung von Wohnen und Arbeiten), die alten innerstädtischen Wohnviertel verfallen und steigen in der sozialen Hierarchie ab ("filtering-down"). Eine Wiederaufwertung innerstädtischer Wohnviertel kann bei derart regressiven Annahmen nur Erfolgschancen haben, wenn Haushalte ihre Vorliebe für Eigenheime und geringe Siedlungsdichte aufgeben. Unbefriedigend an dieser Erklärung bleibt die Annahme einer starren Arbeitsplatzverteilung mit einem Beschäftigungsschwerpunkt im Zentrum. Es bleibt unerörtert, welchen Einfluß der Dezentralisierungsprozeß von Industrieanlagen und Teilen des Dienstleistungsgewerbes auf das Wohnstandortverhalten hat.

9.1 Räumliche Dezentralisierung ökonomischer Aktivitäten und Wohnstandortwahl

Verschiedene Autoren sind der Ansicht, daß in der durch Arbeits- und Wohnungsmärkte abgegrenzten funktionalen Stadtregion sich für ein Großteil der Bevölkerung die wichtigsten Lebensvollzüge «Arbeiten» und «Wohnen» in einem täglichen Erreichbarkeitsrhythmus abspielen und Wohnungs- und Arbeitsplatzwechsel innerhalb einer derart definierten Stadtregion voneinander unabhängig sind.[89)] Diese Hypothese widerspricht den von mir dargelegten Zusammenhängen, wonach Haushalte neben den internen und externen (Wohnumfeld-) Qualitäten die Erreichbarkeit von Beschäftigungs-, Einkaufsorten usw. ebenfalls zu Kriterien ihrer

Wohnungswahl machen. Zwar sind die Distanzüberwindungskosten und -mühen weniger denn je eine wirksame Restriktion bei der Wahl eines Wohnstandortes, doch heißt dies natürlich nicht, wie bereits dargelegt wurde, daß die Nähe zum Arbeitsplatz, zu Einkaufsmöglichkeiten, Kultureinrichtungen usw. kein Kriterium der Wohnstandortwahl mehr ist. Kain und Quigley sind denn auch der Meinung, die Suburbanisierung der Stadtbevölkerung sei nicht allein das Resultat von Einkommenssteigerungen und Transportkostenerleichterungen in einer monozentrischen Stadt, sondern werde zunehmend beeinflußt von der räumlichen Dezentralisierung der Beschäftigungsmöglichkeiten.[90)] Dieser Prozeß habe für die Kernstädte nicht nur negative Folgen in Form ihrer Schwächung als funktionale Mittelpunkte der Region, sondern biete umgekehrt auch Möglichkeiten einer leichteren Umgestaltung des städtischen Raumes zugunsten des Wohnens: Eine Reihe von Indizien belegen eine Ausdehnung der Wohnnutzung gegenüber anderen Nutzungsarten, z. B. die Umwidmung von Mischflächen zu Wohngebieten und eine mehr als in der Vergangenheit auf das Wohnen Rücksicht nehmende Verkehrs- und Infrastrukturpolitik (Verbesserung des städtischen Wohnumfeldes durch Verkehrsberuhigung und Ausweitung des innerstädtischen Grünflächenangebots). In der schon analysierten Abflachung der Bodenpreis-Distanz-Funktion komme ökonomisch zum Ausdruck, daß es für viele, im Zentrum beschäftigte Personen nun, da Bodenpreiseinsparungen durch Wahl eines vom Zentrum entfernten Wohnsitzes nicht allzusehr ins Gewicht fallen, vorteilhaft sei, Wohnungen in der Nähe der kernstädtischen tertiären Arbeitsplätze zu wählen.[91)]

Die schon angedeutete Auflösung der für die Stadtwachstums- und Suburbanisierungsperiode typischen Siedlungsringe um das Zentrum der Kernstadt, d. h. die Auflösung der traditionellen städtischen Standorthierarchie dürfte also nicht nur als ein wohnungsmarktimmanenter Vorgang zu interpretieren sein, sondern scheint auch mit den räumlichen Verlagerungsprozessen von Industrie- und Dienstleistungsbetrieben verflochten zu sein. Um ein Bild über das wechselseitige Abhängigkeitsverhältnis von Wohnungs- und Arbeitsmarkt zu gewinnen, werden im folgenden

1. die Standortverlagerungsprozesse im verarbeitenden Gewerbe und Dienstleistungssektor,
2. die Beziehung zwischen Arbeitsplatzsuburbanisierung und Wohnungsmärkten sowie
3. die mittelbaren Folgen der Gewerbestandortverlagerung für das Wohnen, vor allem in der Kernstadt, in meine bisherige Überlegungen einbezogen.

a) Industriesuburbanisierung und ihre Folgen für die Wohnstandortverteilung

Im Unterschied zu den ersten Phasen der Industrialisierung verlieren die Städte heute an Standortgunst für das verarbeitende Gewerbe: In den Städten des 19. Jahrhunderts waren sowohl «large scale» als auch «small scale» Produktionen noch gezwungen, sich im engeren städtischen Raum zu sammeln, denn «the costs of moving goods was very high relative to the costs of moving people, (. . .) Therefore, they evolve in a way that tended to minimise goods transports: manufacturing tended to orient itself to interregional transport (railroad terminal and the river); population was dispersed relative to employment.»[92] Kleinere Betriebe siedelten bevorzugt in den Zentren, um die externen Vorteile eines differenzierten Absatz- und Arbeitsmarktes sowie die Beziehungen zu vor- oder nachgelagerten Firmen (Großhandel, weiterverarbeitende Firmen) zu nutzen. Während für solche Betriebe und Firmen die positiven externen Agglomerationseffekte vielfach noch heute gelten und diese deshalb stärker an das Zentrum gebunden sind, sind Großunternehmen in der Lage, diese intern zu erzeugen.[93] Sobald die Flexibilität des Transportwesens, der Ausbau des Infrastruktur- und Kommunikationsnetzes im Umland der Städte und günstige Anbindung zu interregionalen und -nationalen Verkehrsverbindungen es erlauben, können Großunternehmen in ihrer Standortwahl relativ frei disponieren. Hinzu kommt, daß die räumliche Enge der Kernstädte und die modernen Produktionsmethoden widersprechenden Industriebauten in den Kernstädten eine weitere Expansion versperren, so daß Firmen, die ihr Wachstum durch Produktivitätssteigerungen beschleunigen wollen und hierfür einen erweiterten Flächenbedarf anmelden, gezwungen sind, die Kernstädte zu verlassen und das relativ große und preisgünstigere Flächenangebot im Umland zu nutzen.[94] Meist sind die industriellen Nutzungsarten ökonomisch auch zu schwach, um räumlich angrenzende Nutzungen, z. B. eine vorhandene Wohnbebauung zu verdrängen. Das gegenüber den Industriegrundstücken höhere Bodenpreisniveau für Wohngrundstücke signalisiert vielmehr einen Umnutzungsdruck auf altindustrielle Areale zugunsten höherwertigen Wohnbaulandes. Ursächlich hängt dies damit zusammen, daß moderne Produktionsverfahren den Boden extensiv nutzen und deren Bodenrentenpotential pro Bodenflächeneinheit nicht das Niveau arbeitsintensiver Produktionsstätten oder gar von Geschoßwohnbauten erreichen kann.

Die Industriesuburbanisierung setzte bereits Ende des letzten Jahrhunderts ein, gewann aber in der zweiten Hälfte dieses Jahrhunderts, gestützt auf neue Transport- und Kommunikationstechniken, erst richtig an Schwung. In der Bundesrepublik Deutschland wurden z. B. in den 70er Jahren jährlich rund 3 bis 5 % des Bestandes industrieller Arbeitsplätze in allen Kernstädten abgebaut, während im städtischen Umland das Arbeitsplatzangebot meist noch zunahm. Zwischen 1971 und 1981 gingen den Kernstädten rund ein Drittel aller industriellen Arbeitsplätze verloren. Entsprechend verringerte sich die Industriedichte (gemessen an der durchschnittlichen Zahl der Beschäftigten pro km^2) von 450 auf 300 Arbeitsplätze.[95]

Zweifellos wird die Industriesuburbanisierung auf das Wohnstandortverhalten der in der Industrie Beschäftigten zurückwirken. Denn mit der räumlichen Ausweitung des Gravitationsfeldes des Arbeitsmarktes verliert der kernstädtische Wohnstandort für Industriearbeiter an standorttheoretischer Plausibilität. Die «trade-off"-Hy-

pothese, wonach Arbeiter ihren optimalen Wohnstandort in Zentrumsnähe finden, um Wohnort, Arbeitsplatz und Versorgungseinrichtungen schnell und kostengünstig erreichen zu können, verkehrt sich in ihr Gegenteil. Zwar haben Industriebetriebe sich schon in den ersten Phasen kapitalistischer Stadtentwicklung vorwiegend am Stadtrand in den Stadterweiterungszonen angesiedelt, vollends obsolet werden die vereinfachenden standorttheoretischen Annahmen aber erst mit der einsetzenden *Entindustrialisierung der Kernstädte*. Bereits um die Jahrhundertwende waren in Deutschland, speziell in Berlin, mehrere Schübe der Industriesuburbanisierung abgeschlossen, und es deutete sich als ein neuartiges Stadtentwicklungsproblem eine räumliche Absonderung der Industriestandorte von den innerstädtischen Arbeiterwohnquartieren an. Solange sich die Betriebe noch unmittelbar am Stadtrand ansiedelten, konnte das räumliche Auseinanderrücken zunächst als vorteilhaft erscheinen, weil bei radialer Verkehrsinfrastruktur von einem zentral gelegenen Wohnort alle peripheren Arbeitsstandorte am leichtesten erreichbar sind.[96)] Schon damals wurden aber einige Branchen von einer noch weiter ins Umland ausgreifenden Randwanderung erfaßt, so daß trotz des Ausbaus der Vorortbahnen von den kernstädtischen Arbeiterwohnghettos lange tägliche Fahrtzeiten in Kauf genommen werden mußten oder auch zum Bau von Werkswohnungen in der Nähe der neuen Fabriken übergegangen wurde.[97)]
Ähnliche Prozesse können auch in jüngerer Zeit beobachtet werden. Kain beschreibt z. B. das räumliche Auseinanderrücken von Wohnungs- und Arbeitsplatzstandorten am Beispiel Detroits während der 50er und 60er Jahre, wo die in der Kernstadt ghettoisierte schwarze Bevölkerung lange Fahrtwege zu den Arbeitsstätten im Umland erdulden mußte. Kain stellte fest: «The longest trips by Detroit nonwhites are made by those employed in outer rings and the shortest by those employed in inner rings. Similarly the journey-to-work pattern of nonwhites employed in outer rings is from residences in inner rings to workplaces in outer rings.»[98)] Ähnliche Untersuchungsergebnisse liegen auch aus bundesdeutschen Großstädten vor, wo die Dispersion industrieller Arbeitsplätze die alten Arbeiterwohnviertel der Kernstadt ebenfalls weiträumig vom Segment industrieller Arbeitsplätze getrennt hat.[99)] Es zeigt sich in dieser räumlichen Verteilungskonstellation von Arbeits- und Wohnungsmarkt nicht nur eine Abweichung vom wohnstandorttheoretischen Optimum, das für die weniger mobilen, einkommensschwächeren in der Industrie Beschäftigten relativ nahe dem Arbeitsplatz liegt, sondern eine kumulierende Benachteiligung dieser Gruppe von Haushalten: Hoher Zeitaufwand und hohe Distanzüberwindungskosten für die Fahrten zur Arbeit, d. h. indirekte Einkommensverluste, Streß und Freizeitverluste verbinden sich mit schlechten Wohnverhältnissen in den innerstädtischen Wohngürteln.
Die Behauptung der traditionellen ökonomischen Theorie, Marktungleichgewichte würden vermittels des Preismechanismus ohne wesentliche Verzögerung abgebaut, folgt der Fiktion der freien Austauschbarkeit von Kapital und Arbeitskräften und

bedarf in dem hier betrachteten Fall offensichtlich einer Korrektur: Arbeits- und Wohnungsmärkte verschieben sich in räumlicher Hinsicht nicht simultan, vielmehr geht, worauf Baumol u. a. hinweisen, von der unterschiedlichen Rate der Anpassung auf beiden Märkten eine Tendenz zur Destabilisierung der räumlichen Beziehungen aus.[100] Abgesehen von Wohnungsbeständen, die mit staatlicher Hilfe für untere Einkommensschichten errichtet sind (sozialer Wohnungsbau) finden sich historisch bedingt, d. h. als Quintessenz der Suburbanisierung der Mittelschichten, gerade dann preiswerte Wohnungen der letzten Verwertungsphasen in den Kernstädten, wenn die Entindustrialisierung der Kernstädte bereits auf vollen Touren läuft und damit auch das für niedrig qualifizierte Arbeitskräfte vorhandene Arbeitsmarktsegment in den Städten zusammenschmilzt. Bei ungünstiger Entwicklung kann ein Mangel an Jobs in den Kernstädten einhergehen mit einem weiteren Zustrom ihre Arbeitskraft anbietender, wenig qualifizierter Personen, und die Städte können zum Sammelbecken der industriellen Reservearmee und einer tendenziell pauperisierten Bevölkerung absinken.

Langfristig werden, der ökonomischen Logik gehorchend, sicher die Widerstände der Wohnungsmarktstruktur gebrochen, doch kann sich ein solcher Prozeß über Jahrzehnte hinziehen; seine Geschwindigkeit hängt unter anderem davon ab, wie rasch Wohnungsbestände im suburbanen Raum von den hier seßhaften Mittelschichten frei gemacht werden und ein «filtering down» der Bestände sich durchsetzen kann.

b) Auswirkungen einer Dezentralisierung des Dienstleistungsgewerbes auf das Wohnstandortverhalten

Im Gegensatz zur Industrie zieht es den tertiären Sektor bisher noch in das Zentrum des Verdichtungsraumes.[101] Doch verliert das Zentrum auch gegenüber diesem Sektor zusehends an Gravitationskraft. «Insbesondere unternehmensbezogene Dienstleistungen (z. B. Großhandel, Verwaltungen) sind in das Umland abgewandert und damit der Industriesuburbanisierung gefolgt.»[102] Große Dienstleistungsunternehmen operieren z. B. ähnlich wie wachsende Industriebetriebe relativ unabhängig von den Annahmen traditioneller Standorttheorien. Agglomerationsvorteile, z. B. ein räumlich konzentriertes, differenziertes Arbeitskräfteangebot, kurze Kommunikations- und Informationswege, große leistungsfähige Absatz- und Beschaffungsmärkte und eine entsprechende Infrastrukturausstattung, kurz positive externe Effekte großstädtischer Konzentrationen, können von solchen Unternehmen teilweise intern erzeugt werden.

Sind sie schon deshalb relativ unabhängig von zentralen Standorten, so gestattet die Weiterentwicklung der Kommunikations- und Informationstechnik eine räumliche Dezentralisierung einzelner Funktionen, z. B. eine von der Zentrale getrennte Ansiedlung von Abteilungen, die Routinefunktionen wahrnehmen oder auf Außenkontakte nicht angewiesen sind, ohne den organisatorischen Zusammenhalt des

Unternehmens zu untergraben. Selbst kleinere Unternehmen können mit Hilfe dieser Techniken auf die physische Nähe des Zentrums verzichten. Es deuten sich sogar Möglichkeiten einer gänzlich sektorunspezifischen Verteilung von Arbeitsplätzen an, sollten sich die Kommunikationstechniken wie bisher weiterentwickeln: Heimarbeitsplätze am Bildschirm erscheinen ebenso möglich wie eine Rückverlagerung von Managementtätigkeiten in die eigene Wohnung.[103] Freilich ist eine vollständige Auflösung der arbeitsteiligen Territorialgliederung heute noch Utopie; Wohnen, Arbeiten und sich Versorgen (Einkaufen) werden auf absehbare Zeit räumlich getrennt wahrgenommen werden, und die einzelnen Funktionen werden jeweils eigene Standortansprüche behalten:

- Für die sich ins Umland verlagernden Großhandels- und Bürobetriebe ist die Nähe zu Wohngebieten nicht primär standortbestimmend; niedrige Bodenpreise, ein reichliches Grundstücksangebot und der Ausbaustand der Verkehrsinfrastruktur sind die wichtigsten Kriterien der Standortwahl.
- Für verbrauchernahe Wirtschaftszweige ist dagegen entscheidungsbestimmend, wie groß der durch Bevölkerungssurburbanisierung im Umland entstandene potentielle Konsumgütermarkt inzwischen geworden ist und wie hoch der Bedarf an Versorgungs- und Dienstleistungsaufgaben angewachsen ist. Verbrauchernahe Wirtschaftszweige (Einzelhandel, Zweigstellen von Banken, Versicherungen, Ärzte usw.) folgen mit Zeitverzögerung den Haushalten und siedeln sich naturgemäß nahe den Wohnorten der Konsumenten oder an suburbanen Verkehrsknotenpunkten im Falle von überlokalen Verbrauchermärkten an. Beide Verlagerungsbewegungen tragen zur Verselbständigung der suburbanen Gemeinden bei, weil für die Bewohner die Zahl notwendiger Fahrten in die Kernstadt drastisch zurückgeht.
- Für die Kernstädte bleibt im wesentlichen nur ein hochspezialisiertes Segment des tertiären Gewerbes, das regionale, überregionale und in einigen Fällen sogar internationale Funktion wahrnimmt und auf diese Weise den Verlust geringwertiger Arbeitsplätze kompensieren kann. So werden z. B. «headoffice»-Aktivitäten in innerstädtische und periphere Funktionen gespalten, die Metropolen werden «weit eher Sitz von Kontaktköpfen als von zentralen Verwaltungen der Großfirmen»[104], die ihren Verwaltungsapparat tendenziell ins Umland verlegen, wo einer motorisierten Belegschaft Arbeitsplätze in womöglich landschaftlich reizvoller Umgebung mit ausreichenden Parkplätzen geboten werden. Birch vertritt die Auffassung, «the central city's relative high share of service and financial jobs suggests that the city, by specializing in service work, has been able to attract and hold a great percentage of all high-priced service jobs in the region. It thus appears to be functioning as an elite service center.»[105] Dunning erläutert am Beispiel von London: «What remains in the urban core is the top of the hierarchy – an elite group of co-ordinators, decision takers and policy makers, with their supporting staff; those who need to be in close physical proximity to others so as

to negotiate, to converse, to gain or to pass on information and ideas.»[106] Während der Entindustrialisierungsprozeß der Kernstädte sich unaufhaltsam fortsetzt, scheint die Abwanderung tertiärer Arbeitsplätze durch eine weitere Spezialisierung zu wirtschaftlichen Nervenzentren, regionalen und überregionalen Anlaufstellen bisher kompensiert worden zu sein.

Welche Folgen hat die räumliche Umschichtung des tertiären Arbeitsmarktes für die Wohnstandortwahl der in diesem Sektor Beschäftigten? Betrachten wir zunächst wieder den suburbanen Raum, so drängt sich, wie bei der Industriesuburbanisierung, zunächst die Vermutung auf, die räumliche Arbeitsmarktverlagerung übe auch in diesem Fall eine Sogwirkung auf Wohnungsmärkte aus. Gegen diese Hypothese sprechen allerdings Untersuchungsergebnisse, wonach die Suburbanisierung des tertiären Sektors (Arbeitsstätten des Handels, der Kreditinstitute, Dienstleistungen) meist zeitlich der der Bevölkerung gefolgt ist. Dies hängt damit zusammen, daß in diesem Sektor einerseits ein größerer Anteil höher qualifizierter Personen mit entsprechendem Einkommen und größerer Freiheit bei der Wohnstandortwahl beschäftigt ist, der infolgedessen bereits im suburbanen Raum wohnt. Zum anderen folgen verbrauchernahe Wirtschaftszweige naturgemäß den Konsumenten erst dann, wenn sich ein Verbraucherpotential angesiedelt hat, das wirtschaftliche Absatzchancen bietet.

Andererseits erscheint es plausibel, daß in dem Maße, wie sich ein Arbeitsmarkt im Umland der Städte entfaltet, hiervon zugleich auch die Suburbanisierung der Bevölkerung angeregt wird, also mit der Verlagerung tertiärer Arbeitsplätze auch die Wohnorte der Beschäftigten sich in das Umland verlagern. Denn dort bietet sich nun die Chance, kumulativ die Vorteile eines hohen Wohnstandards mit leichter Erreichbarkeit von Arbeitsstätten, Dienstleistungseinrichtungen und Einkaufszentren zu verbinden. Fahrten in die Kernstadt können sich auf Anlässe, wie den Kauf spezieller, nur dort angebotener Konsumgüter oder auf den Besuch überlokaler Dienstleistungseinrichtungen und Kulturveranstaltungen beschränken. Die anfangs enge funktionale Beziehung zwischen Umlandgemeinden und kernstädtischem Zentrum kann sich unter diesen Bedingungen zusehends zugunsten einer mehr polyzentrischen Gliederung der Stadtregion mit lokalen Zentren, überörtlichen Subzentren und der alten Kernstadt als dem Zentrum für die gesamte Region auflösen.

Für die Kernstadt folgen aus der Umgewichtung ihres Verhältnisses zum suburbanen Raum widersprüchliche Konsequenzen:

Einerseits wird die sich wechselseitig stützende Abwanderung von Gewerbe und Bewohnern die Kernstadt in ihrer Funktion als Oberzentrum schwächen, andererseits wird gerade die Spezialisierung der City im Bereich der Dienstleistungen und des Einzelhandels, häufig in Verbindung mit einem gleichzeitigen Ausbau des kulturellen Angebots (Museen, Theater, Oper usw.), die funktionale Zentralität alter Kernstädte sogar noch stärken.

Der neuen wirtschaftlichen Rolle entsprechend wird mittelfristig der Zustrom von Arbeitsimmigranten nachlassen, da hier das Angebot an Einstiegsjobs schrumpft und sich allenfalls noch in einigen peripheren Sektoren des Dienstleistungsgewerbes (Gaststätten, Reinigungspersonal, Dienstleistungspersonal in Marktnischen) Beschäftigungschancen bieten. Dem entgegengesetzt gewinnt die Kernstadt als Wohnort für Mittelschichten an Attraktivität, die hier jetzt ähnlich wie im Umland, räumliche Nähe zwischen ihren Arbeitsplätzen und Wohnorten herstellen können. Baumol erwähnt z. B., daß amerikanische Firmen diese neue Standortbeziehung in ihrer Standortplanung bereits berücksichtigen und sich bevorzugt in solchen Zentren niederlassen, deren Wohnumfeld und kulturelle Aktivitäten Techniker, Ingenieure, Wissenschaftler und Management-Personal animieren, den Arbeitsplätzen in die Stadt zu folgen.[107)]
Beide Tendenzen – die Abwanderung von Industriebetrieben, die hiervon ausgehende Verlagerung der Arbeits- und Wohnungsmärkte der Industriearbeiterschaft aus den Kernstädten und die Reduzierung des in der Kernstadt verbleibenden tertiären Gewerbes auf höher spezialisierte Funktionen mit entsprechenden Folgen für die städtischen Arbeitsmärkte – begünstigen langfristig eine Wiederaufwertung der kernstädtischen Wohnviertel. Sozialer Träger einer solchen Regeneration bisher absteigender Altbauquartiere könnten die im Zentrum beschäftigten Spezialisten sein. Angezogen werden sicher auch außerhalb des Arbeitszusammenhangs stehende gesellschaftliche Gruppen, für die Städte nun wieder als Wohnort, kultureller Mittelpunkt und als Zentrum des Konsums an Reiz gewinnen.

c) Zusammenfassung: Auswirkungen der Suburbanisierung von Arbeitsplätzen

Ohne die Konsequenzen der Suburbanisierung von Produktionsstätten und tertiärem Gewerbe im einzelnen darzustellen, können bereits grundlegende Auswirkungen dieser Verlagerungstendenzen auf die räumliche Wohnungsmarktentwicklung nachgezeichnet werden:

1. Standortverlagerungen von Industriebetrieben in das und die Neuansiedlung von Produktionsstätten im Umland verlaufen relativ unabhängig vom Suburbanisierungstrend der Bevölkerung. Bestimmend hierfür sind Flächenansprüche, die in der Kernstadt nicht befriedigt werden können oder nur zu ungleich höheren Bodenkosten als im Umland, und die Fähigkeit von Großunternehmen, «economies of scale» intern zu erzeugen, so daß sie auf die positiven Agglomerationseffekte weniger angewiesen sind. Ein flexibles Transportwesen und der Ausbau von Infrastruktur- und Kommunikationsnetzen im Umland erleichtern diesen Prozeß außerordentlich. Von der Industriesuburbanisierung geht eine Sogwirkung auf das von Industriearbeitern frequentierte Wohnungsmarktsegment aus. Die alten Arbeiterquartiere der Kernstadt erweisen sich selbst unter den Bedingungen hoher Motorisierung und verbesserter Erreichbarkeit suburbaner Standorte von der Kernstadt nur noch dann als ein akzeptabler Wohnstandort, wenn Industriebetriebe noch im

näheren Umland angesiedelt sind. Je weiter sich die Industriestandorte in Randzonen der Verdichtungsräume verlagern, desto unumgänglicher wird auch eine Verlagerung des Wohnstandortes in die Nähe der Produktionsstätten.
Dabei stößt die einkommensschwächere Nachfrage auf ein häufig noch recht junges und teures Wohnungsangebot in den Suburbs, das als Zugangssperre angesehen werden kann. Werkswohnungsbau und eine öffentliche Förderung des Wohnungsneubaus, gleichsam als staatliche Infrastrukturvorleistung für neue Betriebsansiedlungen, können die vom wohnstandorttheoretischen Optimum abweichende Trennung von kernstädtischen Wohnungsmärkten und suburbanen Arbeitsplatzangeboten teilweise mildern. Besonders betroffen sind jene gesellschaftlichen Schichten, die sich am unteren Ende der sozialen Rangskala befinden und wegen ungenügender Berufsqualifikation auf das «sekundäre Arbeitsmarktsegment» [108)] mit unsicheren Erwerbschancen, fehlenden Aufstiegsmöglichkeiten und besonders niedrigen Einkommen angewiesen sind. Sie können der industriellen Reservearmee zugerechnet werden, in extremer Weise angewiesen auf ein preisgünstiges Wohnungsangebot in räumlicher Nähe zum Arbeitsmarkt, um jederzeit wieder auf dem Arbeitsmarkt zur Verfügung zu stehen. Für sie entwickeln sich die traditionellen Wohnstandorte in den innerstädtischen Miethausquartieren tendenziell zu einer Falle, die sie von den suburbanen Arbeitsmärkten abschneidet.

2. Die Suburbanisierung des tertiären Sektors folgt zum Teil zeitlich der Bevölkerungsabwanderung. Insbesondere der Einzelhandel und verbrauchernahe Dienstleistungen lassen sich an Punkten des suburbanen Wohnsiedlungsgefüges nieder, wo sie einen großen Absatzmarkt oder Einzugsbereich vermuten können. Die Verlagerung des Großhandels ist dagegen unmittelbar mit der Verlagerung der Industrie verbunden. Verwaltungen von Konzernen und Bürobetriebe orientieren sich teils am vorhandenen suburbanen Arbeitskräftepotential, teils am Ausbaustand der Infrastruktur und den gegenüber der Kernstadt niedrigen Bodenpreisen. In den alten Kernstädten kommt es gleichzeitig zu einer weiteren Spezialisierung des tertiären Sektors auf kommunikative und organisatorische Funktionen mit einer entsprechenden Umschichtung im Arbeitsplatzangebot: Verlangt werden in zunehmendem Maße hochqualifizierte und hochbezahlte Spezialisten für Managementfunktionen, bestimmte Dienstleistungen (Rechtsanwälte), Forschung, Lehre usw. In den Suburbs konzentrieren sich dagegen immer mehr ehemals rein städtische Funktionen, wodurch wiederum die Wohnortwahl der Bevölkerung beeinflußt wird.
3. Die Reorganisation des gesamten gewerblichen Standortgefüges begünstigt insgesamt das Entstehen einer polyzentrischen Gliederung mit lokalen Zentren, überörtlichen Subzentren und den Ausbau alter Kernstädte zu regionalen und überregionalen Zentren. Vorteile aus dem Umbau der gewerblichen Standortsystematik ziehen vor allem die Mittel- und Oberschichten, deren Spielräume sich im Hinblick auf die Wohnstandortwahl erweitern (Suburb versus Kernstadt):

- Die Suburbanisierung von Arbeitsplätzen bietet vielen Haushalten, die in monozentrischen Stadtregionen lange Anfahrtwege aus den Suburbs zu ihren kernstädtischen tertiären Arbeitsplätzen hinnehmen mußten, nun eine Kombination von suburbanem Wohnkomfort mit einem Versorgungs- und Arbeitsplatzangebot, das bisher den großen Städten vorbehalten war. In den Suburbs lassen sich jetzt die Annehmlichkeiten vorstädtischen Wohnens mit einem städtischen Arbeitsplatzangebot und leicht erreichbaren Einkaufs- und Dienstleistungszentren verbinden.
- Im Gefolge der Entindustrialisierung, des abflauenden Zustroms von Arbeitsimmigranten und des nachlassenden Expansionsdrangs tertiärer Betriebe entstehen gleichzeitig Freiräume für eine Umgestaltung des kernstädtischen Raumes zugunsten des Wohnens. Wer in der Kernstadt beschäftigt ist und eine Familie mit Kindern hat, wird wahrscheinlich weiterhin suburbane Wohnformen vorziehen, diese aber möglicherweise näher am Zentrum verwirklichen können als in der Vergangenheit. In den hochverdichteten kernstädtischen Altbauvierteln dürften dagegen vorwiegend kleine und kinderlose, im Zentrum beschäftigte Haushalte wohnen wollen.

9.2 Die Kernstadt in einem polyzentrischen Siedlungsgefüge

Im Gegensatz zu monozentrischen Stadtregionen wird die Kernstadt nun ein, wenn auch hervorgehobener, Bezugspunkt im Spektrum der in der Region verteilten Subzentren. Nimmt man die Pendlerbilanzen zum Maßstab für die Bindungen der einzelnen Ortschaften untereinander, so war in den Vereinigten Staaten schon im Verlauf der 60er Jahre zu beobachten, daß nicht nur das Pendlervolumen zwischen den Umlandgemeinden zugenommen hat, sondern auch eine wachsende Zahl von Kernstadtbewohnern gezwungen war, zu ihren suburbanen Arbeitsplätzen zu pendeln. Birch meint, langfristig werde in den Großstädten der USA ein Punkt erreicht, an dem ein größerer Teil der städtischen Bevölkerung darauf angewiesen ist, zu seinem Arbeitsplatz in den Suburbs zu fahren als umgekehrt.[109] Welche Erscheinungsformen nimmt nun die Auflösung der traditionellen Hierarchie zwischen Kernstadt und Umland in beiden Raumtypen der Stadtregion an?

a) Gestalt der Suburbs

Obwohl auch im Umland ökonomische Kräfte eine räumliche Ballung von Gewerbebetrieben (Bürostädte, Gewerbegebiete) und von Einrichtungen des Einzelhandels und personenbezogener Dienstleistungen (Einzelhandels- und Dienstleistungszentren) begünstigen, kann dennoch nicht mit einer Umgestaltung der Siedlungsstruktur zu einer Vielzahl verkleinerter Abbilder der Kernstadt gerechnet werden. Vor allem ist nicht zu erwarten, daß diese Zentren immer auch Mittelpunkte verstädterter Wohngebiete werden. Vom lokalen Absatzmarkt unabhängige Betriebe (Industrie, Verwaltungen) haben im Gegensatz zu Urbanisierungsphasen der

Vergangenheit keine besondere Affinität mehr zu den Wohnsiedlungszonen, sie verlangen lediglich eine gute Verkehrsanbindung und ihren Ansprüchen genügende Infrastruktureinrichtungen. Einkaufs- und Versorgungseinrichtungen müssen ebenfalls nicht zwingend inmitten von Wohnsiedlungen liegen. Die auf der «grünen Wiese» an Kreuzungspunkten des regionalen Verkehrssystems zwischen mehreren Siedlungsschwerpunkten angelegten Märkte belegen dies anschaulich. Die Verstädterung der Suburbs wird schon aus diesen Gründen nicht jene für alte Großstädte typischen Standortmuster eines Beschäftigungsmittelpunktes im Zentrum mit einer sich anschließenden transitorischen Zone, einer Wohnzone der ärmeren Bevölkerung und schließlich einer Einfamilienhauszone der Mittel- und Oberschichten reproduzieren.
Die vom Muster alter Städte abweichende innere Gliederung der suburbanen Siedlungsschwerpunkte läßt sich am einfachsten an Hand der bereits diskutierten Bodenpreis-Distanz-Funktion nachzeichnen. Diese wird, angesichts sich fortsetzender Suburbanisierung von Gewerbe und Bevölkerung, gegenüber dem Preisniveau in der Kernstadt aufholen: Wohnboden wird teurer, weil der Nachfragedruck zunimmt und die Wohnungssuchenden in den Suburbs Arbeitsplätze sowie ein Dienstleistungs- und Konsumgüterangebot vorfinden, das sie von der Notwendigkeit zahlreicher Pendelfahrten ins Zentrum der Kernstädte befreit. Einzelhändler können als Folge des wachsenden Absatzmarktes und verbesserter Umsatzerwartungen ihre Rentengebote erhöhen[110)], so daß an Standorten von Einkaufszentren auf der «grünen Wiese» oder von Subzentren in kleineren und mittleren Städten sich Bodenpreis/renten-Spitzen herausbilden, ohne indes die in den Zentren alter Kernstädte erzielbaren Höhen zu erreichen. Ein Faktor, der die Subzentrenbildung beschleunigen oder verzögern kann, ist das Verkehrssystem der Region. Nach Böventer spielt vor allem seine Ausrichtung eine entscheidende Rolle: Ein radiales Verkehrssystem stärkt die Position der Kernstadt, ein ringförmiges unterstützt die Subzentrenbildung und die Interaktion zwischen diesen.[111)] Wegen negativer Verkehrsexternalitäten bei Fahrten in die Kernstadt wird dann ein wachsender Teil von Aktivitäten in die Suburbs gezogen und nur noch Aktivitäten, die hochgradig zentralisiert sind, zum Anlaß für Pendelfahrten in die Kernstadt genommen. Im allgemeinen sind die frühen Phasen der Suburbanisierung begleitet vom Ausbau eines radialen Verkehrssystems, wodurch sich zunächst die wechselseitigen Beziehungen zwischen beiden Teilräumen festigen können. In späteren Entwicklungsperioden, wenn der Bedarf an Beziehungen zwischen den suburbanen Gemeinden zugenommen hat, wird das achsiale System meist durch ein ringförmiges ergänzt, das einerseits die Verselbständigung der Suburbs reflektiert, andererseits diesen Prozeß selbst fördert.
Insgesamt erreichen Wohnen und Gewerbe nicht den in alten Kernstädten gewohnten Verdichtungsgrad. Es wird sich ferner nicht eine konzentrische Nutzungsverteilung um die suburbanen Zentren ergeben, was in den zu den Zentren nur schwach

ansteigenden Bodenpreisfunktionen zum Ausdruck kommt. Wegen des ausgeglicheneren Bodenpreisniveaus, das ja nur die weniger heftige Konkurrenz um bestimmte Flecken Grund und Boden reflektiert, verliert hier, mehr noch als in der Kernstadt, die Substitutionsbeziehung zwischen Zentrumsnähe und eines weiter vom Zentrum entfernten größeren Bodenflächenverbrauchs an Wirksamkeit, so daß sich die räumliche Nutzungshierarchie in eine scheinbar willkürliche Nutzungsverteilung auflöst. Die von mir bereits an anderer Stelle erläuterte wachsende Freiheit bei der Wohnstandortwahl aufgrund gestiegener Einkommen und verbesserter Transport- und Kommunikationsmöglichkeiten erfährt durch die räumliche Dezentralisierung des Gewerbes und mit ihr des Arbeitsmarktes im suburbanen Raum eine zusätzliche Unterstützung. Zentripetale und zentrifugale Kräfte treten hier nur schwach in Erscheinung, und es bestätigt sich in der Preisstruktur des Bodens eine insgesamt wachsende Variabilität der Standortverteilung aller Nutzungsarten. Diese Beobachtung macht bereits Boustedt bei einem Vergleich von Großstädten mit Mittel- und Kleinstädten, wenn er feststellt, «während bei Kleinstädten (. . .) nur sehr bedingt von einer sozialräumlichen Differenzierung in verschiedene Sektoren bzw. homogene Zonen die Rede sein kann, nehmen die Mittelstädte im Hinblick auf den Grad der sozialräumlichen Gliederung und damit der Ausbildung von homogenen Teilbereichen eine Übergangsstellung ein.»[112] Natürlich lassen sich auch hinter der scheinbaren Regellosigkeit des suburbanen Siedlungsgefüges Gesetzmäßigkeiten entdecken:

- In besonders präferierten Wohngegenden, z. B. landschaftlich reizvollen Lagen, kann die Konkurrenz um das relativ knappe Bodenangebot die Rentengebote hochtreiben und dadurch sozial selektive Mechanismen zur Wirkung bringen.
- Wohnen in unmittelbarer Nähe der Subzentren, das einem Einkaufsfahrten usw. erspart, läßt sich in den Suburbs leichter als in den Kernstädten mit einer weitläufigen Grundstücksnutzung kombinieren. Ähnlich wie in vorindustriellen Städten – nun allerdings unter völlig veränderten Rahmenbedingungen – können die bemittelten Gruppen in den suburbanen Siedlungsschwerpunkten ein vom Zentrum ausgehendes soziales Gefälle erzwingen. In den USA, inzwischen aber auch in der Bundesrepublik Deutschland, üben kleine und mittelgroße Städte wahrscheinlich auch aus diesem Grund eine starke Anziehungskraft aus, vor allem, wenn sie Arbeitsplätze und Versorgungseinrichtungen in ausreichender Zahl und Qualität bieten.
- Die ärmere Bevölkerung, ethnische Minoritäten (ausländische Arbeiter) usw. werden, sofern sie überhaupt Zugang zu den Suburbs haben, in einem solchen System der Raumnutzung nicht mehr in den transitorischen Zonen (die hier fehlen) und in sich anschließenden Arbeiterwohnvierteln (die hier ebenfalls fehlen) wohnen, sondern nach außen in Wohnungsmarktnischen abgedrängt, deren Angebot wegen der ungünstigen Lage oder nicht bedürfnisgerechter Bauformen sonst keine Abnehmer mehr fände. Sie finden insbesondere in den auch im Um-

land gebauten Geschoßwohnungsbeständen ein Unterkommen oder müssen in abgelegene Wohnlagen an den Rand des Verdichtungsraumes ausweichen, wo sie sich, unterstützt durch die öffentliche Wohnungsbauförderung, ein Eigenheim zulegen.[113)]

b) Reorganisation des kernstädtischen Wohnsiedlungsmusters

Die für die suburbanen Siedlungsschwerpunkte typischen Siedlungsmuster können sich in den alten Kernstädten wegen der begrenzten Wandlungsfähigkeit des vorhandenen Bestandes, insbesondere wegen der ökonomischen Immobilität des vom baulichen Bestand repräsentierten Kapitalstocks, nur modifiziert durchsetzen. Aus der Umgestaltung der gesamten Stadtregion ergeben sich gleichwohl auch hier Bedingungen einer neuen räumlichen Nutzungsverteilung.

Stagnation und Schrumpfung der gewerblichen Basis schaffen Dispositionsspielräume für anderweitige Nutzungsmöglichkeiten, primär für eine Rückgewinnung der von diesen Sektoren nicht mehr benötigten Flächen für die Wohnnutzung oder wohnungsnahe Infrastruktur. Hiervon betroffen sind zum einen die alten Gewerbegebiete des sekundären Sektors (Industrie), meist im Osten der Städte, für die neue Nutzungsweisen gefunden werden müssen, zum anderen die sog. transitorischen Zonen in den City-Randgebieten. Diese Gebiete verloren während der Phase städtischen Wachstums zusehends an Attraktivität, teils weil sie im Vorfeld einer Umnutzung dem Verfall preisgegeben wurden und mit Übergangsmietern belegt wurden, teils weil die expandierende City einen Ausbau des Verkehrssystems zugunsten ihrer besseren Erschließung verlangte. Gebäudeabrisse für Straßenverbreiterungen, Belästigungen durch Verkehrslärm und Abgasimmissionen folgten unausbleiblich aus dieser Form des Stadtumbaus. Heute bestehen dagegen in den ehemals transitorischen Zonen Optionen für eine Rekonstruktion zu Wohngebieten für meist gehobene Ansprüche oder zu Einrichtungen exklusiver Konsum- und Kulturangebote. Ähnlich wie in den suburbanen Zentren können die im Geschäftszentrum Beschäftigten in relativer Nähe zu ihren Arbeitsplätzen ihren Wohnstandort wählen. Eine derartige Option ergibt sich auch aus dem bereits beschriebenen Tatbestand, daß die Kernstadt als Wohnort für qualifizierte Arbeiter ebenso wie für die auf den «sekundären Arbeitsmarkt» angewiesenen Personen an Lagegunst verliert. Wie die transitorische Zone verlieren nun auch die alten Arbeiterwohngebiete partiell ihre Funktion als Wohnbezirke für einkommensschwache Gruppen. Die städtischen Mittelschichten breiten sich in diesen Quartieren aus, soweit der vorgefundene Bestand an Wohngebäuden und Infrastruktur sich zu vertretbaren Kosten ihren Wohn- und Lebensbedürfnissen anpassen läßt. Es zeichnet sich eine ähnlich unregelmäßige räumliche Verteilung der gesellschaftlichen Gruppen wie in der verstädterten suburbanen Siedlungszone ab: Als Konsequenz der Aufwertung kernstädtischer Wohnviertel werden die in der Stadt verbleibenden ärmeren Schichten in periphere Lagen abgedrängt.

Werden der Kernstadt Bevölkerung und Beschäftigte entzogen, können die verbliebenen Bewohner ihren durchschnittlichen Wohn- und Bodenflächenverbrauch ebenfalls ausdehnen. Die Einwohnerzahl pro Bodenflächeneinheit kann abnehmen (vgl. Tab. 10), was für die weitere Stadtentwicklung sowohl Vor- als auch Nachteile mit sich bringen kann: In bezug auf den Gebrauchswert des kernstädtischen Raumes scheint es vorteilhaft, wenn die verfügbare Wohn- und Freifläche auf eine kleinere Zahl von Stadtbewohnern verteilt wird. Die Stadtbewohner können in den vorhandenen Beständen allmählich auseinanderrücken und ihre Ansprüche an Wohnfläche und Wohnumfeld besser befriedigen als in der Vergangenheit. Gleichwohl dürften die spezifischen Wohnumfeldqualitäten der Suburbs sich wegen der vorhandenen hohen Bebauungsdichte und des Geschoßwohnungsbestandes nicht realisieren lassen, die Besonderheiten der historischen Gegebenheiten bei den Bewohnern also eine Affinität zu den traditionellen städtischen Wohnweisen voraus-

Tabelle 10

Bevölkerungs- und Industriedichte in Stadtregionen (1971–1982)

	Einwohnerdichte E/km²	*absolute Veränderung gegenüber dem Vorjahr*						
	1981	*1971*	*1973*	*1976*	*1978*	*1980*	*1981*	*1982*
Regionen mit großen Verdichtungsräumen								
Kernstädte	2 185	−7,1	−21,8	−33,8	−16,4	−4,7	−8,1	−17,4
Hochverdichtetes Umland	436	8,1	6,5	5,2	2,8	3,1	1,5	−0,6
Sonstiges Umland	166	2,7	2,1	0,5	0,8	1,2	0,7	0,1
	Beschäftigte i. d. Industrie je km²	*absolute Veränderungen gegenüber dem Vorjahr*						
	1981	*1971*	*1973*	*1976*	*1978*	*1980*	*1981*	*1982*
Regionen mit großen Verdichtungsräumen								
Kernstädte	314	−6,3	−3,8	−11,2	−4,9	0,4	−8,2	
Hochverdichtetes Umland	54	−0,1	−0,4	−1,0	0,1	0,7	−1,5	
Sonstiges Umland	14	0,1	0,3	−0,3	0,0	0,2	−0,3	

Quelle: Laufende Raumbeobachtung der BfLR

setzen. Vorteilhaft dürfte sich ferner auswirken, daß die vom Verkehr ausgehenden Belastungen aller Voraussicht nach langfristig nachlassen werden, wenn nämlich im Gefolge der Dezentralisierung von Arbeitsplätzen der Arbeitsplatzüberhang der Kernstädte abgebaut wird und die im tertiären Sektor des Zentrums Beschäftigten nahe ihren Arbeitsplätzen wohnen, bzw. die für die vergangene Stadtentwicklungsphase typische Standortkonstellation einer weiträumigen Trennung von Wohnen und Arbeiten abgebaut werden kann.
Freilich stellt sich nun die Frage, ob angesichts abnehmender Einwohnerdichte den Kernstädten genügend ökonomisches Potential erhalten bleibt, um das dargestellte positive Bild auch in die Realität umzusetzen. Jeder abwandernde Haushalt entzieht der Kernstadt Kaufkraft und dem Wohnungssektor ökonomische Regenerationskraft, die sich in Bodenrentengeboten manifestieren könnte. Damit sich die kernstädtischen Wohnviertel regenerieren können, müssen also die Verluste an Einwohnern durch Einkommenssteigerungen der verbliebenen Haushalte überkompensiert werden. Andernfalls werden sich Desinvestitionstendenzen verstärken oder nur einige Teilregionen der Kernstadt erneuert.
Der zur Zeit von einer mobilen kaufkräftigen Gruppe, insbesondere von Ein- und Zweipersonenhaushalten getragene Erneuerungsboom scheint zwar eine außerordentliche Regenerationsfähigkeit der alten Städte zu belegen, doch wird eine solche Einschätzung von den politischen Instanzen nur bedingt geteilt. In wohnungs- und stadtentwicklungspolitischen Studien wird durchweg die Hypothese untermauert, daß eine Aufwertung kernstädtischer Wohnlagen auf Dauer nur durch Abbau von Qualitätsdefiziten im Wohnumfeld, durch eine öffentliche Förderung der Bestandserneuerung, durch Lösung des Problem der negativen externen Effekte des Autoverkehrs und durch eine Umgestaltung des zentralen Bereichs zu einem Ort gehobenen Konsum-, Kultur- und Dienstleistungsangebots gesichert werden kann. Unisono verbreiten heute kernstädtische Kommunalpolitiker ihre Forderungen nach Umwandlung nicht mehr benötigter Gewerbebauten in Wohnungen, Verlagerung störender Betriebe zugunsten des Wohnens. Die Betonung des Wohnens als einer dominanten städtischen Nutzungsart und die Bemühungen, die städtischen Wohnbedingungen zu verbessern, z. B. durch Entlastung des Wohnumfeldes, die Schaffung von Erholungs- und Kultureinrichtungen, reflektieren eine neue Orientierung der Stadtentwicklungspolitik auf die Wohnansprüche der mittleren und oberen Einkommensschichten.

IV. Wohnungsbestand und Stadtentwicklungspolitik

10. Stadtentwicklungspolitische Bezugspunkte einer Reorganisation des Wohnsiedlungsgefüges

Alte Stadtregionen sehen sich vor Schwierigkeiten gestellt, ihr Siedlungsgefüge, insbesondere das des Wohnungssektors, veränderten technischen und sozialen Anforderungen anzupassen. Wie bereits dargestellt wurde, besteht ihr Problem darin, in den historisch gewachsenen und sich nur allmählich verändernden Beständen die Auflösung traditioneller Standortbeziehungen mit einer Reorganisation des Siedlungsmusters zu beantworten, die veränderten Ansprüchen von Haushalten und des Gewerbes genügt. Das materielle Erbe, ökonomische, soziale und politische Gegebenheiten (z. B. die administrative Territorialgliederung) können sich dabei als so hinderlich erweisen, daß jüngere, geschichtlich weniger belastete Städte den größten Teil neuer Wachstumsimpulse auf sich ziehen und die alten Stadtregionen ins Hintertreffen geraten. Aufgrund der beherrschenden Stellung der Bestände vollzieht sich der Wandel alter Städte nur in langen zyklischen Wellen, d. h. mit großer Zeitverzögerung gegenüber konkurrierenden jüngeren Städten. Ungeachtet ihrer momentanen Regeneration wird in der stadtpolitischen Diskussion deshalb die Notwendigkeit betont, den Regenerationsprozeß mit allen nur erdenklichen Mitteln zu stabilisieren, um rechtzeitig der Gefahr eines ökonomischen Niedergangs und einer sozialen Verelendung zu begegnen.[1)] Staatliche Politik hat sich in diesen Stadtregionen damit auseinanderzusetzen, daß

1. sich Nutzungsveränderungen heute in erster Linie innerhalb des gewachsenen Gebäude- und Infrastrukturbestandes vollziehen, wobei «all buildings are vulnerable to change of use since the capitalization of structure and facilities which bind a building to a location do not similarly bind a particular user to the location»[2)];
2. nach einer Phase räumlicher Dispersion von Haushalten und wirtschaftlichen Aktivitäten in den Kernstädten das wirtschaftliche Potential zum Umbau und zur Erneuerung städtischer Wohnquartiere nur noch geringfügig wachsen kann und damit die Gefahr einer Nichtanpassung bzw. einer langen Anpassungsverzögerung in städtischen Teilgebieten zunimmt;
3. für die Ansässigen der Umbau des Bestandes härtere Konsequenzen mit sich bringt als das wirtschaftliche und räumliche Wachstum von Städten und folglich insbesondere bei ärmeren Stadtbewohnern eine hohe Akzeptanzschwelle gegenüber dem Wandel erwartet werden kann.

Stellt sich staatliche Politik diesen drei Problemen, dürfte aber auch klar sein, daß die hier anstehenden Aufgaben sich nicht mehr den klassischen staatlichen Handlungsfeldern, allgemeine Rahmenbedingungen für den Wohnungsmarkt und die Stadtentwicklung zu setzen, die privaten Verkehrsformen zu verrechtlichen, durch

Bauvorschriften und Flächennutzungsregelungen die Interessen des «Gemeinwohls» zu sichern, zuordnen lassen, sondern ein erweitertes staatliches Engagement verlangen. In der für alte kapitalistische Städte völlig neuen historischen Lage, sich auf einer tendenziell stagnierenden wirtschaftlichen Basis reorganisieren zu müssen, werden über das reine rahmensetzende staatliche Handeln hinaus gezielte Interventionen in die Tauschbeziehungen, die Kapitalverwertungsbedingungen und das Wohnstandortverhalten verlangt. Nur so können Stagnationstendenzen im ökonomischen Reproduktionsprozeß überwunden werden und soziale Konflikte des städtischen Wandels reguliert werden.

Eine vertiefte Untersuchung konkreter Stadtentwicklungspolitiken müßte mit dem Modus staatlicher Entscheidungsfindung und Politikformulierung beginnen, da sich die ökonomischen Funktionserfordernisse nicht linear in staatliche Handlungsziele umsetzen und der Staat auch nicht als quasi autonome Instanz zweckrational, z.B. auf der Basis von Kosten-Nutzen-Kalkülen, sein Handeln konzipieren kann. Dieses wird ihm vielmehr, vermittelt über gesellschaftliche Kräfteverhältnisse, von Klassen und Gruppen aufgezwungen, so daß es nicht stimmt, wenn Baumol, bezugnehmend auf grundlegende Trends der Transformation amerikanischer Großstädte, feststellt: «It is within the limits imposed by these constraints that we are free to act in a way that contributes to social welfare.»[3)] Eine solch detaillierte Ableitung konkreter Politiken kann hier nicht geleistet werden. Im folgenden beschränke ich mich auf eine Darstellung ökonomischer und sozialer Problemfelder des städtischen marktvermittelten Anpassungsprozesses, soweit sie zu Bezugspunkten staatlichen Handelns geworden sind. Darauf aufbauend werden Strategien und Steuerungstechniken des Siedlungswandels in bundesdeutschen Großstädten behandelt. Ein besonderes Augenmerk gilt den konkreten Handlungsmustern in folgenden wohnungs- und stadtentwicklungspolitischen Handlungsfeldern:

1. Da es sich bei der Wohnung um einen Gegenstand handelt, der unter bestimmten ökonomischen Bedingungen, vor allem in Abhängigkeit vom Zustand des Kapitalmarktes, produziert und in Analogie zum fixen Kapital erhalten und erneuert werden muß, liegt eine politische Aufgabenbestimmung darin, Hemmnisse und Friktion in den Produktions-, Bestanderhaltungs- und Erneuerungsprozessen zu überwinden und für eine gleichgewichtige Entwicklung zwischen der Bauwirtschaft und dem allgemeinen Wirtschaftsprozeß zu sorgen.
2. Wohnungen, einschließlich der wohnungsbezogenen Infrastruktur und des Wohnumfeldes, sind Konsumgüter, gehen also in die persönliche Reproduktion ein und bedürfen zur individuellen Aneignung eines gesellschaftlichen Güterverteilungssystems. Der Wohnungsmarkt als ein dem System privatwirtschaftlicher Versorgung angemessener Allokationsmechanismus regelt nun allerdings die Verteilung der Wohnungen unter die Nutzer im wesentlichen nach dem Prinzip der zahlungsfähigen Nachfrage, d.h. nach den gesellschaftlich ungleich verteilten Chancen, am Markt aufzutreten. Zur Sicherung des sozialen Friedens kann

es deshalb notwendig sein, in die Verteilungsmodalitäten einzugreifen und extreme Formen einer Ungleichversorgung abzuschwächen.

3. Schließlich vollzieht sich, wie bereits eingehend dargestellt wurde, die Produktion, Verwertung und Nutzung der Wohnungen im Raum. Gesetzmäßigkeiten der Kapitalverwertung und Determinanten der Nachfrage, vor allem eine ungleiche Einkommensverteilung und ein ungleicher sozialer Status der Haushalte gehen gleichermaßen in die Bestimmung der Wohnformen und Wohnstandorte ein. Staatliche Interventionen speziell auf dieser Ebene sind notwendig, um eine chaotische Raumentwicklung zu unterbinden und räumlichen Ungleichgewichten vorzubeugen.

Alle drei Handlungsebenen bilden in der Realität eine Einheit und, gleichgültig an welchem Punkt die staatliche Politik interveniert, beeinflußt sie immer die Totalität des gesamten städtischen Wohnungssektors, dessen innerer Zusammenhang sich äußerlich über die Wohnungs- und Immobilienmärkte herstellt. Aus methodischen Gründen werde ich die beiden Kreisläufe, die Reproduktion des im Wohnungsbestand gebundenen Kapitals und die Reproduktion der Arbeitskraft, in diesem Untersuchungsabschnitt trotzdem getrennt betrachten: Zuerst den Wohnungssektor als Medium der Kapitalverwertung und alle daraus auch in räumlicher Hinsicht entstehenden Probleme, dann in seiner Funktion als Konsum- oder Gebrauchsgutsektor mit einem Wohnungsangebot ganz bestimmter Qualität und Standorteigenschaften.

10.1 Ökonomische Immobilität städtischer Wohngebiete

Die Immobilität des Bestandes, hier zunächst einmal an Gebäuden und der vergleichsweise rasche Wandel städtischer Standortanforderungen sind eine beständige Quelle ungleichgewichtiger Wohnsiedlungsentwicklung: Es wurde bereits erläutert, warum das wirtschaftliche Wachstum und die räumliche Expansion der Städte die alten Wohngebiete zwischen dem Zentrum der Städte und den Neubaugebieten an der Peripherie gleichsam übersprungen hat, sich also die Wachstumszonen räumlich immer weiter in das Umland der Kernstädte hinausgeschoben haben und den kernstädtischen Wohnzonen es schwerfällt, Investitionspotential und zahlungskräftige Bewohner zurückzugewinnen. In den Großstädten der Bundesrepublik Deutschland ist dieses Phänomen diskontinuierlicher Anpassung städtischer Wohngebiete vor allem für die Wachstumsphase der 60er und die erste Hälfte der 70er Jahre belegt, als Wohnungsneubau vom Standpunkt des Kapitals gegenüber dem Bestand höhere Renditen versprach und Reinvestitionen in den Bestand, wie überhaupt die Erneuerung alter Wohngebiete, vernachlässigt wurden. Für die staatlich-politischen Instanzen stellt sich angesichts solcher Diskontinuitäten die Frage, ob der Stadtentwicklungszyklus sich selbst überlassen bleiben soll, bis der Vorgang «of readjustment toward the new equilibrium»[4)] von selbst mit großer Zeitverzögerung einen Umbau der Städte und einen Austausch der Bevölkerung regelt,

so daß, wie Baumol bemerkt, «after a painful transition process cities will emerge significantly smaller but economically viable and even prosperous, with a more even balance of different income groups in its resident population»[5], oder ob man frühzeitig und vorbeugend in den Zyklus intervenieren soll.
Die schon in den frühen 60er Jahren einsetzende Diskussion über die Erneuerungsbedürftigkeit alter Stadtteile macht deutlich, daß man in der Bundesrepublik Deutschland nicht gewillt war, die ökonomische Stadtentwicklung bis zum Zyklusende treiben zu lassen. Man war vielmehr von vornherein bestrebt, im Sinne der raumordnungspolitischen Leitlinie, «gleichwertige Lebensbedingungen» in allen Teilräumen des Bundesgebietes zu verwirklichen[6], den Niedergang alter Kernstädte zu verhindern. Wenn dennoch konkrete Maßnahmen bis in die 70er Jahre auf sich warten ließen, so lag dies sicher an den noch drängenderen quantitativen Versorgungsdefiziten im Wohnungssektor. Sich in den 70er Jahren in den Kernstadtgebieten verschärfende Verfallstendenzen und sich abzeichnende sozialräumliche Segregationsprozesse, die sich immer deutlicher in einer räumlichen Ballung von Abnutzungsmietern in den ökonomisch niedergehenden Wohnungsbeständen und in einer Verlagerung von einkommenstarken Verbrauchern in die äußeren Teile der Stadtregion zeigten, darüber hinaus erste Sättigungserscheinungen auf den Wohnungsmärkten, haben dann aber zu einem geradezu hektischen Kurswechsel in der Stadtentwicklungs- und Wohnungspolitik geführt: All die genannten, sich für die Städte negativ auswirkenden Entwicklungen wurden nun als Erscheinungsformen eines die Existenz der Städte an der Wurzel bedrohenden Trends aufgefaßt, dem man mit Maßnahmen der Stadt- und Wohngebietserneuerung entgegentreten müsse.[7] Die Bewahrung der Großstädte als ökonomische Zentren, kulturelle und soziale Mittelpunkte eines regionalen oder gar überregionalen Beziehungsgeflechts, sei es durch Ausbau der Verkehrsverbindungen, die das Zentrum zum Verkehrsknotenpunkt der Region machen (vgl. München, Frankfurt), sei es durch eine Aufwertung des Erscheinungsbildes des Zentrums und die Schaffung von kulturellen und sozialen Identifikationspunkten, mit denen wieder die bürgerlichen Mittelschichten an die Kernstadt gebunden werden sollen[8], bildet die eine Seite der Stadtentwicklungspolitik. Auf der anderen Seite erhält nun auch die Wohngebietserneuerung gegenüber der Siedlungsexpansion einen bevorzugten Rang, um durch qualitative Verbesserungen in den städtischen Wohnzonen den Prozeß sozialer Erosion zu stoppen und ökonomisches Potential (Kaufkraft) zu halten.
Es mag sein, daß eine solche inhaltliche Schwerpunktsetzung der Stadtpolitik getragen ist von der Sehnsucht, vergangene historische Zustände in den Städten wiederherzustellen; in ihren Auswirkungen dürfte sie aber eher den analysierten Prozeß der Umgestaltung und Spezialisierung zum Dienstleistungs- und Kulturzentrum sowie der sozialen «Erneuerung» unterstützen. Regionalpolitisch kann ihre Funktion darin gesehen werden, den sich selbst tragenden Prozeß der selektiven Bevölkerungsabwanderung, des Kapitalabflusses und, in Grenzen, auch der Zersiedelung

des Umlandes abzuschwächen; ferner zu verhindern, daß der Niedergang der Kernstädte erst dann zum Stillstand kommt, wenn, ähnlich wie in alten Großstädten der USA, die räumliche Dispersion einen Boden- und Gebäudepreisverfall in den Zentren bewirkt hat und baulicher Verfall und Wohnungsleerstand sich ausbreiten.

a) Stadterhaltung durch Begrenzung des Stadtwachstums

Phänomene des Stadtwachstums und des Niedergangs der Kernstädte hängen unauflöslich zusammen: Wie vom Filtering-Modell dargestellt wird, kann eine Aufstockung des Wohnungsbestandes im suburbanen Raum, wenn sie über die in einer Stadtregion vorhandenen Wohnungsnachfrage hinausschießt, Mieten und Preise im kernstädtischen Bestand unter ein kostendeckendes Niveau bei normalem Erhaltungsaufwand drücken. Verfallprozesse werden in den Altbaubeständen beschleunigt, weil der sog. «ratchet effect» zum Neubau komplementäre Wohnungsabgänge verhindert. Die Eigenart des Wohnungsbestandes, zwar relativ leicht durch Neubau wachsen, aber nur unbedeutend schrumpfen zu können, bewirkt bei starker Angebotsvermehrung eine relativ rasche Entwertung der Bestände, ohne indes an ihren Standorten Ersatzwohnungsbau anzuregen. Dieses Phänomen legt es nahe, politische Maßnahmen gegen ein ungezügeltes Wachstum der suburbanen Siedlungszone zu ergreifen, die indirekt städtische Altbauquartiere vor einer allzu raschen Alterung und Entwertung bewahren könnten.
Eine an den regionalen Wohnungsmarktverhältnissen orientierte Politik könnte versuchen, Marktzustände zu stabilisieren, die im Gegensatz zu den zyklischen Marktbewegungen eine Kontinuität bei der Wohnraumproduktion garantiert, bei der immer genügend Nachfragepotential für innerstädtische Nachbarschaften erhalten bleibt.[9] Eine Balance zwischen suburbaner Expansion und Erhaltung alter Bestände könnte z. B. durch Begrenzung der Baulandausweisung und entsprechende Maßnahmen in der Bauleitplanung geschaffen werden, was allerdings die Gefahr einschließt, «that such limits would deflect potential growth of the entire metropolitan area either to locations beyond the growth limits or to other metropolitan areas altogether.»[10] Ähnliche Effekte lassen sich auch mit der Infrastrukturpolitik erzielen, der es vor allem mit dem Mittel der regionalen Verkehrsplanung gelingen kann, die Suburbanisierung zu fördern oder zu bremsen.[11] Allerdings gilt auch hier, daß restriktive Maßnahmen in einer Region eine Abwanderung in besser erschlossene Verdichtungsräume anregen und die wirtschaftliche Entwicklung der weniger gut erschlossenen behindern würde. Auch die zentralstaatliche Wohnungsbauförderung (Eigenheimförderung und Förderung des freifinanzierten und sozialen Wohnungsbaus) ließe sich, wenn auch die regionalen Besonderheiten außer acht lassend, zur Regulierung der regionalen Dezentralisierungsprozesse einsetzen. Das Ziel dieser und möglicher anderer Maßnahmen wäre es, eine kompaktere Nutzung der Stadtregionen zu erzwingen und die Suburbanisierung auf eine Befriedigung der Erweiterungsnachfrage zu beschränken.

In der aktuellen offiziellen wohnungspolitischen Diskussion wird der Substitutionsbeziehung zwischen den Investitionssphären im Neubau und Bestand ein hoher stadtentwicklungspolitischer Stellenwert beigemessen. Für die Bundesrepublik schlagen Arras u. a. sogar ein nach Phasen der Stadtentwicklung, nach regionalen Besonderheiten und jeweils aktuellen Wohnungsmarktbedingungen abgestuftes Eingehen auf die Komponenten Neubau und Bestand vor, dessen Grundstruktur sich an den Stadtentwicklungsphasen, wie sie in der folgenden Matrix angedeutet sind, orientieren sollte.

Phasen	*Neubaupolitik*	*Bestandspolitik*
Phase I Wachstum oder Urbanisierung	Höchste Priorität	Geringe Priorität
Phase II Stagnation oder Suburbanisierung	Hohe Priorität	Hohe Priorität
Phase III Schrumpfung oder Disurbanisierung	Geringe Priorität	Höchste Priorität

Wohnungsneubau habe z. B. in der Phase der städtischen Wachstums höchste Priorität, während in einer schrumpfenden Stadtregion eine Priorisierung der Neubaupolitik im allgemeinen der Problemsituation nicht mehr angemessen sei und höchstens zeitweilig gegen «sozial verdrängende Formen der Bestandsverbesserung»[12] wie Anfang der 80er Jahre wieder in den Vordergrund rücken könne.
Die Substitutionsbeziehung zwischen den beiden Komponenten Neubau und Bestand erlaubt es nun aber auch, die Entwicklung der Stadtregion von der Bestandsseite her zu beeinflussen. Dem Neubau kann Investitionspotential entzogen werden, wenn es gelingt, die ökonomische Attraktivität einer Investition in die Bestände gegenüber dem Neubau zu steigern. Theoretisch läßt sich also die «trade-off»-Beziehung zwischen suburbanem Wachstum und der Revitalisierung der Kernstadt durch eine Prioritätsverschiebung von der einen zur anderen Seite beeinflussen, doch wäre es vor dem Hintergrund der standorttheoretisch begründeten Suburbanisierung illusionär zu glauben, eine Regulierung des Stadt-Umland-Verhältnisses könne den Suburbanisierungstrend stoppen oder gar umkehren. «Rather it should try to offset the undesirable consequences of this process, and remedy injustices arising from it.»[13] In der Praxis haben sich die wohnungs- und stadtentwicklungspolitischen Prioritäten denn auch eher vor dem Hintergrund bereits eingetretener neuer Marktgegebenheiten verschoben. So erhielt Mitte der 70er Jahre die Bestandspolitik Priorität, als Leerwohnungshalden allgemeine Marktsättigungser-

scheinungen im Sektor des Geschoßwohnungsbaus und eine mangelnde Rentabilität des Mietwohnungsneubaus signalisierten. Entscheidungsbestimmend für den Schwerpunktwechsel waren nicht nur regionale und stadtentwicklungspolitische, sondern auch volkswirtschaftliche Gesichtspunkte. Wachstumspolitisch schien es angebracht, die Kontraktionsvorgänge in der Bau- und Wohnungswirtschaft durch die Förderung von Nachfrage- und Investitionspotential in jenen städtischen Zonen, von denen man glaubte, hier habe sich ein Investitionsbedarf aufgestaut, zu überspielen.[14)]

Sollte es gelingen, das Verhältnis von Kernstadt und suburbanem Raum auszubalancieren und dadurch den Niedergang kernstädtischer Wohnviertel abzubremsen, bleiben dennoch die auf der Erscheinungsebene des Marktes nur als Symptome behandelbaren Probleme einer Reorganisation der Stadtregionen ungelöst. Ökonomisch betrachtet spiegeln sich in den Verfalls- und Entwertungserscheinungen alter Kernstädte ja nicht so sehr Marktungleichgewichte, als vielmehr Anpassungswiderstände des Bestandes gegen die im Vergleich zu früher dispersen Wohnsiedlungsstrukturen. Entwicklungshemmend können vor allem die folgenden ökonomischen Determinanten wirken:

- die besonderen Kosten einer Transformation des Bestandes und die vergleichsweise geringen Steigerungsraten auf der Ertragsseite,
- das Externalitätenproblem zwischen privaten Grundstücksnutzungen und
- negative externe Effekte des Wohnumfeldes und der öffentlichen Infrastruktur.

Die bestandsorientierte Nachfrage der 70er und 80er Jahre mag die negative Wirkung dieser Determinanten zeitweilig überspielen. Indes bleibt auch unter günstigen Bedingungen der Anpassungswiderstand des Bestandes in vielen alten Stadtteilen erheblich. Über die Herstellung einer innerregionalen Wohnungsmarktbalance hinaus sind deshalb massive Interventionen in den Verwertungsprozeß der Bestände vielfach unumgänglich.

b) Beschleunigung der Nutzungsanpassung durch staatliche Subventionierung von Transformationskosten und Erträgen

Die verminderte Anpassungsflexibilität des städtischen Wohnungsbestandes, d.h. die Unfähigkeit des Kapitals, die von ihm selbst geschaffenen Strukturen *kontinuierlich* veränderten Nutzungsanforderungen anzupassen, weist auf die ökonomische Barriere hoher Anpassungskosten, die aber zugleich auch ein Ausdruck der wirtschaftlichen Schwäche des Veränderungsimpulses ist. Das war nicht immer so: «In Deutschland wie auch in anderen europäischen Ländern hat es in der zweiten Hälfte des vorigen Jahrhunderts eine gewaltige Erneuerungswelle gegeben, bei der ganze Wohnquartiere, vornehmlich aus der Biedermeierzeit, abgerissen und neu aufgebaut wurden. (. . .) Gemeinde und Staat, wenn sie überhaupt Einfluß nahmen, beschränkten sich auf die Festsetzung von Baufluchten. Grundstückseigentümer und Unternehmer konnten diese Erneuerung durch die wesentlich höhere

Ausnutzung der Grundstücke nicht nur finanzieren, sondern damit sogar erhebliche Gewinne machen.»[15] Heute erscheint es höchst unwahrscheinlich, daß die vorhandenen Städte von einer ähnlichen Investitionswelle überrollt werden könnten. Die Grundtendenz der Stadtentwicklung läßt eher eine Verminderung des Ausnutzungsgrades der städtischen Grundstücke erwarten, und selbst wenn die Mittelschichten wieder in die alten Städte zurückdrängen, reicht ihre Kaufkraft doch in aller Regel nicht für einen grundlegenden Umbau der gesamten alten Stadt, ähnlich dem der ersten Gründerwelle des letzten Jahrhunderts, aus. Die Tendenz zu eher dispersen Siedlungsstrukturen, d.h. zu schrumpfenden Einwohnerzahlen, läßt günstige wirtschaftliche Regenerationsbedingungen nur noch in Teilen des Stadtgebietes entstehen, und Aufwertungsdruck mit stadtstrukturellen Konsequenzen geht nur noch vom tertiären Gewerbe aus, sofern es sich zu Lasten des Wohnens auf dem städtischen Grund und Boden ausbreitet.
Es wurde bereits ausführlich abgeleitet, daß Ersatz- und Modernisierungsinvestitionen ökonomisch immer erst dann durchführbar sind, wenn der auf den Kalkulationszeitpunkt diskontierte Barwert der Nettoeinnahmen der Investitionsalternative größer oder gleich dem Barwert der Nettoeinnahmen der bisher verfolgten Nutzungsstrategie einschließlich der Transformationskosten, z.B. des Werts abgerissener Bauteile, der Kosten für die Wiedernutzbarmachung des Grundstücks und des Ersatzwohnungsbaus ist. In den Wohnungsmarktzusammenhang gestellt beinhaltet dieses Theorem folgendes: Solange eine Transformation bebauter innerstädtischer Wohnlagen in bezug auf Qualität, Kosten und Erträge nicht mit dem suburbanen Neubau konkurrieren kann, wird man die in ihrer Wohnungswahl flexiblen Mittelschichten schwerlich in den Städten halten können. Bei einer hohen Kapital/Bodenintensität bleibt in den dicht überbauten kernstädtischen Wohnquartieren die Reinvestitionsneigung solange schwach, wie die Entwertung des Bestandes noch nicht weit genug fortgeschritten ist.
Dieser Prozeß kann mit Hilfe staatlicher Subventionen abgekürzt bzw. künstlich beschleunigt werden. Es müßte nur ein Teil der Transformationskosten als unrentierlich behandelt werden und aus öffentlichen Mitteln bezahlt werden. Oder es müßten, was im Ergebnis auf dasselbe hinausläuft, mit öffentlicher Unterstützung die Erträge aus Reinvestitionen aufgebessert werden. In der Stadterneuerungspraxis kommen beide Subventionsformen vor: Sanierungsprogramme übernehmen neben den Kosten der Sanierungsvorbereitung (Planungskosten) vor allem Kosten sog. Ordnungsmaßnahmen, d.h. der Bodenordnung, des Umzugs von Bewohnern und Betrieben, die Kosten der Beseitigung baulicher Anlagen, den Wert vernichteter Bausubstanz, also Kosten, die entstehen, um Grundstücke für eine Neubebauung zu erschließen.[16] Im Falle der Modernisierung und Instandsetzung von Gebäuden fällt ein Teil dieser Kosten weg, weil auf aufwendige Ordnungsmaßnahmen verzichtet werden kann. Aber auch für diese Form der Erneuerung von Wohnquartieren gibt es staatliche Förderungsmittel. Ganz allgemein gesagt, dient auch die Moderni-

sierungs- und Instandsetzungsförderung der Deckung von Kosten, die in Mieterträgen (noch) kein Äquivalent finden können. Es können auch bei dieser Variante entweder unrentierliche Kosten vom Staat übernommen werden, wie es z. B. das Städtebauförderungsgesetz vorsieht.[17)] Es kann aber auch auf der Ertragsseite angesetzt werden und bei gegebenen Kosten mit öffentlichen Subventionen die Ertragssituation der Investoren aufgebessert werden, z. B. mittels steuerlicher Abschreibungsregelungen des Einkommenssteuerrechtes.
Die Modernisierung und der Umbau von Beständen werden insbesondere durch aufgestaute Instandsetzungskosten gehemmt. Instandsetzungen erzeugen keine unmittelbare Wertverbesserung, sie sind aber zur Erhaltung alternder Bestände unverzichtbar und erzeugen nicht selten den Löwenanteil der bei Maßnahmen im Bestand entstehenden Kosten. Bleibt öffentliche Hilfe aus, werden folglich Bestände, deren Erneuerungsbedarf am größten ist, von den Investoren gemieden. Selbst unter den günstigen Reinvestitionsbedingungen zu Beginn der 80er Jahre wirkte der in manchen Quartieren aufgestaute Instandsetzungsbedarf als Investitionsbarriere. Je schlechter schließlich ein Quartier in seinen Lagequalitäten eingeschätzt wird, desto niedriger sind auch Bodenpreise und Rentenpotentiale, die Reinvestitionen anregen könnten. Meist fallen deshalb eine schlechte Wohnlage und ein schlechtes Wohnumfeld mit Instandhaltungsmängeln zusammen (alte Arbeiterwohnviertel), die gemeinsam nur mit Hilfe massiver staatlicher Subventionen abgebaut werden können. Umstritten ist in solchen Quartieren allerdings, ob man den Bestand noch einmal instandsetzen und modernisieren oder nicht lieber gleich zum Mittel einer durchgreifenden Sanierung greifen soll.

c) Überwindung negativer Marktexternalitäten zwischen Grundstücksnutzungen
Externe Effekte der Wohnbodennutzung können sich als ein zusätzliches, schwer überwindbares Hindernis für die Wiederaufwertung städtischer Wohngebiete erweisen. Mit dem Begriff externe Effekte wird zum Ausdruck gebracht, daß die einzelnen Markt- und Wirtschaftssubjekte bei dezentralen Entscheidungsstrukturen Effekte erzeugen, die von ihnen nicht kontrollierbar sind, bzw. ihnen bei derartigen Entscheidungsstrukturen nicht angerechnet werden können. Das Wesen dieser Effekte besteht darin, «daß eine Person A, indem sie einer Person B gegen Bezahlung Dienste leistet, zugleich auch anderen Personen (die selbst solche Dienste nicht leisten) Vorteile oder Nachteile verschafft, und zwar dergestalt, daß von den begünstigten Parteien keine Zahlungen zu erhalten sind, während die geschädigten Parteien keine Kompensationszahlungen erhalten.»[18)] Die Nichtkontrollierbarkeit dieser Effekte im Marktsystem kann zum Versagen des Preismechanismus führen, weshalb «im Bereich der Marktwirtschaft die Theorie der Externalitäten gleichbedeutend (ist) mit einer Theorie des Marktversagens, die jene Klassen von Effekten identifiziert, die nur schwer oder überhaupt nicht über den Preismechanismus internalisiert werden können.»[19)]

Auf Wohnungsmärkten macht sich dieses Externalitätenproblem aufgrund von Nachbarschaftseffekten zwischen privaten Grundeigentümern nun permanent bemerkbar, denn der Gebrauchswert einer Wohnung ist nicht nur von ihrer internen Qualität bestimmt, sondern auch von den Qualitäten der Nachbarbestände und vom sozialen Status der Bewohner benachbarter Bestände. Für die Stadtentwicklungspolitik werden diese für räumlich zersplittertes Eigentum typischen externen Abhängigkeiten zum Bezugspunkt notwendiger Korrekturen des Marktverhaltens potentieller Investoren, um zu verhindern, «daß im Vergleich zum kollektiven Optimum entweder zuwenig oder zuviel Aktivitäten einer bestimmten Art produziert werden.»[20] Marktexternalitäten können z. B. städtische Wohnungsteilmärkte in eine kumulative Abwärtsbewegung ziehen: Schränken einzelne Hauseigentümer Instandhaltungsmaßnahmen ein, um dadurch in einer noch relativ guten Nachbarschaft Extraprofite zu erzielen, so bedenken sie meist nicht, daß ab einem bestimmten Punkt über die Nachbarschaftsbeziehungen andere Hauseigentümer ebenfalls zu einer Desinvestitionsstrategie angeregt werden, da sie sonst möglicherweise das Gewinnstreben der ersteren mit eigenen Gewinneinschränkungen erkaufen müßten. Verschlechtert sich die Qualität der Wohnungen, kommt es zum Austausch der Bevölkerung, was wiederum die Haus- und Grundeigentümer zu weiterer Investitionszurückhaltung veranlaßt. Für das hier behandelte Problem der Regeneration alter Viertel ist eine andere Marktkonstellation von noch größerer Wichtigkeit: Im Rahmen der marktwirtschaftlichen Rationalität unterbleibt eine Umkehrung des Abwertungstrends solange, wie jeder isolierte Erneuerungsschritt nicht gleichzeitig mit Lageverbesserungen und Grundrentensteigerungen verbunden ist, d. h. die übrigen den Nachbarschaftscharakter mitprägenden Eigentümer sich zurückhalten und folglich der Pionierinvestor für seine Risikobereitschaft mit einer unterdurchschnittlichen Rendite bestraft wird. Im Ergebnis wird ungeachtet der subjektiven Interessen der Eigentümer, bei allen Attentismus erzeugt. Jeder hofft, der Nachbar möge die Rolle des Pionierinvestors übernehmen, um selbst später nachzuziehen, wenn die positiven Nachbarschaftseffekte in steigenden Bodenrentenpotentialen ihren Niederschlag gefunden haben und das Investitionsrisiko geringer erscheint. Es entsteht jene, plastisch als «prisoner's dilemma» umschriebene Entscheidungssituation.[21]

Praktisch lassen sich negative externe Effekte nur schwer quantifizieren im Sinne einer Differenz zwischen dem makro- und mikroökonomischen Nettoprodukt.[22] Negativen externen Effekten in einem Wohnviertel können positive in anderen, z. B. den Neubauvierteln am Stadtrand oder in den bereits von einer kumulativen Aufwertung erfaßten Altbauvierteln gegenüberstehen, so daß zwar innerhalb einer Nachbarschaft das «kollektive Optimum» nicht erreichbar ist, die städtischen Wohnlagen für sich betrachtet auch aus diesem Grunde suboptimal genutzt sind, die unterschiedlichen Niveaus der Bodenverwertung sich gleichwohl insgesamt ausgleichen können. Wenn sich die Effekte zu null saldieren – Kosten-Nutzen-Analysen haben dies weder bestätigen noch widerlegen können – wird man folglich nicht von allgemeiner Suboptimalität der Nutzung des städtischen Raumes sprechen können, sondern von allokativen Verzerrungen: Externe Effekte tragen zur räumlichen Polarisierung der Wohnungsmärkte bei, fördern die räumliche Segregation der Gesellschaft nach einkommensmäßigen und schichtenspezifischen Kriterien und begünstigen einen übermäßigen Bodenflächenverbrauch bzw. eine räumliche Ausbreitung der Stadt, wie sie bei integrierter Entscheidungssituation nicht entstehen könnte. Ferner werden externe Erträge und Kosten (social benefits und costs) erzeugt, die sich ungleich im Raum verteilen und in bestimmten Regionen – bisher in den Suburbs – wohnungswirtschaftliche Aktivitäten begünstigen, während sie in anderer – bisher in den Kernstädten – das Investitionsniveau herabdrücken. Zwischen dem Umland und den Kernstädten wäre eine Investitionskoordinierung notwendig, wie ich sie bereits vorher angedeutet habe, nun aber, um die durch Marktexternalitäten bedingten allokativen Verzerrungen der Bodenverwertung abzuschwächen. Weil der Mechanismus privater Entscheidungen dies in der Regel nicht leistet, ist der Staat als ideeller Gesamtkapitalist gefordert: «Only appropriate governmental decicions or services can take the external effects into account and provide the framework within which the decisions of individuals who constitute the community will produce results consistent with the general welfare.»[23)]

Klammern wir die Möglichkeit einer direkten Beeinflußbarkeit der suburbanen Entwicklung aus, und beschränken wir uns auf die innerstädtischen Gebiete, wo aufgrund negativer externer Effekte die Wiederaufwertung behindert wird, läßt sich das Problem auf die politische Fragestellung eingrenzen, mit welcher Strategie Rahmenbedingungen geschaffen werden können, die die privaten Grundeigentümer veranlassen, das Erneuerungs- und Revitalisierungsziel zu internalisieren. Die Problemstellung ist nicht zu verwechseln mit dem Problem der «unrentierlichen Kosten», auch wenn beide häufig kumulativ ihre entwicklungshemmende Wirkung entfalten. Es handelt sich hier darum, die Nachbarschaftsbeziehungen so zu beeinflussen, daß Anstöße für einen sich möglicherweise selbst tragenden Aufwertungsprozeß gegeben werden. Drei mögliche Vorgehensweisen bieten sich hierfür an:

1. Eine staatlich organisierte Koordination der Eigentümerentscheidungen: Hierzu zählen «persuasive» Formen der Koordination, Beratungsdienste, «Clearingstellen» usw. zur Senkung des Informationsrisikos und zur Koordination zwischen dem staatlichen und privaten Handeln; ferner Planfestsetzungen für ein Gebiet, flankiert von Zwangsinstrumentarien (Gebote und Verbote), wie sie z. B. im Bundesbaugesetz als Möglichkeit vorgesehen sind.[24)]
2. Ökonomische Anreize für Pionierinvestoren in Form von monetären Transfers zur Risikominderung: Öffentliche Subventionen (Zuschüsse, zinsgünstige öffentliche Darlehen, Bürgschaften) dienen hier nicht der Anhebung der allgemeinen Investitionsbereitschaft, sondern als Initialzündung eines sich später mög-

licherweise selbst tragenden Erneuerungsprozesses. Je ungünstiger die nachbarschaftlichen Rahmenbedingungen für Reinvestitionen sind, desto risikoreicher wird das Vorhaben eines Pionierinvestors und desto weniger wirksam sind reine Koordinationsmaßnahmen. Eine Anreizförderung wird im allgemeinen nur solange für notwendig befunden, wie soziale Kosten der negativen externen Effekte entstehen, also nur während der ersten Phase des Erneuerungsprozesses. Eine Fortsetzung in der zweiten Phase würde nur Mitnehmereffekte bzw. redistributive Renten, ausgedrückt in künstlich gesteigerten Bodenpreisen, zur Folge haben.

3. Aufkauf zusammenhängender Areale innerhalb einer Nachbarschaft durch einen privaten Eigentümer oder den Staat, der die Grundstücke an investitionswillige Privatpersonen oder Gesellschaften weiterveräußert: Der sicherste Weg, marktbedingte Blockaden einer Wohngebietserneuerung zu durchbrechen, könnte darin bestehen, das fragmentierte Grundeigentum in der Hand möglichst weniger Träger zu zentralisieren, also Entscheidungseinheiten zu schaffen, die in der Lage sind, die externen Effekte zu integrieren. Allerdings sind die Durchsetzungsrisiken einer solchen Strategie besonders groß, wie die nach diesem Prinzip aufgebaute Berliner Stadtsanierung belegt. Rothenberg nennt, Erfahrungen früher amerikanischer Sanierungsprojekte verarbeitend, auch die Gründe des Scheiterns derartiger Strategien: «The process of assembly is a sequence of bilateral monopoly confrontations, with each potential seller eager to squeeze out the full amount of profit to be obtained from the assembler's integrated decision making. The result for the latter is a very high cost in both time and money – a formidable obstacle when the number of necessary transactions is large.»[25)]

Welche der drei Alternativen sinnvoll anzuwenden ist, steht allerdings nicht im Belieben der staatlichen Instanzen, sondern hängt nicht zuletzt von den konkreten Ausgangsbedingungen innerhalb einer Nachbarschaft und dem geplanten Ausmaß der Erneuerung ab: Wird ein Umbau des Stadtquartiers beabsichtigt, kann eine Voraussetzung der Erwerb von zusammenhängenden Bodenflächen sein; besteht die Handlungsmaxime in der Erhaltung vorhandener Bausubstanz und Stadtstrukturen, können Koordinierungsverfahren und Anreizstrategien ausreichend erscheinen. Erwähnt sei auch, daß abhängig vom Erneuerungstyp unterschiedliche Kapitalfraktionen zum Zuge kommen. Für die durchgreifende Erneuerung werden meist kapitalkräftige Investoren (Wohnungsbaugesellschaften) herangezogen, die auch über die notwendigen organisatorischen Kapazitäten verfügen: In den ersten Jahren der Stadtsanierung waren primär gemeinnützige Wohnungsbaugesellschaften Träger des Erneuerungsverfahrens, die in dieser Aufgabe einen Ersatz für die auslaufenden Großprojekte an der Peripherie der Städte sahen. Bleibt dagegen die alte Bau- und Stadtstruktur erhalten, erscheint der Kleineigentümer mit seinen nicht nur von kurz- und mittelfristigen Rentabilitätsüberlegungen geprägten Anlagekalkülen (Vermögensanlage und Sicherung einer Quelle für die Altersrente) der geeignetere Träger.

d) Abbau negativer externer Effekte der öffentlichen Infrastruktur

Beim bisher diskutierten Typ externer Effekte handelt es sich um anomale Marktreaktionen, um Störungen in den Angebots- und Nachfragebeziehungen und bei den staatlichen Maßnahmen überwiegend um eine Ergänzung des Marktmechanismus, die Verzerrungen in der räumlichen Allokation von Wohnungsbaukapital abschwächen soll. Nicht kontrollierte Effekte können aber auch durch staatliches Handelns selbst erzeugt werden. Scharpf meint, innerhalb des öffentlichen Bereichs tritt das Externalitätenproblem immer dann auf, wenn der Zuständigkeitsbereich einer Entscheidungseinheit enger begrenzt ist als das tatsächlich von der Entscheidung positiv oder negativ betroffene Kollektiv.[26)] Dies gilt auch für jene Investitionen und Leistungen, die einzelwirtschaftlich unterbleiben, weil sie nicht rentabel sind oder unter Rentabilitätsgesichtspunkten nicht kontinuierlich bereitgestellt werden, z. B. für alle als öffentliche Güter erbrachten infrastrukturellen Vorleistungen.

Unbeabsichtigte Nebenwirkungen infrastruktureller Vorleistungen bleiben in der wissenschaftlichen Diskussion als Problem meist ausgeblendet. «So existieren neben dem einheitlichen und eleganten Theoriegebäude der Wohlfahrtsökonomie nur unvollkommene Theoriefragmente einer ökonomischen Theorie des Staatsversagens.»[27)] Von der Infrastrukturtheorie werden investive Vorleistungen zugunsten der privaten Wirtschaft als unverzichtbar sowohl für eine Maximierung des privaten Nettoproduktes als auch für die Optimierung des Nettosozialproduktes angesehen, doch steht der Staat, wie Krischausky und Mackscheidt hervorheben, wie jeder andere institutionelle Mechanismus zur Produktion und Verteilung von Gütern vor dem Problem, das Angebot mit den Präferenzen ihrer potentiellen Nutznießer in Übereinstimmung zu bringen, bzw. Niveau und Struktur der öffentlichen Leistungen so zu gestalten, daß die damit verbundenen Finanzierungslasten auch von der Gesellschaft akzeptiert werden.[28)] Die Autoren sind der Meinung, endogene Mechanismen für diesen Anpassungsprozeß seien zwar im System des politischen Wettbewerbs angelegt, diese könnten aber gegenüber der beschränkten Eigendynamik des politischen Systems nur verzögert zur Entfaltung kommen (mangelnde Steuerungseffizienz des Systems staatlicher Hierarchie)[29)]. Eine ähnliche staatliche Problemerzeugungstendenz läßt sich auch für den Wohnungssektor nachweisen, der einerseits von raumgestaltenden und raumverändernden Infrastrukturinvestitionen positiv beeinflußt wird[30)], andererseits aber auch unter den negativen externen Effekten staatlichen Handelns leidet. Im Hinblick auf die hier diskutierte Regeneration innerstädtischer Wohngebiete tritt die begrenzte Leistungsfähigkeit bzw. Allokationseffizienz staatlichen Handeln in zwei typischen Fallsituationen exemplarisch in Erscheinung.

Die erste Problemgruppe entsteht dadurch, daß die geplanten und gebauten physischen Strukturen zwar noch dem jeweils zum Planungs- und vielleicht noch Entstehungszeitpunkt registrierten Anspruchsniveau entsprechen, aber schon nach wenigen Jahren in Widerspruch zu den aktuellen Bedürfnissen der Konsumenten und Nutzer geraten. Ein bekanntes Beispiel einer solchen nicht auf die wechselnden und sich differenzierenden Bedürfnisse eingehenden Bauleit- und Infrastrukturplanung jüngeren Datums sind die Hochhaussiedlungen der 60er Jahre, in denen sich die Disharmonie zwischen öffentlich gefördertem Angebot und gesellschaftlichen Ansprüchen zu vertiefen scheint. Über die städtebaulichen Strukturen kernstädtischer Altbauquartiere aus der Gründerzeit schließlich sind mehrere Wellen der Stadtentwicklung hinweggegangen: Sie widersprechen heute vielfach nicht nur in ihrer endogenen Qualität, sondern auch in ihrem Wohnumfeld (Straßenraum, Parkanlagen, Angebot sozialer Infrastruktur usw.) den Wohnansprüchen. Beide städtebaulichen Strukturen, das Erbe aus der Gründerzeit wie die Ergebnisse des zweiten Wohnungsbooms der letzten Jahrzehnte, sind hinsichtlich ihrer Gestalt und Infrastruktur von Einseitigkeiten geprägt, die sich nachträglich nur unter größten Schwierigkeiten korrigieren lassen. In den alten Arbeiterquartieren und Innenstadtrandzonen gelten die hohen Bebauungsdichte, das Fehlen von Frei-, Spiel- und Grünflächen als negative Wohnumfeldmerkmale. In den neueren Großwohnanlagen tragen demgegenüber die Monotonie des Wohnumfeldes und die fehlenden Aneignungsmöglichkeiten der Wohnumgebung sowie das begrenzte Infrastrukturangebot zu einer Minderbewertung solcher Wohnanlagen bei.
Eine zweite Problemerzeugungstendenz ergibt sich aus den sektoral widersprüchlichen Effekten staatlicher Infrastrukturpolitik bzw. aus der Vernachlässigung sektoraler Interdependenzen. Dies gilt insbesondere für die städtische Verkehrsplanung. Bis in die 70er Jahre war Verkehrsinfrastrukturpolitik vorwiegend wirtschaftsorientiert, ganz im Sinne des Postulats von Frey, wonach *Infrastrukturkonsuminvestitionen* zwar zu einem Nutzenstrom in der Zukunft beitragen könnten, aber die Produktionskapazitäten einer Volkswirtschaft nicht vergrößern, ja sogar zukünftiges Wachstum beeinträchtigen könnten.[31)] Konsequenz dieser Denkrichtung war, daß nicht nur die alten städtischen Wohngebiete vernachlässigt wurden, sondern die einseitige Festlegung infrastruktureller Maßnahmen auf eine Unterstützung wirtschaftlicher Zentrumsfunktionen zwar eine verkehrsmäßige Erschließung des Zentrums förderte, dadurch aber die Entwicklung der alten Wohnquartiere negativ beeinflußt wurde. Trotz der im Prinzip flächendeckenden Stadtplanung blieben die Effekte wachstumsorientierter Infrastrukturpolitik für diese städtischen Zonen im politisch-planerischen Kalkül lange Zeit weitgehend ausgeblendet. Die sektorale Schwerpunktsetzung der stätischen Infrastrukturpolitik mag zwar dem kernstädtischen tertiären Sektor Wachstumsimpulse vermittelt haben und die Stellung der Stadtzentren als wirtschaftliche Nervenzentren gestärkt haben, doch war die Kehrseite dieser Politik eine Kumulation negativer externer Effekte in

den städtischen Wohngebieten: ein Anwachsen der transitorischen Zone aufgrund des räumlichen Expansionsdranges von Zentrumsfunktionen, Lärm und Abgasemmissionen durch den Autoverkehr, Inanspruchnahme von Freiflächen, Bürgersteigen usw. durch den sog. «ruhenden Verkehr», zurückgehende Investitionsneigung im Bestand aufgrund unsicherer Zukunftsperspektiven und selektiver Fortzug von Haushalten. Die staatlich geförderten Verkehrsbaumaßnahmen haben also den Konflikt zwischen den Nutzungsansprüchen des Wohnens und eines auf das wirtschaftliche Zentrum bezogenen Individualverkehrs soweit zugunsten von Wirtschaftsinteressen zugespitzt, daß nun, da die kommunale Politik die Rolle der Kernstadt als Wohnort wiederzuentdecken beginnt, realisierbare Konzepte gesucht werden, die geeignet sind, den Individualverkehr wieder aus den Wohnvierteln zu verdrängen.

Eine nachträgliche Umgestaltung des öffentlichen Infrastrukturangebots – Rückbau von Verkehrsanlagen, Versuche, Frei- und Grünflächen zu erweitern – stößt, wie der Umbau des Wohnungsbestandes selbst, auf erhebliche Widerstände und ist äußerst kosten- und zeitintensiv. Die Probleme alter Städte, ihren ökonomischen und sozialen Reproduktionsprozeß auf dem alten Stadtgrundriß erfolgreich fortzusetzen und ihre noch größeren Schwierigkeiten, auch den Bestand öffentlicher Einrichtungen und Anlagen veränderten privaten Konsum- und Verwertungsbedürfnissen anzupassen bzw. die von den Ergebnissen der Infrastrukturpolitik ausgehenden negativen externen Effekte zu integrieren, erklärt auch die Diskussion um eine neue Stadtentwicklungs- und Infrastrukturpolitik: Nach Pfeiffer müsse man von der Vorstellung Abstand nehmen, der von privater und öffentlicher Seite geschaffene Bestand an Stadtteilen könne nach einer Abschreibungs- und Nutzungsfrist von 80 bis 100 Jahren abgerissen werden; es seien vielmehr Stadtgrundrisse zu planen, die dauerhaft für sich wandelnde Wohnbedürfnisse nutzbar seien. «Daraus folgt, daß flexible, offene, gleichzeitig aber auch 'starke' und leicht einsehbare Stadtfiguren gefunden werden müssen, in denen immer wieder neue Bedürfnisse Platz haben. Wir müssen einfache und robuste Grundmuster entwickeln, die einen festen Rahmen für den einzelnen Investor abgeben und nicht allzu häufig variiert werden.»[32)] Solche Einsichten liefern zunächst einmal der Stadterweiterungspolitik Anregungen und tragen nur insofern zur Lösung der Bestandsprobleme bei, als sie besagen, daß eine rabiate Umgestaltung vorhandener Stadtgrundrisse nach starren politisch-planerischen Leitbildern Gefahr läuft, selbst wieder neue Fehlentwicklungen auszulösen und es möglicherweise sinnvoller ist, einen Kompromiß zwischen dem Ist- und Sollzustand zu schließen.

Kompromisse scheinen auch geboten, weil es undenkbar ist, Stadtgrundrisse wie in einem «Lego-Spiel» ab- und wiederaufzubauen. Wo dies punktuell im Rahmen der Stadtsanierung versucht wurde, stieß man nicht nur auf erhebliche soziale, ökonomische und fiskalische Widerstände, sondern zeigte man sich meist auch unfähig, eben jene, von Pfeiffer angesprochenen variablen Stadtfiguren zu erzeugen. Vor welchen Problemen andererseits eine Kompromißfindung heute steht, mag folgendes Beispiel belegen: In zentrumsnahen Wohnlagen folgt die Wohnbebauung in ihrer Gestalt und in ihrem funktionalen Bezug noch traditionellen Stadtgrundrissen, die den Straßenraum nicht nur als Verkehrsraum definieren, sondern, vorindustriellen Lebensmustern folgend, auch als öffentlichen Kommunikationsraum. Wohngebäude sind in diesen städtischen Zonen in der Regel zur Straße orientiert, es herrscht Blockrandbebauung vor, weil die zur Straße gewandte Seite noch der Repräsentation diente, während umgekehrt die dem Hof zugewandten Wohnungen oder Wohnungsteile in bezug auf das Wohnumfeld als minderwertig galten. Zum einen wegen der Verkehrsemmissionen, zum anderen wegen der Zerstörung ursprünglich vorhandener sozialräumlicher Bezüge erfahren heute die ehemals repräsentativen, an Hauptverkehrsadern liegenden Wohngebäude einen Wertverfall, wenn sie sich nicht gerade für Büros usw. umnutzen lassen. Heute wäre eine Umorientierung des Wohnens zum Hof und Blockinnenbereich wohnwertverbessernd, nur läßt sich die unter anderen Prämissen entstandene städtebauliche Situation nicht einfach umbauen – weder das bestehende Verkehrssystem, noch das historische Erbe des Wohnungsbestandes.

10.2 Soziale Ungleichheit und disproportionale Wohnungsmarktentwicklung

Verflochten mit den Widerständen gegen eine kontinuierliche Erneuerung städtischer Wohnquartiere sind Gesetzmäßigkeiten, die das Verhältnis von Angebot und Nachfrage auf den Wohnungsmärkten, die Verteilung des Wohnungsbestandes regeln. Die Politik einer Regeneration städtischer Nachbarschaften berührt deshalb auch immer die räumliche Verteilung der in der Stadt lebenden sozialen Gruppen. Sie hat sich, gerade weil sie die Regenerationsgeschwindigkeit städtischer Nachbarschaften beschleunigt, unvermeidlich mit Wohnungsmarktverzerrungen, insbesondere mit dem Problem einer räumlichen Verdrängung von Stadtbewohnern auseinanderzusetzen. In großer Offenheit wird dieser Effekt der Stadterneuerungspolitik von amerikanischen Autoren diskutiert. Z. B. fordern sie, die Erneuerung absteigender Nachbarschaften «must be balanced with sensitivity to the resulting displacement of housholds»[33], wobei es nicht generell darum gehen könne, jedem Haushalt seinen derzeitigen Wohnsitz zu erhalten, sondern darum, die von Verdrängung Betroffenen vor ungerechtfertigten Belastungen zu schützen, zugleich aber auch die privaten Verfügungsrechte der Grundeigentümer über ihr Eigentum nicht zu sehr einzuschränken und die öffentlichen Haushalte vor einer Anspruchsflut zu bewahren. «This balanced approach recognizes that displacement und revitalization are inseparable; so policies concerning both must be formulated together.»[34] Verdrängung resultiert danach nicht nur aus den spektakulären «gentrification» Prozessen, aus einer Invasion finanzstarker Zuwanderer in eine Nachbarschaft, sondern auch aus der Form des «incumbent upgrading», bei der sich ansässige Bewohner zu Lasten anderer Ansässiger im Bestand einer Nachbarschaft ausbreiten. Deshalb

läuft jeder Versuch, Bewohnerverdrängung zu vermeiden, zwangsläufig darauf hinaus, die Wiederaufwertung zu verhindern und den vorgefundenen Zustand zu konservieren. Umgekehrt wird nun aber auch einsichtig, daß die vorhandenen Belegungsstrukturen des Bestandes zum Hindernis einer Erneuerung werden können und die öffentliche Stadterneuerungspolitik auf irgendeine Art und Weise die bestehenden Wohn- und Lebenszusammenhänge nicht nur tangiert, sondern destabilisieren muß, um erfolgreich zu sein.
Hintergrund dieses Widerspruchs zwischen der politisch geförderten Aufwertung und den Interessen der ansässigen Bewohner ist letztlich immer die soziale Ungleichheit bzw. die ungleiche Einkommensverteilung innerhalb der städtischen Gesellschaft. Geringe Kaufkraft und ein mangelndes Marktdurchsetzungsvermögen lassen ansässigen Bewohnern keine andere Wahl als sich passiv einer Aufwertung ihres Quartiers, d. h. einer Ausbreitung einkommensstärkerer Gruppen, zu widersetzen. Die Erneuerungspolitik sieht sich deshalb genötigt, mehr oder weniger explizit mit besonderen Maßnahmen auf die wohnungsmarktspezifischen Erscheinungsformen sozialer Disproportionen einzugehen, z. B. die Mobilität der Verdrängungsdruck ausgesetzten Bevölkerung zu unterstützen und soziale Härten aufzufangen. Sie kann keine einheitliche, soziale und ökonomische Probleme gleich behandelnde Strategie verfolgen. Voraussetzung hierfür wäre, daß die ökonomische Aufwertung von Beständen einher ginge mit einem simultanen sozialen und einkommensmäßigen Aufstieg der Quartiersbewohner. Selbst dann könnten nicht alle Ansässigen ihren Wohnstandort halten. Im relativ starren Wohnungsbestand könnte nur ein Teil von ihnen seine wachsenden Wohnflächenansprüche befriedigen.
Ein solcher Zwang zur Zweigleisigkeit politischen Handelns, zu einer den ökonomischen Wandel fördernden Politik und einer darauf abgestimmten, soziale Belange berücksichtigenden Wohnungspolitik, prägt nicht nur die gegenwärtige historische Phase der Stadtentwicklung. Betrachtet man die Geschichte kapitalistischer Städte, so zeigt sich in jeweils anderer Form immer wieder derselbe Widerspruch. In allen historischen Phasen sahen sich die staatlichen Instanzen früher oder später genötigt, Maßnahmen zur Milderung der gerade auch auf den städtischen Wohnungsmärkten zu Tage tretenden sozialen Gegensätze zu ergreifen.

a) Politische Antworten auf unterschiedliche historische Erscheinungsformen städtischer Wohnungsnot

Den drei wichtigsten Stadtentwicklungsepochen lassen sich thesenartig typische krisenhafte Wohnungsmarktlagen und politische Reaktionsmuster zuordnen, die sich folgendermaßen darstellen:
1. In der expansiven ersten Phase der kapitalistischen Stadtentwicklung wird mit der Wohnungskrise ein chronisches Ungleichgewicht im Verhältnis von Bevölkerungszuwanderung und Wohnungsproduktion vor dem Hintergrund hoher industrieller Wachstumsraten bezeichnet. Während der Gründerwelle im letzten Drittel

des 19. Jahrhunderts herrschte ein derart starker Bevölkerungsandrang in den alten Zentren, daß deren noch von früheren Produktionsweisen geprägte Versorgungskapazitäten total überlastet waren. Schon Engels beschreibt die Gesetzmäßigkeiten der mit der Industrialisierung entstehenden Wohnungsnot in seiner Schrift «Zur Wohnungsfrage» als Ergebnis heftiger, regelmäßig wiederkehrender industrieller Schwankungen, der Produktion einer Reservearmee von unbeschäftigten Arbeitern, die zusammen mit den Beschäftigten massenhaft in den Städten zusammengedrängt werden, «und zwar rascher, als unter den bestehenden Verhältnissen Wohnungen für sie entstehen, in der also für die infamsten Schweineställe sich immer Mieter finden müssen.»[35] Herrscht Wohnungsknappheit, blüht die Wohnungsspekulation, so daß in dieser historischen Epoche, angesichts eines nur begrenzt erweiterbaren Wohnungsangebots, die Mietpreise in astronomische Höhen getrieben werden können, wozu der «Hausbesitzer, in seiner Eigenschaft als Kapitalist, nicht nur das Recht, sondern vermöge der Konkurrenz, auch gewissermaßen die Pflicht»[36] hat. Mit Verzögerung konnten der Mietskasernenbau und später erste Versuche einer sozialen Wohnungspolitik eine gewisse Marktentlastung bewirken. Doch erst während der zweiten Gründerwelle nach dem Zweiten Weltkrieg gelang dem Staat, durch massive öffentliche Wohnungsbauförderung die genannten Asymmetrien zu mildern. Dank öffentlicher Transferleistungen als Ersatz für fehlendes Wohnungsbaukapital und fehlende Kaufkraft gelang es in der Bundesrepublik Deutschland, die mehr als in anderen Industriestaaten durch Kriegszerstörung und Flüchtlingsströme aufgestauten Wohnungsversorgungsprobleme relativ schnell zu bewältigen. Staatliche Wohnungspolitik bewährte sich in doppelter Hinsicht: Die Neubaumieten konnten durch Senkung der Zinslasten auf ein politisch akzeptiertes Maß (politische Miete) herabgedrückt werden, was auch ärmeren Haushalten den Zugang zum Neubaumarkt öffnete. Der bei privatwirtschaftlicher Wohnungsproduktion zwangsläufig entstehende «time-lag» der Anpassung von Angebots- und Nachfragemengen konnte ferner verkürzt werden, so daß die Bevölkerung insgesamt relativ erfolgreich vor der zerstörerischen Wirkung einer sich uneingeschränkt entfaltenden privaten Wohnungswirtschaft geschützt wurde und der privaten Wohnungs- und Bauwirtschaft gleichzeitig Wachstumsimpulse vermittelt wurden.

2. Vollkommen anders gelagerte Anpassungskonflikte können in der sich anschließenden Suburbanisierungsepoche entstehen. Ein Charakteristikum dieser Stadtentwicklungsperiode ist die wohnungsbedingte Abwanderung wohlhabenderer jüngerer Haushalte in das Umland der Städte, in deren Gefolge die kernstädtischen Wohnungsbestände unter ökonomischen Druck geraten und nun ärmere Zuwanderer anziehen. Typisch ist die veränderte Rolle der Kernstädte als Durchgangsstation für Zuwanderer und potentielle soziale Aufsteiger, aber auch als ein sich füllendes Sammelbecken für arme und marginalisierte Haushalte. Interregionale Zuwanderung und wohnungsorientierte Abwanderung in das Umland bedingen sich dabei gegenseitig.[37] Wohnungsnot äußert sich nun weniger in einem extremen Wohnungs-

mangel, als vielmehr in Tendenzen menschenunwürdiger Unterbringung in verfallenden innerstädtischen Quartieren, der Ghettoisierung und Diskriminierung sozial benachteiligter Haushalte. Soziale Sprengkraft erzeugt die Konzentration ärmerer Bevölkerungsschichten in ökonomisch niedergehenden städtischen Wohnzonen auch deshalb, weil das traditionelle Arbeitsplatzangebot der Industrie schrumpft und damit die wirtschaftliche Existenzbasis dieser Stadtbewohner tendenziell zerstört wird. Kaufkraftschwache Haushalte werden wegen ihrer Budgetrestriktionen und geringer Kreditwürdigkeit nicht selten, aller Standortlogik widersprechend, in die vergleichsweise preiswerten Altbaubestände der Kernstädte gesogen, wo ihnen kaum mehr ein Auskommen garantiert werden kann. In dem Maße, wie die Wohnungsmarktentwicklung in Widerspruch zum Arbeitsmarkt gerät, verschlechtern sich die wirtschaftlichen Aufstiegschancen für Zuwanderer, und es wächst die Gefahr einer Unterbrechung des Bevölkerungskreislaufs zwischen Kernstadt und Suburb, d.h. faktisch einer Degradierung der Kernstädte zum Wohnort einer Restbevölkerung, «in which society stores its impecunious members»[38], «incapable of upgrading or wholly unmotivated to achive it.»[39] In der Bundesrepublik Deutschland hat die soziale Polarisierung zwischen den Kernstädten und dem Umland bisher nicht derart zugespitzte Formen angenommen, u.a. weil sie von einer parallelen Revitalisierungstendenz überspielt wurde und weil der öffentlich geförderte soziale Wohnungsbau den Allokationsmechanismus privater Wohnungsmärkte korrigieren konnte. Gleichwohl lassen sich derartige Disproportionen und soziale Notlagen auch hier ausmachen. So zogen gerade in dem Moment besonders viele Ausländer in die städtischen Zentren, als wirtschaftlicher Strukturwandel und räumliche Standortverschiebungen der Industrie Arbeitsplätze in den dieser Gruppe zugänglichen Arbeitsmarktsegmenten vernichteten oder aus den Kernstädten abzogen.

Die in dieser Phase diskutierten und praktizierten stadtpolitischen Antworten sind freilich in aller Regel von Einseitigkeiten geprägt, die der Komplexität des Problems nicht gerecht werden. Beklagt werden die Binnenwanderungsverluste an einkommensstarken Bevölkerungsschichten, das Anwachsen des Ausländeranteils an der städtischen Wohnbevölkerung und der dadurch verursachte ökonomische Niedergang städtischer Wohnnachbarschaften. Die widersprüchliche Verteilung von Wohn- und Arbeitsplatzstandorten wird aber fast ausschließlich unter dem Gesichtspunkt der räumlichen Trennung zwischen den in die Suburbs abgewanderten Haushalte und ihren im Zentrum der Städte liegenden tertiären Arbeitsplätzen diskutiert. Entsprechend begrenzt sind auch die politischen Antworten: Noch heute zielen die Interventionen in den räumlichen Verteilungsmechanismus vorrangig darauf, die Abwanderung sozialer Aufsteiger zu bremsen und diese Gruppe zu bewegen, «to stop upgrading through movement to nearby suburbs, and to remain in the city to help its entire population move upward in place.»[40] Der Gefahr, daß die Städte zum Sammelplatz marginalisierter, armer und immobiler Bevölkerungsgruppen werden, soll also mit dem Versuch begegnet werden, die von der städtischen Wirtschaft erzeugten Aufsteiger zum Fokus einer eigenständigen städtischen Entwicklung zu machen. «Upgrading in place» anstelle von «upgrading through movement» sei der Schlüssel zur Unterbindung eines fortgesetzten sozialen und ökonomischen Auszehrungsprozesses in den Kernstädten. Nicht zufällig deckt sich dieser soziale Ansatz der Stadtentwicklungspolitik mit den wirtschaftspolitischen Interessen an einer ökonomischen Erneuerung sich entwertender Wohnungsbestände und Nachbarschaften: Soziale Stabilität und eine ausreichende Kaufkraft gelten geradezu als Voraussetzung für eine erfolgreiche Stadterneuerung.

3. Erfolge dieser Politik und autonome Trends einer Transformation der Städte, die zur Vernichtung von «blue collar and other entry-level jobs»[41)] führen, lassen das veränderte Grundmuster einer neuen Stadtentwicklungsperiode allmählich sichtbar werden. Eines der wesentlichsten Ergebnisse der sich wandelnden ökonomischen Basis ist zum einen der stark rückläufige Bedarf an gering qualifizierten Arbeitskräften, so daß die Städte mittel- und langfristig an Attraktivität für ärmere und schlecht ausgebildete Zuwanderer verlieren und mit der nachlassenden interregionalen Zuwanderung zum anderen auch der Impuls zur Suburbanisierung sich abschwächt: «No longer were potentially upwardly mobile households arriving to offset the departure of those moving to other neigborhoods.»[42)] Jetzt erst, da die wechselseitige Abhängigkeit von Zuwanderung und Suburbanisierung im Rahmen des wirtschaftlichen Stadtwachstums verloren geht, eröffnen sich Möglichkeiten für eine umfassende Integration des alten städtischen Bestandes in neue soziale Zusammenhänge – für eine Verbürgerlichung der Kernstädte.

Indes kann Politik in dieser historischen Stadtentwicklungsphase die neu entstehenden sozialen Widersprüche nicht mehr ignorieren: Wenn von ökonomischen Widerständen gegen eine Transformation der Städte gesprochen wurde, so bedeutet dies jetzt, daß nicht nur die baulichen Gegebenheiten sich dem Wandel widersetzen, sondern auch und vor allem, daß die soziale und räumliche Immobilität der noch ansässigen ärmeren Bewohner den Transformationsprozeß hemmt. Da Haushalte mit niedrigem Einkommen nur ihren existenznotwendigen Bedarf an Wohnraum befriedigen können, reagieren sie im Gegensatz zu mobilen einkommensstärkeren Gruppen weitgehend unelastisch auf Preissignale. Sie stehen deshalb in Quartieren, die von einer Aufwertungsbewegung erfaßt sind, unter massivem ökonomischen und sozialen Druck. Auch dieser Konflikt ist seinem Wesen nach Ausdruck ungleicher Einkommensverteilung und folglich ungleicher Reaktionsfähigkeit auf den Wohnungsmärkten.

Der Staat bzw. die kommunalen Instanzen sehen sich unter diesen Bedingungen auch aus legitimatorischen Gründen mehr oder weniger gezwungen, regulierend in die Austauschbeziehungen einzugreifen und die ökonomisch und sozial schwachen Haushalte vor den schlimmsten Auswirkungen einer Umverteilung des Wohnungsangebots zu schützen. Sie haben aber zugleich ein vitales Interesse daran, zur Stüt-

zung der ökonomischen Aufwertung von Nachbarschaften ihre Verdrängung zu fördern. Aus dieser Ambivalenz ihres Handelns ergibt sich praktisch die Notwendigkeit, den Erneuerungsprozeß so zu organisieren, daß einer Eskalation der sozialen Widersprüche bis zum offenen Konflikt vorgebeugt wird.[43)] Es kann sich z. B. als notwendig erweisen, die Erneuerungsgeschwindigkeit zeitweilig zu vermindern, den am Markt beteiligten Mobilitätshilfen zu gewähren oder bei der Wohnraumbeschaffung behilfreich zu sein; schließlich kann den betroffenen Familien öffentliche Unterstützung (Wohngeld u. ä.) für eine Teilnahme am Revitalisierungsprozeß zur Verfügung gestellt werden.
Die Schwerpunktverschiebung staatlicher Wohnungs- und Stadtentwicklungspolitik läßt sich für die verschiedenen historischen Phasen schematisch folgendermaßen zusammenfassen:

Abbildung 12

Sozialpolitische Schwerpunkte der Wohnungs- und Stadtentwicklungspolitik unter verschiedenen historischen Konstellationen

Phasen	*Kaufkraftschwache Bevölkerungsgruppen*	*Höhere Einkommensbezieher*
Phase I Wachstum oder Urbanisierung	*Abbau von Wohnungsmangel:* staatlich geförderter Wohnungsbau	
Phase II Stagnation oder ökonomischer Niedergang	*Notwendigkeit antizyklischer Politik:* Förderung von Erneuerungsinitiativen zur Verhinderung kumulativer Prozesse	Halten und Gewinnen von Mittelschichten in der Kernstadt (Aufwertung)
Phase III Revitalisierung der Kernstadt	*Auffangen sozialer Folgen:* Mobilitätshilfen, Sicherung und Produktion von Beständen an Bedarfsschwerpunkten, Schutz gegen Verdrängung	

Im weiteren Verlauf der Untersuchung sozialpolitischer Implikationen des Anpassungsprozesses der Städte werde ich mich darauf beschränken, die in Phase II und III entstehenden Problemkonstellationen einer detaillierteren Betrachtung zu unterziehen. Mein Augenmerk gilt dabei insbesondere

- der Immobilität einkommensschwacher Gruppen auf den Wohnungsmärkten,
- den Wohnungsmarktbarrieren und
- den Zusammenhängen zwischen Marktenge und Preisdiskriminierungsmechanismen,

die allesamt als Hindernisse einer bedarfsgerechten Verteilung der Wohnungsbestände und Wohnstandorte anzusehen sind und zu entsprechenden staatlichen Hilfsmaßnahmen herausfordern müßten.

b) Immobilität einkommensschwacher Haushalte überwinden

Eine der Hauptursachen für verzögerte Wohnungsmarktanpassung an neue Standortgegebenheiten ist in Verbindung mit den erläuterten Widerständen des baulichen Bestandes zweifellos das zu geringe Einkommen eines relevanten Teils der Stadtbevölkerung. Auf den Wohnungsmärkten wird nur der Nachfrage entsprochen, die mit einem ausreichenden Zahlungsvermögen ausgestattet ist, was nicht nur Ungleichheit im Grad der Wohnungsversorgung bedingt, sondern die verschiedenen Einkommensgruppen mit einer unterschiedlichen Reaktionsfähigkeit auf Marktsignale ausstattet. Theoretisch liegt es deshalb nahe, die Stadtentwicklungspolitik durch einkommenspolitische Maßnahmen zu flankieren, d. h. sozial schwache und ärmere Stadtbewohner mit monetären Transferleistungen in Form von Wohngeld und Umzugskostenbeihilfen soweit zu unterstützen, daß ihnen die mittleren Wohnungsmarktsegmente mit einem reichhaltigen Wohnungsangebot offenstehen. Dieser Ansatz sozialer Wohnungspolitik fügt sich freilich je nach Stadtentwicklungsphase in jeweils andere stadtentwicklungspolitische Zusammenhänge ein:
In Phasen städtischer Stagnation oder eines ökonomischen Niedergangs stellt sich z. B. die Frage, ob nicht durch staatliche Umverteilungsmaßnahmen bewirkte Einkommensverbesserungen als Reinvestitionspotential mobilisiert werden können. Da unbestreitbar zwischen dem ökonomischen Absinken von Wohngebieten zu Sanierungs- und Slumgebieten und der Armut ihrer Bewohner ein Zusammenhang existiert, könnte es logisch erscheinen, Mietpreissteigerungen, die notwendig sind, um Qualitätsverbesserungen zu finanzieren, über eine entsprechende Einkommensanhebung anzuregen.[44)] Gegen eine solche Auffassung läßt sich allerdings einwenden, daß ein niedriges Einkommen zwar eine notwendige, aber nicht hinreichende Bedingung für das Entstehen von verfallenden Stadtgebieten ist, diese sind vielmehr das Ergebnis des Zusammenspiels von Bestandsverwertung und speziellen historischen Wohnstandortansprüchen. Zwar können redistributive Maßnahmen, unabhängig von der Stadterneuerungsproblematik, die Lebensverhältnisse der ärmsten Gruppen verbessern. Sie dürften aber kaum geeignet sein, eine Wende in der Stadtentwicklung zu induzieren. Dazu müßten sie Einkommensunterschiede spürbar einebnen, was voraussichtlich die öffentlichen Haushalte überfordern würde. Selbst eine großzügige Umverteilung von Steuergeldern könnte noch nicht gewährleisten, daß Einkommensverbesserungen den städtischen Erneuerungsprozeß stützen. Wahrscheinlich würden die Empfänger von Transferleistungen in bessere Wohngegenden abwandern. Die Förderung müßte also örtlich gebunden werden, wobei dann nicht auszuschließen ist, daß die Hauseigentümer, anstatt zu reinvestieren, das erhöhte Zahlungsvermögen als redistributive Rente abschöpfen.

Dagegen könnten Umverteilungen in Form eines «income in kind», also objektgebundene Förderungen anstelle des reinen «income in money» erfolgversprechender scheinen. Eine solche Politik würde jedoch mit großer Wahrscheinlichkeit auf den Wohnungsmärkten unerwünschte Nebenwirkungen erzeugen. Eine räumliche Konzentration der skizzierten Umverteilungsmaßnahmen auf kernstädtische Altbaugebiete würde zwar die Erneuerung dieser Quartiere fördern, zugleich aber die Attraktivität der Kernstädte für niedrige Einkommensschichten derart erhöhen, daß die innerregionalen Asymmetrien sogar noch zunehmen. Güssow hält es für möglich, daß dadurch Wanderungsbewegungen ausgelöst werden, d. h. steuerkräftige und wohlhabendere Bevölkerungsgruppen zur Abwanderung gedrängt werden und die Kernstadt zu einem bevorzugten Wohnort für die Ärmeren umgebaut wird.[45)] Er meint, um solche Nebeneffekte zu vermeiden, müßte das Angebot preiswerter Wohnungen knapp gehalten werden. Es müßten ferner Zuteilungsmodalitäten geschaffen werden, die einen Zuzug in die Stadt wegen des guten und relativ preiswerten Wohnungsangebots blockieren.[46)]
Gegen diesen Typ von Einkommenstransfers werden inzwischen aber auch grundlegende Einwände erhoben. Weil eine Instrumentalisierung von einkommenspolitischen Maßnahmen für die Stadterneuerung Gefahr läuft, die innerregionalen Gegensätze, im Widerspruch zu den Absichten einer solchen Politik, sogar noch zu vertiefen und den Prozeß einer Reorganisation der Stadtregion zu behindern, lehnen Stadtökonomen, die eine antizyklische Politik für die Städte konzipieren, meist derartige Politikvarianten ab. Sie behinderten lediglich den Übergang zu einer Stadtentwicklungsphase, die eine ökonomisch tragfähige Konsolidierung und Regeneration der Kernstädte einleite. Den begünstigten armen Haushalten sei schließlich nur vordergründig geholfen, wenn sie ihre individuelle Reproduktion nicht durch die Aufnahme von Arbeit sichern können, weil in der Kernstadt das entsprechende Arbeitsplatzangebot fehlt. Die städtischen Administrationen schließlich manövrierten sich aufgrund wachsender sozialer Leistungen bei gleichzeitig schrumpfender Steuerbasis in eine Lage, die im finanziellen Kollaps enden müsse. Baumol meint, derartige Programme «actually serve to stretch out the unhappy period of transition and impede the readjustment toward a new and more desirable equilibrium.»[47)]
Ähnlich argumentiert Kasarda, der die geringe soziale und räumliche Mobilität der in Amerikas alten Städten lebenden Bevölkerung, vor allem der ethnischen Minoritäten, beklagt, ihre Unfähigkeit, der Dezentralisierung von «entry level jobs» zu folgen.[48)] Wie Baumol fordert er anstelle von wohltätigen Leistungen Maßnahmen, die die Mobilitätsbereitschaft fördern können, z. B. Umzugskostenbeihilfen, Unterstützung bei der Arbeitsplatz- und Wohnungssuche außerhalb der Kernstadt, Umschulungsprogramme.
So plausibel diese Politik auf den ersten Blick scheinen mag, unproblematisch ist auch sie nicht. Die Förderung räumlicher Mobilität stößt nämlich bei Bevölkerungsschichten mit niedrigem sozialen Status auf ein ausgeprägtes Geflecht lokaler

sozialer Beziehungen, auf eine nicht nur einkommensbedingte Seßhaftigkeit und geringe Nachfrageelastizität. Lokalen Bindungen werden auch kompensatorische Funktionen zugesprochen: «soziale Beziehungen als Ersatz für fehlende soziale Aufstiegschancen, Solidarität als Ausgleich für eine benachteiligte soziale Lage.»[49) Krischausky und Mackscheidt geben daher zu bedenken, selbst wenn sich die sozialen Seßhaftigkeitsfaktoren nicht oder nur schwer in ökonomische Kostenkalküle umsetzen lassen, müsse man doch auch in dieser Beziehung von besonderen Transformationskosten sprechen, die von den Erträgen eines Umzugs nicht ohne weiteres zu kompensieren seien.[50) Das gelte besonders für ältere Menschen, die ihren Wohnstandort nicht am Arbeitsmarkt ausrichten müssen. Bindungen an einen Wohnstandort wird man deshalb nicht pauschal verurteilen können, haben sie doch vielfach die Funktion eines sozialen Stabilisators, der Benachteiligungen durch ein Netz gegenseitiger Hilfeleistungen überspielen kann. Mobilitätshilfen sind primär nur für erwerbsfähige Personen und Haushalte von Vorteil, die auf den schrumpfenden städtischen Arbeitsmärkten keinen Arbeitsplatz mehr finden.

c) Wohnungsmarktbarrieren beseitigen

Soziale Immobilität und wohnungsmarktbedingte Mobilitätsbarrieren sind kaum voneinander zu trennen, dennoch sind beide Momente nicht in eins zu setzen. Meine standorttheoretischen Überlegungen deuteten schon an, daß soziale Gegensätze räumlich zu einer Wohnsegregation gerinnen können, die ihrerseits Wohnungsmarktbarrieren erzeugt und den Übergang von einem Teilmarkt zum anderen behindert. Soziale Segregation bedeutet «nichts anderes, als daß nicht jeder, der eine Wohnung sucht, überall eine Wohnung finden kann, sondern je nach seiner sozialen Situation und Lage auf bestimmte Gebiete beschränkt bleibt.»[51) Zur Benachteiligung durch ungleiche Einkommensverteilung gesellt sich also eine Spaltung der Gesellschaft in verschiedene soziale Gruppen, die auf den Wohnungsmärkten in der Absonderung von Quartieren seinen Niederschlag findet: Je ausgeprägter diese Gegensätze sind, desto mehr behindern sie eine Fluktuation zwischen den Klassen und Schichten und desto höher dürften auch die Barrieren zwischen den nach sozio-ökonomischen Statusmerkmalen abgegrenzten Wohnquartieren sein. Schon das Erscheinungsbild der Städte und Stadtregionen belegt, daß wohlhabendere Bevölkerungsschichten hinsichtlich ihrer sozio-ökonomischen Statusmerkmale homogene Nachbarschaften bevorzugen und in der Regel die ökonomische Macht besitzen, Unterprivilegierte von diesem Flecken Erde auszuschließen. Umgekehrt sind aber auch typische Unterschichtenquartiere mit einer hohen Bebauungsdichte und schlechtem Wohnumfeld relativ immun gegen eine Invasion statushöherer Sozialgruppen, wie von mir an Hand des Arbitragemodells erläutert wurde.

Die zwischen den Wohnungsteilmärkten vorhandenen Barrieren verzögern und verzerren nicht nur die geographische Neuordnung der Wohnsiedlungsstrukturen und hemmen die filtering-theoretisch unterstellten Ausgleichsbewegungen, sondern verschärfen unter Bedingungen einer (öffentlich subventionierten) Aufwertung von Wohnungsbeständen auch die Versorgungslage vieler Haushalte, die auf den Preisdruck nicht mit Abwanderung, sondern mit einer Einschränkung der Wohnansprüche reagieren müssen. Es fehlt an Ausweichquartieren als Ersatz für wiederaufgewertete Viertel, solange die von Mittelschichten geprägten suburbanen Gemeinden noch in der Lage sind, mit Preisdiskriminierung oder politisch-planerischen Restriktionen ihre soziale Homogenität und Exklusivität zu verteidigen.[52)] Zumindest solange, wie noch keine Angebotsüberschüsse vorhanden sind, haben die Vermieter die Macht, Bevölkerungsgruppen mit niedrigem sozio-ökonomischen Status von diesem Teilmarkt auszuschließen oder einen sozial bedingten Mietpreisaufschlag zu verlangen.[53)]

Eine Wohnungs- und Stadtentwicklungspolitik, die sich im Interesse eines räumlichen Marktausgleichs um eine Abschwächung solcher diskriminierenden Marktmechanismen bemüht, kann aufgrund ihrer sektoralen Beschränktheit nicht gesellschaftlichen und ökonomischen Verhältnissen entspringende soziale Barrieren beseitigen. Es können aber Maßnahmen ergriffen werden, die die räumlichen Segregationsformen mildern und die Wohnungsmärkte durchlässiger gestalten. Allen ordnungspolitischen Beschwörungen der Markteffizienz zum Trotz stehen staatliche Instanzen folglich unter einem Handlungszwang, dem sie mit Wohngeld kaum genügen können. Es kommt jetzt darauf an, politischen Handlungsspielraum für eine Steuerung von Umzugsbewegungen nach sozialen und stadtentwicklungspolitischen Gesichtspunkten zu gewinnen. Dies könnte z. B. durch Realtransfers, d. h. preisgebundene und mit Belegungsrechten versehene Bestände an räumlichen Bedarfsschwerpunkten geschehen. Es müßten dann aber filtering-theoretischen Lösungsansätzen zugunsten einer Wiederbelebung und Förderung des Baus von Sozialwohnungen und einer Sicherung sozialgebundener Bestände, die man bereits in die Marktwirtschaft integrieren wollte, eine Absage erteilt werden. Eine Wohnungsbestandssicherung für untere Einkommensschichten an Bedarfsschwerpunkten könnte Friktionen der Marktdynamik und Wohnungsnotstände mildern helfen. Sie widerspräche aber einer an Fördereffizienz orientierten Politik und ist wohl nur mit starkem sozialen Druck auf die politischen Instanzen durchsetzbar. Aufgabe einer solchen Politik wäre es nicht, wie in der Urbanisierungs- und Wiederaufbauphase, einen allgemeinen Wohnungsmangel durch Förderung eines Wohnungsbaus für breite Bevölkerungskreise zu bekämpfen, sondern Segregationsmechanismen zu durchbrechen und zur Unterstützung der Revitalisierung der Kernstädte ein komplementäres Angebot an Bedarfsschwerpunkten innerhalb und außerhalb der Kernstädte zu schaffen oder zu erhalten. Unterbleiben solche Maßnahmen (Erhaltung und Errichtung von Sozialwohnungsbeständen, Ankauf von Belegungsbindungen (leased housing) usw.), können sich dem Revitalisierungsprozeß – zumindest solange die Wohnungsmärkte noch nicht entspannt sind – erhebliche soziale Widerstände entgegenstellen.[54)]

d) Preisdiskriminierung durch Markterweiterung verhindern

Anstelle einer Strategie der Sicherung preis- und belegungsgebundener Bestände wird nicht selten vorgeschlagen, die Funktionstüchtigkeit des Wohnungsmarktes durch Vermehrung des Wohnungsangebots und damit Erzeugung von Mobilitätsreserven zu unterstützen. Ein solcher Politikansatz basiert auf der Hypothese, Marktbarrieren könnten nur auf engen Wohnungsmärkten zur Wirkung gelangen. Nur bei knappem Wohnungsangebot verfügten die Vermieter über die Machtmittel, um Mengendiskriminierung zu betreiben und Zugangssperren zu bestimmten Quartieren aufzubauen.[55)] In dieser Hypothese wird unterstellt, Marktbarrieren seien das Ergebnis einer Verkettung folgender zwei Faktoren:

- Soziale Polarisierung: Je ausgeprägter die soziale Segregation einer Gesellschaft ist, desto höher sind auch die Barrieren zwischen den Nachbarschaften einer Stadtregion.
- Marktenge: Je geringer das Angebot an preiswerten Wohnungen ist, und je schwächer der «filtering-down»-Prozeß im Wohnungsbestand, angeregt durch die Neubautätigkeit, wirkt, desto mehr können sich die sozialen Barrieren zwischen den Marktsegmenten in Form von Preis- und Mengendiskriminierung und eingeschränkter räumlicher Mobilität auswirken.[56)]

Aus dem Zusammenspiel beider Kräfte lassen sich Strategien ableiten, mit denen sich sowohl die Mengendiskriminierung - also der Ausschluß von bestimmten Teilmärkten – als auch die Preisdiskriminierung -also überhöhte Preisforderungen auf den zugänglichen Marktsegmenten – abschwächen lassen. Zu diesem Schluß kommen auch empirische Studien über Wohnausgaben in sog. «low-income areas» von Großstädten der Vereinigten Staaten.[57)] Für die Bundesrepublik Deutschland zieht Alles aus Wohnungsmarktuntersuchungen in Darmstadt und Marburg ähnliche Schlüsse. Er resümiert: «Falls unsere Vermutung zutrifft, wäre die politische Konsequenz eine Unterstützung unterprivilegierter Bevölkerungsgruppen über wohnungspolitische Maßnahmen, die zum einen eine Mengenwirkung und zum anderen eine Preiswirkung beinhalten sollte.»[58)] Er plädiert für eine den Wohnungsmarkt entlastende Ankurbelung des Wohnungsneubaus, die den privaten Vermietern die Macht nähme, Wohnungsmarktbarrieren für diskriminierende Mietpreispraktiken auszunutzen.[59)] Zu Recht bezweifelt er aber, ob mit der Mengenpolitik Marktbarrieren vollständig abzubauen seien. Diese haben ihre Wurzeln ja nicht in irgendwelchen Funktionsstörungen des Marktes, sondern weisen auf tieferliegende gesellschaftliche Gegensätze, denen mit peripheren Maßnahmen nicht beizukommen ist.

Problematisch ist eine räumlich undifferenzierte Mengenpolitik, die faktisch Wohnungsneubau für mittlere Einkommensbezieher im Umland der Städte fördert und auf ein «filtering down» des übrigen Wohnungsbestandes setzt, vor allem aber deshalb, weil sie in Widerspruch zu den städtischen Erneuerungszielen geraten muß. Zur Stützung der Regeneration der Kernstädte und zur Stabilisierung von Bestandswerten und kernstädtischen Bodenpreisen wird ja gerade eine Beschränkung des suburbanen Wohnungsneubaus und eine Umlenkung von Nachfrage auf die kernstädtischen Wohnquartiere gefordert. Wohnungsmarktpolitiker setzen sich in Verkennung dieser für die Stadtentwicklung bedeutsamen Bezüge demgegenüber häufig für eine kräftige Angebotsvermehrung ein: Aus ihrer Sicht ist es wohnungspolitisch ineffizient, wenn über den Markt Neubaupotential nicht ausgeschöpft werden kann, weil zahlungskräftige Haushalte mit politischer Unterstützung sich in den kernstädtischen Wohnungsbeständen Neubausubstitute schaffen.[60)] Sie sehen im Altbaubestand eine unentbehrliche Angebotsreserve für eine soziale Wohnungspolitik, die es gegen Übertreibungen einer Aufwertungspolitik zu schützen gelte.[61)] Zur Frage, wie dann der städtische Siedlungswandel bewältigt werden soll, lassen sich von diesem Standpunkt keine positiven Antworten finden. Stadtentwicklungspolitische Zielsetzungen einer Beschleunigung der räumlichen Neuverteilung der sozialen Gruppen im Stadtraum und wohnungsmarktpolitische Strategien, die (unbewußt) die alten Standortmuster verfestigen, befinden sich zumindest in dieser historischen Stadtentwicklungsphase auf Kollisionskurs. Letztlich geht es in diesem Konflikt um die Vermittlung des Widerspruchs zwischen ökonomischen und sozialen Ansprüchen in der Stadtentwicklung:

- Soll man zur Vermeidung oder Minimierung von sozialen Anpassungskonflikten die Geschwindigkeit der städtischen Transformation vermindern? (Politik der Sicherung preiswerter Altbaubestände innerhalb der Kernstadt und Abdrängung einkommensstarker Haushalte in die suburbanen Neubaugebiete) Eine solche Politik weicht sozialen Konflikten aus, nimmt dafür aber in Kauf, daß alte Städte hinter ihren ökonomischen Entwicklungsmöglichkeiten zurückbleiben und möglicherweise wirtschaftliches Potential an dynamischere Regionen abgeben.
- Oder soll man den städtischen Wandel mit öffentlicher Unterstützung beschleunigen und sich dem Konflikt mit der betroffenen Bevölkerung, die die Lasten der ökonomischen Regeneration zu tragen hat, stellen? (Politik der ökonomischen Regeneration in Verbindung mit einer räumlichen Mobilisierung der Bevölkerung) Die Akzeptanz einer solchen Strategie wird letztlich vom Umfang staatlicher Umverteilungsmaßnahmen zugunsten der auf den Wohnungsmärkten benachteiligten Haushalte abhängen.

11. Steuerungsformen des städtischen Siedlungswandels

Die städtische Siedlungsentwicklung wird von einer Vielzahl staatlicher Interventionen beeinflußt. Deren Funktion liegt darin, einen möglichst stabilen Entscheidungsrahmen für die privaten Marktteilnehmer zu setzen (Flächennutzungs-, Bauleitplanung usw.), die Effizienz des Kapitaleinsatzes und der Verteilung der Nutzungsarten zu steigern (»Verbesserung» der Raumstruktur) und soziale Gegensätze zu vermitteln, z. B. mittels redistributiver Maßnahmen oder Bereitstellung öffentlicher Güter eine Angleichung der Einkommens- und Lebensbedingungen zwischen Sozialgruppen und Gebietsteilen zu fördern. Wie sich die Gewichte zwischen den wirtschafts- und sozialpolitischen Aufgabenschwerpunkten verteilen, d. h. ob z. B. eine rigorose Politik des städtischen Strukturwandels betrieben wird oder ob diese Politik aufgrund sich artikulierender sozialer Ansprüche vielfältige Brechungen erfährt, soll im weiteren Untersuchungsverlauf am Beispiel der bundesdeutschen Stadtentwicklungs- und Stadterneuerungspolitik erörtert werden. Von Interesse ist dabei insbesondere, zu welchen administrativen Handlungsmustern Stadtpolitik gerinnt.

11.1 Administrativ-politischer Rahmen

Bemerkenswert für die Form lokaler Politik ist in der Bundesrepublik Deutschland, daß diese geprägt ist vom Spannungsverhältnis zwischen einer dezentralisierten staatlichen Territorialgliederung und einem zugleich zentralisierten Staatsaufbau. Die Kernstädte haben meist den Status selbständiger Gemeinden, die umgeben sind von suburbanen Gemeinden. Ihnen stehen zentralstaatliche Instanzen der Länder und der Bundes gegenüber. Innerhalb dieses Beziehungsgeflechts zählen Stadtentwicklung und Stadterneuerung zu den originären Aufgaben der Gemeinden, denen als untersten lokal-staatlichen Instanzen nach dem Grundgesetz das Recht zusteht, «alle Angelegenheiten der örtlichen Gemeinschaften im Rahmen der Gesetze in eigener Verantwortung zu regeln.»[62] Zwischen ihnen und den zentralstaatlichen Instanzen ergibt sich aber allein schon daraus eine widersprüchliche Beziehung, daß auf zentraler Ebene das kommunale Handeln durch eine Vielzahl von Gesetzen eingeschränkt und von Förderungsregelungen beeinflußt wird. Den Gemeinden bleibt letztlich nur die Möglichkeit, den zentralstaatlich gesetzten Rahmen extensiv auszufüllen und auf die situationsspezifischen lokalen Bedingungen anzuwenden.

Diese Abhängigkeit kommunalen Handelns berücksichtigend, bleibt gleichwohl eine relative kommunale Selbständigkeit erhalten, die es erlaubt, gemeindliche Eigeninteressen zu verfolgen. Da diese Interessen auch zu Lasten konkurrierender Gemeinden gehen können, spricht man von einem «konkurrenzdemokratischen Koordinationsmechanismus», der dem marktlichen Wettbewerb nachgebildet ist.[63] Man verspricht sich von einer solcherart dezentralisierten politischen Steuerung in Analogie zu Märkten «eine besonders sensible Bedarfsorientierung der Politik»[64], nimmt dabei aber auch in Kauf, daß die Kernstadtgemeinden nicht nur auf wirtschaftlichem, sondern auch auf politischem Gebiet in einen erbitterten Konkur-

renzkampf um Investitionspotential und kaufkräftige Bewohner mit den Umlandgemeinden und anderen Regionen hineingezogen werden.
Es kommt gleichsam zu einer Verdoppelung des Konkurrenzverhältnisses zwischen den Teilräumen einer Stadtregion: Der wirtschaftliche Konkurrenzkampf wird von politischen, insbesondere fiskalischen Gemeindeinteressen überlagert. Von ihrer fiskalischen Situation hängt es einerseits ab, inwieweit die Gemeinden politisch handlungsfähig sind und z. B. Vorleistungen zugunsten der Privatwirtschaft oder der Erneuerung und Erweiterung von Wohnquartieren erbringen können. Die fiskalische Situation der Gemeinden ist andererseits abhängig von ihrer Fähigkeit, wirtschaftliches Potential und kaufkräftige Haushalte innerhalb der eigenen Gemeindegrenzen zu halten. Eine solche unmittelbare Verknüpfung von lokalem Wirtschaftspotential und fiskalisch vermittelten lokal-staatlichen Handlungsinteressen ergibt sich aus der prinzipiellen räumlichen Kongruenz von Steuereinnahmequellen und dem lokal-staatlichen Hoheitsraum: Die kommunalen Haushalte stützen sich seit der letzten Finanzreform Ende der 60er Jahre hauptsächlich auf zwei lokalen Quellen entspringende Einnahmearten, den Gemeindeanteil an der Einkommensteuer (z. Zt. 15 %) und die Gewerbesteuerumlage nach Kapital und Ertrag. Da Gemeinde- und Steuergrenzen zusammenfallen, wirken Bevölkerungsbewegungen und Gewerbeverlagerungen, soweit sie Gemeindegrenzen überspringen, unmittelbar auf die gemeindliche Steuerkraft zurück und beeinflussen die politische Handlungsfähigkeit der Gemeinden. Die wirtschaftliche Konkurrenz zwischen den Teilräumen einer Stadtregion und zwischen Stadtregionen wird auf staatlicher Ebene zu einer Konkurrenz der Kommunen um kommunale Steuereinnahmequellen.

a) Interessengegensatz und Interessenausgleich zwischen Kernstadt- und Umlandgemeinden

Als in den 70er Jahren die sozialräumliche Segregation zwischen den alten Kernstädten und der suburbanen Siedlungszone die stadtentwicklungs- und siedlungspolitische Aufmerksamkeit auf sich zog, waren aus der von Eigeninteressen geleiteten Sicht der Kernstädte die vorhersehbaren Gewerbe- und Einkommensteuerverluste alarmierend. Sowohl die quantitative Umverteilung von Einwohnern und Steuerzahlern als auch die Umschichtung der Einkommensklassen schienen voll zu Lasten der Kernstädte zu gehen, während die Umlandgemeinden wegen des Zuwachses an einkommensstärkeren Haushalten in der interkommunalen Konkurrenz an Steuerkraft gewinnen konnten. Faktisch haben letztere nicht nur von der Einwohnerabwanderung aus den Städten, sondern auch vom Zustrom qualifizierter Zuwanderer aus anderen Regionen profitiert, die Kernstädte konnten hingegen ihre Einwohnerverluste nur zum Teil mit beruflich weniger qualifizierten und einkommensschwächeren Haushalten ausgleichen.[65]
Das Problem der gemeindlichen Steuereinnahmen kann nun aber nicht isoliert be-

urteilt werden, es bedarf vielmehr einer Gegenüberstellung von Einnahmen und der Aufgaben- bzw. Ausgabenverteilung. Vom kameralistischen Standpunkt scheint es vordergründig durchaus logisch, daß «Ausgaben und Einnahmen je Einwohner zu egalisieren sind, um die Einheitlichkeit der Lebensverhältnisse in Teilräumen der Bundesrepublik zu verwirklichen.»[66] Es könnte deshalb auch eine Abwanderung von Haushalten aus einer Gemeinde relativ unproblematisch erscheinen, da mit jeder abwandernden Person auch weniger Einwohner zu versorgen sind. Gegen eine solche Sicht der Dinge spricht jedoch, daß zwischen alten und jungen, großen und kleinen Gemeinden die sozialen und ökonomischen Probleme ungleich verteilt sind, folglich auch ein ungleicher politischer Handlungsbedarf mit ungleich verteilten Kosten entsteht. Orte, die innerhalb der räumlichen Gemeindehierarchie zentrale Funktionen für die gesamte Region wahrnehmen, entwickeln z. B. einen im Verhältnis zu ihrer Einwohnerzahl überproportional steigenden Ausgabenbedarf, desgleichen alte Städte, die zu ihrer Regeneration einer Unterstützung bedürfen.

Wahrnehmung überörtlicher Aufgaben durch die Kernstädte:
Folgt man der Auffassung, überörtliche Aufgaben würden mit der Größe der Gemeinden wachsen, wobei als Maß für die überörtliche Funktion im allgemeinen die Einwohnerzahl gewählt wird (Rank-Size-Rule), so müßten große Gemeinden gegenüber den anderen überproportional in ihrer Finanzausstattung gestärkt werden. Carlberg hat in einer jüngeren Analyse der Gemeindefinanzen bundesdeutscher Großstädte versucht, die Hypothese zu belegen, daß in den Großstädten nicht nur von der Privatwirtschaft zentrale Güter angeboten werden, bei denen z. B. die «economies-of-scale» eine Rolle spielen, sondern auch von den staatlichen Funktionsträgern, und daß dadurch die Staatsaufgaben überproportional zur Einwohnerzahl wachsen. Er meint, «wegen der economies-of-scale fließt per saldo ein Leistungs- und Nutzenstrom von den großen Gemeinden, die überörtliche Aufgaben erfüllen, zu den kleinen Gemeinden, die auf die zentralen Orte angewiesen sind.»[67] Es sei deshalb auch nicht gerechtfertigt, in allen Gemeinden die Pro-Kopf-Ausgaben und Einnahmen zu nivellieren; vielmehr komme es darauf an, den Nutzen, den die Bürger aus den kommunalen Aktivitäten ziehen, möglichst gering streuen zu lassen.

Tabelle 11 scheint einen gesetzmäßigen Zusammenhang zwischen der Gemeindegröße und den Aufgaben- und Ausgabensteigerungen zu bestätigen, woraus man fiskalpolitisch folgern kann, Ausgaben und Einnahmen müßten ungleich in der Stadtregion verteilt sein: Während die Ausgaben zu konzentrieren sind, um die potentiellen Skalenerträge auszuschöpfen, ist die Besteuerung nicht an der räumlichen Ausgabenverteilung, sondern am Ausgabenpotential, d. h. der räumlichen Verteilung der Steuerzahler zu orientieren.[68]

Tabelle 11

Haushaltsansätze 1982: Gesamtausgaben nach Einwohnergrößenklassen

Städte mit . . . bis unter . . . Einwohnern	*Einwohner am 30. 6. 1981 in 1000*	*Gesamtausgaben*	
		Mio. DM	*DM je Einwohner*
500 000 und mehr	6 402,5	26 547,9	4 147
200 000 – 500 000	5 449,6	18 172,1	3 335
100 000 – 200 000	4 651,4	14 908,1	3 205
50 000 – 100 000	5 828,0	16 768,0	2 877
Zusammen	22 331,6	76 396,1	3 421
Bundesgebiet	57 443,5	141 068,0	2 456

Quelle: Städte in Zahlen, Heft 1, ein Strukturbericht zum Thema Finanzen, Hamburg 1983

In den Kernstädten anfallende zusätzliche Lasten:
Fiskalische Probleme entstehen den Kernstädten aber nicht nur aus ihrer Funktion als zentrale Orte, sondern vor allem aus den oben genannten Schwierigkeiten des städtischen Strukturwandels. Diese können auch bei weitester Auslegung des zentralörtlichen Konzepts nicht aus der zentralörtlichen Funktion der Kernstädte abgeleitet werden. Sie sind vielmehr eine Folge des krisenhaften Übergang von einer Stadtentwicklungsphase zur nächsten. So sind die Städte in der Übergangsphase zu einem neuen «Gleichgewicht» bevorzugt Sammelpunkt sozial- und einkommensschwacher Haushalte, die in den vorhandenen älteren Mietwohnungsbeständen ein Unterkommen suchen. Ihr Bedarf an sozialstaatlichen Transferleistungen belastet vor allem die kommunalen Etats, die überall dort, wo zentralstaatliche Leistungen auslaufen und soziale Sicherungsnetze im Rahmen der Renten- und Arbeitslosenversicherung zu weitmaschig sind, mit Sozialhilfeleistungen einspringen müssen.[69] Die von den Gemeinden zu übernehmenden Lasten haben wegen der Kürzungen bei den zentralstaatlichen Sozialtransfers in den letzten Jahren sogar noch zugenommen. Statistisch korrespondiert die Rangfolge der Gemeinden nach den Sozialhilfeausgaben ebenfalls in etwa mit der Einwohnerzahl, so daß die größten Städte nicht nur die höchsten Ausgaben für zentralörtliche Funktionen zu tragen haben, sondern auch für soziale Leistungen (vgl. Tab. 12). Diese scheinbar eindeutige Abhängigkeit wird jedoch von einer Reihe weiterer Faktoren überlagert, z. B. vom Süd-Nord-Gefälle und unterschiedlichen Regelungen in einzelnen Bundesländern. Große Städte wie München und Stuttgart nehmen in der Sozialhilfestatistik der Gemeinden untere Rangplätze ein, während z. B. Lübek, Krefeld und Kassel am obe-

ren Ende rangieren,[70] wobei die günstigere Situation in den beiden süddeutschen Großstädten darauf beruhen mag, daß sie sich noch in einer expansiven Stadtentwicklungsphase befinden.

Tabelle 12

Durchschnittliche Bruttoausgaben für Sozialhilfe der kreisfreien Städte 1980 nach Gemeindegrößenklassen

– DM je Einwohner –

Einwohnergrößenklasse	*Einbezogene kreisfreie Städte*	*Bruttoausgaben insgesamt*
500 000 und mehr	9	153,64
200 000 – 500 000	19	132,95
100 000 – 200 000	25	123,81
50 000 – 100 000	20	102,16
Stadtstaaten	4	396,29

Quelle: Städte in Zahlen, Heft 1, a.a.O.

Besonders schwer tragen die Kernstädte an der Reorganisation ihres alten Stadtgefüges, am Umbau der Infrastruktur und der Wohngebietserneuerung. Dies insbesondere deshalb, weil die Belastungen des öffentlichen Etats auch in diesem Fall zumindest für einen mittleren Zeitraum nicht annähernd von zusätzlichen Einnahmen gedeckt werden. Die Erneuerungspolitik bringt keine *zusätzlichen* Steuerzahler in die Stadt, allenfalls höhere Einkommensbezieher, die auf lange Sicht der ökonomischen und fiskalischen Stabilisierung nutzen. Die ökonomische Analyse des Stadtentwicklungszyklus ließ bereits erkennen, daß das Kaufkraft- und damit auch das wirtschaftliche Potential des Wohnbodens ganz anders als im Falle der Stadterweiterung auch nach einer Erneuerung sich nicht mehr wesentlich steigern läßt. Während jede öffentliche Investition zur Erschließung *neuer* Wohngebiete damit rechnet, neue Einkommen- und Gewerbesteuerzahler zu gewinnen und das wirtschaftliche Potential eines vorher landwirtschaftlich genutzten Geländes gewaltig steigern zu können, bleiben diesbezügliche Wachstumserwartungen in innerstädtischen Wohnlagen eher bescheiden. Die fehlende Deckung der Ausgaben durch Einnahmen wird noch dadurch verschärft, daß die Städte seit einigen Jahren gezwungen sind, rigoros zu sparen, um ihre Verschuldung abzubauen, worunter insbesondere die Sachinvestitionen auch im Bau- und Wohnungswesen sowie in der Stadterneuerung leiden. Hohe laufende Ausgaben – neben den Sozialausgaben Zinsbelastungen aus der kommunalen Verschuldungspolitik des vergangenen Jahrzehnts – haben die kommunale Finanzkraft bzw. das realisierbare Investitionsvolumen aus kommunalen Eigenmitteln (Überschüsse aus dem Saldo von Einnahmen und laufenden Ausgaben) empfindlich reduziert. Damit schwindet die Kreditwürdigkeit der kernstädtischen Kommunen und ihre Fähigkeit, sich über den Kapitalmarkt zu refinanzieren, wodurch – wie in einer Kettenreaktion – die Mittel für eine Anpassung der Stadtstrukturen an veränderte Funktionsanforderungen fehlen.

Zur Unterbrechung dieses circulus vitiosus bedarf es integrativer Maßnahmen im innerstaatlichen Beziehungsgeflecht. Den Gedanken Carlbergs in bezug auf die Steuereinnahmenverteilung und Ausgabenverteilung verallgemeinernd, stellen Scharpf u. a. z. B. fest, es gehe wie auf Märkten bei dezentralisierten institutionellen Strukturen darum, dafür Sorge zu tragen, daß Kosten und Nutzen, die beim Verursacher nicht anfallen (deshalb externe Kosten und Nutzen), diesem angerechnet werden.[71)] Ohne Korrektur durch eine höhere Instanz wären in der gegenwärtigen Umbruchsituation die Umlandgemeinden Nutznießer der von den Kernstädten gestellten überörtlichen Einrichtungen, ohne sich an ihrer Finanzierung beteiligen zu müssen, Nutznießer der großräumigen sozialen Segregation, ohne sich an den laufenden Ausgaben zur Versorgung von Ausländern, Sozialhilfeempfängern und Alten innerhalb der Kernstadt beteiligen zu müssen, sie wären Nutznießer auch der ökonomischen Barrieren, die eine private Stadterneuerung behindern, insofern dadurch Investitionspotential und Haushalte zur Abwanderung ins Umland bewegt werden, die Kosten der Stadterneuerung aber voll von den Kernstadtgemeinden zu übernehmen wären.

Eine Form, das Externalitätenproblem zu lösen, ohne die kommunale Autonomie aufzuheben, kann in einem fiskalpolitischen Ausgleich gesucht werden. In diese Richtung zielt z. B. der kommunale Finanzausgleich, der Gemeinden mit einer mangelnden Steuerkraft und überdurchschnittlich hohen Ausgaben, vor allem solchen mit Zentralitätsfunktionen und hohen Einwohnerzahlen, eine verbesserte Finanzausstattung verschafft.[72)] Der kommunale Finanzausgleich berücksichtigt explizit die Zentralitätsfunktion der Kernstädte, indem die Gemeindegröße als finanzbedarfsbestimmende Meßgröße progressiv in den Bedarfsansätzen berücksichtigt wird (Einwohnerveredelung). Auf der anderen Seite zielt die Praxis, den Gemeindeanteil an der Einkommensteuer nur bis zu bestimmten Einkommenssokkelbeträgen zu berücksichtigen, auf einen Ausgleich der Einnahmen zwischen Gemeinden mit einkommensschwacher und einkommensstärkerer Bevölkerung. In beiden Regelungen (Finanzausgleich und Berechnung des Einkommensteueranteils), auf deren Details hier einzugehen zu weit führen würde, spiegelt sich das Bemühen, das gemeindliche Finanzsystem in etwa den raumwirksamen ökonomischen Realitäten anzupassen. Die externen Effekte berücksichtigend, sorgen sie für eine annähernd aufgabengerechte Finanzausstattung der Gemeinden, die zumindest den status quo zwischen Kernstadt und Umland stabilisiert und die finanziellen Dispositionsspielräume der Stadtgemeinden erweitert.

Eine «Ausbeutung der Kernstadt durch das Umland», wie sie z. B. in den Vereinigten Staaten mit ihren ungleich schwächer entwickelten zentralstaatlichen Verantwortlichkeiten und einem kommunalen Steuersystem, das vorrangig örtlich erzielte Kapitalerträge besteuert, möglich erscheint, wird in der Bundesrepublik Deutschland durch Umverteilung des Steueraufkommens vorgebeugt. Gleichwohl lassen sich durch finanztechnische Manipulationen die auf die Kommunen zukommenden Lasten aus der Stadterneuerung nicht annähernd bewältigen. Der kommunale Finanzausgleich versteht sich selbst nur als eine Korrektur von Asymmetrien bei den kommunalen Einnahmen und Ausgaben, nicht aber als ein wirtschaftspolitisches Instrument, das aktiv in den räumlichen Verteilungsprozeß von Haushalten und Betrieben eingreift. «Es sollte vor allem die Unterschiede in der Steuerkraft kompensieren, nicht aber in der Wirtschaftskraft, das ist die Aufgabe der Wirtschaftspolitik.»[73)] Nach Scharpf und Schnabel hätte eine Instrumentalisierung des Finanzausgleichs für wirtschaftspolitische Zwecke, z. B. für den Ausbau der Infrastruktur, bei den Kommunen politische Forderungen nach Gleichbehandlung ausgelöst, die bei der Knappheit finanzieller Ressourcen nicht zu erfüllen gewesen wären und der Notwendigkeit widersprochen hätten, «bei der räumlichen Verteilung von Infrastrukturinvestitionen nicht nur Prioritäten, sondern gerade auch Posterioritäten zu setzen.»[74)] Die Selbstbeschränkung des Finanzausgleichs auf eine Stabilisierung des jeweiligen status quo kommt schon darin zum Ausdruck, daß die Schlüsselzahlen, nach denen die Aufteilung des Gemeindeanteils am Landesaufkommen der Einkommensteuer vorgenommen wird, alle drei Jahre an die Veränderungen bei Einwohnern und Steuerzahlern angepaßt werden. Die Umbasierung der Schlüsselzahlen im Jahre 1982 auf die Einkommensteuerstatistik von 1977 bewirkte aus diesem Grunde eine beträchtliche Einnahmenumschichtung zu Lasten der Kernstädte. Langfristig müßte ein wirtschaftlicher und sozialer Erosionsprozeß in den Kernstädten deren Anteil am Einkommensteuerverbund, am einwohnerzahlabhängigen Bedarfsansatz für den kommunalen Finanzausgleich und ihre Gewerbesteuereinnahmen zusammenschmelzen lassen.

b) Stadterneuerung, interkommunale Konkurrenz und vertikale Politikverflechtung

Da staatliche Machtausübung an Steuereinnahmen gebunden ist, diese aber vom Umfang des produzierten Mehrproduktes abhängen, ist die Staatstätigkeit nicht nur strukturell an die wirtschaftlichen Bedingungen gebunden, sondern entwickelt auch ein auf sich selbst bezogenes Interesse an der Förderung einer günstigen Wirtschaftstätigkeit.[75)] Auf lokaler Ebene nimmt dieses Interesse die Gestalt eines politischen Wettbewerbs der Gemeinden um Haushalte und Unternehmen an, deren Wanderungsverhalten man mit einem Angebot öffentlicher Güter, Finanzhilfen etc. zu beeinflussen versucht. Den Kernstadtgemeinden erscheint der Einwohnerverlust ebenso wie die Dezentralisierung von Arbeitsplätzen, sofern sie Gemeindegrenzen überschreiten, als ein die gemeindliche Wettbewerbsfähigkeit berührendes Warnsignal[76)], auf das man z. B. mit Stadterneuerungsmaßnahmen im weitesten

Sinne (Wohnungsbestandserneuerung etc.) antwortet. Das von fiskalischen Interessen geleitete Handeln der Städte in der Stadterneuerung stößt nun allerdings an die bereits erwähnten finanziellen Grenzen: Langfristig erwartete positive Steuereinnahmeeffekte und notwendige öffentliche Vorschüsse zur Beseitigung oder Modifizierung überholter städtebaulicher Strukturen und zur Schaffung von Reinvestitionsbedingungen für private Kapitalanleger fallen zeitlich auseinander. Die Kernstadtgemeinden müßten gerade in einer Phase erodierender Finanzkraft und wachsender laufender Ausgaben in einem Umfang Finanzmittel aufbringen, die sie wegen begrenzter Verschuldungsmöglichkeiten auch nicht auf dem Kapitalmarkt erhalten. Für die Regeneration der Städte entsteht also ein Finanzbedarf, der den Rahmen kommunaler Haushalte sprengen muß. Eine Lösung zeichnet sich nur ab, wenn das System des dezentralisierten administrativen Handelns in überlokale Zusammenhänge integriert wird.

Maßnahmen im Bereich der territorialen Verwaltungsorganisation:
Betrachtet man den Strukturwandel der Kernstädte und die dadurch auf die Kernstadtgemeinden zukommenden fiskalischen Belastungen als Teilproblem des Wandels der Stadtregionen, erscheint die Frage Boustedts berechtigt: «Sollte man für die Agglomerationsräume nicht evtl. ›Steuerpools‹ anstreben, um gemeinsamen Bedarf gemeinsam zu finanzieren?»[77)] Freilich dürfte aus der Sicht der Umlandgemeinden umstritten sein, ob die Erneuerung der Kernstädte einem gemeinsamen Bedarf dient. Zumindest unmittelbar wären nur die Kernstädte Nutznießer, und die Mitverantwortung der übrigen Gemeinden für die Regionalentwicklung bestünde lediglich darin, sich an den Kosten des Stadtumbaus zu beteiligen. Wenn man allerdings für die Entwicklung der Stadtregion die Notwendigkeit eines funktionierenden Zentrums, ungeachtet aller Dezentralisierungstendenzen, akzeptiert, zöge die gesamte Region mittelbar Vorteile aus einem wirtschaftlich, sozial und politisch stabilisierten Zentrum. Unter dem Gesichtspunkt der funktionalen Verflechtung innerhalb der Stadtregionen erscheint es plausibel, wenn ein Teil der gemeindlichen Autonomie zugunsten übergeordneter regionalpolitischer Handlungseinheiten aufgegeben und eine Anpassung des Verwaltungsraumes an den Funktionsraum vorgenommen wird.[78)]
Eine bündige Anpassung der administrativen Territorialorganisation an die wirtschaftlichen und sozialen Gegebenheiten der Verdichtungsräume war allerdings in der Bundesrepublik ebensowenig wie in anderen Ländern mit einer ähnlichen Problemlage durchsetzbar: Im Gegensatz zur verbreiteten Praxis vor dem Zweiten Weltkrieg, durch Eingemeindungen einheitliche große Stadtgebilde zu schaffen, stößt eine solche flächenmäßige Expansion des städtischen Verwaltungsgebietes heute auf politischen Widerstand bei den Umlandgemeinden. Dabei dürfte bei den mittelschichtengeprägten Umlandgemeinden teils das Bemühen, den exklusiven Status zu verteidigen, teils auch ein geschichtlich gewachsenes Selbstbewußtsein so-

wie ihre funktionale Verselbständigung den objektiven Hintergrund für die Überholtheit einer Eingemeindungspolitik bilden. Durch Eingemeindung werden die Stadtgrenzen hinausgeschoben und Territorien integriert, die funktional bereits Teil der Kernstadt sind oder deren Integration absehbar ist. Fehlen derartige Bezüge, können sich die lokalpolitischen Interessen verselbständigen und dezentralisierte Verwaltungsformen gegenüber der Einheitsgemeinde vorteilhaft erscheinen.[79)] Im übrigen ist die ablehnende Haltung gegenüber rigorosen Eingemeindungspolitiken nicht nur für bundesdeutsche Verhältnisse typisch. Mills bemerkte schon früher für die Vereinigten Staaten: «In the nineteenth century, decentralization was typically accompanied by outward movement of central-city boundaries. Since World War II, decentralization has occurred on a massive scale, but movement of central boundaries has become the exception, instead of the rule.»[80)] Mills erklärt diese Entwicklung aus der amerikanischen Besonderheit fast vollständig homogener suburbaner Gemeinden, die alles daran setzen, ihren mittelständischen Charakter zu bewahren und vor allem zu verhindern, daß die städtischen Minoritäten einen Zugang zu weißen Nachbarschaften erhalten.
Auch Versuche, der funktionalen Verflechtung des Verdichtungsraumes in Form einer Regionalstadt mit eigener Steuer- und Planungshoheit gerecht zu werden und die Gemeinden als Bezirke mit beschnittener Autonomie in das neue administrative System einzugliedern, sind in der Bundesrepublik Deutschland gescheitert.[81)] Die Umlandgemeinden befürchten, sicher zu Recht, von der noch dominanten Kernstadt «bevormundet» zu werden. Die Kernstädte schließlich neigen in einer Situation, in der sie die Erosion wirtschaftlicher Größe und politischer Macht aufhalten wollen, dazu, den Rahmen der Regionalstadt oder anderer administrativer Zusammenschlüsse für eigene Interessen zu instrumentalisieren und das Mitspracherecht der kommunalen Partner geringer zu halten als es in einem Zweckverband statthaft wäre. Die kommunale Zusammenarbeit bleibt deshalb auch dort, wo gemeindliche Verbandslösungen geschaffen worden sind, relativ unverbindlich, da die Verbände im Interesse einer Bewahrung kommunaler Selbständigkeit politisch schwach gehalten werden, nur eine begrenzte Planungshoheit und eine noch stärker beschränkte Finanzhoheit erhalten haben. Als Ersatzlösung fällt damit fast automatisch den zentralstaatlichen Instanzen die Funktion zu, im interkommunalen Konkurrenzkampf zu vermitteln und z. B. den Strukturwandel der benachteiligten Städte mitzufinanzieren und zu beeinflussen.

Zentralstaatliche Finanzhilfen für die Stadt- und Wohnungsbestandserneuerung:
Die Regeneration der Kernstädte gilt denn auch als eine Aufgabe von gesamtstaatlicher Bedeutung, als eine «Gemeinschaftsaufgabe» von Bund, Ländern und Gemeinden, die zwar formal die Zuständigkeit der Gemeinden nicht antastet und den Gemeinden auch die Finanzverantwortung beläßt, sie letztlich aber von Finanzhilfen des Bundes und der Länder abhängig macht. In den Stadterneuerungsprogram-

men nach Städtebauförderungsgesetz (Bund/Länderprogramme) beträgt die Beteiligung von Bund und Ländern in der Regel zwei Drittel der förderungsfähigen Kosten, oder sie wird individuell in Abhängigkeit von der gemeindlichen Finanzkraft festgelegt.[82)] Dieses Prinzip gilt auch für die in den 70er Jahren zahlreich aufgelegten Konjunktursonderprogramme (1974, 1975, ZIP: 1977-1980). Denselben Grundsätzen folgen die Finanzhilfen, die nach dem Modernisierungs- und Energieeinsparungsgesetz (ModEng) gewährt wurden: So wurden bundesstaatliche Finanzhilfen «nach Artikel 104a Abs. 4 des Grundgesetzes zur Hälfte der Aufwendungen für die Förderung zur Verfügung gestellt»[83)] und wie in den anderen Programmen an einen ganzen Katalog von Förderungsvoraussetzungen gebunden, die sich der Entscheidung der Kommunen entziehen und kommunale Autonomie tendenziell zu einer delegierten politischen Entscheidungskompetenz umdefinieren. Eißel meint sogar: «Im Hinblick auf die Dotationen haben die Kommunen lediglich die Wahl nach dem Motto 'friß oder stirb', das heißt, sie können lediglich entscheiden, ob sie die Zuschüsse zu kommunalen Maßnahmen erhalten wollen oder nicht. Einen Einfluß auf die Auflagen haben sie nicht.»[84)]

Die kommunale Autonomie macht es also erforderlich, daß sich der innere Zusammenhang zwischen den einzelnen Ebenen des staatlichen Apparats und staatlichen Handelns äußerlich über die Beschneidung scheinbarer kommunaler Autonomie herstellt: Unmittelbar ergibt sich der kommunale Autonomieverlust dadurch, daß die Gewährung von Zuschüssen oder auch steuerlichen Vergünstigungen zugunsten der Wohnungsbestands- und Stadterneuerung im Ermessen der zentralstaatlichen Exekutive und Legislative liegt, mittelbar dadurch, daß die Kommunen in ihren Verfügungsrechten über ihren Eigenbeitrag eingeschränkt werden, denn sie erhalten staatliche Unterstützung für ein Projekt nur, wenn sie auch ihren Eigenbeitrag der staatlichen Prioritätensetzung unterwerfen. Allerdings könnte die zentralstaatliche Hilfe ohne Reglementierung und Verpflichtung der örtlichen Instanzen auf nationale und regionale politische Ziele kaum Initiativ- und Koordinierungsfunktionen übernehmen. Der Sinn solcher Zweckzuweisungen besteht ja gerade darin, den zentralstaatlichen Instanzen (Bund und Länder) dort, wo die interkommunale Konkurrenz problemverschärfend wirkt, Interventionsvollmachten zu geben. Die von oben erzwungene Integration findet verfahrensmäßig ihren Ausdruck darin, daß kommunale Anträge auf Finanzhilfe einem Selektionsmechanismus unterworfen werden und ganz bestimmte Kriterien erfüllen müssen, bevor sie in Landesprogramme aufgenommen werden. Auswahlkriterien für Programme nach dem Städtebauförderungsgesetz sind z. B.:

- kommunale Finanzkraft und private Investitionsbereitschaft,
- städtebauliche Gesichtspunkte,
- Bündelungseffekt mit anderen Maßnahmen,
- raumordnerische Gesichtspunkte sowie
- der Finanzrahmen der Landesprogramme.

Übergeordnete Gesichtspunkte betonend heißt es im Städtebauförderungsgesetz: «Die Finanzhilfen sind nach räumlichen oder sachlichen Schwerpunkten gemäß der Bedeutung der Investitionen für die wirtschaftliche und städtebauliche Entwicklung im Bundesgebiet zu gewähren.»[85] Das Modernisierungs- und Energieeinsparungsgesetz sieht dagegen lediglich vor, zentralstaatlich gewährte Förderungsmittel nach einem statistischen Schlüssel, vornehmlich modernisierungsbedürftiger Wohnungen, zu verteilen.[86] Im Programm für Zukunftsinvestitionen Ende der 70er Jahre waren die in den Verwaltungsvereinbarungen zwischen dem Bund und den Ländern vorgesehenen Bindungen dagegen besonders detailliert, bis in Einzelheiten genau war definiert, was in den Investitionsbereichen historische Stadtkerne, Infrastruktur, Betriebsverlagerungen, Ersatzwohnungsbau, Aus- und Umbau gefördert wurde und welche städtischen Zonen als Fördergebiete anerkannt wurden. Die Mittel wurden mit der Maßgabe vergeben, daß Vorhaben von der Förderung ausgeschlossen werden konnten, die nicht der in der Verwaltungsvereinbarung festgelegten Zweckbindung entsprachen.[87] Daß es angesichts einer derartigen Dominanz zentralstaatlicher Interessen auf allen Ebenen der staatlichen Hierarchie bisher nicht zu einem ernsthaften Dissens zwischen den wirtschafts- und raumordnungspolitischen Absichten des Zentralstaates und den lokalen stadtentwicklungspolitischen Interessen gekommen ist, liegt sicher daran, daß zentralstaatliche Hilfen sich auf Projekte konzentrierten, die von den Kommunen konzipiert, aber aus Finanzmangel größtenteils nicht realisiert werden konnten. Gleichwohl zielen auf Bewahrung von Autonomie bedachte Forderungen der Kommunen beständig darauf, den kommunalen Handlungsspielraum bei der Verwendung der Zweckzuweisungen auszuweiten. Hierin manifestiert sich aber kein grundsätzlicher Widerspruch zwischen lokalen und zentralstaatlichen Interessen, sondern lediglich eine widersprüchliche innerstaatliche Arbeitsteilung.

Ernster zu nehmen als das der Form nach widersprüchliche Verhältnis von kommunaler Autonomie und zentralstaatlicher Intervention in die lokalen Konkurrenzbeziehungen ist die im Rahmen dieses Verhältnisses arbeitsteilige Verarbeitung sozialräumlicher Widersprüche. Denn mit Ausnahme des Städtebauförderungsgesetzes, das im Sozialplan eine zentralstaatliche Verantwortung für die Folgeprobleme der städtebaulichen Erneuerung übernimmt, werden die sozialen Folge- und Zusatzkosten grundsätzlich erst einmal den Kommunen angelastet. Wegen der interkommunalen Wettbewerbsstrukturen wird dadurch zugleich eine interkommunale Lösung des sozialräumlichen Segregationsproblems erschwert, denn solange die Umlandgemeinden sich den sozialen Folgeproblemen entziehen können und den Kernstadtgemeinden die Kraft fehlt, die Segregationsprozesse umzukehren, sind letztere gezwungen, mit den Folgen der wirtschaftlichen Erneuerung selbst fertig zu werden. Sie können sich z. B. gezwungen sehen, zur Entschärfung sozialer Konflikte und zur Vermeidung zusätzlicher auf die Kommunalverwaltung zukommender sozialpolitischer Ansprüche, die Stadterneuerung auf ein «sozial verträgliches

Maß» zu begrenzen. Ebenso wie der Ordnungsrahmen formaler kommunaler Autonomie und kommunalen Wettbewerbs nicht geeignet ist, einen innerregionalen wirtschaftlichen Interessenausgleich zu vermitteln, ist er auch untauglich, einen sozialen Ausgleich auf regionaler Ebene herbeizuführen. Ein Interessenausgleich zwischen den Gemeinden auf dem Feld einer sozialen Wohnungsversorgung ließe sich in Analogie zur Stärkung der kernstädtischen Finanzkraft nur durch eine Koordinierung des politischen Handelns zwischen den Gemeinden einer Region oder durch integrativen Druck von oben durchsetzen. Hierzu bedürfte es aber eines sozialpolitischen Konsenses zwischen allen beteiligten staatlichen Akteuren, dessen Fehlen den Kernstadtgemeinden einen großen Teil aller sozialen Folgekosten anlastet bzw. das auf Gemeindeebene sich herausbildende soziale Konfliktpotential am Ort des Entstehens isoliert und die anderen staatlichen Instanzen von der Problembearbeitung entlastet.

Zusammenfassend kann festgestellt werden: Es mangelt an einer umfassenden regionalen Betrachtungs- und Bearbeitungsweise der kernstädtischen Erneuerungsprobleme. Deren Lösung wird primär unter wirtschafts- und fiskalpolitischen Gesichtspunkten mit zentralstaatlicher Unterstützung betrieben. Die sozialen Folgekosten des kernstädtischen Regenerationsprozesses werden demgegenüber häufig den betroffenen Kernstadtgemeinden selbst angelastet, die als unmittelbar politisch Verantwortliche sich gezwungen sehen, kompensatorische Leistungen zu erbringen, denen sich die Umlandgemeinden oder zentralstaatliche Instanzen als scheinbar Unbeteiligte entziehen können.

11.2 Strategien zur Förderung einer ökonomischen Regeneration der Kernstädte

Finanzverfassung und administrative Territorialgliederung bilden ein Korsett, das die Kernstadtgemeinden auf mehr oder weniger einheitliche Handlungsstrategien festgelegt: Aufgrund des Fehlens einer die gesamte Stadtregion integrierenden Siedlungspolitik ist das Handeln der Kernstädte geprägt vom interkommunalen Konkurrenzdenken. Kommunale Verwaltungen, kommunale Mandatsträger ebenso wie lokal ansässige Kapitale, die Haus- und Grundeigentümer und die hier wohnenden einflußreichen Schichten haben ein vitales Interesse an einer Steigerung der ökonomischen und gesellschaftlichen Attraktivität der Kommune.[88] Eine vom interkommunalen Konkurrenzdenken geprägte Politik muß allerdings in mehrfacher Hinsicht in sich widersprüchlich sein:

1. Im Interesse einer Stärkung ihrer Steuerkraft sehen sich die Kernstadtgemeinden gezwungen, ihre Einwohnerstruktur zu «verbessern», einkommensstarke Haushalte mit möglichst vielen Erwerbstätigen zu halten oder zu gewinnen. Dieses fiskalpolitisch geleitete Handlungsmuster fördert auch den privaten Konsum in den Städten, die Einzelhandelsumsätze und einen Anstieg der Gewerbesteuereinnahmen. Es widerspricht dem gleichzeitig propagierten Ziel, Familien mit Kindern in

den Städten seßhaft zu machen, um langfristig für eine soziale Stabilisierung der kernstädtischen Wohnviertel zu sorgen.

2. Widersprüchlich sind auch die quantitativen Effekte einer derartigen Einwohnerpolitik. Eine Ansiedlung gut verdienender Haushalte löst nicht nur Verdrängungsprozesse aus, sondern beschleunigt wegen der expansiven Wohnflächenansprüche auch den viel beklagten Bevölkerungsrückgang in den Städten. Fiskal- und finanzpolitisch haben die Kernstadtgemeinden ein eminentes Interesse, ihre nach der Einwohnerzahl bemessene Rangposition in der Gemeindehierarchie zu behaupten, um Verluste bei der Zuteilung von Steuermitteln im Rahmen des Einkommensteuerverbundes und des kommunalen Finanzausgleichs zu vermeiden. Zur Harmonisierung beider Ziele – der Anhebung der Sozialstruktur und der Verminderung von Einwohnerverlusten – greifen die Kommunen zum Mittel der Wohnraumvermehrung, zu einer dem allgemeinen Trend widersprechenden baulichen Verdichtung.

3. Obwohl das Eigeninteresse der lokalstaatlichen Instanzen langfristig eine Änderung sozialer Strukturmerkmale in den Kernstädten begünstigt, sehen sich die Kernstadtgemeinden gleichzeitig gezwungen, sich durch soziale Leistungen die Loyalität der ansässigen Bevölkerung zu erhalten. Stadtumbau könne sich nur auf eine Verbesserung der vorhandenen Wohnsituation in den alten Wohngebieten richten, «dessen notwendige öffentliche Subventionierung vom Tragfähigkeitsprinzip für Mieter und Vermieter ausgeht»[89] und nicht auf einen Austausch der Bevölkerung gerichtet ist. Gleichwohl zwingt das System des kommunalen Wettbewerbs zu einer nachrangigen Bearbeitung dieses Problems. Dies um so mehr, als Leistungen, die der Daseinsvorsorge der Bevölkerung dienen, als «unproduktiv» gelten, weil sie kein Äquivalent in späteren Einnahmen finden und langfristig auch die Basis für kommunale Einnahmen unterminieren. Daher rührt auch das Interesse einzelner Gemeinden, sich der sozialen Problemfälle durch Abschieben auf Nachbargemeinden zu entledigen.

Derartige Prioritätensetzungen wären in einer das Umland mitumfassenden Regionalstadt nicht zwingend, zumindest stünde die Kernstadt nicht unter dem Handlungszwang, der selektiven Abwanderung anspruchsvollerer Bevölkerungsgruppen begegnen zu müssen. Diese Bewegungen vollzögen sich ja innerhalb der Verwaltungsgrenzen einer die gesamte Region umfassenden Stadt. Die Mechanismen der interkommunalen Konkurrenz sind also wirksame Triebkräfte einer kernstädtischen Erneuerungspolitik. Sie zwingen die Kernstädte, ihr Wohnungsangebot gegenüber dem des Umlandes konkurrenzfähig zu machen: die Wohnungsausstattung zu verbessern, größere Wohnungen auf Kosten von kleinen zu schaffen, das Wohnumfeld aufzuwerten, den Anteil von Eigentumswohnungen gegenüber freifinanzierten und sozial gebundenen Mietwohnungen zu vergrößern.[90] Das Konkurrenzverhältnis stärkt zugleich retardierende Kräfte, ist es doch ein vitales Interesse

kernstädtischer Politik, in den eigenen Mauern die Einwohnerzahl zu stabilisieren und den Trend zu dispersen Siedlungsstrukturen aufzuhalten.
Zur Implementation einer kernstädtischen Regeneration steht den Gemeinden eine Reihe im letzten Jahrzehnt entwickelter Steuerungsinstrumente, mit denen sie Entscheidungen privater Grundeigentümer und Investoren beeinflussen können, zur Verfügung. Versucht man, das Steuerungsinstrumentarium zu typisieren, zählen hierzu Rechtsinstrumente, finanzielle Instrumente, kommunale Vorleistungen, insbesondere im Infrastrukturbereich, und persuasive Instrumente, die sich zu typischen Handlungsstrategien bündeln lassen.[91)] Während die finanziellen Instrumente, d. h. die Zuschuß-, Darlehens- und Aufwandssubventionen wegen ihrer positiven Anreizeffekte, die staatlichen Vorleistungen im Infrastrukturbereich und die persuasiven Instrumente, d. h. die kommunale Informations- und Beratungstätigkeit, relativ leicht in Übereinstimmung mit privaten Eigentümerinteressen zu bringen sind, gilt dies für das Regulativ rechtlicher Gebote und Verbote nur bedingt. Das bodenrechtliche Instrumentarium des Städtebauförderungsgesetzes beschneidet z. B. ganz erheblich private Verfügungsrechte über Grund und Boden und unterwirft den Immobilienmarkt in Stadterneuerungsgebieten einer staatlichen Kontrolle, mit der die kurzfristig profitabelste Bodenverwertung unterbunden wird, um für langfristige Kapitalanlagen günstige Investitionsbedingungen herzustellen. Umstritten sind regulative Eingriffe vor allem deshalb, weil sich aus dem Konflikt zwischen Staat und privaten Eigentümern kontraproduktive Effekte ergeben können. Z. B. können, wie Erfahrungen mit dem Städtebauförderungsgesetz belegen, Althauseigentümer sich entweder passiv einer Teilnahme am Erneuerungsprozeß entziehen oder nur mit Hilfe eines aufwendigen Rechtsverfahrens der Enteignung gezwungen werden, Erneuerungsinteressenten Platz zu machen.
Der Erfolg administrativer Strategien zur Regeneration alter Stadtviertel bemißt sich daran, ob es ihnen gelingt, den Übergang zu neuen Bodenverwertungsbedingungen reibungslos und rasch zu vollziehen. Grundsätzlich gelten deshalb alle restriktiven Regulierungsformen – mit Ausnahme rahmensetzender Festlegungen wie Bebauungspläne, Baurecht usw. – nur in solchen Quartieren als angemessen, in denen sog. «weiche», sich auf ökonomische Anreize, Informationen, Koordination und Infrastrukturmaßnahmen stützende Handlungsvarianten versagen. Je nach erforderlicher oder erwünschter Intensität des Eingriffs ergibt sich mithin eine Instrumentenkombination, die geeignet sein muß, die verschiedenen Widerspruchsebenen zu vermitteln. Aus der Vielzahl möglicher administrativer Handlungsvarianten sollen im folgenden die fünf für die bundesdeutsche Stadterneuerungspolitik wichtigsten dargestellt werden. Sie sollen hinsichtlich ihrer unterschiedlichen Mittelwahl, Vorgehensweise, sozialen, wirtschaftlichen und städtebaulichen Auswirkungen gegeneinander abgegrenzt werden. Es handelt sich um:
- Modernisierungs- und Instandsetzungsförderung ohne unmittelbaren Gebietsbezug;

- Wohnumfeldverbesserungen auf öffentlichen Flächen;
- strukturerhaltende «behutsame» Stadterneuerung;
- strukturverändernde Stadterneuerung (Sanierung);
- befristete Instandsetzung und Modernisierung abgewohnter Wohnquartiere.

a) Modernisierungs- und Instandsetzungsförderung ohne unmittelbaren Gebietsbezug

Auf eine breite Mobilisierung von Investitions- und Kaufkraftpotential für die Erneuerung und Erhaltung städtischer Wohnungsbestände zugeschnitten sind diese in ihrer Grundstruktur bereits im Wohnungsneubau erprobten und nun auf die Bestände ausgeweiteten Förderprogramme. Die staatliche Seite (Bund, Länder, Gemeinden) beschränkt sich weitgehend darauf, das Investitionsverhalten über ein Angebot von Zuschüssen, Darlehen und Steuervergünstigungen zu beeinflussen. Sie überläßt den Haus- und Grundeigentümern die Inanspruchnahme des Förderungsangebots, tastet also die marktliche Allokation von Haushalten und Investitionen nicht an und steuert die Regeneration der Wohngebiete hauptsächlich über Förderungskonditionen. Dies gilt insbesondere für Förderungsprogramme, die über eine direkte Vergabe öffentlicher Mittel bestimmte Gebäude- und Gebietstypen ansprechen, z. B. für das inzwischen ausgelaufene Modernisierungs- und Energieeinsparungsprogramm, mit dem Bestände der 20er und 50er Jahre bevorzugt modernisiert worden sind. In jüngster Zeit aufgelegte kommunale Programme der Modernisierungs- und Instandsetzungsförderung zielen demgegenüber vorwiegend auf Wohnquartiere aus der Zeit vor dem Ersten Weltkrieg, deren Erneuerungsprobleme im hohen Instandsetzungsbedarf liegen und deren finanzschwache Kleineigentümer keine Erneuerungsinitiative entfaltet haben.[92)] Als sozialpolitische Komponente enthält dieser Förderungstyp meist Mietbindungen, mit denen die sozialen Folgewirkungen gemildert werden. Die Mieten werden, gleichsam als Gegenleistung für gewährte Subventionen, meist befristet auf eine Zeitperiode von 9 bis 10 Jahren, an Obergrenzen gebunden, um – wie es im Modernisierungs- und Energieeinsparungsgesetz heißt – «die Versorgung breiter Schichten der Bevölkerung mit guten und preiswürdigen Wohnungen zu verbessern und dadurch zur Erhaltung von Städten und Gemeinden beizutragen.»[93)] Eine Beschleunigung des ökonomischen Wandels wird also mit einer Verzögerung sozialer Austauschprozesse verknüpft.

Im zweiten Förderungsangebot – dem System steuerlicher Vergünstigungen bzw. Absetzungsmöglichkeiten – fehlen Möglichkeiten einer politischen Kanalisierung von Investitionsströmen in die sog. Problembestände gänzlich, desgleichen Möglichkeiten einer Dämpfung sozialpolitischer Auswirkungen auf den Wohnungsmärkten. Ohne daß es aus den Förderungsmodalitäten unmittelbar ablesbar wäre, ergeben sich aus der Funktionsweise dieses Systems spezifische siedlungs- und sozialpolitische Auswirkungen von großer Tragweite. Steuerrechtliche Regelungen sprechen in erster Linie Bezieher höherer Einkommen an, die im Unterschied zu Empfängern direkter monetärer Transferleistungen um so mehr von Modernisierungsaufwendungen und im Rahmen der Normalbesteuerung auch von Erhaltungsaufwendungen (Instandsetzungsmaßnahmen einschließlich steuerrechtlich hierzu zählender Modernisierungsmaßnahmen) entlastet werden, je höher ihr zu versteuerndes Einkommen ist. Nutznießer sind also primär kaufkräftige Schichten, die im Bestand Wohnungseigentum bilden können und wollen und deren Bereitschaft, kernstädtische Wohnimmobilien zu erwerben und zu modernisieren, auf diese Weise angereizt wird. Haushalte dieser Einkommensschicht wählen ihre Sachanlagen ausgesprochen selektiv: Sie präferieren Wohnungen und Wohnumfelder der gealterten großbürgerlichen Quartiere aus wilhelminischer Zeit mit ihren weiträumigen, zum Teil durchgrünten Straßen, großzügig geschnittenen Wohnungen und repräsentativen Fassaden, seit neuestem auch (ehemalige) Sozialwohnungsgrundstücke aus den 50er Jahren, sofern diese in gefragten Wohnlagen nahe dem Stadtzentrum liegen.

Die soziale Umgestaltung solcher Quartiere vollzieht sich, unterstützt und beschleunigt durch das indirekte staatliche Transferangebot, als ein marktvermittelter sozialer Sukzessionsprozeß, der allmählich eine Umwertung des gesellschaftlichen Status einzelner städtischer Teilgebiete einleitet. Die Invasion begüterter Mittelschichten kann ohne sichtbare politische Konflikte ablaufen, von Grundstück zu Grundstück und von Wohnung zu Wohnung, jeden Ansatz politischen Widerstandes zersplitternd. Diese Form «entpolitisierter» Umgestaltung von Stadtgebieten hält die Rolle des Staates gleichsam hinter den Marktvorgängen versteckt und erspart den staatlichen Instanzen den Aufbau besonderer legitimatorischer Auffangstellungen, z. B. in Form von Sozialplänen, weil die Auseinandersetzung zwischen Altmietern und Invasoren schon im politischen Vorfeld privatrechtlich geregelt wird.

b) Wohnumfeldverbesserungen im öffentlichen Raum

Marktkonform, d. h. die Entscheidungsfreiheit des privaten Haus- und Grundeigentums ebenfalls nicht antastend, verhält sich auch diese in den letzten Jahren von den Kommunen zu einem zentralen «Baustein» ihrer Erneuerungspolitik erklärte Strategie. Sie erlaubt den Kommunen, mit infrastrukturgleichen Vorleistungen stadtentwicklungspolitische Schwerpunkte im Stadtgebiet zu setzen und steuernd auf das private Reinvestitionsverhalten einzuwirken. Zwar wird bezweifelt, Maßnahmen im Wohnumfeld seien allein in der Lage, Reinvestitionen anzuregen und die selektive Abwanderung von Mittelschichten aufzuhalten[94)], doch als Teilstrategie in Verbindung mit den unter a) beschriebenen monetären Anreizen hat die Wohnumfeldpolitik seit Ende der 70er Jahre eine Schlüsselstellung innerhalb des Maßnahmespektrums der Wohngebietserneuerung erlangt. In einer Antwort auf eine große Anfrage zur Städtebaupolitik stellt die damalige Bundesregierung, bezugnehmend auf die wanderungsbeeinflussende Wirkung der Wohnumfeldqualität, fest: «Angesichts der Bedeutung, die der Wohnumgebung bei der individuellen Entscheidung über den Wohnstandort beigemessen wird, hält die Bundesregierung Maßnahmen zur Verbesserung des Wohnumfeldes zur Erhaltung alter Wohnquartiere in den Kernstädten in Verbindung mit Maßnahmen zur Wohnungsmodernisierung für besonders wichtig.»[95] Sie betont weiter, daß aus der Sicht einzelner Eigentümer Modernisierungsinvestitionen ohne ergänzende Verbesserung des Umfeldes unrentabel sein könnten und deshalb das Angebot der Modernisierungsförderung mit gebietsspezifischen Maßnahmen im Wohnumfeld zu einer Strategie sogenannter mittlerer Intensität verbunden werden sollte.

Modernisierungsförderung beschränkt sich weitgehend auf monetäre Transfers und überläßt in der Regel den privaten Eigentümern die Produktion des Gebrauchswertes und die Gestaltung von Wohnformen. Die Wohnumfeldpolitik behandelt dagegen explizit die Gestalt des öffentlichen Raumes, seine Gebrauchswerteigenschaften und ist gezwungen, viel offener als die mit dem monetären Instrumentarium arbeitende Förderung, inhaltliche Leitbilder für die Kernstadt auszuarbeiten. Weil es sich beim Wohnen nicht einfach um eine Behausungsfrage handelt, sondern immer auch um einen Akt gesellschaftlicher Aneignung städtischer Räume und damit auch sozialer Selbstdarstellung, werden mit der Wohnumfeldpolitik unmittelbar ganz bestimmte kulturelle Werte und Vorstellungen über städtische Wohn- und Lebensweisen transportiert. Dabei geht es, abgesehen von materiellen Verbesserungen im Bereich des Verkehrs (Verdrängung von Durchgangsverkehr und Lösung des Parkplatzproblems), vor allem um die Erscheinung des Quartiers und Stadtteils. Die Renovierung von Stadtgestaltdetails wie die Gestaltung von Gehwegen, Spielplätzen, Grünanlagen usw. zielt nicht nur darauf, die Benutzbarkeit der Stadt zu verbessern, sondern beinhaltet vor allem den Versuch einer Rekonstruktion des öffentlichen Raumes als Ergänzung zum individualisierten und privatisierten Wohnbereich. Insoweit greift die Wohnumfeldpolitik geschickt die Kritik an den «nivellierenden», monotonen Formen des suburbanen Wohnens auf, indem sie den Mittelschichten in den Kernstädten ein Milieu anbietet, das, wie Castells sich ausdrückt, in den «Fluten der Massengesellschaft» verloren zu gehen droht.[96] Die sich im Zentrum der Städte abzeichnende Tendenz eines Umbaus zur kulturellen und sozialen Mitte, zu einem Rahmen bürgerlicher Selbstdarstellung und Selbstdefinition setzt sich mit der Wohnumfeldpolitik innerhalb der Stadtteile fort in Maßnahmen wie:

- Verkehrsberuhigung und Straßenbegrünung,
- Schaffung von Wegen, Plätzen und Fußgängerbereichen,
- von Grünanlagen und öffentlichen Spielplätzen
- sowie Autoabstellplätzen für eine motorisierte Gesellschaft.[97]

In ihrem Bemühen, den Nutzungs- und Selbstdarstellungsbedürfnissen der Mittelschichten entgegenzukommen, beschreiten die Städte nicht den Weg des Kopierens vorstädtischer Wohnformen, was auch angesichts der Starrheit der vorhandenen Stadtstrukturen gar nicht möglich wäre, sondern den einer Reorganisation des

Stadtraums unter Betonung der historischen Qualität der jeweiligen Nachbarschaft: «Während einerseits von einer ständigen Weiterentwicklung – auch des Stadtbildes – ausgegangen werden muß und dieser Prozeß zur Erhaltung der Lebensfähigkeit der Stadt auch der Förderung bedarf, bedingt der Gedanke von baulicher Tradition und Kontinuität im Städtebau stadtgestalterische Maßnahmen, welche die Einbindung in die historische Entwicklung erkennen lassen.»[98)] Der Logik dieser Politik folgend, kommen vorzugsweise Nachbarschaften infrage, in denen Wohnumfeldverbesserungen als öffentliche Vorleistungen tatsächlich auch die investitionshemmenden negativen externen Effekte des Wohnumfeldes abbauen und Rahmenbedingungen schaffen, die ein zahlungskräftiges Nachfragepotential anziehen und die Investitionsbereitschaft des privaten Grundeigentums anregen. Mit dem Stigma eines Unterschichtenquartiers behaftete Viertel, alte Arbeitswohngebiete oder Nachbarschaften des sozialen Wohnungsbaus müssen für einen solchen Typ von Wohngebietserneuerung ungeeignet erscheinen.

c) Strukturerhaltende «behutsame» Stadterneuerung

Dieser Stadterneuerungsansatz ist wie die Wohnumfeldpolitik gebietsgebunden, zielt aber auf Quartiere, die wegen ihrer qualitativen Mißstände (innerstädtische Wohngebiete mit hoher Überbauung, Gemengelagen) zu ihrer ökonomisch-sozialen Regeneration einer städtebaulichen Neuordnung bedürfen. Wohnumfeldverbesserungen auf öffentlichem Grund und Boden müssen sich hier in ein Bündel von Maßnahmen einfügen, das Modernisierungsförderung und Wohnumfeldverbesserungen im öffentlichen und privaten Bereich miteinander verklammert und gestaltende Eingriffe von hoher Kapitalintensität auch auf den privaten Grundstücken erfordert. Besondere Schwierigkeiten bereitet die Neuordnung der Blockinnenbereiche, die Auslagerung störender Betriebe und die hierzu notwendige Koordinierung zahlreicher Privatinteressen. Das von den Kommunen repräsentierte Gesamtinteresse am Strukturwandel eines Quartiers muß sich nicht selten gegen Kapital- und Bodenverwertungsinteressen von privaten Grundstückseigentümern durchsetzen bzw. den privaten Einzelinteressen ein Nutzungs- und Gestaltungskonzept aufherrschen, das, selbst wenn es rechtsverbindlich (Bebauungsplan) ist, von den Grundeigentümern passiv unterlaufen werden kann.

Erfahrungen mit diesem Stadterneuerungstyp lassen erkennen, daß sich Erneuerungsziele, soweit sie die in privater Hand befindlichen Bodennutzungen betreffen, häufig nur mit Zwangsinstrumentarien gegen die uneingeschränkte private Verfügungsgewalt über den privaten Grund und Boden verwirklichen lassen. Zwar wird unter Betonung der «Behutsamkeit» des Vorgehens und des Ziels, städtebauliche Ensembles zu erhalten, eher zum Mittel des «bargaining» gegriffen, doch Erneuerungserfahrungen belegen, daß, dem Postulat marktkonformen politischen Verhaltens widersprechend, administrative Ersatzlösungen zur Durchsetzung selbst kleinerer Veränderungen des vorhandenen Bodennutzungsgefüges notwendig werden können. So heißt es in einem Erfahrungsbericht über «einfache Erneuerungen» aus Baden-Württemberg: «Während sich die Städte gerne dem öffentlichen Straßenraum zur Aufwertung des Wohnumfeldes zuwenden, wird der Blockinnenbereich nur zögernd angegangen. Da bei der Umgestaltung der Blockinnenbereiche eine Vielzahl von Interessen privater Eigentümer aneinanderstoßen, wird diese Aufgabe erst nach weiteren Bemühungen unter Beteiligung der Betroffenen zu lösen sein.»[99)] Das durchaus vorhandene Instrument des Bodenrechts, dessen Funktion darin besteht, die in der kommunalen Planung festgesetzten Nutzungen auch zu verwirklichen, und das der staatlichen Administration hierfür die entsprechenden Zwangsmittel an die Hand gibt (Nutzungsgebot, Bau- und Pflanzgebot, Abbruchgebot, Modernisierungsgebot, Erhaltungssatzung usw.)[100)], kommt nur selten zur Anwendung. Es widerspricht, wie Schäfer in bundesdeutschen Großstädten ermittelte, dem Wunsch nach einvernehmlichen Lösungen und wird von den Kommunen wegen des Verfahrensrisikos und befürchteter Rechtsstreitigkeiten nur im Notfall und als Drohmittel gegen sich sperrende Haus- und Grundeigentümer eingesetzt.[101)] Aus demselben Grund werden die noch weitergehenden «besonderen bodenrechtlichen Vorschriften» des Städtebauförderungsgesetzes, die alle rechtlichen und baulichen Veränderungen der Grundstücke einer Genehmigung durch die Gemeinde unterwerfen, sobald ein Gebiet zum Sanierungsgebiet erklärt worden ist, abgelehnt und strukturerhaltende Stadterneuerung in aller Regel außerhalb des Geltungsbereiches des Städtebauförderungsgesetzes praktiziert. Als Quintessenz der kritischen Auseinandersetzung mit dem Bodenrecht ist vor kurzem das Städtebauförderungsgesetz novelliert worden, um das Verfahren der «vereinfachten städtebaulichen Erneuerung» auch gesetzlich zu verankern. Absicht dieses Schrittes ist es, das Planungs-, Organisations- und Förderungsrecht des alten Städtebauförderungsgesetzes zu übernehmen, den Gemeinden aber die Freiheit zu lassen, selbst zu entscheiden, ob sie sich des besonderen Bodenrechts bedienen.

d) Strukturverändernde Stadterneuerung (Sanierung)

Sanierungspolitik wird als Synonym für die Neugestaltung des Stadtgrundrisses, eine Neueinteilung des privaten Grundbesitzes, eine Verlagerung von Bevölkerung und Gewerbebetrieben, d. h. für eine viel weitergehende Umwälzung vorhandener Verhältnisse, als es alle bisher genannten Erneuerungsformen implizieren, gebraucht. Die Entstehung dieses Erneuerungstyps reicht in Zeiten noch hoher wirtschaftlicher Wachstumserwartungen zurück und war vom Eindruck einer scheinbar nicht zu bremsenden Neubautätigkeit, der räumlichen Expansion des tertiären Sektors im Zentrum der Stadt und einer Expansion des städtischen Siedlungsgebietes geprägt. Stadtumbau zugunsten des tertiären Sektors (Funktionssanierung) und Wohnungsneubau auf wiedererschlossenen Flächen (Wohngebietssanierung) schienen sowohl aus regionalwirtschaftlicher Sicht als auch aus der Sicht der Bau- und Wohnungswirtschaft alternativlos zu sein. Für solche produktivitätsorientierten

Umwälzungen der Städte wurde das Sonderrecht des Städtebauförderungsgesetzes[102], das den Ablauf, die Bodenordnung und Finanzierung der Flächensanierung regelt, noch keineswegs als Widerspruch zu den privaten Verwertungsinteressen empfunden, sondern umgekehrt als Voraussetzung einer erfolgreichen Umnutzung oder Nutzungsintensivierung des städtischen Bodens. Es ging ja darum, wachstumsoptimale Bedingungen zu schaffen und in diesem Zusammenhang finanzschwaches Grundeigentum gegen kapitalkräftige Wohnungsbaugesellschaften und im gewerblichen Bereich Anlage suchendes Kapital auszutauschen. Leitbild der Stadtsanierung war eine Kernstadt als zentraler Ort und Wachstumspol in der Stadtregion und noch nicht primär ihr Umbau zu einer von den Mittelschichten akzeptierten Wohnstadt. In den Sanierungsverfahren waren deshalb auch Bestandserhaltung, mittlere und einfache Modernisierungen als Alternative zu Abriß und Neubau nur als Ausnahmen vorgesehen (Sicherung historischer Ensembles im Mittelpunkt der Städte). Zugunsten eines produktivitätsorientierten Umbaus der Städte waren massive Interventionen in Bestandsverwertungs- und Wohnungsmarktzusammenhänge gefragt. Entsprechend aufwendig war die öffentliche Förderung: Kosten der Zerstörung kernstädtischen Wohnungsbestandes galten ebenso als unrentierliche, vom Staat zu tragende Kosten wie die Kosten für die notwendige Verdrängung ansässiger Bewohner und des Kleingewerbes.

Heute wird die ursprüngliche Programmatik der Sanierung wegen ihres Rigorismus kritisiert, mit der sie inzwischen in Widerspruch zu den realen Möglichkeiten der Stadtentwicklung geraten ist. Vor dem Hintergrund allgemein schwächerer Wachstumsimpulse in alten Kernstädten, eines mit den Begriffen Dis- und Reurbanisierung beschriebenen neuen Stadtentwicklungstrends erweist sich dieses Sanierungsschema zusehends als kontraproduktiv und gerät in den Verruf, selbst Sanierungsbedürftigkeit zu erzeugen. Zu dieser Einschätzung tragen auch die qualitativen Ergebnisse vieler Sanierungsprojekte bei, deren die Geschichte der Gebiete mißachtende Neubaukomplexe eher Trabantensiedlungen ähneln und selten eine qualitative Verbesserung der Wohnlage erreichen. Ein Rückzug aus der nach dem Städtebauförderungsgesetz geregelten Flächensanierung ist unverkennbar: Die Sanierungsgebiete werden räumlich verkleinert, entbürokratisierte Verfahren, in denen sich über den Markt die Nutzeransprüche durchsetzen können, genießen zur Zeit Vorrang.

Stadtsanierung wird gleichwohl in Zukunft aller Voraussicht nach wieder Bedeutung erlangen und zwar dort, wo alte Wohngebiete ökonomisch absterben oder wo im Zuge des wirtschaftlichen und räumlichen Strukturwandels Industriebrachen entstehen, die einer neuen ökonomischen Nutzung zugeführt werden sollen. Gerechnet wird damit, daß in den 90er Jahren, nachdem sich die städtischen Wohnungsmärkte weiter entspannt haben, in ungünstigen Wohnlagen, z. B. in Nachbarschaft zu Fabriken, zu Autobahnen oder in Blockinnenbereichen (Hinterhofsubstanz), aber auch in jüngeren Großsiedlungen an den Stadträndern, Wohnungen und Häuser leer stehen werden. Stadtsanierung wäre dann nicht mehr, wie ursprünglich konzipiert, eine Methode zur Aktivierung städtischer Wachstumsreserven, sondern zum Abfangen von städtischen Niedergangsscheinungen. Kommunale Sanierungspolitik hätte in sterbende Teilräume, die mit dem Standortnachteil verlassener, ökonomisch unnützer Bausubstanz belastet sind, zu intervenieren, das Gelände für private Haushalte und Unternehmen neu zu erschließen oder, wo das wirtschaftliche Entwicklungspotential zu schwach ist, den Grund und Boden einer Verwendung außerhalb des privaten Wirtschaftssektors zuzuführen.

e) Befristete Instandsetzung und Modernisierung abgewohnter Wohnquartiere

Offen ist derzeit, wann alte Wohnquartiere den Endpunkt ihres Lebenszyklus erreichen und ob nicht jüngere Wohnungsbestände, z. B. des frühen sozialen Wohnungsbaus der 50er Jahre oder der Großsiedlungen der 70er Jahre, schneller als die Altbauquartiere sanierungsreif werden. Zur Zeit ist das Nutzungsende selbst der schlechtesten Bestände innerhalb und außerhalb von Sanierungsgebieten, von Beständen, die sich im Grenzbereich zwischen Erhaltung und Abbruch befinden und für die sich eine Erneuerung mittlerer Intensität nicht mehr lohnt, noch nicht absehbar.

Dem Interesse an einer durchgreifenden Erneuerung widersprechend, hat sich deshalb seit Anfang der 80er Jahre ein neuer Typus von Wohnungsbestandspolitik entwickelt: Die Strategie einer befristeten Sicherung von Mindeststandards. Diese soll – angesichts der beschriebenen Verzögerungstendenzen bei der Realisierung einer durchgreifenden Erneuerung – dem weiteren Niedergang der abgewohnten Quartiere begegnen und diese für eine relativ kurze Zeitspanne von ca. zehn Jahren stabilisieren.[103)] Ähnliche Interimslösungen werden in den Vereinigten Staaten unter der Bezeichnung «short-term stop-gap improvement» schon seit den 60er Jahren mit dem Ziel verfolgt, «to prevent deterioration and to provide decent accomodation for the last years of the property's life».[104)] Ursprünglich war es die Absicht, die lange Zeitspanne zwischen der Planung und Vollendung von Sanierungsmaßnahmen zu überbrücken. Amerikanischen, aber auch bundesdeutschen Erfahrungen zufolge kann eine umfassende Flächensanierung in der Regel nicht innerhalb eines für die Kommune überschaubaren Zeitraums abgeschlossen werden. In Gebieten mit geringer «Selbsterneuerungskraft» wird auch eine Modernisierung vorhandener Bestände, schon wegen des beschränkten öffentlichen Budgets, nicht gleichzeitig auf allen Grundstücken in Angriff genommen werden können. Es werden Interimsmaßnahmen notwendig, die wenigstens einen fortschreitenden Verfall bei nur punktuellen Erneuerungsmaßnahmen verhindern. Eine Politik befristeter Instandsetzungen kann vor allem dem von Stadterneuerungsprojekten häufig ausgelösten Attentismus der Grundeigentümer vorbeugen, die in Erwartung öffentlicher Förderung zu einer Desinvestitionsstrategie übergehen (negative Ankündigungseffekte).

Befristete Maßnahmen werden mittlerweile in einer Reihe bundesdeutscher Großstädte, z.B. in Berlin und Hamburg, praktiziert. Vergleicht man sie mit dem ursprünglichen Stadtsanierungsansatz, so erscheinen sie als ein Eingeständnis, im Unterschied zu den Neubauprojekten am Stadtrand für diese sich in der Absterbephase befindlichen Quartiere keine eindeutige Ziel-Mittelplanung entwerfen zu können. Es spiegelt sich hierin das Eingeständnis, angesichts der innerstädtischen Widerspruchslage, zum Zeitpunkt der Projektplanung überhaupt noch nicht erkennen zu können, mit welchem Ergebnis und wann die staatliche Intervention enden wird, da während der extrem langen Durchführungsphase alle zwischenzeitlich eintretenden Veränderungen sozialer und ökonomischer Rahmenbedingungen die ursprüngliche Sanierungsplanung konterkarieren können. In der Bundesrepublik war Stadtsanierung anfangs noch von einem Optimierungsdenken geprägt, das sich imstande glaubte, die ausgewählten Gebiete in einem Zuge auf einen Standard zu heben, «der für mehrere Jahrzehnte alle öffentlich gesteuerten Umbaumaßnahmen erübrigt»[105)], darüber hinaus von einem Machbarkeitsoptimismus hinsichtlich der zügigen Sanierungsdurchführung. Mittlerweile sind solche aus der Neubauplanung am Stadtrand übernommenen Planungs- und Realisierungsstrategien an den ökonomisch-sozialen Realitäten mancher Sanierungsgebiete zerbrochen: Planungsmethodisch wird nun ein Ausweg darin gesucht, daß weniger der geplante Endzustand als vielmehr der Veränderungsprozeß selbst zum Gegenstand politisch-planerischen Handelns erklärt wird und an die Stelle geschlossener Ordnungsvorstellungen einer deduktiv abgeleiteten Planung ein inkrementalistisches Planungsverständnis tritt, eine Politik und Planung der «kleinen Schritte», in die sich der Ansatz des «stop-gap improvement» nahtlos einfügt. Dadurch werden Optionen für eine allmähliche Aufwertung oder durchgreifende spätere Sanierung offen gehalten. Von der präventiven Erhaltungspolitik läßt sich bruchlos zu aufwendigeren Modernisierungsmaßnahmen oder zur Sanierung übergehen. Parallel ist ein vereinzelter Abbruch störender baufälliger Substanz möglich, ebenso eine Erneuerung der sozialen und technischen Infrastruktur im Vorgriff auf eine spätere grundlegende Erneuerung des Quartiers.

Befristete Erhaltungsmaßnahmen werden schließlich damit gerechtfertigt, daß sie den Prozeß des ökonomischen Absterbens alter Quartiere abmildern könnten und den Vorgang für die Bewohner (Abnutzungsmieter) erträglicher gestalten sowie Verslumungserscheinungen vorbeugen könnten.[106)] «Stop-gap improvement» stabilisiert die gegebenen Wohnverhältnisse und die vorhandene Sozialstruktur, schreibt aber auch die sozialräumliche Segregation fest und vertieft sie möglicherweise sogar, sollten diese Viertel zu Ausweichquartieren für erneuerungsbetroffene Haushalte aus anderen Stadtteilen werden. Die gebietstypischen Mißstände – eine hohe Bebauungsdichte, ein Mangel an Freiflächen, niedrige Ausstattungsstandards der Wohnungen und das Image des Unterschichtenquartiers – werden als soziale Selektionsmechanismen tendenziell sogar verfestigt.

Letztlich ist der Strategieansatz «Instandsetzung auf Zeit» die logische Folge einer Orientierung von Wohnungs- und Stadtentwicklungspolitik auf ein sich marktförmig regelndes Allokationssystem, das sich einer planmäßigen Lenkung entzieht und staatliche Maßnahmen im wesentlichen zu Interventionen a posteriori macht, die sich mit den Symptomen des ökonomischen Prozesses auseinandersetzen und nur reflexartig die ökonomischen Widersprüche regulieren können: «Darin liegen die Grenzen der *kapitalistischen Planung*, die selbst in Form einer Programmierung oder Planung der großen Orientierungslinien eher aus einer Projektion der großen dominanten Tendenzen eines bestimmten Zeitpunkts auf die Zukunft, als aus einer echten Planung besteht.»[107] Wird versucht, diese strukturelle Abhängigkeit marktintervenierenden politischen Handelns zu überspielen, d.h. im Widerspruch zu ökonomischen Trends und gesellschaften Kräftekonstellationen einmal geplante Programme weiterzuverfolgen, ist es nur eine Frage der Zeit, bis eine politische Krise Kursänderungen erzwingt.[108] Die Stadtsanierungsprogramme konnten noch so minutiös durchgeplant gewesen sein, die veränderten Bedingungen der Stadtentwicklung seit Mitte der 70er Jahre lösten unkontrollierbare Nebenwirkungen aus (Widerstände gegen den «Kahlschlag») und erzwangen eine konfliktreiche und schmerzhafte Korrektur der Ziele und Vorgehensweisen.

11.3 Regulierung der Wohnsegregation

Die Politik der ökonomischen Regeneration kernstädtischer Wohnviertel setzt zwar an der Veränderung des baulichen Bestandes an, zielt aber – mit Ausnahme des «stop-gap improvement» – immer auf eine räumliche Umverteilung der sozialen Schichten innerhalb der Stadtregion. Wie schon die Erörterung sozialpolitischer Implikationen der öffentlich geförderten Aufwertung der Kernstädte zeigte, sehen sich die staatlichen Instanzen gezwungen, vorhandene Wohn- und Lebenszusammenhänge zu destabilisieren und zugleich diese Folgen ihrer Politik mit kompensatorischen Maßnahmen zu regulieren.

a) Räumliche Umverteilung der Bevölkerung im Rahmen von Sanierungsprogrammen

Am offensten zeigen sich die sozialen und räumlichen Konsequenzen einer politischen Intervention in die Ökonomie kernstädtischer Nachbarschaften bei der Durchführung von Sanierungsprogrammen nach dem Städtebauförderungsgesetz: In diesen Programmen geht es um eine grundlegende städtebauliche Umgestaltung von Stadtgebieten, was nicht nur Veränderungen der baulichen Gestalt, sondern vor allem tiefgreifende Umschichtungen der Wohnbevölkerung und der Betriebe einschließt. Explizit wird im Sanierungsverfahren die Bodenordnung, der Umzug von Bewohnern und Betrieben, die Beseitigung baulicher Anlagen usw. zu einem geschlossenen Maßnahmenkomplex gebündelt. Als Ordnungsmaßnahmen sind sie notwendig, um anschließend die sanierten Areale entsprechend der Planung zu bebauen oder als erhaltenswert angesehene Bestände zu modernisieren. Für Sanierungsbetroffene impliziert diese Strategie, daß sie kaum Einflußmöglichkeiten auf das Sanierungsverfahren haben. Ihr Interesse, sich an der Sanierung zu beteiligen, muß naturgemäß gering bleiben, da sie ihren eigenen Exodus aus dem Quartier planen müßten. Das Sanierungsverfahren sieht zwar Erörterungsveranstaltungen mit den Betroffenen vor, die aber in der Regel nur mit der Aufstellung eines Sozialplans enden, in dem geregelt wird, inwieweit die Kosten eines Wohnsitzwechsels von den staatlichen Instanzen mitfinanziert werden. Soweit sie nicht die politische Macht besitzen, sich dem Sanierungsverfahren insgesamt zu widersetzen, können Bewohner als verplantes Element lediglich versuchen, möglichst günstig Konditionen des Sozialplans herauszuschlagen.

Im Städtebauförderungsgesetz wird der Sozialplan ausdrücklich als eine Mobilitätshilfe beschrieben, mit der die Umzugsbereitschaft der Sanierungsbetroffenen gefördert und soziale Härten gemildert werden sollen. In den Berliner Ausführungsvorschriften des Städtebauförderungsgesetzes wird zum Inhalt des Sozialplans für die «Wohnbevölkerung» angemerkt: «Darzustellen ist, wie den Betroffenen bei ihren eigenen Bemühungen, nachteilige Auswirkungen zu vermeiden oder zu mildern, geholfen werden kann, insbesondere beim Wohnungswechsel.»[109] Als öffentliche Hilfe werden z. B. Umzugskostenbeihilfen und Ersatzwohnungen, meist außerhalb des förmlich festgelegten Sanierungsgebietes, angeboten. Ausdrücklich ist zur Durchsetzung des Sanierungszwecks die Bereitstellung von Ersatz- und Ergänzungsgebieten außerhalb der Sanierungsgebiete für Ersatzbauten und Ersatzanlagen vorgesehen, in denen verdrängtes Gewerbe, vor allem aber die verdrängten Bewohner unterzubringen sind.[110] In Berlin wurden als Ausweichquartiere unter anderem Teile der in den 60er und 70er Jahren gebauten Großsiedlungen am Stadtrand reserviert.

Mit der Bedeutungsabnahme dieses Typs von Stadterneuerung erregen auch die offenen Formen politisch geförderter Bewohnerverdrängung und die sich daran anschließenden Versuche einer ökonomischen Aufwertung von Sanierungsgebieten nicht mehr so sehr die Aufmerksamkeit der Öffentlichkeit. Heute stellt sich die Frage, welche sozial-räumlichen Selektionsmuster von der sog. «behutsamen» Stadterneuerung ausgehen, die von sich selbst behauptet, einen neuen Typus sozialintegrativer Politik zu praktizieren.

b) Soziale Stabilisierung von Wohnquartieren durch eine Strategie der Revitalisierung?

In der jüngeren Stadterneuerungsdebatte werden insbesondere die bereits beschriebenen «behutsamen» Strategien einfacher Erneuerungsmaßnahmen als Beispiele einer neuen sozialintegrativen Stadterneuerungspolitik gepriesen, weil ihre Prioritäten im Unterschied zur Sanierung am Tragfähigkeitsprinzip für Vermieter und Mieter orientiert seien und von einem administrativ gesteuerten raschen sozialen Wandel in den Stadtteilen Abstand nähmen. Ihr Handlungsprinzip sei, die Wohnsituation der vorhandenen Bewohner zu verbessern, die selektive Abwanderung zu bremsen und zusätzlich ein attraktives Angebot für Zuziehende zu schaffen. Stadterneuerung dieses Typs kümmere sich nicht nur fürsorglich um die Bedürftigen und am Markt Benachteiligten, sondern sorge darüber hinaus für eine alters- und sozialstrukturell ausgeglichene Bevölkerungszusammensetzung im Quartier. Die großräumige Segregation zwischen Kernstadt und Umland kritisierend, wird Stadterneuerung nunmehr als Schritt zur «Desegregation» propagiert: Mit einer «Verbesserung der Sozialstruktur» könnten neue Formen des Zusammenlebens im Stadtteil geschaffen werden und die durch selektive Abwanderung entstehenden Probleme der Stigmatisierung und Wohnungsmarktdiskriminierung gemildert werden.

Dieser Aspekt der Stadterneuerung wird mit dem Begriff *Revitalisierung* umschrieben. Neben der baulich ökonomischen Aufwertung erhofft man sich von diesem Konzept eine Wohnintegration verschiedener gesellschaftlicher Schichten und über dieses Medium einen Abbau von sozialen Barrieren zwischen ihnen. Gestützt auf Ergebnisse der Segregationsforschung wird unterstellt, eine Verringerung der räumlichen Distanz zwischen den gesellschaftlichen Schichten und Klassen könne der Stabilisierung abstiegsgefährdeter Quartiere dienen und die gesellschaftliche Isolierung hier lebender benachteiligter Bevölkerungsgruppen mindern. Ihnen böte sich die Chance, in den sich reorganisierenden Nachbarschaften gesellschaftlich aufzusteigen.[111)] Downs, der dieses Konzept detailliert erläutert, bezeichnet es als einen Versuch, «to combine both resident-oriented and place-oriented upgrading».[112)]

Es wurde an anderer Stelle bereits dargelegt, warum die von der städtischen Wirtschaft und von den in der Kernstadt angesiedelten Institutionen (Verwaltung, Hochschule usw.) erzeugten sozialen Aufsteiger als Träger der städtischen Aufwertungsstrategien umworben werden. Ergänzend wäre dem hinzuzufügen, daß die städtischen Mittelschichten auch zum Maßstab für eine Assimilation und Akkulturation von Unterschichten gemacht werden sollen. Explizit wird dieses Ziel von Revitalisierungsstrategien angestrebt, die sich darum bemühen, soziale aufstrebende Haushalte in den alten Vierteln zu halten und zum Ausgangspunkt einer die weniger mobilen Haushalte mitreißenden Erneuerung zu machen. Dieser Ansatz «assumes there is some relatively desirable and viable mixture of upwardly mobile and non-upwardly mobile households to begin with, and all of them will work together to improve the area.»[113)] Es wird sich eine solche kombinierte ökonomische Regeneration und soziale Integration allerdings nur in Stadtteilen umsetzen lassen, wo der Anteil aktiver, in gesicherten Verhältnissen lebender Bevölkerung noch nicht zu klein ist. In Stadtteilen mit bereits fortgeschrittener sozialer Erosion impliziert dieses Vorgehen dagegen auch einen Austausch der hier lebenden armen Familien gegen zuziehende Mittelschichtenhaushalte im Rahmen der normalen Mieterfluktua-

tion, um, wie Downs meint, eine lebensfähige Mischung verschiedener Sozialgruppen zu erreichen. In beiden Fällen wird eine aktive Gruppe der städtischen Mittelklasse zum sozialen Träger der Revitalisierung. «Neighborhood improvement through upgrading in place precludes completely expelling the poor from an area, as sometimes occurs in gentrification», aber «it would be a serious mistake to prohibit all actions that displace some poor households.»[114]
Man erkennt die Ambivalenz solcher Politik, wird doch eine Stadtteilkonsolidierung unter Einbeziehung ansässiger Bewohner zugleich durch Ansiedelung bzw. Seßhaftmachung sozialer Aufsteiger angestrebt, die als Ferment einer sich selbst verstärkenden Regeneration der ganzen Nachbarschaft wirken sollen. In der behutsamen Stadterneuerungspraxis wird versucht, die sozialen Gegensätze auszubalancieren, d.h. einerseits die sozialen Verdrängungsmechanismen zu dämpfen, andererseits aber auch einen kumulativen sozialen Abstieg von Quartieren zu verhindern, also ein höchst labiles ökonomisches und soziales Gleichgewicht herzustellen, das jederzeit nach der einen oder andern Seite umkippen kann. Von Einem u.a. beschreiben die Problematik dieser politischen Strategie folgendermaßen: «Einerseits (...) droht der Niedergang (...) infolge baulicher Alterung und sozioökonomischen Soges (Abwanderung, soziale Erosion, Desinvestition). Andererseits droht eine forcierte Gebietsaufwertung infolge sozioökonomischen Druckes (Zuwanderung, Verdrängung zahlungsschwacher Nutzungen durch tertiäre Nutzung oder Luxusmodernisierung)»[115]. Die Erneuerungspolitik muß demnach in der Lage sein, auf dem schmalen Grat zwischen «Verslumung und Versnobung» zu balancieren.[116] Dazu wäre ein höchst differenzierter Instrumenteneinsatz geboten, der sowohl zeitlich als auch räumlich so bestimmt werden müßte, daß er auf die jeweiligen Bedingungen im Zielgebiet exakt eingehen kann. Abgesehen von der relativ geringen Zielgenauigkeit staatlichen Handelns und der Inflexibilität des bürokratischen Systems bei der Politikausführung[117], die an sich schon Zweifel an der Durchsetzbarkeit einer solchen Politik aufkommen lassen, müßte die Stadterneuerungspolitik auch in der Lage sein, sich antizyklisch gegen jeweils unterschiedliche Wohnungsmarkttrends durchzusetzen.

Markttrend fördert Quartiersaufwertung und Bewohnerverdrängung:
In diesem Fall müßten Maßnahmebündel zur Anwendung kommen, von denen investitionsmindernde Impulse ausgehen und die den Vorgang der sozialen Umwälzung z.B. durch bewohnerorientierte Schutzmaßnahmen und kompensierende staatliche Leistungen verlangsamen: Wohnraumkündigungsschutz, Zweckentfremdungsverbote, Mietpreisbegrenzung im Fall einer Modernisierung, Mietsubventionen, Wohngeld. Das Netz der sozialen Bestandsschutzes ist faktisch jedoch so weitmaschig, daß bei starkem Aufwertungsdruck kaum ein wirksamer Schutz gegen soziale Verdrängungsmechanismen aufgebaut werden kann. Die steuerliche Förderung von Modernisierungs- und Instandsetzungsmaßnahmen oder von Wohnungsei-

gentum unterliegt keinerlei sozialen Bindungen. Lediglich der allgemeine Kündigungsschutz und der nach BGB geregelte Ausschluß von «Luxusmodernisierung»[118] bilden eine nicht sonderlich wirksame Barriere gegen ein zu hohes Aufwertungstempo und dadurch in Gang gesetzte soziale Sukzessionsprozesse.

Markttrend begünstigt Abstieg einer Nachbarschaft:
Umgekehrt gibt es in Städten und Quartieren mit abwärts gerichteter Grundtendenz ebenfalls nur begrenzt wirksame Gegenmaßnahmen, die ein Quartier auf mittlerem Niveau stabilisieren könnten. Wenn der soziale Status schon auf ein niedriges Niveau abgesunken ist oder wie Downs es ausdrückt, diese Nachbarschaften bereits überdeterminiert sind «by nonupwardly mobile houscholds», wird cs äußerst schwierig, den Prozeß räumlicher Segregation umzukehren. In solchen Vierteln sei die vorhandene soziale Mischung eher einem weiteren Abstieg förderlich, und die Erneuerung und soziale Stabilisierung könne sich bestenfalls auf eine größere Fraktion der unteren Mittelschichten stützen.[119] Revitalisierung könne hier folglich nur Investitionsanreize für einfache Verbesserungen des Wohnungsbestandes mit einer Strategie zur Verbesserung von Sozialeinrichtungen und Ausbildungsmöglichkeiten und zur Herstellung eines Netzes nachbarschaftlicher Solidarität verbinden. Ganser hat hierfür die treffende Devise formuliert: «Sozialarbeit geht vor Abriß und Umlegung!»[120] Er deutet damit an, daß diesen Gebieten nicht nur die soziale und ökonomische Kraft für einen sich selbst tragende Regeneration fehlt, sondern auch, daß man auf staatlicher Seite nicht in der Lage ist, einen Stadtumbau gegen die autonomen Trends voranzutreiben. Die Strategien für solche vom Absinken bedrohten Erneuerungsgebiete beschränken sich unter dem Mantel einer Sicherung preiswerten Wohnraums und der Verhinderung von Bewohnerverdrängung heute weitgehend darauf, den sozialen Status auf dem vorgefundenen niedrigen Niveau zu stabilisieren oder nur geringfügig anzuheben. Sie ersetzen die noch vor wenigen Jahren verfolgten Aufwertungsstrategien, die sich angesichts knapper öffentlicher Mittel und fehlender ökonomischer Selbsterneuerungskraft heute nicht mehr verfolgen lassen, durch Maßnahmen zur Sicherung von Mindeststandards.

Fazit: Beide Formen der sozialen Entmischung – die Verdrängung durch Aufwertung und die soziale Erosion durch selektive Abwanderung – sind mit behutsamen, der jeweiligen Markt- und Nachbarschaftssituation angepaßten Revitalisierungsstrategien sicher zu verlangsamen. Doch sind Zweifel anzumelden hinsichtlich der Realisierbarkeit einer sozialräumlichen Desegregation. Dieses Politikmuster leidet darunter, daß es dem primären Allokationsmechanismus der Wohnungs- und Immobilienmärkte nur aufgesetzt ist, weder die Ursachen sozialer Segregation noch der segregierenden räumlichen Bevölkerungsverteilung beeinflußt. In seinem Kern zielt es auch nicht auf soziale Integration, als vielmehr darauf, die Abwanderung von Mittelschichten zu unterbrechen. Der Schwerpunkt aller politischen Bemühungen liegt bei den sozialen Aufsteigern, die als Träger einer endogenen Regeneration der Kernstädte hofiert werden. Von ihnen soll die soziale und ökonomische Kraft für eine öffentlich unterstützte Wiederaufwertung alter Wohnviertel ausgehen. Behutsam und sozial integrativ erscheint ein solches Vorgehen nur deshalb, weil es auf administrative Zwangsmaßnahmen verzichtet und, von einer Stabilisierung der räumlichen Teilmarktentwicklung ausgehend, eine allmähliche Quartiersaufwertung fördert. Während des Übergangs zu einem neuen Marktgleichgewicht mögen sich verschiedene Bevölkerungsgruppen innerhalb eines Stadtteils mischen. Doch erstens bedeutet räumliche Nähe noch nicht soziale Nähe und zweitens wirken räumliche Segregationskräfte über die Wohnungsmärkte beständig weiter und schaffen allmählich neue sozialräumliche Muster im städtischen Wohnungsbestand: Die großräumige regionale Segregation zwischen der Kernstadt und den Umlandgemeinden wird allmählich überlagert von einer kleinräumigen innerstädtischen.

12. Transformation des Wohnsiedlungsgefüges unter veränderten Bedingungen der Stadtentwicklung

In der historischen Phase, als die Städte uneingeschränkt Zentren des ökonomischen Wachstums waren, eines wachsenden Bruttoinlandsprodukts und einer kontinuierlichen Zunahme des Pro-Kopf-Einkommens, konnten kernstädtische Bestandsprobleme vorwiegend als Probleme eines ungleichgewichtigen und ungleichzeitigen innerregionalen Wachstums erscheinen. Insbesondere die selektive räumliche Dispersion der Stadtbevölkerung ließ, gleichsam als Resultat des Wachstums, einen ökonomisch niedergehenden Siedlungsring in bester Lage nahe den Stadtzentren entstehen. Da dieses räumliche Siedlungsmuster primär Städte mit einem älteren, aus einer anderen Siedlungsepoche übernommenen Bestand prägte, während jüngere Städte eine derartige Regelmäßigkeit nicht aufwiesen, konnten die historischen Bestandsgrößen als Determinante suboptimale Nutzung des städtischen Bodens erscheinen. Meine Analyse der Bestandsökonomie ergab, daß, da die besten Flächen in den Städten bereits belegt sind, eine suboptimale Lösung bei der Standortfrage zur Regel wird, die Marktanpassung des Bodennutzungsgefüges sich nur mit Verzögerung durchsetzt und zudem gegen Ende des Nutzungszyklus längere Phasen des Verfalls und sozialen Niedergangs einschließt. Stadterneuerungsmaßnahmen verstanden sich folglich als Instrument, das als Ergänzung zum Marktpreismechanismus dort zum Einsatz kam, wo der Preismechanismus nicht zu einer optimalen Nutzung der Ressourcen führen konnte. Sie dienten der Überwindung von Zeitverzögerungen und Friktionen des Strukturwandels der Städte und in einem weiteren Sinne einer ökonomischen Stärkung der Kernstädte, von der man sich entscheidende Impulse zum gesamtwirtschaftlichen Wachstum erhoffte.

Um Strukturwandel geht es auch heute in den alten Städten, aber weniger um eine Stärkung des städtischen Wachstumspotentials, als vielmehr um die Unterstützung einer neuen Organisation städtischer Aktivitäten auf einer ökonomisch konsolidierten bzw. geschrumpften Basis, die nur noch begrenzt einem nationalen und regionalen ökonomischen Wachstum dienen kann. Elemente dieses sozialen und ökonomischen Wandels sind:

1. ein stagnierendes oder nur noch langsam wachsendes durchschnittliches Pro-Kopf-Einkommen der Stadtbevölkerung und infolgedessen die Gefahr einer Stagnation und Schrumpfung des durchschnittlichen Kaufkraftpotentials bezogen auf die Stadtfläche;
2. eine relative Reduktion des Volumens ökonomischer Aktivitäten innerhalb der Städte bei gleichzeitiger Verlagerung des wirtschaftlichen Schwerpunkts von der Produktion und traditionellem tertiärem Gewerbe auf Informations- und Kommunikationstätigkeiten;
3. eine nachlassende Anziehungskraft auf Arbeitsimmigranten geringer Qualifikation und eine gleichzeitige Tendenz von Mittelschichten, sich im städtischen Wohnungsbestand auszubreiten.

Böventer weist darauf hin, daß unter derartigen Bedingungen eine undifferenzierte Politik der Stärkung der Zentren schädlich sei, weil das städtische Wachstum dann möglicherweise die Region auszehre.[121)] Aufgrund der Dezentralisierung von Industrie, Dienstleistungsgewerbe und Wohnbevölkerung scheint eine Wiederherstellung der vergangenen Vormachtstellung der Kernstädte allerdings sowieso nicht mehr durchsetzbar; in dem Maße, wie das Spektrum zentral anzubietender Funktionen schmaler wird und die räumliche Dezentralisierung der städtischen Funktionen fortschreitet, verlieren die wachstumstheoretischen Implikationen einer Politik der zentralen Orte an Realitätsbezug. Galten früher wirtschaftlich unterentwikkelte Räume als besonders förderungswürdig und die Großstädte unangefochten als Mittelpunkte der wirtschaftlichen und sozialen Entwicklung im ganzen Land, so werden inzwischen von der Raumordnungs- und Stadtentwicklungspolitik Großstädte «als Problemgebiete erster Ordnung akzeptiert».[122)] Es kommt hierin die Einsicht zum Ausdruck, «daß die früher pauschale Gleichsetzung von Verdichtungsräumen mit Wirtschaftsstärke und von ländlichen Räumen mit Strukturschwäche der Wirklichkeit nicht mehr gerecht wird. Verdichtungsräume sind nicht mehr in jedem Fall wirtschaftliche Aktivräume mit einer ausreichenden Eigenentwicklung. Dies gilt um so mehr für die sehr früh von der Industrialisierung erfaßten Gebiete, die eine einseitige Wirtschaftsstruktur besitzen...»[123)] Unter solchen Bedingungen sind Strategien gefragt, die unter Ausnutzung des vorhandenen wirtschaftlichen Potentials eine Modernisierung der städtischen Wirtschaft fördern[124)] und, gestützt auf die aktiven städtischen Bevölkerungsgruppen, eine soziale Revitalisierung der Städte versprechen.

Besinnung auf das endogene Potential:
Während sich die kommunale Wirtschaftsförderung unter derartigen Rahmenbedingungen primär um die Pflege des den Kernstädten verbliebenen gewerblichen Bestandes bemüht und nur noch in einem schmalen Segment des Dienstleistungssektors neues Wachstumspotential mobilisieren kann, zielt die Erneuerungs- und Modernisierungspolitik im städtischen Wohnungsbestand vor allem auf eine Stabilisierung der sozialen Basis der Städte. Downs hat die Grundidee einer sozialen Bestandssicherung, behutsamen Aufwertung und Revitalisierung städtischer Wohnviertel präzise aus dem veränderten Stadium der Stadtentwicklung abgeleitet. Danach ist anstelle des für die vergangene Stadtentwicklungsphase typischen «upgrading through movement», d. h. der selektiven Stadt-Umland-Wanderung ein «upgrading in place» der heutigen Situation angemessen. «What many big cities need today is a more effective means of implementing upgrading in-place at both the citywide and neighborhood levels (...). This would allow large cities to ‹grow their own middle class›, rather than rely upon the return of middle-class households.»[125] Die Chancen einer solchen Strategie werden von ihm aus zwei Gründen günstig eingeschätzt: zum einen wegen des sich abschwächenden Zustroms von Arbeitsimmigranten in die Zentren; zum anderen wegen der in den städtischen Dienstleistungssektoren immer wieder von neuem heranwachsenden Mittelschichten, deren soziale Karriere nun innerhalb der städtischen Mauern stattfinden könne. Die bauliche und ökonomische Erneuerung alter Quartiere setze einen sozialen Aufstieg der ansässigen Stadtbevölkerung voraus und unterstütze diesen zugleich. «Upgrading through movement» sei eine logische Marktreaktion während des beständigen Zustroms relativ armer Bevölkerung gewesen, denn der dadurch ausgelöste Filtering-Prozeß habe das Angebot preiswerter Wohnungen vermehrt und den Zuwanderern eine erste Bleibe vermittelt, bevor diese als soziale Aufsteiger später möglicherweise selbst in die Suburbs abgewandert seien.

In der heutigen städtischen Konsolidierungsphase kann es für die Städte demgegenüber existenzgefährdend sein, auf interregionale Zuwanderungen zu vertrauen und das in ihren Mauern heranwachsende Potential sozialer Aufsteiger in die Suburbs abwandern zu lassen. Downs plädiert sogar für eine öffentliche Unterstützung von «gentrifiation»-Tendenzen, sofern diese sozial verträglich abliefen. Widerstände gegen derartige Formen der Quartiersaufwertung werden von ihm als kurzsichtig und verheerend für die Stadtentwicklung kritisiert, weil sie die wirksamsten Kräfte einer Erhaltung und Erneuerung der Kernstädte behinderten.[126] Vertritt man den Standpunkt, die Kernstadt müsse als lebensfähiges wirtschaftliches Gebilde erhalten bleiben, erscheint eine soziale Aufwertung sowohl unter dem Gesichtspunkt der physischen Erhaltung baulicher Bestände, der sozialen Stabilisierung von Nachbarschaften, als auch unter fiskalpolitischen Überlegungen der städtischen Gemeinden alternativlos.

Förderung des sozialen Wandels:
Freilich kann sich eine solche Strategie nicht darauf beschränken, endogenes Potential, vor allem die in der Kernstadt Beschäftigten, zu halten. Die andere Seite der Revitalisierungspolitik besteht zwangsläufig darin, den aus der vorhergehenden Stadtentwicklungsphase übernommenen Bevölkerungssockel, der nun in der sich rasch verändernden städtischen Dienstleistungsökonomie kein passendes Arbeitsplatzangebot mehr vorfindet, abzubauen. Von amerikanischen Stadtökonomen, aber nicht nur von ihnen, wird in diesem Zusammenhang die Inkonsequenz von Politiken kritisiert, die Revitalisierung wollen und zugleich im Namen des sozialen Ausgleich *örtlich gebundene* Subventionen zur Versorgung marginalisierter und arbeitsloser Gruppen der Stadtbevölkerung verteilen und damit deren räumliche, berufliche und soziale Immobilität unterstützten. Kasarda und Baumol sind der Auffassung, während der städtischen Wachstumsphase seien solche Subventionen sinnvoll gewesen, weil sie die Diskrepanz zwischen dem rasch zunehmenden Arbeitskräftebedarf einerseits und der Versorgung zuwandernder Arbeitskräfte andererseits gemildert hätten, d. h. den Zustrom von Arbeitskräften gefördert und flankierend deren Wohn- und Lebensbedingungen verbessert hätten (soziale Wohnungspolitik). Die gleiche Politik sei heute nicht nur marktwidrig, sondern auch sozial unverantwortlich, denn sie verschärfe das «mismatch between educational requisites of newer urban growth industries and educational backgrounds of urban minorities.»[127] Kasarda bezeichnet ein planvolles demographisches Schrumpfen als einzig vernünftige Lösung, solange man nicht erwarten könne, daß die sich aus den Städten zurückziehenden «blue-collar industries» hier wieder seßhaft werden. «It must be recognized that this demographic disequilibrium, increasingly sustained by well-meaning government subsidies, works against the long term economic health of distressed cities and their structurally unemployed residents.»[128]
Dagegen wird eine Politik gezielter beruflicher Qualifizierung und eine öffentliche Unterstützung des Umzugs zu Arbeitsmarktschwerpunkten außerhalb der alten Städte gutgeheißen. Mit Rücksicht auf die Arbeitsmarktproblematik schlägt Baumol zweierlei vor: «provision of inducements for emigration from the city, perhaps including subsidies to help cover costs of moving and housing outside the city, (...) special training programs for jobs located in areas of relative labor shortage.»[129]
Solche Strategien mögen auf den ersten Blick bestechend erscheinen, doch liegt ihr Mangel darin, daß sie für das zumindest in der Bundesrepublik Deutschland vorhandene globale Ungleichgewicht zwischen Arbeitsplatzangebot und vorhandenen Arbeitskräften keine Lösung anbieten. Das wirtschaftliche Wachstum steht heute, wie allgemein konstatiert wird, im Mißverhältnis zum Produktivitätsfortschritt und zur wachsenden Zahl von Erwerbspersonen. Sollte sich hierin ein säkularer Trend andeuten, könnten auch Umschulungen und inner- bzw. interregionale Wanderungen kein Arbeitsmarktgleichgewicht herstellen. Das Erwerbslosenproblem würde lediglich räumlich gleichmäßiger verteilt. Stadtpolitik wird also (vorläufig?) mit ho-

hen Ewerbslosenquoten leben müssen, was an Sozialpolitik und Arbeitsmarktförderung auch im Rahmen der Stadtentwicklungspolitik neuartige Anforderungen stellt. Ganser bemerkt: «Stadtpolitik kann das Gesamtproblem der Arbeitslosigkeit sicher nicht lösen; sie kann aber einen wesentlichen Beitrag dazu leisten, die Folgen der Arbeitslosigkeit zu mildern, Beschäftigungsmöglichkeiten ausfindig zu machen, die staatliche Arbeitsmarktpolitik nicht entdeckt, und Experimente wagen, die in späteren Jahren gesellschaftsbestimmend werden.»[130] Auch er schlägt Beschäftigungsformen vor, die eine höhere berufliche Qualifikation vermitteln und eine spätere Eingliederung in den Arbeitsprozeß erleichtern, also die soziale und räumliche Mobilität erhöhen, aber im Rahmen eines auf die örtlichen Probleme eingehenden lokalen Sicherungssystems.

Eingehen auf die besonderen Probleme der Wohnquartiere:
War früher die Politik einer Veränderung der Siedlungsstruktur vorwiegend eine Steuerung der Zuwächse, wird Stadtpolitik sich künftig mit widersprüchlichen nachbarschaftlichen Problemlagen auseinanderzusetzen haben: mit niedergehenden Nachbarschaften im sozialen Wohnungsbau, Ghettoisierungstendenzen und Verfallserscheinungen in ungünstig gelegenen Altbauquartieren, mit Aufwertungs- und Wachstumserscheinungen in von den einkommensstärkeren städtischen Mittelschichten präferierten Wohnlagen. Mit den Begriffen ökonomische und soziale Revitalisierung kernstädtischer Wohnviertel werden folglich höchst unterschiedliche Problemfelder bezeichnet.

- Die beschriebenen Formen der Modernisierung und Wohnumfeldverbesserung werden primär in solchen Nachbarschaften erfolgreich sein, die nicht überdeterminiert sind durch sozial immobile und einkommensschwache Haushalte, die also ein soziales Potential besitzen, das mit öffentlicher Unterstützung in der Lage ist, den Aufwertungsprozeß ökonomisch zu tragen, das Interesse an einer Statusanhebung des Quartiers hat und nicht in die Suburbs abwandert.
- In statusniedrigen Quartieren, wo möglicherweise bereits kumulative Prozesse der sozialen Entmischung und des ökonomischen Niedergangs ablaufen, sind dagegen massive öffentliche Hilfen auf verschiedenen Ebenen erforderlich: neben einer öffentlichen Subventionierung der Wohnsubstanzverbesserung ein verbessertes öffentliches Dienstleistungsangebot und zusätzliche Arbeitsplätze. Nach Downs könne ein solches Vorgehen zur sozialen und ökonomischen Stabilisierung einer Nachbarschaft beitragen, wenn sich eine soziale Mischung im Quartier herstellen lasse und untere Mittelschichten als soziale Stabilisatoren im Quartier wohnen bleiben. «Yet, even the introduction and retention of such households would change the present social mix, increase the fraction of upwardly mobile households, and lay the foundation for future upgrading in place.»[131] Hervorgehoben wird auch die Bedeutung nicht-ökonomischer Nachbarschaftszusam-

menschlüsse, über die sich eine Identifikation mit dem Quartier herstellen und die Solidarität zwischen den Bewohnern festigen lasse.[132)]

- Ein besonderes Problem ist die langfristig in vielen Großstädten notwendige Ausdünnung der Wohnbodennutzung, um preisdrückende Wohnungsüberschüsse abzubauen und veränderten Wohnsiedlungsansprüchen zu genügen. Praktiziert wird bisher vorwiegend eine breit gestreute Ausdünnung, die relativ unauffällig eine extensivere Wohnbodennutzung durchsetzt. Z. B. wird die Förderung von Erneuerungsmaßnahmen an einem Gebäudeteil mit der Subventionierung des Abrisses anderer Gebäudeteile verknüpft, oder es werden einzelne Grundstücke saniert und weniger intensiv als vorher bebaut. Erwähnt sei aber, daß die fiskalpolitischen Interessen der Kernstadtgemeinden einer konsequenten Ausdünnungspolitik entgegenstehen. Je mehr Einwohner die Städte halten können, desto größer ist auch ihre Steuerbasis. Sollten in Zukunft in einzelnen Nachbarschaften Leerstand und Verwüstung um sich greifen und dieser Vorgang durch bestandsstabilisierende Maßnahmen nicht mehr umkehrbar sein, verliert allerdings dieses fiskalpolitisches Argument seinen Sinn.

An verschiedenen Stellen dieser Arbeit habe ich abgeleitet, daß im Falle des Auslaufens einer Nutzung, ohne daß sich eine Anschlußnutzung mit einem relativ hohen Bodenrentenpotential findet, der Grundrentenmechanismus bei der Sanierung eines solchen Viertels versagt und der Abriß einzelner Gebäudeteile gleichsam als eine im Gesamtinteresse liegende Aufgabe mehr oder weniger auf den Staat abgewälzt wird. Alle Investitionen, die sich kurz- oder mittelfristig nicht rentieren, die aber im Gesamtinteresse, hier der ökonomischen Stabilisierung des übrigbleibenden Bestandes und der Wiedernutzbarmachung sanierter Grundstücke oder Quartiere liegen, werden zu Aufgaben staatlicher Instanzen. Die dabei entstehenden «sozialen Zusatzkosten» werden zu Kosten öffentlicher Art, die das private Grundeigentum entlasten und dessen Investitionsvermögen stärken.[133)] Je schwächer das wirtschaftliche Bodennutzungspotential ist, desto mehr wäre ein ökonomisches Engagement kommunal-staatlicher Instanzen gefordert. Doch woher sollen diese ihre ökonomische Potenz beziehen?

Bestandspolitik in Abhängigkeit von der wirtschaftlichen Kraft der Stadtregionen:
Die unterschiedlichen innerstädtischen Problemlagen treten in den verschiedenen Großstädten, je nach wirtschaftlicher Ausgangslage, nicht in gleicher Intensität auf. In der Bundesrepublik Deutschland wird z. B. für die süddeutschen, wirtschaftlich prosperierenden, Zukunftsindustrien und Dienstleistungen anziehenden Stadtregionen ein von den norddeutschen, vor allem altindustrialisierten Regionen (Ruhrgebiet, Bremen) oder tendenziell ins ökonomische Abseits driftenden Regionen (Hannover/Braunschweig), abweichendes Entwicklungsbild gezeichnet. Während des letzten Jahrzehnts war die Entwicklung noch relativ einheitlich: Alle Stadtregionen erlebten eine Regeneration ihrer Kernstädte, vor allem eine Aufwertung ihrer

kernstädtischen Altbauquartiere. Ferner eine sich beschleunigende Deindustrialisierung und einen Ausbau zu Kultur- und Dienstleistungszentren. Diese gemeinsamen Elemente einer Umorganisierung der Kerne von Orten der Produktion und des traditionellen tertiären Gewerbes zu Orten des Konsums und spezialisierter Dienstleistungen im weitesten Sinne werden in Zukunft freilich in Abhängigkeit von den wirtschaftlichen Rahmenbedingungen einer jeden Stadt andere räumliche Erscheinungsformen annehmen und unterschiedliche Politikmuster hervorbringen.

Vergleicht man die Stadtentwicklungspolitiken wirtschaftlich prosperierender Stadtregionen, z. B. Baden-Württembergs mit denen Nordrhein-Westfalens, lassen sich heute bereits ein abweichendes Problemverständnis und unterschiedliche Herangehensweisen an Aufgaben der Erhaltung und Erneuerung des städtischen Wohnungsbestandes aufzeigen. Zwar wird in beiden Regionen eine Politik der Attraktivitätssteigerung des kernstädtischen Wohnens verfolgt, doch während die eine Region das vorhandene Wirtschaftspotential für die Regeneration des Wohnortes Stadt nutzen kann, fehlt es in den ökonomisch stagnierenden Stadtregionen und Städten an einer zahlungsfähigen Stadtbevölkerung. Auf der anderen Seite setzt der wirtschaftliche Druck prosperierender Stadtregionen politischen Handlungsmöglichkeiten ökonomische Grenzen, während umgekehrt der nachlassende ökonomische Druck auf die Ressourcen in den zurückfallenden Regionen die Realisierungschancen alternativer Stadtentwicklungspolitiken verbessert.

Das einkommensabhängige Nachfragewachstum in einer Stadtregion wie dem Stuttgarter Raum bewirkt hier, trotz einer räumlichen Dispersion der Wohnbevölkerung und sich dadurch abflachender Bodenpreis-Distanzfunktionen, eine außerordentlich kräftige Nachfrage nach aufgewerteten innerstädtischen Wohnlagen. Eine hohe Umwandlungsrate von Miet- in Eigentumswohnungen und extrem hohe Preise für Mietwohngrundstücke sind Indizien eines von der Stadtentwicklungspolitik nutzbaren ökonomischen Potentials im Bestand. Das soziale und politische Interesse an einer Sicherung und Aufwertung der Kernstadt zu einem Ort gehobenen Wohnens hat sich aber auch mit drei diesem Interesse widersprechenden wachstumsbedingten Entwicklungstendenzen auseinanderzusetzen: Mit einem hohen Verdichtungsdruck auf locker bebaute Wohngebiete, der dem langfristigen Interesse an der Sicherung eines angenehmen Wohnumfeldes oder seiner Herstellung in Altbauquartieren widerspricht; mit einem von der Büronutzung ausgehenden Verdrängungsdruck; schließlich mit hohen, vom Verkehr ausgehenden Umweltbelastungen, insbesondere in den zentrumsnahen Wohnnachbarschaften.

Stadtentwicklungspolitik hat hier noch in eine von divergierenden Nutzungsansprüchen geprägte Stadtentwicklung lenkend einzugreifen. Bemerkenswert daran ist, daß Entwicklungsmöglichkeiten primär im Wohn- und Konsumbereich gesehen werden, die Wohnfunktion gesichert und ausgeweitet wird, das Zentrum als kulturelle und soziale Mitte gestärkt wird und gewerbliche Nutzungsarten, die bisher in

den Zentren siedelten, an die Peripherie oder in eigens dafür ausgewiesene Areale verwiesen werden. Dies kommt unmißverständlich im Gebietstypenplan der Stadt Stuttgart zum Ausdruck, der vier Gebietstypen ausweist, von denen drei der Erhaltung und Aufwertung der Wohnnutzung dienen: I: Erhaltung der Wohnnutzung und Grünflächen; II: Sicherung und Aufwertung der Wohnnutzung; III: Sicherung und Verbesserung der gemischten Nutzung; IV: Sicherung der Flächen für Arbeitsstätten.[134)] Die Tendenz einer Umgestaltung der Kernstädte zu einem Ort des Wohnens und Konsumierens wird auch durch die Mobilisierung von verlassenen oder untergenutzten Gewerbestandorten für das Wohnen, durch die Umnutzung nicht mehr benötigter Infrastrukturflächen und die Mobilisierung des Baulückenpotentials für den Wohnungsneubau unterstützt. So heißt es im Bericht über den «Wohnort Stuttgart» in bezug auf die Industriebrachen: «Mit der Wiedernutzbarmachung solcher Flächen ist eine wichtige Möglichkeit gegeben, steuernd auf die städtebauliche Entwicklung eines Stadtteils einzuwirken. In einzelnen Fällen kann mit neuer Nutzung (Wohnen oder gemischt genutzt) eine durch die Siedlungsgeschichte bedingte städtebauliche Fehlentwicklung korrigiert werden.»[135)]
Mit denselben Begriffen werden in den stagnierenden und schrumpfenden Stadtregionen ganz andere Tatbestände umschrieben, nämlich Bemühungen der Städte, sich ihre Existenzbasis dauerhaft zu sichern und die Erosion des vorhandenen Potentials nicht in einen kumulativen Prozeß von Kapital- und Kaufkraftabfluß einmünden zu lassen. Bei stagnierenden und teilweise schon fallenden Bodenrentenpotentialen übt der Bodenrentenmechanismus nur noch in den präferierten Stadtvierteln seine Allokationsfunktion zufriedenstellend aus. In den übrigen Stadtbereichen bedarf es dagegen zur ökonomischen Stabilisierung des baulichen und sozialen Bestandes massiver finanzieller Hilfe staatlicher Instanzen. Eine Politik der Revitalisierung niedergehender Nachbarschaften verlangt ungleich mehr öffentliches Engagement als die Steuerung einer Aufwertung in Wachstumsregionen, weil sie nicht nur negative externe Effekte der Bodennutzung zu überwinden und Wachstumsprozesse zu kontrollieren hat, sondern zugleich sozial- und arbeitsmarktpolitische Funktionen wahrzunehmen hat. Ohne öffentliche Unterstützung wird es z. B. kaum möglich sein, brachliegendes Arbeitskräftepotential für eine endogene Entwicklung zu mobilisieren. Öffentliche Investitionen und Subventionen bedürfen hier, wegen der im allgemeinen schwachen kommunalen Finanzbasis, einer großzügigen interregionalen Umverteilung von Steuermitteln oder umfangreicher staatlicher Finanzzuweisungen, zumal die Kommunen nicht damit rechnen können, durch öffentliche Subventionen endogene Refinanzierungsquellen in nennenswertem Umfang zu erschließen.
Auch unter den Bedingungen der Stagnation und Schrumpfung gibt es Optionen für eine Umgestaltung der alten Städte, allerdings anderer Art als in den Wachstumsregionen: Der nachlassende ökonomische Druck auf den Wohnboden weitet z. B. den politischen Handlungsspielraum für eine Verminderung der Wohndichte

und für eine Ausweitung des Infrastruktur- und Freiflächenangebots aus. Wenn langfristig der Druck auf die Ressourcen geringer wird, lassen sich auch Umweltziele leichter erreichen als in den unter Wachstumsdruck stehenden Städten (Stuttgart/München). Böventer meint: «Umweltfreundliche Maßnahmen und energiesparende Systeme werden so, langfristig *relativ* leichter realisierbar; sie mögen zum Teil dazu angetan sein, die gesamtwirtschaftliche Wachstumsrate wieder etwas anzuheben und für zusätzliche Beschäftigung zu sorgen.»[136)] Erwähnt sei auch, daß unter Bedingungen des ökonomischen Niedergangs eine außerhalb der Marktökonomie stehende, am Gebrauchswert orientierte Ökonomie sich leichter entfalten kann (Selbsthilfe, Mietermodernisierung, Genossenschaftsmodelle). Vielleicht können solche wirtschaftlichen Alternativansätze wenigstens teilweise die Folgen des marktökonomischen Niedergangs auffangen, z. B. den Verfall von Wohnquartieren in gemeinschaftlicher Aktion stoppen und andere Formen gegenseitiger Hilfe im Stadtteil wiederbeleben. Eine Besinnung auf solche in Wachstumsperioden unterdrückte Ressourcen könnte möglicherweise auch ein Beitrag zur Kompensation mangelnder Erwerbsmöglichkeiten und fehlenden Erwerbseinkommens sein.

Teil V: Anhang

Anhang A

Zu Abschnitt 5.2

Zusammenhang von Alterungsgeschwindigkeit, Wohnungsabgängen und Ersatzwohnungsbau

In manchen Bereichen dauerhafter Konsumgüter wie dem Automobilsektor und einigen Investitionsgütersparten wird die Investitionstätigkeit nach einer weitgehenden Sättigung der Erweiterungsnachfrage bereits zu mehr als 50 % von der Ersatznachfrage getragen.[1] Im Wohnungssektor bleibt dagegen der Einfluß der Ersatz- bzw. Reinvestitionen auf das Bruttoergebnis pro Jahr vergleichsweise gering. Ein solcher Eindruck entsteht jedenfalls, wenn das Wohngebäude als Einheit betrachtet wird, das am Ende seines Wertumschlags vollständig durch ein neues Gebäude ersetzt wird.

Der Zusammenhang zwischen Brutto-, Ersatz- und Nettobauleistungen läßt sich formalisiert durch folgende Gleichungen darstellen.[2]

$$I_t^B = X_t - kK_{t-1}$$

$$I_t^B = c(X_t - K_{t-1}) + (c - k)K_{t-1}$$

X_t repräsentiert in den beiden Gleichungen den am Ende des Jahres t zum Marktausgleich erforderlichen Wohnungsbestand, K_{t-1} den zum Beginn der Periode t übernommenen Wohnungsbestand, k den Anteil des durch Entwertung während eines Jahres verminderten Wohnungsbestandes, c einen Anpassungskoeffizienten, der kleiner als 1 ist und damit zum Ausdruck bringt, daß innerhalb eines Jahres die vollständige Anpassung des Bestandes an die Nachfrage nicht möglich ist.[3] Der erste Klammerausdruck der letzten Gleichung stellt die Zusatznachfrage innerhalb eines Jahres, der zweite Ausdruck $(c-k)K_{t-1}$ die Ersatznachfrage dar. Letztere ergibt sich aus der Summe aller notwendig werdenden einzelnen Ersatzinvestitionen.

$$R_t = \sum_{v-1}^{V} d_v I_{t-v}^B$$

In dieser Gleichung stellt d_v den Anteil der nach v Jahren Lebensalter ersetzten Bruttoinvestitionen I_{t-v} dar. Das Lebensalter ausscheidender Wohnungen reicht theoretisch von 1 bis V, doch werden die meisten Wohnungsabgänge und der Ersatzwohnungsbau in einer bestimmten Altersgruppe kumulieren, d. h. d_v wächst zunächst mit dem Älterwerden eines Bestandsjahrgangs und geht ab einem bestimmten Punkt wieder zurück. Die aggregierten Wohnungsabgänge ins Verhältnis zum Wohnungsbestand des Vorjahres gesetzt, ergibt die Rate des Ersatzwohnungsbaus.

$$r_t = R_t / K_{t-1} = 1 - k$$

Sicher hemmt die lange Lebensdauer des Bestandes die Neubautätigkeit; umgekehrt kann die Entwertungsgeschwindigkeit bei günstigen Marktdaten, aber auch durch einen forcierten Neubau beschleunigt werden. «As a corollary, the growing economy will retire a larger fraction of its stock each year than will the stationary economy, either via demolition or through abandonment.»[4].

Anhang B

Zu Abschnitt 5.2

Akzelerationseffekte: Erweiterungsinvestitionen durch Wohnungsneubau in Abhängigkeit von der Nachfrageentwicklung und Entwertungsgeschwindigkeit des Bestandes

Erweiterungsinvestitionen finden am Markt nur Abnehmer, wenn eine entsprechende Zusatznachfrage existiert, wenn das verfügbare Gesamteinkommen der Gesellschaft eine entsprechende Nachfrage und diese Investitionen induziert. Werden zunächst die Bestandsinvestitionen ausgeklammert, so können die in den volkswirtschaftlichen Theorien formalisierten Zusammenhänge zwischen den Nettoinvestitionen und der Veränderung des Nationaleinkommens auch für eine Zeitreihenuntersuchung der Investitionsprozesse im Wohnungssektor fruchtbar gemacht werden. Die Eigenarten eines nachfrageinduzierten Bestandsanpassungsprozesses (Wachstum des fixen Kapitals bei zunehmendem Einkommen und Desinvestition bei fallendem Einkommen) im Investitionsgüterbereich lassen sich ohne Schwierigkeiten auch auf dauerhafte Konsumgüter wie den Wohnungssektor übertragen[5)]:

Danach wird solange kräftig investiert, wie sich die Nachfrage auf einem Wachstumspfad befindet und die *Rate* des Einkommens gegenüber dem Vorjahr wächst. Umgekehrt genügt aber bereits eine geringfügige Reduzierung des Nachfragewachstums, um den Wohnungsneubau, soweit er der Vergrößerung und nicht dem Ersatz des Wohnungsbestandes dient, zum Erliegen zu bringen. Die Neubauinvestitionen haben ihren absoluten Gipfelpunkt erreicht, wenn das relative Nachfragewachstum stagniert, und ein nur geringfügiger Rückgang der Wachstumsrate bei absolut weiterhin zunehmender Nachfrage leitet bereits den Abstieg des Investitionszyklus ein: Verlangsamt sich das Nachfragewachstum, sinkt das Investitionsvolumen, stagniert die Nachfrage, sind keine zusätzlichen Neubauwohnungen notwendig, sinkt die Nachfrage, brauchen ausscheidende Wohnungen nicht einmal mehr ersetzt zu werden, der Bestand wird abgebaut, und der Investitionsprozeß kehrt sich in einen Desinvestitionsprozeß um.[6)]

Dieser mit dem Begriff Akzelerationsprinzip umschriebene Zusammenhang läßt sich an Hand eines einfachen Modells, das Investitionsschwankungen in Abhängigkeit von der Nachfrageentwicklung darstellt, nachvollziehen. Es wird dabei angenommen, daß zwischen der Nachfrageveränderung und der Angebotsanpassung ein time lag von einer Zeitperiode, z. B. von einem Jahr, liegt: (siehe Tabelle S. 211)

Wie aus der Tabelle leicht entnommen werden kann, folgt die Heftigkeit der Bruttoinvestitionsschwankungen aus der Dauerhaftigkeit des Wohnungsbestandes bzw. aus der niedrigen Wohnungsabgangsrate. Der Akzelerationseffekt ist um so größer, je länger die Lebenserwartung des Wohnungsbestandes ist. Hätte z. B. im o.g. Beispiel die Abgangsrate und mit ihr der Ersatzwohnungsbau einen doppelt so großen

Veränderungen des Wohnungsneubaus in Abhängigkeit von der Wachstumsrate der Nachfrage

Nachfrage	*Bestand*	*Ersatz-zugang*	*Netto-zugang*	*Brutto-zugang*	*Veränderung gegenüber Vorjahr in v. H.*
100	100	1	–	1	–
101 + 1,00 %	100	1	–	1	–
102 + 0,99 %	101	1	1	2	+ 100 %
103 + 0,98 %	102	1	1	2	–
104 + 0,97 %	103	1	1	2	–
104 –	104	1	1	2	–
103 – 0,97 %	104	1	–	1	– 100 %
	103	–	–	–1	– 200 %

Umfang angenommen, würde ein Nachfragezuwachs um 1% die Bruttoinvestitionen nicht mehr um 100% steigern, sondern lediglich um 50%. «The smaller the replacement investment relative to the capital stock, the more violent will be the fluctuations in the gross investment springing from relatively small changes in final demand».[7] Angesichts einer Entwertungsrate des Wohnungsbestandes, die in der Bundesrepublik faktisch unter der Ein-Prozent-Marke liegt, müssen also bereits geringfügige Veränderungen in der Nachfrageentwicklung erhebliche Konsequenzen für das Neubauvolumen haben.

Mit Bezug auf die Nettoinvestitionen läßt sich aus der Tabelle ferner ablesen, daß die Investitionen der Wohnungsnachfrage nicht hinterherhinken, wie dies bei der Produktion kurzlebiger Konsumgüter die Regel ist. «Aus der Abhängigkeit des *Investitionsvolumens* von der Veränderung der Konsumnachfrage resultiert (...) die auf den ersten Blick erstaunliche Tatsache, daß die Wirkung der Ursache scheinbar vorauseilt: Der Wendepunkt der Investition tritt früher ein als der des Konsums.»[8] Für die Wohnversorgung können diese aus der Natur des Konsumguts Wohnung sich ableitenden Expansions- und Schrumpfungsbewegungen des Wohnungsneubaus insofern fatale Folgen haben, als die Neubaunachfrage nur von den Beziehern höherer und mittlerer Einkommen getragen wird. Entwickelt diese Gruppe von Haushalten nicht beständig eine Zusatznachfrage, kommt der Wohnungsneubau und mit ihm der Filtering-Prozeß weitgehend zum Erliegen.

Die funktionale Beziehung zwischen dem Wachstum des verfügbaren Einkommens einer Gesellschaft und den hierdurch induzierten Nettoinvestitionen läßt sich durch folgende Gleichung ausdrücken:

$$I_t^{ind} = v(Y_{t-1} - Y_{t-2})$$

Hierin ist v der marginale Kapitalkoeffizient, d. h. das Verhältnis zwischen Investitionsanstieg und Einkommenswachstum, und der Klammerausdruck die Differenz

Abbildung 13

Wohnungsbestand und Nettoneubauinvestitionen

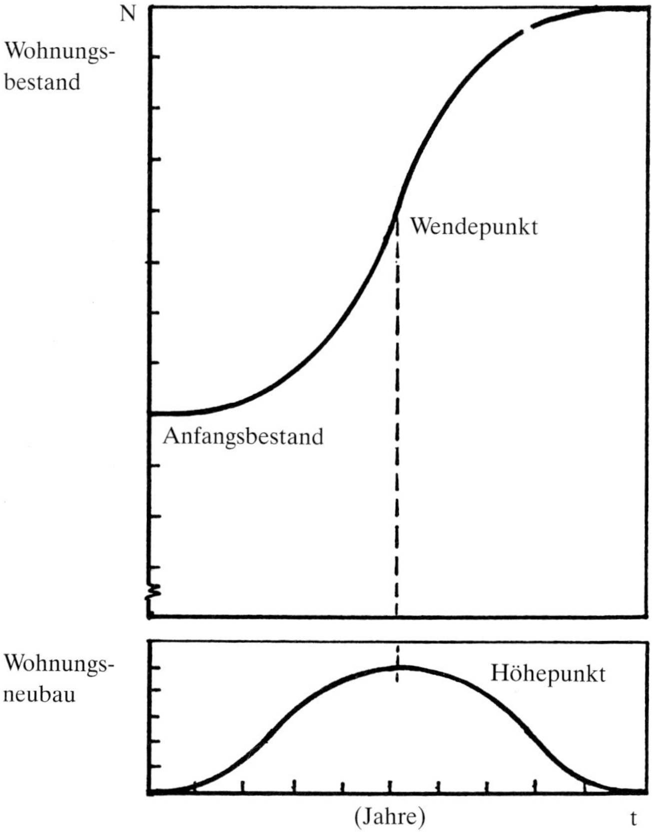

zwischen dem Einkommen der Periode t-1 und t-2. Die Investition verhält sich also proportional zum Einkommenszuwachs der Periode t-1. Bezogen auf die induzierte Veränderung der Bestandsgröße läßt sich die Investition auch aus der Differenz des Kapitalbestandes zwischen den Perioden t und t-1 bestimmen:

$$I_t^{ind} = K_t - K_{t-1}$$

Aus beiden Gleichungen läßt sich nun der Bestandsanpassungsprozeß derart umformulieren, daß seine Abhängigkeit von der Höhe des anfänglichen Bestandsangebots und der Höhe des verfügbaren Einkommens der Vergangenheit deutlich wird. Mathematisch ergibt sich diese Verbindung in folgenden Schritten:

$$I_{t-1} = X_{t-1} - K_{t-1} = vY_{t-2} - K_{t-1}$$

$$vY_{t-2} = K_{t-1} + I_{t-1} = K_t$$

X_{t-1} ist der nachgefragte Wohnungsbestand zum Zeitpunkt t-1 und entspricht der einkommensinduzierten Nachfrage im Zeitpunkt t-2 (Y_{t-2}). Letztere entspricht auch dem Kapitalstock zum Zeitpunkt t. Die Gleichung nimmt nun folgenden Ausdruck an:

$$I_t^{ind} = vY_{t-1} - cK_{t-1} + a$$

Diese Formulierung besagt, «daß sich die Investitionsentscheidungen direkt proportional zur Höhe des Nationaleinkommens und umgekehrt proportional zum bestehenden Kapitalstock verändern.»[9] Sie läßt sich auf den gesamten Kapitalbestand einer Gesellschaft, aber auch auf einzelne Wirtschaftszweige und den Wohnungssektor als Sektor dauerhafter Konsumgüter anwenden.

Anhang C

Aufwertungspotential im städtischen Wohnungsbestand am Beispiel des Grundstücksmarktes von Berlin (West) (1970–1981)

Die innersektorale und räumliche Verschiebung der Re- und Erweiterungsinvestitionen zugunsten des Bestandes und teilweise auch zugunsten städtischer Wohnlagen wird auf den städtischen Grundstücksmärkten ähnlich wie auf Wertpapiermärkten in den dort gezahlten Preisen antizipiert, *bevor* Wohnungsnachfrage und Investitionspotential die Verwertungsbedingungen des Bestandes real verändern. Kaufpreise, insbesondere von Mietwohngrundstücken, können gleichsam als Seismographen langfristiger ökonomischer Umbewertungen des Wohnungsbestandes angesehen werden, in denen veränderte Ertragserwartungen, Investitionsstrategien und Nachfrageverhältnisse zum Ausdruck kommen. Über die Grundstücksmärkte vollzieht sich auch der Austausch einkommensschwächerer, investitionsunwilliger Eigentümer (ältere Eigentümer, Erbengemeinschaften), die mit ihrem Eigentum keine langfristigen Verwertungsperspektiven mehr verbinden. In Preisgeboten vorweggenommene zukünftige Grundstücksverwertungsmöglichkeiten regen, sofern der spekulative Preisauftrieb die Opportunitätskosten steigen läßt, die bisherigen Eigentümer in der Regel an, sich von ihren Grundstücken zu trennen. Für ältere Eigentümer, die die ökonomische Verwertung von Grundstücken nur für die Spanne ihres eigenen Lebens kalkulieren, kann ein weiterer Verkaufsgrund hinzutreten: Da der Wert des Wohnungsbestandes meist nicht innerhalb eines Lebensalters umgeschlagen wird, ist es für solche Eigentümer ein «rationales» Verhalten, «to sell the house and use the liquid capital realized as a means to a higher standard of living as a tenant in a dwelling of equal or superior quality.»[10)]

Die Erwerber schließlich werden gezwungen sein, die an Ertragserwartungen ausgerichteten Grundstückspreise mit einer rentabilitätssteigernden Strategie auch zu realisieren. Sobald das Mietobjekt sich in der Hand des neuen Eigentümers befindet, geht es als Rohmaterial in den realen Durchsetzungsprozeß der auf dem Immobilienmarkt antizipierten Verwertungsstrategie ein. Immobilientransaktionen erscheinen folglich als vielfach unumgängliche Vermittlungsschritte im System privatwirtschaftlicher Bodenverwertung, um den Wohnungsbestand an sich verändernde Nachfrageströmungen anzupassen.

Schon die Umsatzsteigerungen auf den Märkten für «Gebrauchtwohnungen» im allgemeinen und für ältere Miethäuser im besonderen, die während der zweiten Hälfte der 70er Jahre in fast allen Großstadtregionen zu registrieren waren, weisen auf eine, verglichen mit dem Wohnungsneubau, wachsende ökonomische Attraktivität der Bestände hin. Aus verschiedenen Stadtregionen vorliegende Auswertungen der Datensammlung lokaler Gutachterausschüsse für Grundstückswerte bestätigen, daß in fast allen Städten seit 1976 der Umsatz von Miethäusern sprunghaft zugenommen hat und von dieser Gruppe insbesondere Objekte aus der Zeit vor 1918

gefragt waren, während junge Bestände wegen der noch ungünstigen Differenz zwischen Kostenpreis und Marktpreis seltener angeboten wurden.[11] Sicher haben Steuerregelungen und öffentliche Förderungsprogramme die spekulativen Erwartungen im Altbauwohnungsbestand angeregt, doch waren, wie Eigentümerbefragungen ergaben, zumindest bei privaten Einzeleigentümern die staatlichen Förderungsangebote nicht kaufentscheidend.[12] Ausschlaggebend waren, diesen Untersuchungen folgend, vielmehr Motive der Alterssicherung, der Glaube, die Altbauten (!) böten eine langfristige wertbeständige Vermögensanlage und Spekulationen auf «Wertsteigerungen». Man rechnete mit einer zahlungskräftigen bestandsorientierten Nachfrage, denn nur sie kann letztlich garantieren, daß ein ökonomisches «filtering down» unterbleibt, wie es von den Filtering-Theorien thematisiert wird, und der Filtering-Prozeß sich sogar umkehrt.
Der Umschwung auf den Märkten für Wohngrundstücke beherrschte während dieser historischen Phase auch das Geschehen auf dem Berliner Grundstücksmarkt, obwohl hier die Stadtentwicklungs- und Wohnungspolitik noch bis Anfang der 80er Jahre ihren Schwerpunkt im Wohnungsneubau und in der Sanierung, d. h. im Abriß und Wiederaufbau ganzer Stadtviertel gesehen hat. Anhand von Daten der Geschäftsstelle des Gutachterausschusses für die Ermittlung von Grundstückswerten und der Berliner Wohnungsmarktanalyse war eine nach Bestandsgruppen und innerstädtischen Wohnlagen differenzierte Darstellung der wichtigsten ökonomischen Entwicklungslinien möglich. Im folgenden werden einige für den in dieser Arbeit diskutierten Zusammenhang wichtige Ergebnisse dieser Untersuchungen vorgestellt: Preisbewegungen und Rentabilitätserwartungen in den wichtigsten Gruppen des Mietwohnungsbestandes, die Konkurrenz zwischen den verschiedenen Kapitalanlagemöglichkeiten im städtischen Wohnungssektor und die räumliche Differenzierung der Grundstücksmarktentwicklung.

a) Rentabilität und Preisbewegung des Mietwohnungsbestandes

Wenn sich die Wohnungsnachfrage und das Investoreninteresse in Berlin während des Untersuchungszeitraums stärker den Beständen, vor allem den Altbaubeständen, zugewandt hat, muß sich im Mietwohnungssektor, da hier die Regeln langfristiger Kapitalverwertung gelten, anhand von Renditedifferenzen zwischen den Neubau- und Bestandssektoren dieser Wandel nachweisen lassen. Tatsächlich jedoch scheint sich lediglich Mitte der 70er Jahre ein deutlicher Rentabilitätsvorsprung des Altbaubestandes bei einem Vergleich der Verzinsung von Altbaukaufpreisen und Neubauinvestitionen – ohne Berücksichtigung von Steuern und möglichen Preis- und Wertsteigerungen, aber unter Einrechnung der kürzeren Restnutzungsdauer der Altbaubestände[13] – zu ergeben. Dieses Phänomen bedarf einer näheren Erläuterung: Wie erklärt sich z. B. der relativ niedrige Liegenschaftszins gegen Ende der 70er Jahre im Altbaubestand, obwohl dieser damals gerade mit einem Umsatzboom und einer sich ausweitenden Modernisierungs- und Instandsetzungstätigkeit korrespondierte? Wie erklärt sich demgegenüber, daß die aus der Krise von 1974/75 hervorgehende pessimistische wirtschaftliche Grundhaltung mit hohen Zinssätzen zusammenfiel?

Liegenschaftszinsen

Dieser widersprüchliche Schein löst sich auf, sobald die unterschiedlichen Bezugsgrößen der Verzinsung des Bestandes und der Neuinvestitionen berücksichtigt werden: Bei Neubauinvestitionen sind es die Gesamtkosten, auf die sich der Mietzins (Nettomiete) bezieht, im Bestand sind es die Marktpreise der Grundstücke, die zur Berechnung des Zinssatzes herangezogen werden. Der Marktpreis des Mietwohnungsgrundstückes ist aber ein spekulativer Preis, der erheblichen Schwankungen unterliegt und je nach Lage auf den Immobilienmärkten auch die Liegenschaftszinssätze variieren läßt, selbst wenn die Nettomieterträge stabil bleiben. Spekulative Preisschwankungen ergeben sich dadurch, daß die Grundstückspreise sich durch Kapitalisierung der *erwarteten* Ertragsentwicklung berechnen. Nur wenn der Kapitalwert der zum Kalkulationszeitpunkt erzielbaren Nettomieten bei einem durchschnittlichen Kalkulationszinssatz, er beträgt für Wohngebäude 5 bis 6 %, und bei realistischer Annahme einer Restnutzungsdauer des Objektes mit den Marktpreisen übereinstimmt, sind auch Liegenschaftszins und kalkulatorischer Zinssatz identisch.[14] Fallen die Marktpreise z. B. in einer wirtschaftlichen Depression, stei-

Tabelle 13

Liegenschaftszins im Mietwohnungsbestand 1971 bis 1980 in Berlin (West) in v. H. des Kaufpreises

	1971	*1972*	*1973*	*1974*	*1975*	*1976*	*1977*	*1978*	*1979*	*1980*	*1981*
a[1])	6,5		6,0	6,1	6,5	(6,8)	(6,8)	(5,8)	5,0	4,0	
b[1])	7,5		6,0	7,0	7,5				5,0	4,5	
c[1])	7,0		6,5	9,0	8,2	8,0	8,0	8,0	8,0		
d[2])	4,3	4,1	3,5	3,8	3,9	4,0	4,3	3,9	3,0	2,9	2,2
e[3])				2,8	2,5	2,5	2,7	2,8	2,7	2,9	

a) Berlin: Altbau gut/befriedigend, Zinsanteil an der Miete 50%
b) Berlin: Altbau ausreichend, Zinsanteil an der Miete 50%
c) Berlin: Neubau freifinanziert, Zinsanteil an der Miete 75%
d) Stuttgart: Altbau, Durchschnitt
e) Neubauinvestition, Durchschnitt (Verzinsung der Gesamtkosten)

Quelle: [1]) Geschäftsstelle des Gutachterausschusses für Grundstückswerte in Berlin
[2]) Wohnort Stuttgart, a.a.O.
[3]) eigene Berechnung, amtl. Statistiken

gen die Liegenschaftszinssätze. Herrschen dagegen spekulative Ertragserwartungen vor, so orientieren sich die Marktpreise der Grundstücke nicht mehr am aktuell erzielbaren Ertrag, sondern an einer zukünftigen, möglicherweise rentableren Nutzung. Die Grundstückspreise reflektieren dann ein hypothetisches zukünftiges Verwertungsniveau, das der Verkäufer bereits jetzt für sich realisieren kann. In einem solchen Fall steigender Grundstückspreise werden bei unveränderter Ertragslage die Liegenschaftszinssätze zwangsläufig herabgedrückt, was dann aber nicht Ausdruck einer mangelnden Rentabilität des Grundstücks, sondern umgekehrt antizipierter Extraprofite wäre.

Preisbewegungen

Die den Liegenschaftszinssatz beeinflussenden Schwankungsbreiten von Mieten und Immobilienpreisen derselben Objekte werden auch von der folgenden Tabelle belegt, in der jeweilige Preissteigerungsraten für bestimmte Marktperioden zusammengefaßt werden. Es geht aus ihr hervor, daß sich vor allem jener Grundstücksteilmarkt mit den besten Beständen am weitesten von den aktuellen Wohnungsmarktverhältnissen gelöst hatte. Die Mieten konnten, wie im übrigen auch in den anderen Bestandsgruppen, kaum der Inflationsrate folgen[15)], weswegen in den Grundstückspreissteigerungen eine Erwartungshaltung zum Ausdruck kommt, die nur durch eine Umschichtung der Wohnungsbestände auf den Wohnungsmärkten ihre Berechtigung finden kann.

Tabelle 14

Miet- und Kaufpreisentwicklung von Mietwohnobjekten 1965 bis 1980 in Berlin (West)

Steigerungsraten in v. H. gegenüber Vorjahr

	Mieten			*Kaufpreise*			*Lebenshaltungskosten*
	(1)	*(2)*	*(3)*	*(1)*	*(2)*	*(3)*	
1965–1969	+6,8	+6,8	+6,8	+5,0	+2,5	+ 2,7	+3,0
1969–1974	+2,9	+4,5	+4,5	+3,9	+4,6	+ 5,6	+5,5
1974–1980	+3,3	+4,1	+4,1	+6,5	+6,8	+10,9	+5,0

[1]) Altbauten vor 1900 (OH, PT)
[2]) Altbauten 1900–1918 (OH, IT, BD)
[3]) Altbauten 1900–1918 (ZH, IT, BD)

Quelle: Eigene Berechnungen, GEWOS, Institut für Stadtforschung, a.a.O.

Waren bis 1974 die ökonomischen Perspektiven dieses Segments eher von Entwertungserwartungen geprägt, dies belegt sowohl der relativ hohe Liegenschaftszins als auch die unterdurchschnittliche Preissteigerungsrate bei fast allen Gebäudekategorien, so wurden dieselben Bestände danach von einer ökonomischen Aufwertung erfaßt, die sich in fallenden Liegenschaftszinsen und Realpreissteigerungen spiegelt. Aufgrund der Stabilität dieses Preisauftriebs läßt sich vermuten, daß der Umschwung eine dauerhaftere Umbewertung der Bestände reflektiert, ein Heraufiltern von Altbaubeständen in der Angebotshierarchie. Nur eine längerfristige Umbewertung könnte auch Modernisierungs-/Instandsetzungsinvestitionen und eine Umwandlung von Miet- in Eigentumswohnungen rechtfertigen.
Filtering-Prozesse lassen sich als Realwertveränderungen darstellen, es läßt sich dieser Vorgang aber auch anhand der relativen Preisbewegung des jeweiligen Bestandssegments zu den anderen Segmenten, also der Altbaubestandskategorien untereinander und der Altbau- zu den Neubaubeständen[16)] nachweisen. Auf diese Weise kann das Problem einer Deflationierung der Preise umgangen werden. Gefragt wird nicht nach der Realwertentwicklung[17)], sondern nach einer relativen Positionsveränderung der Bestandsgruppen zwischen zwei Zeitpunkten (1974 und 1980), wobei «als Maß des Filtering-Prozesses (...) die Änderung des Abstands vom Mittelwert (...) zwischen den Zeitpunkten n_0 und n_1 angesehen werden»[18)] kann. Das Ausmaß der Umbewertung der Altbauten wird meßbar in der Abweichung ihrer Preise vom arithmetischen Mittel der Neubaubestandspreise.

Tabelle 15

Prozentuale Abweichung der Kaufpreise alter Miethäuser vom Mittelwert der Kaufpreise nach 1948 erstellter Wohnhäuser, 1974 und 1980 in Berlin (West)

	t	*a*	*b*	*c*	*d*
t_0	1974	−69,2	−78,5	−67,8	−49,9
t_1	1980	−54,4	−75,1	−61,9	−23,1
Änderung der Abweichung		−11,6	− 3,4	− 5,9	−26,8

a) Alle Altbauten vor 1918
b) Altbauten vor 1900 (OH, PT)
c) Altbauten 1900–1918 (OH, IT, BD)
d) Altbauten 1900–1918 (ZH, IT, BD)

Quelle: Eigene Berechnungen, GEWOS, Institut für Stadtforschung, a.a.O.

Die Untersuchung der Preisrelationen ergab, daß in der Zeitspanne zwischen 1974 und 1980 die Berliner Altbaumiethäuser gegenüber den Durchschnittspreisen von

Nachkriegsbauten erheblich Boden gut gemacht haben: Die Abweichung vom Neubaumittelwert verringerte sich um 11,6 %. Träger der Annäherung waren aber nicht gleichgewichtig alle Altbaukategorien, es war vielmehr in erster Linie die dritte, am besten ausgestattete Bestandsgruppe, die ihren Preisabstand vom Neubaumittelwert so weit verringern konnte, daß ihr durchschnittliches Preisniveau dem der Neubauten bereits nahe kam. Objekte der unteren und mittleren Kategorien konnten ihre Positionen dagegen nicht nennenswert verbessern. Auch hierin zeigt sich wieder die Sonderstellung der Bestandsgruppe mit höherwertigen Wohnungen, die – wie noch gezeigt wird – vor allem aus einer Umbewertung der Gebäudesubstanz vor dem Hintergrund der Substitutionskonkurrenz von Neu- und Altbauinvestitionen sowie Miet- und Eigentumswohnungen herrührt. In den übrigen beiden Bestandsgruppen bleiben die Kaufpreise enger an die zum Erwerbszeitpunkt erzielten Erträge gebunden, so daß die Relationen zum Neubausegment sich nur geringfügig verschieben.

Die ökonomischen Unterschiede zwischen den Altbaukategorien lassen sich klar an der unterschiedlichen Preisentwicklung des Altbaubereichs selbst ablesen. Vergleicht man die Situation von 1974 mit der von 1980, so zeichnet sich eine Entwicklung ab, die geprägt ist von einer zunehmenden Streuungsbreite der Bestandspreise, d. h. von einer zunehmenden Preisabweichung der drei Altbaugruppen vom Mittelwert aller Altbauten: Mittlere und Substandard-Bestände fielen zwischen den beiden Untersuchungszeitpunkten weiter hinter den Mittelwert zurück, das qualitativ beste Segment konnte sich noch weiter nach oben absetzen.

Tabelle 16

Prozentuale Abweichung der Kaufpreise von alten Miethäusern vom Mittelwert der Kaufpreise für Altbaumiethäuser, 1974 und 1980 in Berlin (West)

	t	*b*	*c*	*d*
t_0	1974	−30	+ 5	−63,2
t_1	1980	−41,6	−10,6	+80,4
Änderung der Abweichung		+11,6	+15,6	+17,2

b) Altbauten vor 1900 (OH, PT)
c) Altbauten 1900–1918 (OH, IT, BD)
d) Altbauten 1900–1918 (ZH, IT, BD)

Quelle: Eigene Berechnungen, GEWOS, Institut für Stadtforschung, a.a.O.

Dieses Ergebnis weist auf einen sich differenzierenden Immobilienmarkt, der seinerseits eine Polarisierung der Wohnungsbestandsmärkte reflektiert. Nur eine sich dem Abwärtstrend widersetzende Nachfrage kann zur Unterbrechung der normalen Bestandsalterung beigetragen und einzelne Bestandsgruppen umbewertet haben.

b) Kapitalanlagealternativen im städtischen Wohnungssektor

Die Zeitreihenbetrachtung von Liegenschaftszinsen und Kaufpreisen Berliner Mietwohngrundstücke belegt bereits die unterschiedlichen Verwertungsbedingungen in den Segmenten des städtischen Wohnungssektors, den Rentabilitätsvorsprung des Altbaubestandes gegenüber Neuinvestitionen und die unterschiedliche Bewertung der drei Altbaubestandsgruppen. Hier soll nun das Verhältnis konkurrierender Anlagealternativen zueinander behandelt werden:

1. Die Substitutionsbeziehung zwischen einer Modernisierung/Instandsetzung von Altbaubeständen und dem Wohnungsneubau: Es sollen wirtschaftliche Bedingungen für den Rückgang des Geschoßwohnungsbaus und die Verlagerung des Investitionsinteresses auf die städtischen Altbaubestände herausgearbeitet werden.
2. Die Substitutionsbeziehungen zwischen dem Miet- und Eigentumswohnungssektor: Auch in diesem Fall sollen wirtschaftliche Indikatoren für den Transfer von Mietwohnungen in den Eigentumssektor dargestellt werden.
3. Die räumlichen Schwerpunkte: Es soll festgestellt werden, in welchen städtischen Lagen sich welche Alternative durchsetzt, bzw. wie der Bodenpreis/-rentenmechanismus den Bestandsgruppen eine jeweils spezifische Investitionsstrategie aufherrscht.

Daß die verschiedenen Anlagealternativen hinter dem spekulativen Immobilienhandel stehen, läßt sich leicht den Immobilienannoncen der Tageszeitungen entnehmen, wo mit Beschreibungen wie «Modernisierungsobjekt» und «zur Umwandlung geeignet» um Käufer geworben wurde.

Modernisierung/Instandsetzung versus Neubau

Langzeitbeobachtungen auf Wohnungs- und Immobilienmärkten der USA bestätigen, daß der Wohnungsbaumarkt und der Wohnungsbestandsmarkt nicht starr zueinander stehen. Begünstigten dort in den 60er Jahren die Marktdaten eindeutig den Wohnungsneubau, so heißt es für die 70er Jahre: «The period from 1970 to 1975 witnessed a startling increase in the cost of housing. The increase occured in both old and new housing but was concentrated in new housing in the suburbs. The median price for houses in the central city was substantially lower than the median for all existing houses. The wide difference between the cost of new and existing suburban housing on the one hand and housing in the central city on the other is greater than the difference in quality and neighborhood ambience. City neighborhoods are now considered attractive for the outstanding housing bargains they offer.»[19)]

In der Bundesrepublik Deutschland waren derartige Preisverschiebungen lange von geringem Einfluß auf das Investoren- und Nachfrageverhalten. Das lag zum einen an den Nachfrageüberhängen, zum anderen sicher auch am relativ hohen Anteil öffentlich geförderter Wohnungen. Seit Mitte der 70er Jahre haben die Marktpreisrelationen aber größeren Einfluß auf das ökonomische Kalkül von Anbietern und Nachfragern gewonnen. In verschiedenen Untersuchungen wurde als ein Hauptgrund für den Rentabilitätsverfall des Mietwohnungsbaus die Schere zwischen Bestandsmieten und Neubaukosten bzw. Neubaukostenmieten ermittelt. Bei ungünstigen Marktbedingungen für den Wohnungsneubau wie in den 70er Jahren, angenommen wird ein Marktpreis für Neubaumietwohnungen, der nur zu 80 % die Kosten deckt, werden nur noch wenige rentable Projekte begonnen und statt dessen wird eine Erneuerung der Bestände die attraktivere Anlagealternative. Erreichen die Immobilienpreise für Altbaubestände rund 30 % des durchschnittlichen Produktionspreises für Neubauten einschließlich Grund und Boden, können rund 50 % der Gesamtkosten eines Neubaus (80 %–30 %) in den Bestand investiert werden, bevor die Marktpreisgrenze von Neubauten überschritten wird.[20] Im dritten, gut erhaltenen und gut ausgestatteten Bestandssegment dürfte sich mit einem solchen Aufwand sicher ohne Schwierigkeiten eine Modernisierung bis zum Neubaustandard umsetzen lassen. Ungünstigere Aufwertungsbedingungen herrschen dagegen in den einfachen Beständen, vor allem im Substandardangebot. Selbst wenn deren Preise lediglich 10 % der Gesamtkosten eines Neubaus betragen sollten, müßten 70 % der Neubaukosten zur Wiederherrichtung und Qualitätsverbesserung der Bauten ausreichen. Das scheint allerdings in diesen Beständen in aller Regel ausgeschlossen zu sein; die Erneuerungskosten erreichen hier leicht Größenordnungen, die allenfalls eine Aufwertung bis zu einem mittleren Qualitätsniveau gerechtfertigt erscheinen lassen und meist noch zusätzlicher öffentlicher Subventionen bedürfen.[21]

Um den Spielraum für Bestandsinvestitionen abschätzen zu können, wurden Berliner Neubaukosten und Bestandspreise des besten Altbausegments über einen längeren Zeitraum ins Verhältnis zueinander gesetzt. Die sich ergebenden Relationen bestätigen bis 1977 ein Auseinanderdriften von Neubaukosten und Bestandspreisen und mithin eine wachsende Chance des Bestandes, sich als Medium für Bauinvestitionen gegenüber dem Neubau durchzusetzen. Sicher spielen hierbei einige Berliner Besonderheiten, vor allem die Mietpreisbindung für Altbauwohnungen, eine nicht zu vernachlässigende Rolle, doch ergaben sich im behandelten Zeitabschnitt in fast allen bundesdeutschen Großstädten ähnliche Kosten-Preisrelationen, wobei auch dort umstritten war, ob die Neubaukosten den Bestandspreisen davongeeilt sind oder die Preisentwicklung im Bestand der Kostenentwicklung nicht gefolgt ist. Obwohl gerade die Preise dieser Kategorie von Altbaugrundstücken sich gegen Ende der 70er Jahre von dem Wert der kapitalisierten Mieteinnahmen zu lösen begannen und außerordentliche Preissprünge die Regel waren, sicherte die verglichen hiermit extreme Kostenentwicklung im Neubau den Beständen gleichwohl ein günstigeres Kosten-Ertragsverhältnis und wirtschaftliche Spielräume für Modernisierungsarbeiten.

Tabelle 17

Kosten und Preise im Mietwohnungsbau und -bestand 1970 bis 1981 in Berlin (West)

	1970	*1971*	*1972*	*1973*	*1974*	*1975*	*1976*	*1977*	*1978*	*1979*	*1980*	*1981*
a)	1279	1568	1717	1847	2112	2151	2271	2326	2795	2850	3534	3878
b)	290	300	330	340	360	355	390	350	400	450	720	
c)	23	19	19	18	17	17	17	15	16	16	16	

a) Gesamtkosten pro qm WF im Sozialen Wohnungsbau
b) Durchschnittspreise von Altbaugrundstücken pro qm WF (ZH, IT, BD, 1900–1918)
c) Altbaukaufpreise in v. H. der Neubaukosten

Quelle: Wohnungsbaukreditanstalt Berlin, Geschäftsbericht 1981, GEWOS, Institut für Stadtforschung, a. a. O.

Mietwohnung versus Eigentumswohnung

Auch zwischen den städtischen Miet- und Eigentumswohnungsmärkten besteht ein Substitutionsverhältnis, das in Kreuzpreisbeziehungen zum Ausdruck kommt. Aus dem von mir ausgewerteten Preisgefüge des Berliner Immobilienmarktes läßt sich ablesen, daß zwischen beiden Teilmärkten die Beziehungen in den 70er Jahren ebenfalls extrem unausgewogen waren, daß aufgrund der Substitutionsbeziehung zwischen beiden eine Tendenz zur Umlenkung von Kapitalströmen in den Eigentümersektor oder genauer zur Umwandlung von Mietwohnungen in Eigentumswohnungen entstand. Dazu ist allerdings anzumerken, daß nicht niedrige Preise die Nachfrage auf den Teilmarkt für Eigentumswohnungen gelenkt haben, sondern umgekehrt eine offensichtlich eigenen Regeln folgende öffentlich unterstützte Nachfrage im Eigentümersektor Preisgebote erzeugt, die von den Barwerten der Nettomieteinnahmen entsprechender Wohnungen derzeit nicht erreicht werden können. Zwischen den Grundstückswerten von Altbauobjekten, berechnet als Kapitalisierung der Nettomieteinnahmen und den für gleichwertige Eigentumswohnungen erzielbaren Marktpreisen tat sich in den 70er und 80er Jahren eine Lücke auf, die bei Umwandlung geeigneter Mietwohnungsbestände in Eigentumswohnungen leicht zur Realisierung von Extraprofiten genutzt werden konnte. So ist es auch kein Zufall, daß diese Profiterwartungen zur Basis eines neuen Geschäftszweiges werden konnten, der sog. Umwandlungsspekulation, bei der Zwischenhändler und Organisatoren der Umwandlung und notwendiger Erneuerungsmaßnahmen am Bestand

den Transformationsprozeß profitabel (Erwerbermodell) für sich ausbeuten konnten und als Gegenleistung das Geschäft der Mieterverdrängung und Akquisition betrieben.
Im Bericht über die Entwicklung des Berliner Grundstücksmarktes von 1981 wird ausgeführt, in Berlin seien «für einige Altbauten mit Komfortausstattung (...) Spitzenpreise bis zum 20-fachen der Jahresmiete gezahlt worden. Diese außergewöhnlich hohen Kaufpreise waren unter anderem auf die Absicht der Erwerber zurückzuführen, Objekte in Wohneigentum umzuwandeln»[22]. In wirtschaftlich prosperierenden Städten wie Stuttgart waren die Mietwohnungsbestände einem noch stärkeren Umwandlungsdruck ausgesetzt. Im Bericht über den «Wohnort Stuttgart» heißt es dazu: «Mit dem Erreichen eines sehr hohen Preisniveaus der Neubaueigentumswohnungen weichen viele Erwerbsinteressenten auf Altbaueigentumswohnungen aus, mit der Folge einer wechselseitigen Beeinflussung dieser beiden Märkte. Die Preise für Altbau-Eigentumswohnungen (durch Umwandlung bisheriger Mietwohnungen) liegen zwar deutlich unterhalb der Preise für Neubauwohnungen. Der Quadratmeterpreis hat sich in den letzten sechs Jahren jedoch mehr als verdoppelt.»[23] Es überlagerten sich hier also zwei Marktströmungen:

1. Eine Tendenz der Eigentümernachfrage, anstelle einer teuren Neubauwohnung eine preisgünstigere, instandgesetzte und modernisierte Altbauwohnungen zu erwerben;
2. die Möglichkeit, noch preiswertere Mietwohnungsbestände profitbringend umzuwandeln, um sie dieser Nachfragergruppe anbieten zu können.

Tabelle 18

Preise im Miet- und Eigentumswohnungsbestand 1970 bis 1981 in Berlin (West)

	1970	*1971*	*1972*	*1973*	*1974*	*1975*	*1976*	*1977*	*1978*	*1979*	*1980*	*1981*
a)				650		592	500	625	800	1000	1300	1200
b)				2000			2000		2600	2500	3400	3600
c)	280	291	317	364	350	347	387	392	450	607	720	
d)				700			1300		1300	1500	1600/ 2300	1800/ 2400

a) Neubaumietwohnung, Durchschnittspreis, DM/qm WF
b) Neubaueigentumswohnung, Durchnittspreis, DM/qm WF
c) Altbaumietwohnung guter Ausstattung, DM/qm WF
d) umgewandelte Altbaumietwohnung, DM/qm WF

Quelle: Geschäftsstelle des Gutachterausschusses für Grundstückswerte in Berlin: Berliner Grundstücksmarkt, mehrere Jahrgänge

In Stuttgart bewirkten diese Kreuzpreisbeziehungen, daß der Markt für Miethäuser sich zusehends an dem für Eigentumswohnungen orientierte und dadurch die Liegenschaftszinsen auf extrem niedrige Werte fielen.[24] In Berlin war die Annäherung der Preise weniger ausgeprägt, was zum einen auf eine schwächere Nachfrage nach Wohnungseigentum verweist, zum anderen aber auch auf einen riesigen Altbaubestand von über 400.000 vor 1918 entstandenen Mietwohnungen, der sich relativ unempfindlich gegenüber der Umwandlungsspekulation erwiesen hat. In Relation zum Bestand nahm sich die Zahl der Umwandlungsfälle zunächst noch recht bescheiden aus: Bis Ende 1982 waren rd. 50.000 Wohnungen oder 45 von 1000 Wohnungen des Gesamtbestandes umgewandelt.[25] Trotz massiver öffentlicher Förderung, z. B. durch die Ausweitung des §7b des Einkommensteuergesetzes, der erhöhte steuerliche Abschreibungen seit 1975 auch für bereits fertiggestellte Wohnungen ermöglicht, trotz der Erweiterung des sog. Bauherrenerlasses von 1981, die im Rahmen sog. «Erwerbermodelle» in Berlin vorwiegend westdeutsche Kapitalanleger angelockt hat, nimmt der Eigentümermarkt ein noch kleines, wenn auch wachsendes Segment des städtischen Wohnungsbestandes in Anspruch.

Eine mögliche Ursache dieser sich nur schleppend vollziehenden Umschichtung städtischer Mietwohnungsbestände dürfte u. a. in der Belegung der zur Umwandlung vorgesehenen Bestände durch Mieter zu suchen sein, die den Sprung zum Eigentümer nicht mitmachen wollen oder können. Sozialer Widerstand sowie gesetzliche Kündigungsschutzregeln können die ökonomische Transformation zwar nicht verhindern, aber doch erheblich verzögern. Von Bedeutung ist auch, daß im Gegensatz z. B. zu amerikanischen Großstädten, wo der Eigentümersektor immer eine Alternative zur Mietwohnung bot, in der Geschichte deutscher Städte Eigentumswohnungen überhaupt keine Rolle gespielt haben und der Eigentümersektor sich erst seit den 70er Jahren allmählich als zweiter Sektor neben dem gewachsenen Bestand der Mieterstadt etablieren kann. Die bisherige Dominanz des Mietwohnungsbestandes und -marktes könnte erklären, warum beide Märkte derzeit noch relativ unabhängig voneinander operieren und die Preisdifferenzen zwischen beiden ökonomischen Formen über längere Zeit bestehen bleiben können.

Räumliche Schwerpunkte der Aufwertung

Bestandsaufwertung durch Modernisierung und Instandsetzung einerseits, Transfer von Mietwohnungen in den Eigentümersektor andererseits verteilen sich nicht gleichmäßig im Stadtraum, sondern konzentrieren sich auf ausgewählte städtische Teilgebiete. In Berlin waren 1983 von den 12 Stadtbezirken z. B. nur vier Bezirke mit guter bis mittlerer Wohnlage Umwandlungsschwerpunkte.[26] Es sind dies Bezirke, in denen sich überwiegend Bestände der dritten, besten Bestandsgruppe konzentrieren und die meist nach der Jahrhundertwende als bürgerliche Wohnviertel westlich des alten Zentrums entstanden sind. Den Wohnbedürfnissen der damals einziehenden Bevölkerungsgruppen entsprechend sind nicht nur die Wohngebäude

und Wohnungen repräsentativ angelegt, sondern auch die Straßen- und Platzgestaltung. In diesen citynahen Wohnlagen werden auch heute noch innerhalb des kernstädtischen Wohnbereichs die höchsten Bodenpreise gezahlt, was sowohl eine Aussage zur Lagequalität als auch zum Bodenrentenpotential dieser Gegenden beinhaltet.
Im Kapitel über die Grundzüge der Bestandsökonomie habe ich die Bedeutung der Bodenrente als eines Regulativs von Zeitpunkt und Intensität des Wandels in städtischen Bodennutzungsgefüge analysiert, also ihre Rolle beim Umbau des städtischen Wohnungsbestandes. Diese Funktion muß sich auch empirisch in den verschiedenen Wohnlagen des Berliner Altbaubestandes nachweisen lassen. Dazu ist es notwendig, die bisher als Einheit von Boden und Gebäudepreis betrachteten Grundstückspreise mit der Bodenpreisentwicklung an den jeweiligen Standorten der untersuchten Objektgruppen zu konfrontieren, um einen Eindruck zu gewinnen, inwieweit von der vorhandenen Bebauung und ökonomischen Nutzung des Gebäudes die in den Bodenpreisen antizipierten Renten noch realisierbar sind und wie hoch die Opportunitätskosten sind, falls auf Umbau, Modernisierung oder Umwandlung von Mietwohnungsbeständen verzichtet wird.
Für neu bebaute Grundstücke liegen Erfahrungswerte über das Verhältnis von Bodenpreis und Kapitaleinsatz je Grundstücksflächeneinheit vor. Es kann nach Lage und Wohnungsteilmarkt variieren, wird in einer bestimmten Wohnlage aber längere Zeit konstant bleiben. Im allgemeinen wird für drei- bis viergeschossige Wohnhäuser in großstädtischer Wohnlage beim Neubau mit einem Bodenpreisanteil von 15 bis 18 % am Gesamtpreis gerechnet.[27)] Eine Auswertung von Neubauvorhaben in hessischen Städten zu Beginn der 70er Jahre ermittelte im freifinanzierten Mietwohnungsbau einen Bodenpreisanteil von ca. 20 % und im sozialen Wohnungsbau wegen der einfacheren Wohnlage von 12 bis 14 %.[28)] Sieht man diese Bodenpreisanteile als Richtmarken eines optimalen Verhältnisses von Kapitaleinsatz und Bodenfläche im städtischen Wohnungssektor an, so läßt sich dieser Ausdruck auch zur Beurteilung der Verwertungsbedingungen auf den Altbaugrundstücken heranziehen. Als empirischer Beleg werden die bereits verwendeten Daten des Berliner Immobilienmarktes herangezogen und den drei Gebäudekategorien typische Wohnlagen mit den jeweils durchschnittlichen Bodenpreisniveaus, die wie die Gesamtpreise auf die Wohnfläche als Bezugsgröße umgerechnet worden sind, zugeordnet.
Sieht man die für Neubauten vorgegebene Relation von Bodenpreis und Kapitaleinsatz als ökonomisch günstigste Form der Bodennutzung an, wird eine vergleichsweise suboptimale Nutzung aller Lageklassen durch den Altbaubestand erkennbar. Alle drei Lageklassen zeigen einen mehr oder weniger ausgeprägten Aufwertungsbedarf, der aber marktwirtschaftlich in keinem Fall durch Abriß und Neubau befriedigt werden kann, da die Altbauten nach wie vor ein Kapital verkörpern, das vernichtet werden und als unrentierliche Zusatzkosten den Ersatzwohnungsbau belasten müßte. Ohne öffentliche Subventionen bleibt also nur als Weg eine

Tabelle 19

Durchschnittlicher Bodenpreisanteil am Kaufpreis für Mietobjekte in Berlin (West) (ermittelt aus Kaufpreisen von 1980)

Gebäudegruppe	*Wohnlage*	*Bodenpreisanteil*
Baujahr bis 1900 (OH, PT)	schlecht	63 %
Baujahr 1900–1918 (OH, IT, BD)	mittel	48 %
Baujahr 1900–1918 (ZH, IT, BD)	gut	34 %

Quelle: GEWOS, Institut für Stadtforschung, a. a. O., Geschäftsstelle des Gutachterausschusses für Grundstückswerte in Berlin, a. a. O.

Aufwertung der alten Gebäude selbst, sei es durch Instandsetzung und Modernisierung und/oder die Umwandlung von Wohnungen in Eigentumswohnungen. Eine Aufwertung bis zum Neubaustandard dürfte von den drei Bestandsgruppen marktvermittelt nur in der besten Gruppe möglich sein, wo der Bodenpreisanteil der Neubaurelation nahe kommt.

Weniger eindeutig ist die Immobilienpreisentwicklung am anderen Ende der Markthierarchie. Mit einem Bodenpreisanteil von über 60 % des Kaufpreises werden hohe Opportunitätskosten der bisherigen Nutzung und damit ein relativ starker Anpassungsdruck angedeutet, obwohl auf den entsprechenden Wohnungsteilmärkten in Berlin Tiergarten, Wedding, Kreuzberg und Neukölln kaum eine entsprechende kaufkräftige Nachfrage nach Neubauwohnungen oder entsprechend aufgewerteten Altbauten vorhanden gewesen sein dürfte. Zwar signalisiert der als Folge hoher Bodenpreise geringe Gebäuderestwert die Möglichkeit eines hohen Investitionsaufwandes, bevor der Kapitaleinsatz – bezogen auf das Bodenrentenpotential – an ökonomische Grenzen stößt, dennoch werden hier solche Investitionen ohne staatliche Transferleistungen kaum zustande kommen. Wegen aufgestauter Instandhaltungskosten kommt eine Erneuerung dieser Bestände den Neubaukosten häufig nahe und überschreitet sie sogar teilweise, so daß Modernisierungsmaßnahmen auf unrentable Überinvestitionen hinausliefen. Wichtiger aber ist, daß in diesem Marktsegment der privaten Nachfrage die Zahlungskraft fehlt, um die Kosten einer durchgreifenden Erneuerung zu tragen. Der Grunderwerb in diesen städtischen Wohnlagen hatte deshalb wohl weniger diese Nachfrage im Auge als vielmehr die zahlreichen öffentlichen Förderungsangebote zur Erneuerung und Modernisierung der alten Wohnbezirke.

Eine solche Einschätzung findet in den räumlichen Schwerpunkten der Grundstückswechsel eine Bestätigung. Zwischen 1974 und 1980 lagen diese in Berlin zum einen in Sanierungserwartungsgebieten, Untersuchungsbereichen nach dem Städtebauförderungsgesetz, in Gebieten des Zukunftsinvestitionsprogramms (ZIP) und Modernisierungszonen, wo der Erwerb, ähnlich wie in den ausgewiesenen Sanierungsgebieten, in Erwartung öffentlicher Förderungsmaßnahmen geschah. Zum anderen konzentrierte sich der Verkauf von Grundstücken auf die besseren Wohnlagen, wobei als Erwerbsmotiv hier eine günstige Renditeentwicklung wegen des Mieterinteresses an diesen Bezirken, Modernisierungsabsichten und die Umwandlung von Miet- in Eigentumswohnungen vermutet werden.[29] Die voneinander abweichenden ökonomischen Verwertungsbedingungen in beiden Bestandssegmenten, die Spekulation auf redistributive Renten im einen durch das Angebot öffentlicher Förderungen und durch steigende Nachfrage induzierte Renten im anderen, treten besonders kraß in der gegensätzlichen Gebäuderestwertentwicklung hervor: In der Bestandsgruppe mit den einfachen Wohnungen war innerhalb von 10 Jahren lediglich eine Restwertzunahme von 4 % zu verzeichnen, was nach Abzug der Inflation gleichbedeutend war mit einer Restwertminderung. In den bürgerlichen Altbaubeständen hingegen wurde, trotz eines ebenfalls starken Bodenpreisanstieges, im gleichen Zeitraum eine durchschnittliche Restwertzunahme von 138 % nachgewiesen.

Auffallend an dieser widersprüchlichen Gebäudewertentwicklung ist, daß in Stadtvierteln mit guter Wohnlage und den qualitativ besseren Beständen der Auftrieb der

Tabelle 20

Entwicklung der Mieten, Gebäuderestwerte und Bodenpreise
1970 bis 1980 in Berlin (West)
1970 = 100

Gebäudegruppe	*Miete*	*Kaufpreis*	*Bodenpreis*	*Gebäuderestwert*
Baujahr bis 1900 (OH, PT)	149,3	192,1	403	104
Baujahr 1900 – 1918 (OH, BD, IT)	158,5	190,3	279	147
Baujahr 1900 – 1918 (ZH, BD, IT)	158,3	257,3	305	238

Quelle: Berechnungen nach GEWOS, Institut für Stadtforschung, a. a. O., Geschäftsstelle des Gutachterausschusses für Grundstückswerte: Bericht über die Entwicklung des Berliner Grundstücksmarktes, verschiedene Jahrgänge

Kaufpreise sich sowohl auf den Boden als auch auf die Gebäudesubstanz bezog und nicht, wie von der Bodenrententheorie nahegelegt wird, sich Bodenpreis- und Gebäudewertentwicklung des Bestandes umgekehrt proportional zueinander verhalten. D.h. der Bodenpreisanstieg hat nicht, wie theoretisch abgeleitet wurde, die Entwertungsgeschwindigkeit des Gebäudes beschleunigt. Die Tatsache einer Teilnahme der Gebäude am Aufwertungsprozeß belegt stattdessen eine Umbewertung der Gebäudesubstanz, die wiederum auf eine Umorientierung der Wohnungsnachfrage vom Neubau auf dieses Bestandssegment verweist. Nur vor dem Hintergrund einer solchen Nachfrage kann der Altbaubestand zum Ausgangspunkt eines neuen Verwertungszyklus werden und das in den Bodenpreissteigerungen antizipierte Bodenrentenpotential dieser Wohnlagen auch vom vorhandenen Bestand erwirtschaftet werden. Dementsprechend brauchte sich in diesem Marktsegment die Bewertung der Gebäudesubstanz auch nicht am realen Gebäudeertrag nach Abzug des Bodenrentenpotentials zu orientieren, sondern konnte spekulativ die Gebäudeerträge des neuen Grundstücksverwertungszyklus im Kaufpreis vorwegzunehmen. In den Kaufpreisen wurden die alten Gebäude mit dem Wert wiederverwendeter Gebäudeteile im Rahmen einer Modernisierungs- und/oder Umwandlungsstrategie bewertet.
Ganz anders lagen die Verhältnisse in Stadtteilen mit schlechter Wohnlage und einfachen Beständen, wo der Kaufpreisanstieg fast ausschließlich von den Bodenpreisen ausging und als Resultat, der Bodenrententheorie folgend, in der untersuchten Zehnjahresfrist die Gebäude entwertet wurden. Es besagt diese interne Preisdifferenzierung, daß Grundstückskäufer auf diesem Immobilienmarkt während der 70er Jahre kaum mit einer Wiederverwendung der alten Gebäude rechnen konnten. Vorherrschendes Erwerbsmotiv war hier die Spekulation auf öffentlich geförderte Sanierungsmaßnahmen, d. h. auf die geförderten Möglichkeiten eines Abrisses und Wiederaufbaus oder eines neubaugleichen Umbaus. Dieses Investorenverhalten und vorgelagerte Erscheinungsformen auf den Grundstücksmärkten waren hochgradig abhängig von der offiziellen Berliner Wohnungs- und Stadtentwicklungspolitik, die bis Anfang der 80er Jahre ihre Hauptaufgabe in innerstädtischen Altbauquartieren darin sah, mit dem Mittel der Flächensanierung alte Gründerzeitviertel zu vernichten und durch einen neuzeitlichen Wohnungs- und Städtebau zu ersetzen. Stadtplanung und Städtebauförderung sahen ausdrücklich in den Sanierungsgebieten und Untersuchungsbereichen einen räumlichen Schwerpunkt der Wohnungsneubauförderung. Für die Erhaltung und Modernisierung der Bestände wurde zunächst nur ein recht bescheidener Förderungsanteil reserviert. Das änderte sich erst, als Anfang der 80er Jahre endgültig das Scheitern der breit angelegten Flächensanierung offenkundig war.

Anmerkungen

Zu 1. Einleitung

1) Mit dem Begriff «Kernstadt» wird ausgesagt, daß die Städte heute nur noch Teil größerer Siedlungs- und Wirtschaftsräume sind, die als «Stadtregionen» bezeichnet werden. In der Bundesrepublik werden die Großstadtregionen in ihrer inneren Gliederung in folgende Zonen eingeteilt: Kernstädte, hochverdichtetes Umland, sonstiges Umland (suburbaner Raum). Eine Abgrenzung dieser Regionen wird an Hand von Schwellenwerten für bestimmte Merkmale wie Bevölkerungsdichte (Einwohner je qkm), Arbeitsplatzdichte, Ein- und Auspendler und Anteil landwirtschaftlicher Erwerbspersonen vorgenommen. Zum Zwecke der administrativen Handhabung ist den Zonen die administrative Territorialgliederung (Gemeindegrenzen) zugeordnet. Spricht man von Kernstadt, so ist meist die Kernstadtgemeinde innerhalb der Stadtregion gemeint. «Als Kernstadt gilt das Verwaltungsgebiet der zentralen Stadtgemeinde(n)» (Boustedt), während der suburbane Raum sich aus einer größeren Zahl Gemeinden zusammensetzt. Vgl. *Boustedt, O.*: Stadtregionen, in: Handwörterbuch der Raumforschung und Raumordnung, Hannover 1970, Sp. 3207 ff.

2) Vgl. *Wallmann, W.*: Die Herausforderung Großstadt bewältigen, in: Der Architekt 10, Oktober 1983

3) Vgl. *Autzen, R.*: Wohnungspolitik: Altbauerneuerung und Wohnungsversorgung, Frankfurt am Main, Bern, Las Vegas 1979; *Hämer, H. W.; Rosemann, H.J.; Grazioli, A.; Kohlbrenner, U.*: Kostenanalyse der Modellmodernisierung von Altbauten, Schriftenreihe «Städtebauliche Forschung des BmBau 03.041, Bonn 1976

4) Vgl. *Westphal, H.*: Wachstum und Verfall der Städte, Frankfurt am Main, New York 1979

5) Vgl. *Pannitschka, W.*: Wohnallokation: Alterung des Wohnungsbestandes und Veränderung der Bevölkerungsstruktur, Dortmund 1979

6) Vgl. Eekhoff, J.; Sievert, O.; Werth, G.: Bewertung wohnungspolitischer Strategien: Modernisierungsförderung versus Neubauförderung, Schriftenreihe «Wohnungsmarkt und Wohnungspolitik» des BmBau 07.007, Bonn 1979

7) Vgl. *Baldermann, J.; Hecking, G.; Knauss, E.; Seitz, W.*: Wohnflächennachfrage und Siedlungsentwicklung, Stuttgart 1980

Zu Teil I Theoretische Grundzüge der Bestandsökonomie

1) Vgl. z.B. *Grigsby, W.G.*: Housing Markets and Public Policy, Philadelphia 1963, S. 94

2) Einen Überblck über das mikroökonomische Theoriegebäude liefert z.B. *Ott.* Vgl. *Ott, A.*: Grundzüge der Preistheorie, Göttingen 1968, S. 147 ff.

3) Vgl. *Stahl, K.*: Quantitative Wohnungsmarktmodelle. Eine konzeptuelle Einführung, in: Wohnungsmarktsimulationsmodelle, Schriftenreihe «Wohnungsmarkt und Wohnungspolitik» des BmBau 07.011, Bonn 1981, S. 13

4) Vgl. *Friedmann, M.*: Die Theorie der Preise, München 1977, S. 363

5) *Friedmann, M.*, a.a.O.

6) *Olsen, E.O.*: A Competitive Theory of the Housing Market, in: *Rasmussen, D.W.; Hawarth, C.T.*: The Modern City. Readings in Urban Economics, New York 1973, S. 139

7) Vgl. *Olsen, E.O.*, a.a.O., S. 138

8) *Grigsby, W.G.*, a.a.O., S. 45

9) Vgl. *Hampe, A.*: Zur Theorie der Marktmiete, in: Deutsche Siedlungs- und Wohnungspolitik, Festschrift zum 25jährigen Bestehen des Instituts für Siedlungs- und Wohnungswesen der Westfälischen Wilhelms-Universität Münster i.W., Köln-Braunsfeld 1956, S. 85

10) Vgl. *Büning, L.*: Die Verhaltensweisen am Wohnungsmarkt bei freier Preisbildung, in: Deutsche Siedlungs- und Wohnungspolitik, a.a.O., S. 108

11) *Olsen, E.O.*, a.a.O., S. 139

12) Vgl. z.B. *Kain, J.F.; Quigley, J.M.*: Housing Markets and Racial Discrimination: A Microeconomic Analysis, New York 1975

13) Vgl. *Bourne, L.S.*: The Geography of Housing, London 1981, S. 178 f.; vgl. auch Abschnitt 12 in dieser Arbeit

14) Vgl. z.B. *Ratcliff, R.U.*: Urban Land Economics, New York, Toronto, London 1949, S. 332 f.; *Grigsby, W.G.*, a.a.O., S. 90

15) *Lowry, I.S.*: Filtering and Housing Standards: A Conceptual Analysis, in: Land Economics, Vol. XXXVI, No. 4, Nov. 1960, S. 366

16) Vgl. z.B. *Weissbarth, R.; Schuck, R.*: Anmerkungen zur Diskussion über die Wirkungsweise des Sickereffektes, in: Privates Bausparwesen 1980, Bonn 1980

17) *Lowry, I.S.*, a.a.O., S. 370

18) Vgl. *Walker, B.*: Welfare Economics and Urban Problems, London u.a. 1981, S. 132. *Walker* stellt kategorisch fest: «There is clearly no case of raising standards (and thus prices) in the absence of other measures, if the distribution of income is inappropriate or sub-optiomal; given the range of state-constrained qualities of housing, the housing occupied by lower-income groups will be different from the pre-distribution situation.» Ebenda. Vgl. auch *Muth, R.F.*: Cities and Housing, Chicago 1969, S. 127 f.

19) Vgl. *Brede, H.; Kohaupt, B.; Kujath, H.J.*: Ökonomische und politische Determinanten der Wohnungsversorgung, Frankfurt/Main 1975, S. 25 ff.

20) Vgl. *Nutt, B.; Walker, B.; Holliday, S.; Sears, D.*: Obsolescence in Housing: Theory and Applications, London 1976, S. 22

21) *Lowry, I.S.*, a.a.O., S. 365

22) Vgl. die Abhandlung dieses Problems in Abschnitt 9

23) Vgl. ebenda

24) Vgl. *Lowry, I.S.*, a.a.O., S. 365; *Grigsby, W.G.*, a.a.O., S. 117 f.

25) Vgl. DIW-Wochenbericht 26/77: Zur längerfristigen Entwicklung der Wohnungsnachfrage, S. 220

26) *Grigsby, W.G.*, a.a.O., S. 116

27) Vgl. *Hübschle, J.*: Determinanten und Schätzverfahren für den regionalen Wohnungsbedarf, in: *Thoss, R.; u. a.*: Prognosen für die Wohnungswirtschaft, Münster (Westf.) 1974, S. 39 f.

28) Vgl. *Lütge, F.*: Wohnungswirtschaft, Stuttgart 1949, S. 425

29) Vgl. *Stahl, K.*, a.a.O., S. 12

30) Vgl. *Walker, B.*, a.a.O., S. 132 f.

31) Vgl. *Ulbrich, R.*: Hauptlinien der Wohnungsfrage, S. 18 f., unveröff. Manuskript, 1984

32) *Ratcliff, R.U.*, a.a.O., S. 313

33) Vgl. *Grigsby, W.G.*, a.a.O., S. 257 f.

34) Vgl. ebenda; *Olsen, E.O.*, a.a.O.

35) *Grigsby, W.G.*, a.a.O., S. 257

36) Vgl. *Bartholmai, B.; u. a.*: Analyse und Prognose der Wohnungsnachfrage in der Bundesrepublik Deutschland, in: *Deutsches Institut für Wirtschaftsforschung* (Hrsg.): Beiträge zur Strukturforschung, Heft 58, Berlin 1980, S. 35

37) §§ 541b, 536 BGB

38) *Grigsby, W.G.*, a.a.O., S. 236

39) *Grigsby, W.G.*, a.a.O.

40) *Schneider, E.*; Einführung in die Wirtschaftstheorie, II. Teil, Tübingen 1949, S. 165

41) Vgl. Wertermittlungsrichtlinien in der Fassung vom 31.5.1976, in: B. Anz. Nr. 146-21/76

42) Vgl. *Autzen, R.*: Wohnungspolitik: Altbauerneuerung und Wohnungsversorgung, a.a.O., S. 213 f.

43) Vgl. *Schneider, E.*: Wirtschaftlichkeitsberechnung, Zürich 1962, S. 38 ff.

44) *Goodall, B.*: The Economics of Urban Areas, Oxford u. a. 1972, S. 210

45) *Von Wieser, F.*: Die Theorie der städtischen Grundrente, in: *Mildschuh, W.*: Mietzinse und Bodenwerte in Prag in den Jahren 1869-1902, Wien, Leipzig 1909

46) Vgl. Abschnitt 8 ff.

47) Vgl. *Muth, R.F.*, a.a.O., S. 131

48) *Bourne, L.S.*, a.a.O., S. 175

49) Vgl. *Muth, R.F.*, a.a.O., S. 107

50) Vgl. z. B. *Muth, R.F.*, a.a.O., S. 130 ff.; *Bish, R.L.; Nourse, H.O.*: Urban Economics and Policy Analysis, New York, u. a. 1975, S. 104 ff.; *Walker, B.*, a.a.O., S. 140 ff.

51) Vgl. *Bish, R.L.; Nourse, H.O.*, a.a.O., S. 106

52) *Goodall, B.*, a.a.O., S. 73

53) Ebenda, S. 74

54) Vgl. *Güssow, W.*: Zur Ökonomie städtischer Sanierungsgebiete, München 1976, S. 59 f.

55) Vgl. *Güssow, W.*, a.a.O., S. 60; *Ratcliff, R.U.*, a.a.O., S. 354. *Ratcliff* unterscheidet zwischen der «efficiency» und «capacity» der ökonomischen Bodennutzung.

56) *Rothenberg, J.*: Economic Evaluation of Urban Renewal, Washington, D.C. 1967, S. 45

57) Ebenda, S. 47. Weil sie nur einer lang anhaltenden Knappheit geschuldet sind, wäre es richtiger, von «Quasi-Renten» zu sprechen.

58) Vgl. *Gaffney, M.*: Boden und Grundrente in der Wohlfahrtsökonomie, in: *Barnbrock, J.* (Hrsg.): Materialien zur Ökonomie der Stadtplanung, Braunschweig 1975, S. 219

59) Vgl. *Güssow, W.*, a.a.O., S. 88

60) *Gaffney, M.*, a.a.O.

Zu Teil II Der städtische Wohnungsbestand unter veränderten Marktbedingungen – Entwicklungslinien der 70er und 80er Jahre in der BRD

1) Vgl. Anhang C

2) Vgl. DIW-Wochenbericht 40/82: Entwicklung und Struktur der Wohnungsbauleistungen, S. 501

3) Bundesbaublatt, Heft 12, Dezember 1982: Der Wohnungsbau, 1981, S. 832

4) Vgl. *Bucher, H.; Losch, S.; Rach, D.*: Selektive Wanderungen, Wohnungsbautätigkeit und Bodenmarktprozesse als Determinanten der Suburbanisierung, in: Informationen zur Raumentwicklung, Heft 11/12 1982, S. 927

5) Ebenda

6) Ebenda

7) Vgl. *Thoss, R.; u. a.*, S. 103

8) Vgl. *von Einem, E.; u. a.*: Kommunale Stadterneuerungspolitik und Investitionsverhalten privater Eigentümer in Stadterneuerungsgebieten, Schriftenreihe «Stadtentwicklung» des BmBau 02.025, Bonn 1982, S. 40 f.

9) Vgl. 1% Wohnungsstichprobe 1978, Heft 3

10) Wohnungen und Gebäude der Baujahre bis 1971 waren, wenn sie der Kategorie der Geschoßwohnungen angehörten, zu rund 90% als Mietwohnungen genutzt.

11) Vgl. Wirtschaft und Statistik, Heft 1/1981, Bautätigkeit und Wohnen – Modernisierungsmaßnahmen an Wohngebäuden 1973 bis 1978, S. 49

12) Vgl. Wirtschaft und Statistik, a.a.O.

13) Dieser Begriff wurde in den USA geprägt zur Beschreibung des Prozesses der Wiederaufwertung alter innerstädtischer Wohnquartiere für die oberen Mittelschichten. Vgl. z. B. *Clay, P.L.*: Neighborhood Renewal, Lexington, Mass., Toronto 1979

14) Vgl. *von Einem, E.; u. a.*, a.a.O., S. 49. In der Studie werden Untersuchungsergebnisse des Investitionsverhaltens von Einzeleigentümern innerstädtischer Wohngrundstücke in Säckingen, Tübingen, Herne, Völklingen und Lübeck zusammengefaßt. Für Berlin vgl. *GEWOS, Institut für Stadtforschung, Berlin*: Wohnungsmarktanalyse Berlin, Anbieteranalyse, A. Private Eigentümer mit begrenztem Besitzumfang, Berlin 1982

15) Vgl. *GEWOS, Institut für Stadtforschung, Berlin*, a.a.O., S. 100 ff.

16) Vgl. Anhang A

17) Vgl. Wirtschaft und Statistik 11/82; Bautätigkeit und Wohnen, Abgänge von Gebäuden, Gebäudeteilen und Wohnungen 1981, S. 818 ff.

18) Ebenda

19) Ebenda

20) *Senator für Stadtentwicklung und Umweltschutz*: Planungsdaten für Berlin (West) 1960 bis 1980, Berlin 1982, S. 69

21) Wirtschaft und Statistik 11/82, a.a.O., S. 819

22) Vgl. DIW-Wochenbericht 35/84: Nachfrage nach Neubauwohnungen und nach Wohnungen aus dem Bestand, S. 444

23) Vgl. ebenda

24) Vgl. *Bartholmai, B.*: Elemente regionaler Wohnungsmarktmodelle und offene Fragen der Wohnungsmarktanalyse, Sonderheft 135 des DIW, Berlin 1982, S. 15 f.

25) Vgl. *Gustafsson, K.*: Einkommen und Wohnungsnachfrage, Erkenntnisse und Hypothesen auf der Basis der Wohnungsstichprobe 1978, in: Archiv für Kommunalwissenschaften, 20. Jg. (1981), 1. Halbjahresband, S. 4 ff.

26) Ebenda

27) Ebenda, S. 11

28) Vgl. ebenda, S. 9

29) Vgl. *Bartholmai, B.*: Analyse und Prognose der Wohnungsnachfrage in der Bundesrepublik Deutschland, a.a.O., S. 116

30) In diesen Durchschnittszahlen kommen die extrem höheren Wohnkostenbelastungen des unteren Einkommensdrittels nicht zum Ausdruck. Vgl. Statistisches Bundesamt, Fachserie 18, Volkswirtschaftliche Gesamtrechnung

31) *Bartholmai, B.*: Analyse und Prognose der Wohnungsnachfrage in der Bundesrepublik Deutschland, a.a.O., S. 107 ff.; vgl. auch *Kromphardt, J.*: Wachstum und Konjunktur, Göttingen 1977, S. 148 f.

32) Für die Untersuchung wurde auf Daten der volkswirtschaftlichen Gesamtrechnung zurückgegriffen, die vom DIW dahingehend überarbeitet ist, daß Eigenheime wie andere langlebige Gebrauchsgüter als Konsumgüter behandelt werden. Dadurch vergrößert sich der private Verbrauch um den Anteil der Ersparnisse, der zur Finanzierung Verwendung findet. Die Ausgaben für den Kauf eines Eigenheims oder einer Eigentumswohnung werden also aus dem gesellschaftlichen Konsumptionsfonds gespeist. Vgl. *Deutsches Institut für Wirtschaftsforschung*: Abschwächung der Wachstumsimpulse, Analysen der strukturellen Entwicklung der deutschen Wirtschaft, Strukturberichterstattung 1980, S. 23

33) *Sobotschinski, A.*: Rezessionen in der Wohnungswirtschaft, Bonn 1967, Schriftenreihe des Instituts für Städtebau, Wohnungswirtschaft und Bausparwesen e.V., Nr. 12, S. 21

34) Vgl. *Sobotschinski, A.*, a.a.O., S. 94

35) Vgl. *Meuter, H.; Schmidt-Bartel, J.*: Regionale Unterschiede in der Wohnungsversorgung von Haushalten in der Bundesrepublik Deutschland, in: Informationen zur Raumentwicklung, Heft 5/6, S. 401 f.

36) Vgl. z.B. *Eekhoff, J.*: Wohnungspolitik in der Sozialen Marktwirtschaft, in: Schriften des Vereins für Socialpolitik, NF, Bd. 116, Berlin 1981. *Eekhoff* vertritt die These, ein verbesserter Mietschutz durch das Wohnraumkündigungsschutzgesetz (WKSchG) habe die Situation der Wohnungssuchenden verschlechtert, «weil auf mittlere Sicht mit einem Rückgang des Mietwohnungsangebots zu rechnen ist.» Ebenda, S. 467

37) *Gottlieb, M.*: Long Swings in Urban Development, New York 1976. Natürlich ergibt sich ein endogener Zyklus nicht ohne äußeren Anstoß: Einkommensschwankungen der Nachfrage, die Zinsentwicklung im kreditabhängigen Bausektor, die Kostenentwicklung sind unabdingbare Voraussetzungen einer wohnungsmarkteigenen Bewegung.

38) Vgl. *Carlberg, M.*: Stadtökonomie, Göttingen 1978, S. 47

39) *Hampe, A.*: Die freie Mietpreisbildung, Ein Beitrag zur Theorie der «Marktmiete». Stuttgart 1958, S. 119 ff.; vgl. auch *Needlman, L.*: The Economics of Housing: Theory and Applications, London 1965, S. 147 ff.; *Grebler, L.*: The Housing Inventory: Analytic Concept and Quantitative Change, in: American Economic Review, Vol. 41, 1951, No. 2, S. 555 ff.; *Blank, D.M.; Winnick, L.*: The Structure of the Housing Market, in: The Quarterly Journal of Economics Vol. LXVII, May 1953, No. 2, S. 181 ff.

40) Vgl. *Blank, D.M.; Winnick, L.*, a.a.O.; *Hampe, A.*, a.a.O., S. 125

41) Vgl. *Hampe*, a.a.O.

42) *Eekhoff, J.; Sievert, O.; Werth, G.*, a.a.O., S. 37

43) Ebenda

44) *Duwendag* z.B. vermutet einen endogenen Bau- und Mietenzyklus von 4 bzw. 5 Jahren in den 50er und 60er Jahren und glaubt, diesen anhand der Kostenmieten und Wohnungsbaufertigstellungen im freifinanzierten und steuerbegünstigten Wohnungsbau nachweisen zu können. Der kurze Verlauf der Bauzyklen kann als Indiz dafür gelten, daß der Schwerpunkt der gesamten Investitionstä-

tigkeit im Wohnungssektor im Wohnungsneubau lag, d. h. sowohl die Auf- und Abschwünge der Baukonjunktur wegen der extremen Nachfrageüberhänge abgekürzt wurden. Vgl. *Duwendag, D.*: Kapitalmarkt, Baumarkt, Bauinvestitionen: Interdependenzen, in: *Schneider, H.K.*: Wohnungs- und Städtebau in der Konjunktur, Münster (Westf.) 1968, S. 77 ff.

45) Vgl. Gesetz zur Erhöhung des Angebots an Mietwohnungen, BGBl.I., S. 1912 ff.; Wohngeld- und Mietenbericht 1983, Bt. Drs. 10/854

46) *Bartholmai, B.*: Elemente regionaler Wohnungsmarktmodelle, a.a.O., S. 38

47) Wohngeld- und Mietenbericht 1983, a.a.O.

48) Vgl. *Glatzer, W.*: Wohnungsversorgung im Wohlfahrtsstaat, Frankfurt/Main, New York 1980, S. 158 f.

49) Vgl. *Der Bundesminister für Wirtschaft*: Probleme der Wohnungswirtschaft. Gutachten des Wissenschaftlichen Beirats beim Bundesministerium für Wirtschaft, in: Bundesanzeiger Nr. 33, 1982, S. 5

50) Vgl. *Weissbarth, R.; Hundt, B.*: Die Eigentumsbildung im Wohnungsbau, Schriftenreihe «Wohnungsmarkt und Wohnungspolitik» des BmBau 07.014, Bonn 1983. Der Bericht hebt die positive Einstellung der Haushalte zum Wohnungseigentum hervor und bemerkt: «Der wichtigste Grund für den Wohnungseigentumserwerb überhaupt ist der Wunsch, sein eigener Herr zu sein (...). Hinter diesem Argument steckt wohl der Wunsch nach Unabhängigkeit vom Vermieter und die Sicherheit, seine Umwelt, die man lieb gewonnen hat und an die man sich gewöhnt hat, nicht verlassen zu müssen.» Ebenda, S. 48

51) *Pfeiffer, U.*: Sättigung im Wohnungsbau? In: IFO-Schnelldienst 19/1979, S. 23

52) *Pfeiffer, U.*, a.a.O.

53) Vgl. Anhang C

54) Vgl. *Krätke, S.*: Kommunalisierter Wohnungsbau als Infrastrukturmaßnahme, Frankfurt am Main, Bern 1981, S. 186

55) Ebenda, S. 144

56) Vgl. *Blank, D.M.; Winnick, L.*, a.a.O., S. 205 ff.

Zu Teil III Wohnungsmarktdynamik im räumlichen Kontext der Stadtentwicklung

1) Vgl. *Alsonso, W.*; The Historic and Structural Theories of Urban Form: Their Implications for Urban Renewal, in: Land Economics, Vol. 40, 1964, S. 227-231; *Burgess, E.*: The Growth of the City: An Introduction to Research Project, in: *Park, R.; Mc Kenzie, R.* (Hrsg.): The City, 4. Aufl. Chicago 1967, S. 47-62; *Hoyt, H.*: The Structure and Growth of Residential Neighborhoods in American Cities, Washington, D.C. 1937

2) Vgl. *Klaassen, L.H.; Scimemi, G.*: Theoretical Issues in Urban Dynamics, in: *Klaassen, L.H.; Molle, W.T.H.; Paelinck, H.P.* (Hrsg.): The Dynamics of Urban Development, New York 1981, S. 8 ff.

3) Vgl. *Boustedt, O.*: Überlegungen zur planerischen Beeinflussung der Suburbanisierung, in: Beiträge zum Problem der Suburbanisierung, 2. Teil, Veröffentlichungen der Akademie für Raumforschung und Landesplanung, Bd. 125, Hannover 1978, S. 73

4) Vgl. *Klaassen, L.H.; Scimemi, G.*, a.a.O., S. 16

5) Auf die wechselseitige Beeinflussung des Wohnstandortverhaltens und der räumlichen Verlagerungstendenzen von Arbeitsplätzen wird an anderer Stelle im Zusammenhang mit der Erörterung standortbeeinflussender Faktoren ausführlich eingegangen. Vgl. Abschnitt 9

6) Vgl. *Klaassen, L.H.; Scimemi, G.*, a.a.O.

7) Vgl. *Gatzweiler, H.-P.; Schliebe, K.*: Suburbanisierung von Bevölkerung und Arbeitsplätzen – Stillstand? In: Informationen zur Raumentwicklung, Heft 11/12, Bonn 1982, S. 895

8) *Klaassen, L.H.; Scimemi, G.*, a.a.O., S. 15

9) Vgl. Ebenda, S. 20

10) Vgl. *Smith, N.*: Toward a Theory of Gentrification. A Back to the City Movement by Capital, not by People, in: Journal of the American Planning Association, Vol. 45, No. 4, 1979, S. 541

11) *Myrdal, G.*: Ökonomische Theorie und unterentwickelte Regionen, Stuttgart 1959, S. 15; vgl. auch *Baumol, W.J.*: Urban Services: Interaction of Public and Private Decisions, in: *Schaller, H.* (Hrsg.): Public Expenditure Decisions in the Urban Community, Washington D.C. 1963

12) Vgl. *Klaassen, L.H.; Scimemi, G.*, a.a.O., S. 19 f.

13) Vgl. *Hoover, E.M.; Vernon, R.*: The Anatomy of a Metropolis, Cambridge, Mass. 1959

14) *Frieden, B.J.*: Thc Futurc of Old Ncighborhoods, Cambridgc, Mass. 1964; *Birch, D.L.*: Toward a Stage Theory of Urban Growth, in: Journal of the American Institut of Planners, 37, 1971

15) Vgl. *Hoyt, H.*: One Hundred Years of Land Values in Chicago, Chicago 1933, S. 356 ff.

16) Vgl. *Polensky, T.*: Die Bodenpreise in Stadt und Region München, Kallmünz, Regensburg 1974, S. 89. Polenskys Feststellungen beziehen sich auf die Untersuchungsjahre 1967/70 sowie auf die Zeitreihe von 1904 bis 1967/70.

17) Vgl. *Downs, A.*: Neighborhoods and Urban Development, Washington D.C., 1981, S. 62

18) Vgl. *Muth, R.F.*: Cities and Housing, a.a.O.

19) «So long as prices on the slum side of the boundary exeed those on the non-slum side by more than conversion costs, individual property owners on the non-slum side will have an incentive to convert.» *Muth, R.F.*, a.a.O., S. 133

20) Vgl. *von Wieser, F.*, a.a.O., S. 137

21) *Heuer, H.B.; Kühne-Büning, L.; Nordalm, V.; Drevermann, M.*: Lehrbuch der Wohnungswirtschaft, Frankfurt am Main 1979, S. 343

22) *Downs, A.*, a.a.O.; vgl. auch *Alonso, W.*: The Historic and the Structural Theories, a.a.O.

23) Vgl. z.B. *Eekhoff, J., u.a.*, a.a.O., S. 43; *Smith, N.*, a.a.O., S. 545

24) Die historische Veränderung der Stadterneuerungspolitik in der Bundesrepublik Deutschland belegt diese These exemplarisch. Vgl. z.B. die Diskussion um die Reform des Städtebauförderungs-

gesetzes Mitte der 80er Jahre rund 10 Jahre nach seiner Einführung, in: Materialien zum Baugesetzbuch, Schriftenreihe «Städtebauliche Forschung» des BmBau 03.108, Bonn 1984, S. 91 ff. Ähnlich argumentiert Smith für die USA: «The state's role in earlier rehabilitation schemes is worthy of note. By assembling properties at fair market value and returning them to developers at the lower assessed price the state accomplished and bore the costs of the last stages of capital devaluation. Today with the state less involved in this process, developers are clearly able to absorb the costs of devaluing capital that has yet not fully depreciated.» *Smith, N.*, a.a.O., S. 546. Vgl. auch Abschnitt 10 in dieser Studie.

25) Vgl. *Landeshauptstadt Stuttgart* (Hrsg.): Wohnort Stuttgart, Stuttgart 1983, S. 107 f. Die Untersuchung zeigt, daß diese Tendenz nicht bei Ausländern zu beobachten war.

26) Vgl. *Fischer, R.J.; Gschwind, F.; Henckel, D.*: Siedlungsstrategien und kommunale Einnahmen, Schriftenreihe «Städtebauliche Forschung» des BmBau, 03.085, Bonn 1980, S. 68

27) Vgl. *Landeshauptstadt Hannover*: Stadtentwicklung Hannover, Schriften zur Stadtentwicklung 28, Hannover 1984

28) Vgl. *Birch, D.L.*: From Suburb to Urban Place, in: The Annals of the American Academy of Political and Social Science, Vol. 422, Nov 1975, S. 25-35

29) Vgl. z.B. *Alonso, W.*: The Historic and Structural Theories, a.a.O.; *Güssow, W.*, a.a.O., S. 14 f.

30) Vgl. *Alonso, W.*: Location and Land Use: Toward a General Theorie of Land Rent, Cambridge, Mass., 1964; *Mills, E.S.*: Urban Economics, Glenview 1972; *Muth, R.*: Cities and Housing, a.a.O., S. 17 ff., *Güssow, W.*, a.a.O., S. 39 ff.

31) Vgl. *von Böventer, E.*: Standortentscheidung und Raumstruktur, Hannover 1979, S. 127

32) Vgl. *von Böventer, E.*, a.a.O., S. 128

33) Ebenda, S. 129

34) *Alonso, W.*: Das Gleichgewicht des Haushalts, in *Barnbrock, J.*, a.a.O., S. 139

35) *Alonso, W.*: The Historic and the Structural Theories, a.a.O.

36) Vgl. *Weissbarth, R.; Hundt, B.*, a.a.O.

37) *von Böventer, E.*, a.a.O., S. 132

38) *Boustedt, O.*: Grundriß der Empirischen Regionalforschung, Teil I: Raumstrukturen, Hannover 1975, S. 160

39) *Mills* liefert eine mathematische Ableitung, die hier nicht referiert zu werden braucht. Vgl. *Mills, E.S.*: Urban Economics, a.a.O., S. 60 ff.; ähnlich auch *Güssow, W.*, a.a.O., S. 41 ff.

40) *Güssow, W.*, a.a.O., S. 44

41) Vgl. *Mills, E.S.*, a.a.O., S. 64; vgl. auch Abschnitt 4.2

42) Vgl. *Alonso, W.*: Location and Land Use, a.a.O., S. 106

43) Vgl. *Kern, C.R.*: Private Residential Renewal and the Supply of Neighborhoods, in: *Segal, D.* (Hrsg.): The Economics of Neighborhood, New York 1979, S. 127; vgl. auch *Mills, E.S.*: Urban Economics, a.a.O., S. 69 ff.

44) Vgl. *Alonso, W.*, a.a.O., S. 107; zur mathematischen Ausformulierung dieses Gedankens vgl. ebenda, S. 106 ff.; *Güssow, W.*, a.a.O., S. 46 ff.

45) *Polensky, T.*: Die Bodenpreise in Stadt und Region München, a.a.O.

46) *Muth* setzt sich eingehender mit den Folgen der langen Lebensdauer von Beständen für den Marktanpassungsprozeß auseinander; vgl. *Muth, R.F.*: Cities and Housing, a.a.O., S. 94 f.; vgl. auch *Kern, C.R.*, a.a.O.

47) Vgl. die Hinweise bei *Castells, M.*: Die kapitalistische Stadt, Hamburg, Westberlin 1977, S. 163

48) Vgl. *von Böventer, E.*, Standortentscheidung und Raumstruktur, a.a.O., S. 283 ff.

49) Vgl. ebenda, S. 284

50) Vgl. Abschnitt 11

51) Vgl. *Muth, R.F.*, a.a.O.

52) *Von Wieser, F.*: Die Theorie der städtischen Grundrente, a.a.O., S. XII

53) Vgl. *Alonso, W.*: Location and Land Use, a.a.O., S. 108

54) Vgl. *Hegemann, W.*: Das steinerne Berlin, 3. Aufl., 1979, S. 292

55) Vgl. ebenda, S. 288 ff.; vgl. auch *Siewert, H.H.*: Die Bedeutung der Stadtbahn für die Berliner Stadtentwicklung im 19. Jahrhundert, Diss. 1978

56) Vgl. Abschnitt 4

57) Vgl. *Muth, R.F.*, a.a.O., S. 96 f.

58) Vgl. *Muth, R.F.*, a.a.O., s. 98; *Alonso, W.*: Location and Land Use, a.a.O., S. 114

59) Vgl. *Edel, M.; Sclar, E.*: The Distribution of Real Estate Value Changes: Metropolitan Boston 1870-1970, in: Journal of Urban Economics, Vol. 2, 1975, No. 4, S. 374 ff. Eine solche Bodenpreis-Distanz-Funktion könnte den in Abb. 9 mit P_4 bezeichneten Verlauf haben.

60) Vgl. *Alonso, W.*: The Historic and the Structural Theories a.a.O.

61) Vgl. *Kern, C.F.*, a.a.O., S. 121

62) *Alonso, W.*: The Population Factor and Urban Structure, in: *Solomon, A.P.* (Hrsg.): The Prospective City, Cambridge, Mass., London 1980, S. 50

63) Vgl. Abschnitt 9

64) Vgl. *von Böventer, E.*, a.a.O., S. 131

65) Vgl. *Kern, C.R.*, a.a.O., S. 126 ff.

66) *Edel, M.*: Planning, Market or Warfare? – Recent Land Use Conflict in American Cities, in: *Edel, M.; Rothenberg, J.* (Hrsg.): Readings in Urban Economics, New York, London 1972, S. 139

67) Vgl. *Kern, C.R.*, a.a.O., S. 126 ff.; *Alonso, W.*: The Population Factor, a.a.O., S. 40 ff.; *Downs, A.*; Neighborhoods and Urban Development, a.a.O., S. 41; *Güssow, W.*, a.a.O., S. 175, FN 126

68) *Alonso, W.*: The Population Factor, a.a.O., S. 43 ff.

69) Vgl. *Kern, C.R.*, a.a.O., S. 129

70) *Alonso, W.*, a.a.O., S. 45

71) *Hahn, E.*: Zukunft der Städte, Papers aus dem Internationalen Institut für Umwelt und Gesellschaft des Wissenschaftszentrums Berlin, Berlin 1983, S. 93

72) Vgl. *Alonso, W.*: The Historic and Structural Theories, a.a.O.

73) Vgl. *Alonso, W.*: The Population Factor, a.a.O., S. 48

74) Vgl. *Alonso, W.*, a.a.O.

75) *Hoover, E.M.; Vernon, R.*: Anatomy of a Metropolis, a.a.O., S. 178

76) Ebenda

77) Vgl. *Schütz, M.W.*: Altersspezifische Segregation und Wohnstandort in Hamburg, in: Archiv für Kommunalwissenschaften 1982, S. 291 f.

78) Vgl. ebenda

79) Vgl. *Gatzweiler, H.-P.; Schliebe, K.*: Suburbanisierung von Bevölkerung und Arbeitsplätzen – Stillstand?, a.a.O.

80) Ebenda, S. 894

81) Vgl. *Arras, H.E., u. a.*: Wohnungspolitik und Stadtentwicklung, Teil 2, Schriftenreihe «Städtebauliche Forschung» des BmBau 03.094, Bonn 1983, S. 147

82) *Goetze, R.; Colton, K.W.*: The Dynamics of Neighborhoods, in: Journal of the American Planning Association, April 1980, Vol. 46, No. 2, S. 186

83) *Birg, H.*: Bevölkerungsentwicklung, Mobilität und Arbeitsplatzangebot. Papier, vorgelegt auf der wissenschaftlichen Plenarsitzung der Akademie für Raumforschung und Landesplanung (ARL) am 2./3. November 1984 in Berlin

84) Vgl. z.B. *Gale, D.E.*: Middle Class Resettlement in Older Urban Neighborhoods: The Evidence and the Implications, in: *Bourne, L.S.* (Hrsg.): Internal Structure of the City, New York, Oxford 1982; *Grier, G.; Grier, E.*: Urban Displacement: A Reconnaissance. Prepared for the Office of the Secretary, U.S. Department of Housing and Urban Development, 1978

85) Vgl. *GEWOS, Institut für Stadtforschung, Berlin*: Berlin Wohnungsmarktanalyse, Ergebnisse der Haushaltsbefragung, Berlin 1982; *PROGNOS AG*: Regionale Wohnungsmarktuntersuchung – Raum München, Nachfrageanalyse, II. Bericht, Basel 1977, S. 45 ff.

86) *Von Wieser, F.*: Die Theorie der städtischen Grundrente, a.a.O., S. XII

87) Vgl. *Kern, C.R.*, a.a.O., S. 129 ff.; *Güssow, W.*, a.a.O., S. 62

88) Vgl. *Edel, M.*, a.a.O., S. 140

89) Vgl. *Kaufmann, A.*: Motive und Formen der Wohnmobilität. Eine Befragung von Wohnungswechslern der sechs österreichischen Großstadtregionen, Wien 1976, S. 37

90) Vgl. *Kain, J.F.; Quigley, J.M.*: Housing Markets and Racial Discrimination, New York 1975, S. 27 und 39 ff.

91) Vgl. *Kain, J.F.*: Essays on Urban Spatial Structure, Cambridge, Mass. 1975, S. 15

92) *Scott, A.J.*: Locational Patterns and Dynamics of Industrial Activity in the Modern Metropolis, in: Urban Studies 19, 1982, S. 119

93) Vgl. *Edington, D.W.*: Organisational and Technological Change and the Future Role of the Central Business District: an Australian Example, in: Urban Studies 19, 1982, S. 285

94) Vgl. *Gatzweiler, H.-P.; Schliebe, K.*, a.a.O., S. 902

95) Vgl. ebenda, S. 898

96) Vgl. *Eekhoff, J.*: Nutzen-Kosten-Analyse der Stadtsanierung, Methoden, Theorien, Bern, Frankfurt am Main, 1972, S. 82; *Güssow, W.*, a.a.O., S. 77

97) Vgl. *Fassbinder, H., u. a.*; Berliner Arbeiterviertel, Berlin 1969/70, S. 98

98) *Kain, F.*, a.a.O., S. 224

99) Vgl. z. B. *Kreibich, V.; Meinecke, B.; Niedzwetzki, K.*: Wohnungsversorgung und regionale Mobilität am Beispiel München, Dortmunder Beiträge zur Raumplanung, Bd. 19, Dortmund 1980, S. 46 f.

100) *Baumol, W.J.*: Technological Change and the New Urban Equilibrium, in: *Burchell, R.W.; Listokin, D.* (Hrsg.): Cities Under Stress, New Jersey 1981, S. 3-18; *Vickerman, R.W.*: Urban and Regional Change, Migration and Commuting – The Dynamics of Workplace, Residence and Transport Choice, in: Urban Studies, 21, 1984, S. 28

101) Vgl. *Gatzweiler, H.-P.; Schliebe, K.*, a.a.O.

102) Ebenda, S. 904

103) Vgl. z. B. *Henckel, D.; Nopper, E.; Rauch, N.*: Informationstechnologie und die Zukunft der Städte, in: Stadtbauwelt Nr. 82, 1984, S. 998 ff.; *Bullinger, D.*: Räumliche Auswirkungen neuer Informations- und Kommunikationstechnologien. Papier für die Herbstsitzung der DSG-Sektion «Stadt- und Regionalsoziologie» vom 17.-20.11.1983 in Frankfurt

104) *Arras, H.E.*, u. a.: Wohnungspolitik und Stadtentwicklung, Teil 1, Schriftenreihe «Städtebauliche Forschung» des BmBau 03.084, Bonn 1980, S. 40

105) *Birch, D.L.*: The Economic Future of City and Suburb, New York 1970, S. 10

196) *Dunning, J.*: The City of London: A Case Study in Urban Economics, in: Town Plannig Review, Vol. 40, S. 211

107) Vgl. *Baumol, W.J.*: Technological Change and the New Urban Equilibrium, a.a.O., S. 12

108) Vgl. *Westphal, H.*: Wachstum und Verfall der Städte, a.a.O., S. 94 f.; *Freiburghaus, D.; Schmid, J.*: Theorie der Segmentierung von Arbeitsmärkten, Darstellung und Kritik neuerer Ansätze mit besonderer Berücksichtigung arbeitsmarktpolitischer Konsequenzen, in: Leviathan 3, 1975

109) *Birch, D.L.*: From Suburb to Urban Place, a.a.O., S. 20; vgl. auch *Kasarda, J.D.*: The Changing Occupational Structure of the American Metropolis, in: *Schwartz, B. (Hrsg.)*: the Changing Face of the Suburbs, Chicago, London 1976, S. 128

110) Vgl. *Mills, E.S.*: Urban Economics, a.a.O., S. 72

111) Vgl. *von Böventer, E.*: Standortentscheidungen und Raumstruktur, a.a.O., S. 143 ff.; *Obermeier, R.W.*: Ökonomische Ansätze zur Beschreibung und Erklärung von Stadtstrukturen, München 1983, S. 205 ff.

112) *Boustedt, O.*: Grundriß der empirischen Sozialforschung Teil I: Raumstrukturen, a.a.O., S. 300

113) Vgl. *Brede, H.; Dietrich, B.; Kohaupt, B.*: Politische Ökonomie des Bodens und Wohnungsfrage, Frankfurt am Main 1976, S. 148 ff. Die Autoren stellen in diesem Zusammenhang fest: «Je geringer das Einkommen ist, desto eher muß auf abgelegene Böden ausgewichen werden; und die ungünstige Lage hat weitere Benachteiligungen im Hinblick auf den Arbeitsplatz, die Schule, die Einkaufsstätten, den Arzt etc. zur Folge.» Ebenda, S. 149/50

Zu Teil IV Wohnungsbestand und Stadtentwicklungspolitik

1) Vgl. z. B. *Dieckmann, J.; Münstermann, E.*: Ist die Großstadt noch zu retten? Zu einigen städtebaulichen und finanzpolitischen Aspekten der sogenannten Stadtflucht, in: Der Städtetag 6, 1985, S. 386 ff.; *May, W.*: Neuorientierung der Stadtentwicklungsplanung unter veränderten Rahmenbedingungen, ebenda, S. 397 ff. *May* führt aus: «Wenn die Städte keine Bedeutungs- und Attraktivitätsverluste erleiden wollen, müssen sie vor allem die Wohnstandortvoraussetzungen verbessern, neue Einstellungen und Bedürfnisse in ihren Planungen und Infrastrukturangeboten berücksichtigen und die Folgen der schwachen Wirtschaftsentwicklung und Arbeitslosigkeit eindämmen.» Ebenda, S. 399

2) *Goodall, B.*: The Economics of Urban Areas, a.a.O., S. 206

3) *Baumol, W.J.*: Technological Change and the New Urban Equilibrium, a.a.O., S. 13

4) Ebenda, S. 8

5) Ebenda, S. 10

6) Vgl. *GEWOS*: Städtebauförderung, Auswertung der Erfahrungen nach 10 Jahren Städtebauförderung; Dokumentation ausgewählter Maßnahmen des Bundesprogramms nach dem Städtebauförderungsgesetz, Schriftenreihe «Stadtentwicklung» des BmBau 02.027, Bonn, o.J., S. 13

7) Vgl. die zusammenfassende Beschreibung bei: *Trümper, A.*: Raumbezogene Planung im Großstadt-Umland-Bereich, Bonn 1982, S. 114 ff.

8) Vgl. *Evers, A.; Harlander, T.*: Kommunale Wohnungspolitik zwischen Wachstumszwängen und Wohnungsnöten – diskutiert am Beispiel dreier Großstädte, in: *Evers, A.; Lange, H.-G.; Wollmann, H.* (Hrsg.): Kommunale Wohnungspolitik, a.a.O., S. 129 ff.

9) Vgl. *Downs, A.*: Neighborhoods and Urban Development, Washington D.C. 1981, S. 139

10) Vgl. ebenda

11) Vgl. *Witzmann, K.*: Siedlungspolitik und Regionalentwicklung, dargestellt am Raume München, in: Wohnungspolitik und regionale Siedlungsentwicklung, Veröffentlichungen der Akademie für Raumforschung und Landesplanung, Bd. 146, Hannover 1982, S. 251

12) Vgl. *Arras, H.E., u. a.*: Wohnungspolitik und Stadtentwicklung, Teil 2, a.a.O., S. 146

13) *Downs, A.*: Key Relationships Between Urban Development and Neighborhood Change, in: APA Journal, October 1970, S. 470

14) Hiervon zeugen in der Bundesrepublik Deutschland z. B. Konjunkturförderungsprogramme Mitte und Ende der 70er Jahre. Das Zukunftsinvestitionsprogramm von 1977 bis 1980 verband explizit die Aspekte der Konjunkturförderung, insbesondere der Arbeitsmarktpolitik, mit denen einer Beschleunigung der Stadterneuerung. Vgl. Verwaltungsvereinbarung zwischen dem Bund und den Ländern über die Gewährung von Finanzhilfen des Bundes an die Länder gemäß Artikel 104a Abs. 4 GG im Rahmen des mehrjährigen öffentlichen Investitionsprogramms zur wachstums- und umweltpolitischen Vorsorge.

15) *Gaentzsch, G.*: Städtebauförderungsgesetz, Kommentar, 2. Aufl., Siegburg 1972, S. 2

16) Vgl. Gesetz über städtebauliche Sanierungs- und Entwicklungsmaßnahmen in den Gemeinden (Städtebauförderungsgesetz StBauFG) in der Fassung der Bekanntmachung vom 18. August 1976 (BGBl. I S. 2318), zur Finanzierung der Sanierung die §§ 38-49

17) Vgl. ebenda, § 43 (2)

18) *Pigou, A.C.*: The Economics of Welfare, London 1932, zit. bei *Altvater, E.*: Gesellschaftliche Produktion und ökonomische Rationalität, Frankfurt am Main 1969, S. 26

19) *Scharpf, F.W.*: Theorie der Politikverflechtung, in: *Scharpf, F.W.; Reissert, B.; Schnabel, F.*: Politikverflechtung, Kronberg, Ts. 1976, S. 25

20) *Scharpf, F.W.*, a.a.O.

21) Vgl. *Davis, O.A.; Whinston, A.B.*: The Economics of Urban Renewal, in *Wilson, J.Q.* (Hrsg.): Urban Renewal, Cambridge, Mass., London 1966, S. 50 ff.

22) Vgl. *Altvater, E.*, a.a.O., S. 27

23) *Baumol, W.*: Urban Services: Interaction of Public and Private Decisions, a.a.O., S. 3

24) Vgl. Bundesbaugesetz in der Fassung der Bekanntmachung vom 18. August 1976 (BGBl. 1 S. 2256, ber. S. 3671) §§ 39a-e

25) *Rothenberg, J.*: Economic Evaluation of Urban Renewal, a.a.O., S. 41

26) Vgl. *Scharpf, F.W.*, a.a.O., S. 23 f.

27) *Krischausky, D.; Mackscheidt, K.*: Wohnungsgemeinnützigkeit: Zwischen bedarfswirtschaftlicher Tradition und wohnungspolitischer Neuorientierung, Köln, Berlin, Bonn, München 1984, S. 46

28) Ebenda

29) Ebenda, S. 52

30) Vgl. *Kummerer, K.; Schwarz, N.; Weyl, H.*: Strukturräumliche Ordnungsvorstellungen des Bundes, Göttingen 1975, S. 61

31) Vgl. *Frey, R.L.*: Infrastruktur. Grundlagen der Planung öffentlicher Investitionen, Tübingen, Zürich 1970, S. 37 ff.

32) *Pfeiffer, U.*: Städtebau am Stadtrand – für einen neuen Planungskonsens, in: Stadtbauwelt 75, 1982, S. 1512

33) *Downs, A.*: Neighborhoods and Urban Development, a.a.O., S. 147

34) *Ebenda*

35) *Engels, F.*: Zur Wohnungsfrage, in: MEAS I, Berlin 1968, S. 549

36) Ebenda

37) *Downs, A.*: Key Relationships Between Urban Development and Neighborhood Change, a.a.O., S. 466

38) *Baumol, W.J.*, a.a.O., S. 9

39) *Downs, A.*, a.a.O

40) Ebenda, S. 467

41) Vgl. *Kasarda, J.D.*: Entry-Level Jobs, Mobility, and Urban Minority Unemployment, in: Urban Affairs Quarterly, Vol. 19, No. 1, Sept. 1983; *Baumol, W.J.*, a.a.O.

42) *Downs, A.*, a.a.O.

43) Vgl. *May, W.*: Neuorientierung der Stadtentwicklungsplanung unter veränderten Rahmenbedingungen, a.a.O., S. 399. *May* spricht in diesem Zusammenhang von der Notwendigkeit, die Sozialverträglichkeit der geplanten Maßnahmen zu überprüfen.

44) Vgl. *Güssow, W.*: Zur Ökonomie städtischer Sanierungsgebiete, a.a.O., S. 131

45) Vgl. ebenda

46) Vgl. ebenda, S. 133

47) *Baumol, W.J.*, a.a.O., S. 13

48) *Kasarda, J.D.*, a.a.O., S. 38

49) *Becker, H.; Schulz zur Wiesch, J.* (Hrsg.): Sanierungsfolgen, Stuttgart, Berlin, Köln, Mainz 1982, S. 260

50) *Krischausky, D.; Mackscheidt, K.*, a.a.O., S. 32 ff.

51) *Ipsen, D.; Glasauer, H.; Heinzel, W.*: Teilmärkte und Wirtschaftsverhalten privater Miethausbesitzer, Kassel 1980, S. 5 f.

52) Vgl. z. B. *Hughes, J. W.*: Dilemmas of Suburbanization and Growth Controls, in: The Annals of the American Academy of Political and Social Science, Vol. 422, Nov. 1975, S. 61 ff.

53) *Krischausky, D.: Mackscheidt, K.*, a.a.O., S. 31

54) Vgl. *Downs, A.*: Neighborhoods and Urban Development, a.a.O., S. 149

55) Vgl. *Alles, R.*: Zum Einfluß der Wohnlage auf den Mietpreis nicht preisgebundener Wohnungen, in: *Institut Wohnen und Umwelt* (Hrsg.): Wohnungspolitik am Ende? Opladen 1981, S. 226

56) Vgl. ebenda; *Westphal, H.*: Wachstum und Verfall der Städte, a.a.O., S. 87

57) Vgl. *Singer, D.; Walzer, N.*: Housing Expenditures in Urban Low Income Areas, in: Land Economics, 1974, S. 230

58) *Alles, R.*, a.a.O., S. 226

59) Vgl. ebenda

60) Vgl. *Arras, H.E., u. a.*: Wohnungspolitik und Stadtentwicklung, Teil 2, a.a.O., S. 148

61) Vgl. *Pfeiffer, U.*: Forschungsergebnisse zur Wohnungsmarktentwicklung, in: Fachseminar Wohnungsmarktentwicklung und Strategien der Stadtentwicklung, Schriftenreihe «Städtebauliche Forschung des BmBau 03.067, Bonn 1978, S. 22

62) Art. 28, Grundgesetz

63) Vgl. *Krischausky, D.: Mackscheidt, K.*: Wohnungsgemeinnützigkeit, a.a.O., S. 47

64) *Scharpf, F. W.; Schnabel, F.*: Steuerungsprobleme der Raumplanung, in: *Bruder, W.; Ellwein, Th.* (Hrsg.): Raumordnung und staatliche Steuerungsfähigkeit, Opladen 1980, S. 16

65) Vgl. *Fischer, R.J.; Gschwind, F.; Henckel, D.*: Kein Auskommen mit der Einkommensteuer?, in: Stadtbauwelt 66, 1980, S. 1020

66) *Carlberg, M.*: Die Ordnung der Städte im Wirtschaftsraum der Bundesrepublik Deutschland. Die regionalen Wirkungen der Finanzreform, Frankfurt am Main, Bern, Las Vegas 1977, S. 79

67) Ebenda, S. 87

68) Ebenda, S. 88

69) Vgl. *Gatzweiler, H.P.*: Kommunale Finanzen, Arbeitspapier zur wissenschaftlichen Plenarsitzung der ARL 1984, «Entwicklungsprobleme großer Zentren»

70) Vgl. Städte in Zahlen, Heft 1, ein Strukturbericht zum Thema Finanzen, Hamburg 1983, S. 99 ff.

71) Vgl. *Scharpf, F. W.*: Theorie der Politikverflechtung, a.a.O., S. 23

72) Vgl. *Fischer, R.J.; Gschwind, F.; Henckel, D.*: Siedlungsstrategien und kommunale Einnahmen, Schriftenreihe «Städtebauliche Forschung» des BmBau, 03.085, Bonn 1980, S. 43 ff.

73) *Carlberg, M.*, a.a.O., S. 88

74) *Scharpf, F.W.; Schnabel, F.*: Steuerungsprobleme der Raumplanung, a.a.O., S. 30

75) Vgl. z.B. *Offe, C.; Ronge, V.*: Thesen zur Begründung des Konzepts des «kapitalistischen Staates» und zur materialistischen Politikforschung, in: *Pozzoli, C.* (Hrsg.): Rahmenbedingungen und Schranken staatlichen Handelns, zehn Thesen, Frankfurt/Main 1976, S. 55 f.

76) Vgl. *Hellberg, H.; Strauff, H.-G.*: Suburbanisierung unter veränderten Rahmenbedingungen? In: Beiträge zum Problem der Suburbanisierung, 2. Teil, a.a.O., S. 3 f.

77) Vgl. *Boustedt, O.*: Überlegungen zur planerischen Beeinflussung der Suburbanisierung, in: Beiträge zum Problem der Suburbanisierung, 2. Teil, a.a.O., S. 79

78) Vgl. *Fischer, K.*: Ziele und Instrumente zur Steuerung des Suburbanisierungsprozesses, a.a.O., S. 105

79) Vgl. *Siebert, A.*: Probleme der territorialen Neugliederung in suburbanen Räumen, in: Beiträge zum Problem der Suburbanisierung, 2. Teil, a.a.O., S. 162 f.

80) *Mills, E.S.*: Urban Economics, a.a.O., S. 172

81) Zum Scheitern eines Regionalstadtmodells für Hannover vgl. *Siebert, A.*, a.a.O., S. 173 f.; *Güldenberg, E.*: Wohnungspolitik und Regionalplanung in Stadtregionen, Hannover 1979, S. 162 ff.

82) Einen Überblick über die Finanzierung und Förderung der Stadterneuerung gibt: *GEWOS*: Städtebauförderung, Auswertung der Erfahrungen nach 10 Jahren Städtebauförderung, a.a.O., S. 38 ff.

83) Modernisierungs- und Energieeinsparungsgesetz (ModEngG), in der Fassung vom 12. Juli 1978, (BGBl. III 2330-19), § 6,1

84) *Eißel, D.*: Alternativen zur Sicherung kommunaler Finanzstärke, in: *Kostede, N.* (Hrsg.): Die Zukunft der Stadt, Reinbek bei Hamburg 1983, S. 232

85) Städtebauförderungsgesetz, a.a.O., § 71(3)

86) Vgl. Modernisierungs- und Energieeinsparungsgesetz, a.a.O., § 7

87) Vgl. Verwaltungsvereinbarung zwischen dem Bund und den Ländern über die Gewährung von Finanzhilfen des Bundes an die Länder gemäß Art. 104a, Abs. 4 GG (ZIP), a.a.O.

88) Vgl. *Grymer, H.*: Konfliktverarbeitung und Staatsstruktur, Frankfurt am Main, New York 1979, S. 71 ff.

89) Stadtflucht aus Frankfurt? Einige Zahlen zur Erläuterung des Einwohnerrückganges in unserer Stadt, Frankfurt/Main 1977, S. 33

90) Ebenda

91) Vgl. *von Einem, E., u.a.*, a.a.O., S. 163

92) Vgl. *Eplinius, I.*: Instandsetzungsförderung in Hamburg, in: *Autzen, R.; Becker, H.*(Hrsg.): Wohnungsbestandssicherung, Teil 1, Berlin 1982, S. 59 ff.

93) Modernisierungs- und Energieeinsparungsgesetz (ModEngG), § 1,1

94) Vgl. z. B. *Pesch, F.; Selle, K.* (Hrsg.): Wohnumfeldverbesserung, ein Lesebuch, Dortmund 1979, S. 33 ff.

95) Antwort der Bundesregierung auf die Große Anfrage der Abgeordneten Krockert, u. a., a.a.O.

96) Vgl. *Castells, M.*: Die kapitalistische Stadt, a.a.O., S. 232

97) Vgl. *Landeshauptstadt Stuttgart*: Wohnort Stuttgart, Beiträge zur Stadtentwicklung 20, a.a.O., S. 299

98) *Ehmann, H.*: Maßnahmen zur Erhaltung und Verbesserung des Stadtbildes, in: Bauhandbuch 1983, S. 75

99) *Lückefett, H.-J.; Witteborg, H.-P.*: Das Wohnumfeldprogramm in Baden-Württemberg, in: Stadtbauwelt 78, 1983, S. 937

100) Vgl. Bundesbaugesetz (BBauG), §§ 39b-h

101) Vgl. *Schäfer, R.*: Zur Leistungsfähigkeit der Rechtsinstrumente der erhaltenden Stadterneuerung, in: *Autzen, R.; Becker, H.*, a.a.O., S. 39

102) Vgl. Gesetz über städtebauliche Sanierungs- und Entwicklungsmaßnahmen in den Gemeinden (Städtebauförderungsgesetz-StBauFG) in der Fassung vom 6. Juli 1979 (BGBl. I., S. 949)

103) Eplinius, I., a.a.O., S. 63

104) *Tomlinson, G.*: Housing Improvement, in: Journal of the Town Planning Institute, Vol. 56, No. 8, 1970, S. 342

105) *Von Einem, E., u. a.*, a.a.O., S. 148

106) Vgl. *Eekhoff, J.; Sievert, O.; Werth, G.*, a.a.O., S. 98

107) *Poulantzas, N.*: Staatstheorie, Hamburg 1978, S. 177

108) Ebenda, S. 176

109) Ausführungsvorschriften des Landes Berlin zum Städtebauförderungsgesetz (AVStBauFG), vom 21. September 1983

110) Vgl. Städtebauförderungsgesetz, a.a.O., § 11

111) Vgl. die Beschreibungen des Konzepts eines «integrated housing» bei *Castells, M.*, a.a.O., S. 229; *Friedrichs, J.*: Stadtanalyse: Soziale und räumliche Organisation der Gesellschaft, Opladen, 2. Aufl. 1981, S. 299

112) *Downs, A.*: Key Relationships Between Urban Development and Neighborhood Change, a.a.O., S. 468

113) Vgl. ebenda, S. 467

114) Ebenda

115) *Von Einem, E.*, u. a., a.a.O.

116 Ebenda

117) Vgl. *Krischausky, D.; Mackscheidt, K.*: Wohnungsgemeinnützigkeit, a.a.O., S. 52 ff.

118) Vgl. § 541b BGB (Maßnahmen zur Verbesserung); Gesetz zur Regelung der Miethöhe vom 18. Dez. 1974 (BGB, S. 3604)

119) Vgl. *Downs, A.*, a.a.O.

120) Vgl. *Ganser, K.*: Preiswerte Wohnungen und bessere Gewerbestandorte durch Stadterneuerung, in: Stadtbauwelt 78, a.a.O., S. 943

121) Vgl. *von Böventer, E.*, a.a.O., S. 298

122) *Dieckmann, J.; Münstermann, E.*, a.a.O., S. 392

123) *Weisner, Ch.M.*: Hannover im regionalen Vergleich, Schriften zur Stadtentwicklung 3, herausgegeben vom Referat für Stadtentwicklung, Landeshauptstadt Hannover, Hannover 1984, S. 36

124) Vgl. ebenda

125) *Downs, A.*: Key Relationships Between Urban Development and Neighbarhood Change, a.a.O., S. 467

126) Vgl. ebenda, S. 467

127) *Kasarda, J.D.*: Entry-Level Jobs, Mobility, and Urban Minority Unemployment, a.a.O., S. 23

128) *Kasarda, J.D.*, a.a.O., S. 37

129) *Baumol, W.J.*: Technological Change, a.a.O., S. 13

130) *Ganser, K.*, a.a.O., S. 942 f.

131) *Downs, A.*, a.a.O., S. 467

132) Vgl. ebenda

133) Vgl. *Lauschmann, E.*: Zur Frage der «social costs», in: Jahrbuch für Sozialwissenschaften, Band 4/10, 1959, S. 212 f.

134) *Landeshauptstadt Stuttgart*: Wohnort Stuttgart, a.a.O., S. 221

135) Vgl. ebenda, S. 225

136) *Von Böventer, E.*, a.a.O., S. 294

1) Vgl. *Chow, G.C.*: Statistical Demand Functions for Automobils and Their Use for Forecasting, in: *Harberger, A.C.* (Hrsg.): The Demand for Durable Goods, Chicago 1960, S. 172

2) Vgl. *Muth, R.F.*: The Demand for Non-Farm Housing, in: *Harberger, A.C.*, a.a.O., S. 38; *Feldstein, M.S.; Rothschild, M.*: Towards an Economic Theory of Replacement Investment, in: Econometrica, Vol. 42, No. 3, May 1974, S. 404 ff.

3) *Muth, R.F.*, a.a.O.

4) Vgl. *Hamilton, B.W.; Cooke, T.W.*: The Price of Housing 1950-1975, in: Journal of Urban Economics, 12, 1982, S. 304

5) Vgl. *Hansen, A.H.*: Fiscal Policy and Business Cycles, New York 1941, S. 187

6) Vgl. hierzu die ausführlichen Beschreibungen der Investitionszyklen für Investitionsgüter (fixes Kapital) und dauerhafte Konsumgüter (z.B. Wohnungen) bei *Hansen, A.H.*, a.a.O., S. 179

7) Ebenda, S. 183

8) *Tichy, G.J.*: Konjunkturschwankungen, Theorie, Messung, Prognose, Berlin, Heidelberg 1976, S. 20

9) *Matthews, R.C.O.*: Investition: Das Akzelerationsprinzip und seine Verallgemeinerung, in: *Weber, W.* (Hrsg.): Konjunktur- und Beschäftigungstheorie, Köln, Berlin 1967, S. 196

10) *Lowry, I.S.*, a.a.O., S. 369

11) Vgl. z.B. *Gustafsson, K.; Hoppe, R.*: Die Bedeutung des Immobilienmarktes für die Wohnungsversorgung, in: Stadtbauwelt 77, 1983, S. 38 f.

12) *GEWOS, Institut für Stadtforschung, Berlin*, a.a.O.

13) Zu den Detailproblemen der Ermittlung des Liegenschaftszinses bebauter Wohnungsgrundstücke, vgl. *Möckel, R.*: Ermittlungen des Liegenschaftszinssatzes und der Restnutzungsdauer aus Kaufpreisen von Ertragsgrundstücken, in: Vermessungswesen und Raumordnung, 37. Jg., 1975, S. 129

14) Vgl. Wertermittlungsrichtlinien, a.a.O.

15) In Stuttgart betrugen die jährlichen Mieterhöhungen von 1976 bis 1981 zwischen 3 und 4%. Vgl. *Landeshauptstadt Stuttgart*, a.a.O., S. 116

16) Die Neubaupreise sind nicht identisch mit den Neubaukosten, die erheblich über dem durchschnittlichen Marktpreis aller nach 1948 errichteten Gebäude liegen. Verglichen wurden die durchschnittlichen Kaufpreise pro qm Nutzfläche miteinander.

17) Vgl. *Lowry, I.S.*: Filtering and Housing Standards, a.a.O.

18) *Güssow, W.*, a.a.O., S. 127; Vgl. auch *Fisher, E.M.; Winnick, L.*, a.a.O., S. 52

19) *Clay, P.L.*: Neighborhood Renewal, a.a.O.

20) Sind die Modernisierungs- und Instandsetzungskosten abschätzbar, ergibt sich aus der Differenz der Baukosten und des Barwerts der antizipierten Einnahmen der Preis, der höchstens für das bebaute Grundstück gezahlt werden kann. Ist umgekehrt der Grundstückspreis gegeben, läßt sich aus der Differenz des kalkulierten Barwerts zukünftiger Einnahmen und dem Kaufpreis errechnen, wie hoch maximal die Modernisierungs- und Instandsetzungskosten liegen dürfen.

21) Vgl. *Hämer, H.W.; Rosemann, H.J.; Grazioli, A.; Kohlbrenner, U.*: Kostenanalyse der Modell modernisierung, a.a.O.

22) *Geschäftsstelle des Gutachterausschusses für Grundstückswerte in Berlin*: Bericht über die Entwicklung des Berliner Grundstücksmarktes 1/81, S. 8

23) *Landeshauptstadt Stuttgart*: Wohnort Stuttgart, a.a.O., S. 84

24) Ebenda, S. 85

25) Vgl. *Der Senat von Berlin*: Drsn. Nr. 9/461 und Nr. 9/922: Bericht über die Anzahl der Wohnungsumwandlungen sowie über die Preisentwicklung bei umgewandelten Wohnungen für das Jahr 1983, Berlin 1984, S. 5

26) Schwerpunkte der Umwandlung von Altbauten waren 1983 die Bezirke Steglitz, Schöneberg, Charlottenburg und Wilmersdorf mit einem bürgerlichen Miethausbestand aus der Zeit von 1900 bis 1919. Vgl. *Der Senat von Berlin*: Bericht über die Anzahl der Wohnungsumwandlungen, a.a.O.

27) *Gerardy, T.*: Praxis der Grundstücksbewertung, München 1971, S. 336

28) Vgl. *Brede, H.; Dietrich, B.; Kohaupt, B.*, a.a.O., S. 279 f.

29) Vgl. *GEWOS, Institut für Stadtforschung, Berlin*, a.a.O., S. 241

VI. Literaturverzeichnis

Adrian, H.: Großstädtische Planungsprobleme und ihre Rückwirkung auf das Recht, in: Stadtbauwelt 85, 1985, S. 414-418

Ahrens, P.P.; Kreibich, V.; Schneider, R. (Hrsg.): Stadt-Umland-Wanderung und Betriebsverlagerung in Verdichtungsräumen, Dortmunder Beiträge zur Raumplanung, Bd. 23, Dortmund 1981

Alles, R.: Zum Einfluß der Wohnlage auf den Mietpreis nicht preisgebundener Wohnungen, in: Institut Wohnen und Umwelt (Hrsg.): Wohnungspolitik am Ende?, Opladen 1981

Alonso, W.: Location and Land Use, Cambridge (Mass.) 1964

Alonso, W.: The Historic and the Structural Theories of Urban Form: Their Implications for Urban Renewal, in: Land Economics, Vol. 40, 1964, S. 227-231

Alonso, W.: The Population Factor and Urban Structure, in: Solomon, A.P. (Hrsg.): The Prospective City, Cambridge (Mass.), London 1980

Altvater, E.: Gesellschaftliche Produktion und ökonomische Rationalität, Frankfurt am Main 1969

Arbeitsgruppe Ruhrgebiet; Arbeitsgruppe München: Regionalentwicklung zwischen Technologieboom und Resteverwertung. Die Beispiele Ruhrgebiet und München, Bochum 1985

Arras, H.E.: Wohnungspolitik und Stadtentwicklung, Teil 1: Klischees, Probleme, Instrumente, Rahmenbedingungen, Schriftenreihe «Städtebauliche Forschung» des BmBau 03.084, Bonn 1980

Arras, H.E. u.a.: Wohnungspolitik und Stadtentwicklung, Teil 2, Schriftenreihe «Städtebauliche Forschung» des BmBau 03.094, Bonn 1983

Autzen, R.: Wohnungspolitik: Altbauerneuerung und Wohnungsversorgung, Frankfurt am Main, Bern, Las Vegas 1979

Autzen, R.; Becker, H. (Hrsg.): Wohnungsbestandssicherung, Teil 1; Erneuerungsbedarf – Instandsetzungsförderung – Instandsetzungskontrolle, Berlin 1982

Baldermann, J.; Hecking, G.; Knauss, E.: Wanderungsmotive und Stadtstruktur, Empirische Fallstudie zum Wanderungsverhalten im Großraum Stuttgart, Stuttgart 1976

Baldermann, J.; Hecking, G.; Knauss, E.; Seitz, W.: Wohnflächennachfrage und Siedlungsentwicklung, Stuttgart 1980

Barnbrock, J. (Hrsg.): Materialien zur Ökonomie der Stadtplanung, Braunschweig 1975

Bartholmai, B.: Analyse und Prognose der Wohnungsnachfrage in der Bundesrepublik Deutschland, in: Deutsches Institut für Wirtschaftsforschung (Hrsg.): Beiträge zur Strukturforschung, Heft 58, Berlin 1980

Bartholmai, B.: Elemente regionaler Wohnungsmarktmodelle und offene Fragen der Wohnungsmarktanalyse, Sonderheft 135 des DIW, Berlin 1982

Baumol, W.J.: Urban Services: Interaction of Public und Private Decisions, in: Schaller, H. (Hrsg.): Public Expenditure Decisions in the Urban Community, Washington, D.C. 1963

Baumol, W.J.: Macroeconomics of Unbalanced Growth, in: The American Economic Review, Vol. 57, 1967, S. 415-426

Baumol, W.J.: Technological Change and the New Urban Equilibrium, in: Burchell, R.W.; Listokin, D. (Hrsg.): Cities Under Stress, New Jersey 1981

Becker, H.; Schulze zur Wiesch, J. (Hrsg.): Sanierungsfolgen, Stuttgart, Berlin, Köln, Mainz 1982

Bender, B.: The Determinants of Housing Demolition and Abandonment, in: Journal of Regional Science, 1981, S. 131 ff.

Berry, B.J.K.: The Counterurbanization Process: How General? in: Hansen, N.M. (Hrsg.): Human Settlement Systems: International Perspective on Structure, Change and Public Policy, Cambridge (Mass.) 1978

Birch, D.L.: The Economic Future of City and Suburb, New York 1970

Birch, D.L.: Toward a Stage Theory of Urban Growth, in: Journal of the American Institute of Planners, 37, 1971

Birch, D.L.: From Suburb to Urban Place, in: The Annals of the American Academy of Political and Social Science, Vol. 422, Nov. 1975, S. 25-35

Birg, H.: Bevölkerungsentwicklung, Mobilität und Arbeitsplatzangebot, Papier vorgelegt auf der wissenschaftlichen Plenarsitzung der Akademie für Raumforschung und Landesplanung, Berlin 1984

Bish, R.L.; Nourse, H.O.: Urban Economics and Policy Analysis, New York, u. a. 1975

Blank, D.M.; Winnick, L.: The Structure of the Housing Market, in: The Quarterly Journal of Economics, Vol. LXVII, May 1953, No. 2, S. 181 f.

Bourne, L.S.: The Geography of Housing, London 1981

Bourne, L.S. (Hrsg.): Internal Structure of the City, New York, Oxford 1981

Boustedt, O.: Stadtregionen, in: Handwörterbuch der Raumforschung und Raumordnung, Hannover 1970, Sp. 3208 ff.

Boustedt, O.: Grundriß der empirischen Regionalforschung, Teil I: Raumstrukturen, Hannover 1975

Boustedt, O.: Überlegungen zur planerischen Beeinflussung der Suburbanisierung, in: Beiträge zum Problem der Suburbanisierung, 2. Teil, Veröffentlichungen der Akademie für Raumforschung und Landesplanung, Bd. 125, Hannover 1978

von Böventer, E.: Standortentscheidung und Raumstruktur, Hannover 1979

Bradford, C.P.; Rubinowitz, L.S.: The Urban-Suburban Investment-Disinvestment Process: Consequences for Older Neighborhoods, in: Annals of the American Academy of Political and Social Science, Vol. 422, Nov. 1975, S. 77-86

Brede, H.; Kohaupt, B.; Kujath, H.J.: Ökonomische und politische Determinanten der Wohnungsversorgung, Frankfurt am Main 1975

Brede, H.; Dietrich, B.; Kohaupt, B.: Politische Ökonomie des Bodens und Wohnungsfrage, Frankfurt am Main 1976

BT-Drucksache 8/2085: Städtebaupolitik, Antwort der Bundesregierung auf die Große Anfrage der Abgeordneten Krockert u. a. vom 7.9.1978

Bucher, H.; Losch, S.; Rach, D.: Selektive Wanderungen, Wohnungsbautätigkeit und Bodenmarktprozesse als Determinanten der Suburbanisierung, in: Informationen zur Raumentwicklung, Heft 11/12, 1982, S. 915-936

Büning, L.: Die Verhaltensweisen am Wohnungsmarkt bei freier Preisbildung, in: Deutsche Siedlungs- und Wohnungspolitik, Festschrift zum 25jährigen Bestehen des Instituts für Siedlungs- und Wohnungswesen der Westfälischen Wilhelms-Universität Münster i.W., Köln-Braunsfeld 1956

Burgess, E.: The Growth of the City: An Inroduction to Research Project, in: Park, R.; McKenzie, R. (Hrsg.): The City, 4. Aufl., Chicago 1967

Carlberg, M.: Die Ordnung der Städte im Wirtschaftsraum der Bundesrepublik Deutschland, Frankfurt am Main 1977

Carlberg, M.: Stadtökonomie, Göttingen 1978

Castells, M.: Die kapitalistische Stadt, Hamburg, Westberlin 1977

Clay, Ph.L.: Neighborhood Renewal, Lexington (Mass.), Toronto 1979

Chow, G.C.: Statistical Demand Functions for Automobiles and Their Use for Forecasting, in: Harberger, A.C.: The Demand for Durable Goods, Chicago, London 1960

Davis, O.A.; Whinston, A.B.: The Economics of Urban Renewal, in: Wilson, J.Q. (Hrsg.): Urban Renewal, Cambridge (Mass.), London 1966

Deutsches Institut für Wirtschaftsforschung: Mieten und Kosten im freifinanzierten Wohnungsbau, in: DIW-Wochenbericht 23/78, S. 227-232

Deutsches Institut für Wirtschaftsforschung: Perspektiven der bauwirtschaftlichen Entwicklung unter besonderer Berücksichtigung des Wohnungsbaus, DIW-Gutachten, Oktober 1980

Deutsches Institut für Wirtschaftsforschung: Entwicklung und Struktur der Wohnungsbauleistungen, in: DIW-Wochenbericht 40/82

Deutsches Institut für Wirtschaftsforschung: Nachfrage nach Neubauwohnungen und nach Wohnungen aus dem Bestand, in: DIW-Wochenbericht 35/84, S. 439-446

Dieckmann, J.; Münstermann, E.: Ist die Großstadt noch zu retten? Zu einigen städtebaulichen und finanzpolitischen Aspekten der sogenannten Stadtflucht, in: Der Städtetag 6, 1985, S. 386-393

Döpping, F.; Henckel, D.; Rauch, N.: Informationstechnologie und Dezentralisierung, in: Stadtbauwelt 71, 1981

Downs, A.: Key Relationships Between Urban Development and Neighborhood Change, in: APA Journal, October 1979, S. 462-472

Downs, A.: Neighborhoods and Urban Development, Washington, D.C. 1981

Droth, W.; Dangschat, J.: Räumliche Konsequenzen der Entstehung «neuer Haushaltstypen», in: Friedrichs, J. (Hrsg.): Die Städte in den 80er Jahren, demographische, ökonomische und technologische Entwicklung, Opladen 1985

Dunning, I.: The City of London: A Case Study in Urban Economics, in: Town Planning Review, Vol. 40

Duwendag, D.: Kapitalmarkt – Baumarkt – Bauinvestition: Interdependenzen, in: Schneider, H.K.: Wohnungs- und Städtebau in der Konjunktur, Münster (Westf.) 1968

Edel, M.: Filtering in a Private Housing Market, in: Edel, M.; Rothenberg, J. (Hrsg.): Readings in Urban Economics, New York, London 1972

Edel, M.: Planning, Market or Warfare? – Recent Land Use Conflict in American Cities, in: Edel, M.; Rothenberg, J. (Hrsg.): Readings in Urban Economics, New York, London 1972

Edel, M.; Sclar, E.: The Distribution of Real Estate Value Changes: Metropolitan Boston 1870-1970, in: Journal of Urban Economics, Vol. 2, 1975, No. 4, S. 366-387

Edgington, D.W.: Organisational und Technological Change and the Future Role of the Central Business District: an Australian Example, in: Urban Studies 19, 1982, S. 281-292

Eekhoff, J.: Nutzen-Kosten-Analyse der Stadtsanierung, Methoden, Theorien, Bern, Frankfurt am Main 1972

Eekhoff, J.: Wohnungspolitik in der sozialen Marktwirtschaft, in: Schriften des Vereins für Socialpolitik, Neue Folge, Band 116: Zukunftsprobleme der sozialen Marktwirtschaft, S. 455-479

Eekhoff, J.; Sievert, O.; Werth, G.: Bewertung wohnungspolitischer Strategien: Modernisierungsförderung versus Neubauförderung, Schriftenreihe «Wohnungsmarkt und Wohnungspolitik» des BmBau 07.007, Bonn 1979

von Einem, E.; Hoppe, R.; Luther, P.; Birlem, T.; Scharmer, E.: Kommunale Stadterneuerungspolitik und Investitionsverhalten privater Eigentümer in Stadterneuerungsgebieten, Schriftenreihe «Stadtentwicklung» des BmBau 02.025, Bonn 1982

Eisel, R.: Zahlen zur Wohnungsmodernisierung und deren Förderung nach dem ModEnG, in: Bundesbaublatt, Heft 3, 1981, S. 154-158

Eißel, D.: Alternativen zur Sicherung kommunaler Finanzstärke, in: Kostede, N. (Hrsg.): Die Zukunft der Stadt, Reinbek bei Hamburg 1983

Engels, F.: Zur Wohnungsfrage, in: MEAS I, Berlin 1968

Eplinius, I.: Instandsetzungsförderung in Hamburg, in: Autzen, R.; Becker, H. (Hrsg.): Wohnungsbestandssicherung, Teil 1, Berlin 1982

Evers, A.; Lange, H.-G.; Wollmann, H. (Hrsg.): Kommunale Wohnungspolitik, Basel, Boston, Stuttgart 1983

Feldstein, M.S.; Foot, D.K.: The Other Half of Gross Investment: Replacement and Modernization Expenditures, in: The Review of Economics and Statistics, Vol. LIII, 1971

Feldstein, M.S.; Rothschild, M.: Towards an Economic Theory of Replacement Investment, in: Econometrica, Vol. 42, May 1974, No. 3

Fischer, K.: Ziele und Instrumente zur Steuerung des Suburbanisierungsprozesses, in: Beiträge zum Problem der Suburbanisierung, 2. Teil, Veröffentlichungen der Akademie für Raumforschung und Landesplanung, Bd. 125, Hannover 1978

Fischer, R.J.; Gschwind, F.; Henckel, D.: Siedlungsstrategien und kommunale Einnahmen, Schriftenreihe «Städtebauliche Forschung» des BmBau 03.085, Bonn 1980

Fisher, E.M.; Winnick, L.: A Formulation of the «Filtering Concept», in: Journal of Social Issues, 52, 1951, S. 47-59

Frey, R.L.: Infrastruktur. Grundlagen zur Planung öffentlicher Investitionen, Tübingen, Zürich 1970

Frieden, B.J.: The Future of Old Neighborhoods, Cambridge (Mass.) 1964

Friedman, M.: Die Theorie der Preise, München 1977

Friedrichs, J.: Stadtanalyse: Soziale und räumliche Organisation der Gesellschaft, Opladen, 2. Aufl. 1981

Fürst, D.; Hartke, S.: Regionalplanung in Verdichtungsräumen – das Beispiel München, in: Struktur, H. 3, 1983

Gaentzsch, G.: Städtebauförderungsgesetz, Kommentar, 2. Aufl., Siegburg 1972

Gaffney, M.: Boden und Grundrente in der Wohlfahrtsökonomie, in: Barnbrock, J. (Hrsg.): Materialien zur Ökonomie der Stadtplanung, Braunschweig 1975

Gahlen, B.: Strukturpolitik und soziale Marktwirtschaft, in: Schriften des Vereins für Socialpolitik, Neue Folge, Band 116: Zukunftsprobleme der sozialen Marktwirtschaft

Gale, D.E.: Middle Class Resettlement in Older Urban Neighborhoods: The Evidence and the Implications, in: Bourne, L.S. (Hrsg.): Internal Structure of the City, New York, Oxford 1982

Ganser, K.: Neue Chancen für die Planung? Kontinuität und Wechsel staatlicher Planungs- und Förderungspolitik, in: Der Architekt, Nr. 2, Februar 1982, S. 62 ff.

Ganser, K.: Preiswerte Wohnungen und bessere Gewerbestandorte durch Stadterneuerung, in: Stadtbauwelt 78, 1983, S. 938-947

Garbrecht, D.: Stadtzentrum und Umland als Spannungspole der Wohnstandortwahl, in: Rogge, P.G.; Timmermann, M.: Prognose – Planung – Entscheidung. Ein Spektrum angewandter Wirtschaftsforschung, Stuttgart 1981

Gatzweiler, H.-P.; Schliebe, K.: Suburbanisierung von Bevölkerung und Arbeitsplätzen – Stillstand? In: Informationen zur Raumentwicklung, Heft 11/12, 1982, S. 883 ff.

Gerardy, T.: Praxis der Grundstücksbewertung, München 1971

Geschäftsstelle des Gutachterausschusses für Grundstückswerte in Berlin: Bericht über die Entwicklung des Berliner Grundstücksmarktes, verschiedene Jahrgänge

GEWOS: Städtebauförderung, Auswertung der Erfahrungen nach 10 Jahren Städtebauförderung; Dokumentation ausgewählter Maßnahmen des Bundesprogramms nach dem Städtebauförderungsgesetz, Schriftenreihe «Stadtentwicklung» des BmBau 02.027, Bonn

GEWOS, Institut für Stadtforschung Berlin: Berlin – Wohnungsmarktanalyse, Anbieteranalyse, Teil A+B, Berlin 1982

GEWOS-Kommission: Möglichkeiten und Grenzen bestandsorientierter Wohnungspolitik, Bonn 1983

GEWOS-Kommission 1983/84: Wohnungswirtschaft im Spannungsfeld der Anforderungen von Staat und Bewohnern, Bonn 1984

Glatzer, W.: Wohnungsversorgung im Wohlfahrtsstaat, Frankfurt am Main 1980

Goetze, R.; Colton, K.W.: The Dynamics of Neighborhoods, in: Journal of the American Planning Association, 1980, Vol. 46, No. 2

Goodall, B.: The Economics of Urban Areas, Oxford, u. a. 1972

Gottlieb, M.: Long Swings in Urban Development, New York 1976

Grauhan, R.-R. (Hrsg.): Lokale Politikforschung, 2 Bände, Frankfurt am Main 1975

Grebler, L.: The Housing Inventory: Analytic Concept and Quantitative Change, in: American Economic Review, Papers and Proceedings, Vol. 41, No. 2, May 1951, S. 555-568

Grebler, L.: Housing Market Behavior in a Declining Area, New York 1952

Grier, G.; Grier, E.: Urban Displacement: A Reconnaissance. Prepared for the Office of the Secretary, U.S. Department of Housing and Urban Development, 1978

Grigsby, W.G.: Housing Markets and Public Policy, Philadelphia 1963

Grymer, H.: Konfliktverarbeitung und Staatsstruktur, Frankfurt am Main, New York 1979

Güldenberg, E.: Wohnungspolitik und Regionalplanung in Stadtregionen, Hannover 1979

Güssow, W.: Zur Ökonomie städtischer Sanierungsgebiete, München 1976

Gütter, R.: Zur Dynamik der Belegung des Wohnungsbestandes, in: Wohnungswirtschaft und Mietrecht, Heft 9, 1984

Gustafsson, K.: Einkommen und Wohnungsnachfrage; Erkenntnisse und Hypothesen auf der Basis der Wohnungsstichprobe 1978, in: Archiv für Kommunalwissenschaften, 20. Jg. (1981), 1. Halbjahresband, S. 4-23

Gustafsson, K.; Hoppe, R.: Die Bedeutung des Immobilienmarktes für die Wohnungsversorgung, in: Stadtbauwelt 77, 1983

Hahn, E.: Zukunft der Städte, Papers aus dem Internationalen Institut für Umwelt und Gesellschaft des Wissenschaftszentrums Berlin, Berlin 1983

Hämer, H.W.; Rosemann, H.J.; Grazioli, A.; Kohlbrenner, U.: Kostenanalyse der Modellmodernisierung von Altbauten, Schriftenreihe «Städtebauliche Forschung» des BmBau 03.041, Bonn 1976

Häußermann, H.; Siebel, W.: Krise der Stadt? Stadtentwicklungspolitik unter Bedingungen reduzierten Wachstums, in: Ellwein, Th. (Hrsg.): Politikfeld-Analysen, Wiesbaden, Opladen 1979

Hall, P.; Metcalf, D.: The Declining Metropolis: Patterns, Problems, and Policies in Britain and Mainland Europe, in: Leven, Ch.L. (Hrsg.): The Mature Metropolis, Lexington (Mass.), Toronto 1978

Haman, U.: Bodenwert und Stadtplanung, Stuttgart 1969

Hamilton, B.W.; Cooke, T.W.: The Price of Housing, 1950-1975, in: Journal of Urban Economics, 12, 1982, S. 304-323

Hampe, A.: Zur Theorie der Marktmiete, in: Deutsche Siedlungs- und Wohnungspolitik, Festschrift zum 25jährigen Bestehen des Instituts für Siedlungs- und Wohnungswesen der Westfälischen Wilhelms-Universität Münster i.W., Köln-Braunsfeld 1956

Hampe, A.: Die freie Mietpreisbildung. Ein Beitrag zur Theorie der «Marktmiete», Stuttgart 1958

Hansen, A.H.: Fiscal Policy and Business Cycles, New York 1941

Harberger, A.C. (Hrsg.): The Demand for Durable Goods, Chicago 1960

Harvey, D.: The Urban Process Under Capitalism: A Framework for Analysis, in: International Journal of Urban and Regional Research, 2, 1978, S. 101-131

Hecking, G.; Knauss, E.; Seitz, U.: Zur Expansion der Wohnflächennachfrage, in: Informationen zur Raumentwicklung, H. 5/6, Bonn 1981, S. 303-321

Hellberg, H.; Strauff, H.-G.: Suburbanisierung unter veränderten Rahmenbedingungen? In: Beiträge zum Problem der Suburbanisierung, 2. Teil, Veröffentlichungen der Akademie für Raumforschung und Landesplanung, Bd. 125, Hannover 1978

Henckel, D.; Nopper, E.; Rauch, N.: Informationstechnologie und die Zukunft der Städte, in: Stadtbauwelt Nr. 82, 1984

Heuer, H.: Strategien und Handlungsspielräume der Städte zur Steuerung der Suburbanisierung, in: Bundesanstalt für Landeskunde und Raumordnung (Hrsg.): Entwicklungsprobleme der Agglomerationsräume, Bonn 1982

Heuer, J.H.B.; Kühne-Büning, L.; Nordalm, V.; Drevermann, M.: Lehrbuch der Wohnungswirtschaft, Frankfurt am Main 1979

Hoffmann, U.: Der Mietwohnungsbau im Spiegel der Statistik – Beitrag zur aktuellen Wohnungsbaudiskussion, Wiesbaden 1981

Hoover, E.M.; Vernon, R.: The Anatomy of a Metropolis, Cambridge (Mass.) 1959

Hoyt, H.: The Structure and Growth of Residential Neighborhoods in American Cities, Washington, D.C. 1937

Hoyt, H.: One Hundred Years of Land Values in Chicago, Chicago 1933

Hughes, J.W.: Dilemmas of Suburbanization and Growth Controls, in: Annals of the American Academy of Political and Social Science, Vol. 422, Nov. 1975

Huth, M.J.: New Hope for Revival of America's Central Cities, in: The Annals of the American Academy of Political and Social Science, Vol. 451, September 1980

Ingram, G.K.; Oron, Y.: The Production of Housing Services from Existing Dwelling Units, in: Ingram G.K. (Hrsg.): Residential Location and Urban Housing Markets, Cambridge (Mass.) 1977

Ingram, G.K. (Hrsg.): Residential Location and Urban Housing Markets, Cambridge (Mass.) 1977

Ipsen, D.; Glasauer, H.; Heinzel, W.: Teilmärkte und Wirtschaftsverhalten privater Miethausbesitzer, Kassel 1980

James, F.J.: The Revitalization of Older Urban Housing and Neighborhoods, in: Solomon, A.P. (Hrsg.); The Prospective City, Cambridge (Mass.), London 1980

Jochimsen, R.; Gustafsson, K.: Infrastruktur. Grundlage der marktwirtschaftlichen Entwicklung, in: Simonis, U.E. (Hrsg.): Infrastruktur, Köln 1977

Kain, J.F.: The Journey-to-Work as a Determinant of Residential Location, Papers and Proceedings of The Regional Science Association 9, 1962, S. 137-160

Kain, J.F.: Essays on Urban Spatial Structure, Cambridge (Mass.) 1975

Kain, J.F.; Quigley, J.M.: Housing Markets and Racial Discrimination: A Microeconomic Analysis, New York 1975

Kasarda, J.D.: The Changing Occupational Structure of the American Metropolis, in: Schwartz, B. (Hrsg.): The Changing Face of the Suburbs, Chicago, London 1976

Kasarda, J.D.: Entry-Level Jobs, Mobility, and Urban Minority Unemployment, in: Urban Affairs Quarterly, Vol. 19, No. 1, September 1983, S. 21-40

Kaufmann, A.: Motive und Formen der Wohnmobilität. Eine Befragung von Wohnungswechslern der sechs österreichischen Großstadtregionen, Wien 1976

Kern, C.R.: Private Residential Renewal and the Supply of Neighborhoods, in: Segal, D. (Hrsg.): The Economics of Neighborhood, New York 1979

Klaassen, L.H.; Scimemi, G.: Theoretical Issues in Urban Dynamics, in: Klaassen, L.H.; Molle, W.T.M.; Paelinck, J.H.P. (Hrsg.); The Dynamics of Urban Development, New York 1981

Knebel, E.; Kempe, M.: Lenkungsinstrumente auf dem Wohnungsmarkt für Ausländer als Mittel der Integration, Berlin 1975

Koch, F.: Innerregionale Wanderungen und Wohnungsmarkt, Frankfurt am Main 1982

Kornemann, R.: Mehr Chancen bei der Eigentumsbildung, Plädoyer für eine forcierte Eigentumsbildung an Haus und Grund auf dem Gebrauchtmarkt, in: Stadtbauwelt, 54, 1977, S. 123-125

Kornemann, R.: Gebrauchtwohnungsmarkt zeigt Strukturen. Eine Untersuchung der Bausparkasse Wüstenrot, in: Gemeinnütziges Wohnungswesen 9/1978

Kostede, N. (Hrsg.): Die Zukunft der Stadt, Reinbek bei Hamburg 1983

Krätke, S.: Kommunalisierter Wohnungsbau als Infrastrukturmaßnahme, Frankfurt am Main, Bern 1981

Kreibich, V.; Meinecke, B.; Niedzwetzki, K.: Wohnungsversorgung und regionale Mobilität am Beispiel München, Dortmund 1980

Krischausky, D.; Mackscheidt, K.: Wohnungsgemeinnützigkeit – zwischen bedarfswirtschaftlicher Tradition und wohnungspolitischer Neuorientierung, Köln, Berlin, Bonn, München 1984

Kromphardt, J.: Wachstum und Konjunktur, Göttingen 1977

Küpper, U.I.: Strategien der Erneuerung gewachsener Großstädte, in: Bundesforschungsanstalt für Landeskunde und Raumordnung (Hrsg.): Entwicklungsprobleme der Agglomerationsräume, Bonn 1982

Kummerer, K.; Schwarz, N.; Weyl, H.: Strukturräumliche Ordnungsvorstellungen des Bundes, Göttingen 1975

Lachmann, M.L.; Downs, A.: The Role of Neighborhoods in the Mature Metropolis, in: Leven, Ch.L. (Hrsg.): The Mature Metropolis, Lexington (Mass.), Toronto 1978

Landeshauptstadt Stuttgart, Geschäftsstelle Stadtentwicklung (Hrsg.): Wohnort Stuttgart, Teil A: Analyse und Projektion, Teil B: Maßnahmen, Stuttgart 1983

Laska, S.; Spain, D. (Hrsg.): Back to the City: Issues in Neighborhood Renovation, Elmsford, N.Y. 1980

Lauschmann, E.: Zur Frage der «social costs», in: Jahrbuch für Sozialwissenschaften, Band 4/10, 1959, S. 193-220

de Leeuw, F.; Struyk, R.J.: The Web of Urban Housing, Washington, D.C. 1975

de Leeuw, F.; Struyk, R.J.: Analyse der Wohnungspolitik mit Hilfe des Urban Institute-Wohnungsmodells, in: Wohnungsmarktsimulationsmodelle, Schriftenreihe «Wohnungsmarkt und Wohnungspolitik» des BmBau 07.011, Bonn 1981

Lethmate, A.: Wohnungsleerstand, Wohnungsüberangebot oder Wohnungsbauförderung? In: Gemeinnütziges Wohnungswesen 8/1984

Leven, Ch.L.; Little, J.T.; Nourse, H.O.; Read, R.B.: Neighborhood Change, Lessons in the Dynamics of Urban Decay, New York 1976

Leven, Ch.L.: The Mature Metropolis, Lexington (Mass.), Toronto 1978

Leven, Ch.L.: Economic Maturity and the Metropolis' Evolving Physical Form, in: Tobin, G.A. (Hrsg.): The Changing Structure of the City, Beverly Hills, London 1979

Lowry, I.S.: Filtering and Housing Standards: A Conceptual Analysis, in: Land Economics 36, 1960, S. 363-370

Lowry, I.S.: The Dismal Future of Central Cities, in: Solomon, A.P. (Hrsg.); The Prospective City, Cambridge (Mass.), London 1980

Lückefett, H.-J.; Witteborg, H.-P.: Das Wohnumfeldprogramm in Baden-Württemberg, in: Stadtbauwelt 78, 1983, S. 933-937

Lütge, F.: Wohnungswirtschaft, Stuttgart 1949

Macrae, N.: Tomorrow's Agglomeration Economies, in: Leven, Ch.L.: The Mature Metropolis, Lexington (Mass.), Toronto 1978

Magistrat der Stadt Frankfurt am Main : Stadtflucht aus Frankfurt? Einige Zahlen zur Erläuterung des Einwohnerrückgangs in unserer Stadt, Frankfurt am Main 1977

Matthews, R.C.O.: Investition: Das Akzelerationsprinzip und seine Verallgemeinerung, in: Weber, W. (Hrsg.): Konjunktur und Beschäftigungstheorie, Köln, Berlin 1967

Matzner, E.: Der Wohlfahrtsstaat von morgen, Frankfurt am Main, New York 1982

May, W.: Neuorientierung der Stadtentwicklungsplanung unter veränderten Rahmenbedingungen. In: Der Städtetag 6, 1985, S. 397-399

Merk, G.: Die Begriffe Prozeßpolitik, Strukturpolitik, Ordnungspolitik, in: Jahrbuch für Sozialwissenschaften, 26. Jg., 3, Göttingen 1975

Meuter, H.: Eigentumsbildung im Wohnungsbestand – Die Betroffenheit von Altbauquartieren durch Umwandlung von Mietwohnungen, in: Evers, A.; Lange, H.-G.; Wollmann, H. (Hrsg.): Kommunale Wohnungspolitik, Basel 1983

Meuter, H.; Schmidt-Bartel, J.: Regionale Unterschiede in der Wohnungsversorgung von Haushalten in der Bundesrepublik Deutschland, in: Informationen zur Raumentwicklung, Heft 5/6 1981

Mills, E.S.: Urban Economics, Glenview (Ill.) 1972

Mills, E.S.: Studies in the Structure of the Urban Economy, Baltimore 1972

Möckel, R.: Ermittlung des Liegenschaftszinssatzes und der Restnutzungsdauer aus Kaufpreisen von Ertragsgrundstücken, in: Vermessungswesen und Raumordnung, 37. Jg., 1975

Moewes, W.: Veränderungen der Siedlungsstruktur in den USA – Wandlungen des raumbezogenen Lebensstils, in: Aberle, G.; u. a.: Konflikte durch Veränderungen in der Raumnutzung, Saarbrücken 1979

Mrosek, H.: Die sozialökonomische Bedeutung der Instandsetzung und Modernisierung des Altbauwohnungsbestandes unter besonderer Berücksichtigung der Verhältnisse in Nordrhein-Westfalen, Bd. 1, Münster (Westf.) 1972

Muth, R.F.: The Demand for Non-Farm Housing, in: Harberger, A.C. (Hrsg.): The Demand for Durable Goods, Chicago 1960

Muth, R.F.: Urban Residential Land and Housing Markets, in: Perloff, H.S.; Wingo, L.Jr. (Hrsg.): Issues in Urban Economics, Baltimore 1968

Muth, R.F.: Cities and Housing, the Spatial Pattern of Urban Residential Land Use, Chicago, London 1969

Myrdal, G.: Ökonomische Theorie und unterentwickelte Regionen, Stuttgart 1959

Naegeli, W.: Die Wertberechnung des Baulandes, Zürich 1965

Needleman, L.: The Comparative Economics of Improvement and New Building, Urban Studies, Vol. 6, 1969

Needleman, L.: The Economics of Housing, London 1965

Nutt, B.; Walker, B.; Holliday, S.; Sears, D.: Obsolescence in Housing: Theory and Applications, London 1976

Obermeier, R.W.: Ökonomische Ansätze zur Beschreibung und Erklärung von Stadtstrukturen, München 1983

Offe, C.; Ronge, V.: Thesen zur Begründung des Konzepts des «kapitalistischen Staates» und zur materialistischen Politikforschung, in: Pozzoli, C. (Hrsg.): Rahmenbedingungen und Schranken staatlichen Handelns, zehn Thesen, Frankfurt am Main 1976

Olsen, E.O.: A Competitive Theory of the Housing Market, in: Rasmussen, D.W.; Hawarth, C.T. (Hrsg.): The Modern City, Readings in Urban Economics, New York 1973

Oschmann, M.: Neuere Entwicklungen in der Wohnungspolitik, in: Förderungsstrategien in der Wohnungswirtschaft, Materialien zum Siedlungs- und Wohnungswesen und zur Raumplanung, Münster 1982

Ott, A.E.: Grundzüge der Preistheorie, Göttingen 1968

Pannitschka, W.: Wohnallokation; Alterung des Wohnungsbestandes und Veränderungen der Bevölkerungsstruktur, Dortmund 1979

Parks, R.W.: The Demand and Supply of Durable Goods and Durability, in: American Economic Review, 64, 1974, S. 37-55

Parks, R.W.: Determinants of Scrapping Rates for Postwar Vintage Automobiles, in: Econometrica, Vol. 45, No. 5, July 1977, S. 1099-1115

Perloff, H.S.; Wingo, K. (Hrsg.): Issues in Urban Economics, Balitmore and London 1968

Perloff, H.S.: The Central City in the Postindustrial Age, in: Leven, Ch.L.: The Mature Metropolis, Lexington (Mass.), Toronto 1978

Pesch, F.; Selle, K. (Hrsg.): Wohnumfeldverbesserung, ein Lesebuch, Dortmund 1979

Pfeiffer, U.: Forschungsergebnisse zur Wohnungsmarktentwicklung, in: Fachseminar Wohnungsmarktentwicklung und Strategien der Stadtentwicklung, Schriftenreihe «Städtebauliche Forschung» des BmBau 03.067, Bonn 1978

Pfeiffer, U.: Sättigung im Wohnungsbau? In: IFO-Schnelldienst 19/1979

Pfeiffer, U.: Städtebau am Stadtrand – für einen neuen Planungskonsens, in: Stadtbauwelt 75, 1982

Pigou, A.C.: The Economics of Welfare, London 1932

Polenky, Th.: Die Bodenpreise in Stadt und Region München, Kallmünz, Regensburg 1974

Poulantzas, N.: Staatstheorie, Hamburg 1978

Prognos AG: Regionale Wohnungsmarktuntersuchung – Raum München, Basel 1978

Rahms, H.: Eine Großstadt kämpft um ihr Gleichgewicht, Strategien und Wunschvorstellungen in der Frankfurter Stadtplanung, in: Frankfurter Allgemeine Zeitung vom 5.5.1984

Ratcliff, R.U.: Urban Land Economics, New York, Toronto, London 1949

Richardson, H.W.: «Basic» Economic Activities in Metropolis, in: Leven, Ch.L. (Hrsg.): The Mature Metropolis, Lexington (Mass.), Toronto 1978

Richardson, H.W.: Standortverhalten, Bodenpreise und Raumstruktur, in: Fürst, D.: Stadtökonomie, Stuttgart; New York 1977 *von Rohr, H.-G.*: Intraregionale Wanderungen in ihrem Einfluß auf die Entwicklung der Verdichtungsräume, Schriftenreihe «Raumordnung» des BmBau 06.029, Bonn 1978

von Rohr, H.-G.: Die Steuerung des Suburbanisierungsprozesses – Möglichkeiten und Grenzen zwischen Wohnungspolitik und Regionalentwicklung, in: Beiträge zum Problem der Suburbanisierung, Forschungs- und Sitzungsberichte der Akademie für Raumforschung und Landesplanung, Bd. 125, Hannover 1978

von Rohr, H.-G.: Wohnungspolitische und städtebauliche Maßnahmen in großstädtischen Altbaugebieten in ihrem Einfluß auf Wanderungsbewegungen der Bevölkerung, in: Wohnungspolitik und regionale Siedlungsentwicklung, Veröffentlichungen der Akademie für Raumforschung und Landesplanung, Bd. 146, Hannover 1982

Rothgang, E.: Struktur und Entwicklungsprobleme der Großstädte in der Bundesrepublik Deutschland, in: Bundesforschungsanstalt für Landeskunde und Raumordnung (Hrsg.): Entwicklungsprobleme der Agglomerationsräume, Bonn 1982, S. 35–50

Roscher, V. (Hrsg.): Wohnen, Beiträge zur Planung, Politik und Ökonomie eines alltäglichen Lebensbereiches, Hamburg 1983

Rothenberg, J.: Economic Evaluation of Urban Renewal, Washington, D.C. 1967

Rothenberg, J.: Die Entstehung von Slums und der Nutzen der Sanierung, in: Fürst, D. (Hrsg.): Stadtökonomie, Stuttgart, New York 1977

Schäfer, R.: Zur Leistungsfähigkeit der Rechtsinstrumente der erhaltenden Stadterneuerung, in: Autzen, R.; Becker, H. (Hrsg.): Wohnungsbestandssicherung, Teil 1, Berlin 1982

Scharpf, F.W.; Reissert, B.; Schnabel, F.: Politikverflechtung: Theorie und Empirie des kooperativen Föderalismus in der Bundesrepublik, Kronberg (Ts.) 1976

Scharpf, F.W.; Schnabel, F.: Steuerungsprobleme der Raumplanung, in: Bruder, W.; Ellwein, Th. (Hrsg.): Raumordnung und staatliche Steuerungsfähigkeit, Opladen 1980

Schmidt, K.D.: Strukturwandlungen des privaten Verbrauchs in der Bundesrepublik Deutschland 1950–1985, in: Kieler Diskussionsbeiträge, Heft 47, Kiel 1976

Schneider, E.: Einführung in die Wirtschaftstheorie, II. Teil, Tübingen 1949

Schneider, E.: Wirtschaftlichkeitsrechnung, Theorie der Investition, Tübingen 1962

Schneider, H.K.; Kornemann, R.: Soziale Wohnungsmarktwirtschaft, Bonn 1977

Schütz, M.W.: Altersspezifische Segregation und Wohnstandort in Hamburg, in: Archiv für Kommunalwissenschaften 1982, S. 290–306

Schulze, P.W.: Der soziale Zerfall der Städte, New York als Beispiel einer zweigeteilten Stadt, Leviathan 3, 1980

Scott, A.J.: Locational Patterns and Dynamics of Industrial Activity in the Modern Metropolis, in: Urban Studies 19, 1982, S. 111–142

Segal, D. (Hrsg.): The Economics of Neighborhood, New York, San Francisco, London 1979

Senat von Berlin: Bericht über die Anzahl der Wohnungsumwandlungen sowie über die Preisentwicklung bei umgewandelten Wohnungen für das Jahr 1983, Drsn. Nr. 9/461 und 9/922, Berlin 1984

Sieber, H.: Bodenpolitik und Bodenrecht. Berner Beiträge zur Nationalökonomie, Band 15, Bern und Stuttgart 1970

Siebert, A.: Probleme der territorialen Neugliederung in suburbanen Räumen, in: Beiträge zum Problem der Suburbanisierung, 2. Teil, Veröffentlichungen der Akademie für Raumforschung und Landesplanung, Hannover 1978

Siewert, H.H.: Die Bedeutung der Stadtbahn für die Berliner Stadtentwicklung im 19. Jahrhundert, Diss. Hannover 1978

Singer, D.; Walzer, N.: Housing Expenditures in Urban Low Income Areas, in: Land Economics 1974

Sjoberg, G.: The Preindustrial City, Past and Present, Glencol (Ill.) 1960

Smith, N.: Toward a Theory of Gentrification: A Back to the City Movement by Capital not People, in: Journal of the American Planning Association, Vol. 45, No. 4, 1979

Smith, N.: Gentrification and Capital: Theory, Practice and Ideology in Society Hill, Antipode 11, 1979

Smith, W.F.: A Theory of Filtering, in: Edel, M.; Rothenberg, J. (Hrsg.): Readings in Urban Economics, New York 1972

Smith, W.F.: Filtering and Neighborhood Change, Berkeley 1964

Sobotschinski, A.: Rezessionen in der Wohnungswirtschaft, Bonn 1967

Stahl, K.: Quantitative Wohnungsmarktmodelle, eine konzeptuelle Einführung, in: Wohnungsmarktsimulationsmodelle, Schriftenreihe «Wohnungsmarkt und Wohnungspolitik» des BmBau 07.011, Bonn 1981

Steinberg, E.: Wohnstandortwahl von Haushalten bei intraregionaler Mobilität, in: Informationen zur Raumentwicklung, Heft 10/11 1975, S. 407–416

Steinmüller, H.: Zur Theorie des Standorts von Haushalten in Städten, Diss. München 1975

Sternlieb, G.; Hughes, J.W. (Hrsg.): Post Industrial America: Metropolitan Decline and Inter-Regional Job Shifts, Brunswick, N.J., 1975

Sternlieb, G.; Hughes, J.W.: The Changing Demography of the Central City, in: Scientific American, Vol. 243, No. 2, August 1980

Stiens, G.: Mögliche Entwicklungsmuster künftiger Suburbanisierung, in: Informationen zur Raumentwicklung, Heft 11/12 1982, S. 939–955

Sweeney, J.L.: A Commodity Hierarchy Model of the Rental Housing Market, in: Journal of Urban Economics, 1/1974, S. 288–323

Thoss, R.; Hübschle, J.; Hasselmann, W.; Schubert, I.; Dietrich, H.; Kramer, P.; Pfeiffer, U.: Prognosen für die Wohnungswirtschaft, Münster 1974

Tichy, G.J.: Konjunkturschwankungen, Theorie, Messung, Prognose, Berlin, Heidelberg 1976

Tomlinson, G.: Housing Improvement, in: Journal of the Town Planning Institute, Vol. 56, No. 8, 1970

Trümper, A.: Raumbezogene Planung im Großstadt-Umland-Bereich, Bonn 1982

Ulbrich, R.: Die Entwicklung der Mieten in der Bundesrepublik Deutschland von 1965 bis 1976, in: Wochenbericht des DIW Nr. 40–41/1976

Vaskovics, L.A.: Segregierte Armut, Frankfurt am Main, New York 1976

Vernon, R.: The Changing Economic Function of the Central City, New York 1959

Vickerman, R.W.: Urban and Regional Change, Migration and Commuting – The Dynamics of Workplace, Residence and Transport Choice, in: Urban Studies, 21, 1984, S. 15–29

Vogt, K.: Zur Rentabilität von Maßnahmen der Stadt- und Dorferneuerung, Göttingen 1969

Walker, B.: Welfare Economics and Urban Problems, London, Melbourne, Sydney, Auckland, Johannesburg 1981

Walker, R.A.: Die städtische Grundrente. Eine Untersuchung zu ihrem Verständnis, in: Barnbrock, J. (Hrsg.): Materialien zur Ökonomie der Stadtplanung, Braunschweig 1975

Weisner, Ch.M.: Hannover im regionalen Vergleich, Schriften zur Stadtentwicklung, Landeshauptstadt Hannover, Hannover 1984

Weissbarth, R.; Hundt, B.: Die Eigentumsbildung im Wohnungsbau, Schriftenreihe «Wohnungsmarkt und Wohnungspolitik» des BmBau 07.014, Bonn 1983

Westphal, H.: Wachstum und Verfall der Städte. Ansätze einer Theorie der Stadtsanierung, Frankfurt am Main, New York 1979

Wienen, H.-J.: Städte in Zahlen, ein Strukturbericht zum Thema Finanzen, Hamburg 1983

von Wieser, F.: Die Theorie der städtischen Grundrente, Einleitung in: Mildschuh, W.: Mietzinse und Bodenwerte in Prag in den Jahren 1869–1902, Wien, Leipzig 1909

Wilson, J.Q. (Hrsg.): Urban Renewal, Cambridge (Mass.), London 1966

Wirtschaft und Statistik 1/1981: Bautätigkeit und Wohnungen – Modernisierungsmaßnahmen an Wohngebäuden 1973 bis 1978

Wirtschaft und Statistik 5/1980: Bestand und Struktur der Gebäude und Wohnungen

Wirtschaft und Statistik 11/1982: Bautätigkeit und Wohnungen, Abgänge von Gebäuden, Gebäudeteilen und Wohnungen 1981

Wissenschaftlicher Beirat beim Bundesministerium für Wirtschaft: Probleme der Wohnungswirtschaft, in: Bundesanzeiger Nr. 33 vom 18.2.1982

Witzmann, K.: Siedlungspolitik und Regionalentwicklung, dargestellt am Raume München, in: Wohnungspolitik und regionale Siedlungsentwicklung, Veröffentlichungen der Akademie für Raumforschung und Landesplanung, Bd. 146, Hannover 1982

Wolf, J.: Einige theoretische Aspekte der Wohnungsbestandspolitik, in: Institut Wohnen und Umwelt (Hrsg.): Wohnungspolitik am Ende?, Opladen 1981

Wolff, H.: Sozialer Wandel als Rahmenbedingung der räumlichen Entwicklung, in: Informationen zur Raumentwicklung, Heft 9, Bonn 1982

Wolff, H.; Hogeforster, J.: Langfristige räumliche Entwicklungsprozesse, in: Informationen zur Raumentwicklung Heft 8, Bonn 1982, S. 587–598

Yeates, M.H.: Einige Bestimmungsfaktoren für die räumliche Verteilung der Bodenwerte in Chicago 1910–1960, in: Bartels, D. (Hrsg.): Wirtschafts- und Sozialgeographie, Köln 1970

Verzeichnis der Tabellen

Verzeichnis der Abbildungen

Über den Autor:

Hans Joachim Kujath, geb. 1942, Studium der Architektur und Stadtplanung an der Technischen Universität Berlin, Promotion zum Dr. phil. in Frankfurt am Main, Mitarbeiter im Forschungsschwerpunkt «gemeinnützige Trägerformen im Wohnungsbereich» am Institut für Wohnungsbau und Stadtteilplanung der TU Berlin, Veröffentlichungen über Wohnungs- und Stadtpolitik.